陈叔平 雍炯敏 汤善健 主编

我们知道的
李训经先生

復旦大學出版社

生平简介

李训经先生,1935年6月13日出生,祖籍山东莱阳,早年成长于青岛。1956年毕业于山东大学数学系,同年考取复旦大学数学系研究生,师从著名数学家陈建功,学习函数逼近论。1959年研究生毕业,留复旦大学数学系任助教。1962年晋升为讲师,1980年晋升为副教授,1984年晋升为教授。1985年成为博士生导师。1997年成为复旦大学首席教授。2001年退休。李训经先生因病于2003年2月9日去世。

李训经先生是我国控制科学的先驱之一。他在无限维系统最优控制、随机最优控制等方面做出杰出的贡献,也是我国金融数学研究的倡导者之一。李训经先生出版了5本专著和教材,发表了50余篇学术论文。他指导了11名博士、13名硕士和4名博士后学习研究。他曾获国家自然科学奖、教育部科技进步奖、上海市科技进步奖等多项奖励。

李训经教授

一、早期留影

青年时代的李训经(1960年,上海)

李训经(前排左)在上海电机厂留影(1960年)

金福临(中排左4)、李训经(中排左5)与1962届数训班常微分方程组学生谢惠民(前排左4)等合影(1962年,复旦大学校门口)

与数训班常微分方程组合影(1964年,复旦大学600号前)

前排:左1黄振勋,左3李训经,左5姚允龙

李训经(前排左4)与张学铭(前排左3)、陈祖浩(前排左1)、
梁中超(前排左6)、刘永清(中排左1)等合影

二、个人及家庭

在美国布朗大学(1984年)

在美国密歇根州立大学(1985年)

怀念老师陈建功(1998年,绍兴)

李训经、刘丽婉夫妇(2000年,美国)

与家人在美国麻省理工学院(2000年)

左起：刘丽婉,李训经,林威(女婿),李毅明(女儿)

与家人在美国尼亚加拉大瀑布(2000年)

三、与同行和学生在一起

在广东省肇庆市鼎湖区留影(1982 年)

左起：陈祖浩,王朝珠,刘永清,张嗣瀛,李训经

博士论文答辩结束后的合影(1989 年,复旦大学 500 号)

前排左起：胡瑛,李训经,金福临,陈翰馥,雍炯敏,袁震东,周迅宇
后排左起：汪嘉冈,张荫南,于景元,吕勇哉

山东大学中心校区校庆合影(1991年,中科院院士郭雷提供)

左1黄大翔,左2程兆林,左3陈兆宽,左5欧阳亮,左6李训经,左7陈祖浩,左8郭雷,左9周鸿兴

中国工业与应用数学会系统与控制数学分会成立暨学术讨论会(1992年,华东师范大学)

前排左起:辜建德,胡启迪,刘永清,王康宁,江文华,李大潜,曹锡华,陶增乐,李训经,司徒荣,陈祖浩,吴智敏
二排左起:陈彭年,邹云,曹立,韩正之,袁震东,王翼,伍镜波,陈亚陵,阮荣耀,刘坤林,彭实戈,陈叔平
三排:左3钱张军,左4张木林,左7潘立平,左8刘康生,左10雍炯敏,左12项筱玲,左13郭雷
四排:左1卢虹,左2王宏,左4蔡小俊,左6胡波,左8王辉,左10徐一生,左11黄健雄,左13陈树中

**中国工业与应用数学会系统与控制数学专业委员会
第二届学术会议(1994年,泰安)**

前排:左1雍炯敏,左2袁震东,左3郑毓藩,左4江文华,左5李训经,左7陈翰馥,
左8李树英,左9陈任昭,左10郑大钟,左11陈祖浩
二排:左2陈有根,左7韩正之,左8陈亚陵,左9伍镜波,左10韩志刚,左14冯恩民
三排:左11张纪峰,左12司徒荣,左14喻文焕
四排:左6钱春江,左7潘立平,左8程代展,左9高夯,左10郭雷,左12吴臻
五排:左4彭实戈,左5刘康生,左6李树荣,左7陈叔平,左12徐文胜

筹备金融数学重大项目(1995年,武汉)

左起:邹恒甫,彭实戈,史树中,李训经,陈叔平,许忠勤,胡兆森,张尧庭,严加安,舒元,文志英

"复杂系统控制的基础理论研究"汇报交流会(1998年,北京)

前排左起:涂奉生,陈宗基,李训经,陈翰馥,冯纯伯,吴澄,郑大钟,黄琳
后排左起:张纪峰,冯德兴,蔡开元,刘智敏,费树岷,陈彭年,郭雷(北航),
陈文德,朱允民,程代展,姚鹏飞,刘康生,谭民,田玉平,洪奕光,郭宝珠,王龙

"复杂系统控制的基础理论研究"结题汇报会(2001年,北京)

前排左起:王成红,韩京清,郑大钟,陈翰馥,冯纯伯,张嗣瀛,金铎,李训经,黄琳,徐孝涵
中排左起:蔡开元,陈彭年,刘康生,程代展,姚鹏飞,涂奉生,王龙,郭雷,朱允民,常金玲,张纪峰,刘智敏
后排左起:郭宝珠,赵军,田玉平,谭民,陈文德,王永祥,冯德兴

在第八届国际自动化联合会(IFAC)大会期间(1981年,日本京都)

与美国明尼苏达大学教授 G. R. Sell(右)合影(1982年,上海)

与学术界同行合影(1990年,上海)

左起:雍炯敏,T. Banks,李训经,周鸿兴

在复旦大学东苑宾馆外(1990年)

左起:彭实戈,陈叔平,A. G. Butkovskiy,李训经,雍炯敏

与 T. Duncan(中)和 T. I. Seidman(左)两人合影(1998 年,杭州)

与 N. El Karoui(右)合影(1998 年,杭州)

与国外专家及学生合影(1998年,杭州)

左起:周迅宇,Tomasz R. Bielecki,汤善健,雍炯敏,Suzanne M. Lenhart,李训经

IFAC大会在人民大会堂前合影(1999年,北京)

左起:林威,A. Isidori,K. Baheti,李毅明,李训经

四、师生情谊

全国控制理论及其应用年会留影(1988年,泰安)

左起:彭实戈,钱春江,李训经,陈叔平,雍炯敏,胡瑛

与彭实戈(右)合影(1989年,复旦大学)

与学生林威(女婿)合影(1995年,香港)

1997年在美国克利夫兰

左起:林威,雍炯敏,李训经,陈叔平,朱其吉

与学生雍炯敏(右)、张旭(左)合影

2000年在复旦大学与学生陈启宏合影

2001年5月15日在上海宝隆宾馆与部分学生的合影

前排左起：刘丽婉,李训经
后排左起：洪文明,于江,周渊,汤善健,吴汉忠,雍炯敏,彭实戈,刘道百,马进,朱尚伟,陈叔平,陈启宏,高夯,周迅宇,潘立平,汪更生,刘康生,楼红卫

序 言

  这是一本由一群人写的文章结集而成的书,每人写自己的故事,但都围绕着同一个人——我们的老师李训经。这本书不是应景之作,更不是受命之作,缘起于大家对李训经老师发自内心的情感。

  我们都是李先生的学生,大多数是在"文革"结束恢复高考以后跟李先生学习的,有些是李先生的正式研究生,有些是不记名的弟子。在大家的心中,李先生都是我们走上学术道路不可或缺的"贵人"。我们念书的时间先后不一,年龄差距很大,经历各不相同。每个人只把自己认为有趣、值得记录的东西写下来,没有任何其他目的。唯其真,因而可贵。

  李训经老师离开我们已有20年,我们大多数也已过知命之年,研究生岁月则更加遥远了。"绍兴老酒越陈越香",许多事,特别是和李老师在一起的时光,经过时间洗礼后,会有更真切的感受和回味。很多琐碎的小事,恰恰能引起共情和共鸣,勾起很多回忆,展现一个真实、丰满的李先生。

  李先生算不上"才华横溢",也没有"崇高"的地位和"显赫"的光环。但如果抛开世俗的观点,他一生的贡献和价值并不输于很多"名人"。李先生一生对学术的追求孜孜不倦、心无旁骛;李先生对学生满腔热情,真诚相待,因材施教,严格要求又毫无保留地给予帮助;李先生心胸开阔,为人淳朴,严于律己,重视团结合作;李先生具有能跟上时代的学术敏感性、前瞻性和包容性,重视理论联系实际和国际合作,带出了一个在国际上有关领域里有相当影响的团队。平凡中蕴含了不平凡!

这本书不仅描画了我们心中的李先生,也反映了那个时代的一个侧面:我们当年是怎么读书和做研究的,我们的老师是怎样带我们的;当年的环境条件,当年的复旦,当年的热血青年……集体的历史由大家一起来写更全面、更丰富、更客观、更真实。作为一段历史,恐怕也是这本书的意义和价值所在①。

陈叔平　雍炯敏　汤善健
2023 年 1 月

---

① 出于对作者的尊重,本书编者没有对文章的内容做本质的改动,故各篇文章的观点不代表编者的观点。

目 录

星星点点忆父亲(李毅明) / 1
亦师、亦父、亦友——缅怀我的岳父、数学家李训经教授(林 威) / 10
缅怀我的启蒙导师李训经先生(谢惠民) / 40
忆我的老师李训经先生(马 进) / 46
我的科研启蒙导师——李训经(王银平) / 58
良师益友终生难忘——回忆李训经老师(陈叔平) / 60
李训经老师教我做研究(朱其吉) / 69
纪念李老师(岳 荣) / 79
纪念李训经先生(郑惠恒) / 83
严师慈父李老师(周迅宇) / 85
纪念我的博士生导师——李训经先生(胡 瑛) / 88
往事如烟——纪念李训经先生(彭实戈) / 92
我的成长经历——与李训经先生20多年的交往(雍炯敏) / 97
怀念李训经先生(潘立平) / 130
教授是怎样从硕士炼成的——缅怀我的博士生导师李训经
　先生(刘康生) / 133
李训经先生和我的一些事(黄建雄) / 141
回忆李训经老师(胡建强) / 144
常想起您,李老师!(汪更生) / 146
我的老师——李训经教授(高 夯) / 149
无私授道　甘为人梯——怀念恩师李训经先生(陈启宏) / 159
李先生琐忆(朱尚伟) / 166

回忆李训经老师(朱大训) / 175
缅怀李训经先生(项筱玲) / 179
缅怀李训经老师(刘壮一) / 183
忆李训经老师(华宣积) / 185
回忆李训经先生(张平健) / 188
李训经老师及他创建的"Fudan School"对我的影响(张　旭) / 191
忆李训经老师(楼红卫) / 257
追忆李训经先生(张建丰) / 263
纪念李训经先生(许亚善) / 265
我的复旦学习之旅——忆李训经老师(卢卫东) / 267
我所知道的李训经先生(周海浪) / 275
铭记的往事——忆李训经老师(周佐益) / 279
忆李训经老师(洪文明) / 283
谆谆教诲犹在耳边　音容宛在师恩永存——缅怀恩师李训经先生
　(钱春江) / 285
追忆往昔,思之泫然——我与李训经先生的三面之缘(陈增敬) / 295
一代宗师,薪火相传——追忆李训经先生(吴　臻) / 299
回忆与纪念李训经教授(嵇少林) / 302
怀念李训经教授——纪念李训经先生辞世20周年(姚鹏飞) / 303
深切怀念李训经先生(张纪峰) / 305
先生之风山高水长——纪念李训经先生辞世20周年(李　娟) / 307
李训经先生鼓励我做几何控制理论研究(王　红) / 309
追忆李训经老师(翁锡赟) / 312
砥砺德行　泽惠后人——纪念李训经先生辞世20周年(刘　斌) / 314
李训经先生和他的时代：琐忆与散记(汤善健) / 316
致谢 / 365

星星点点忆父亲

李毅明①

    2003年2月9日，父亲永远地离开了我。父亲从确诊胰腺癌到去世只有短短的9个月，疾病来势凶猛，把父亲折磨得骨瘦如柴。虽然父亲很坚强，积极配合着医生的治疗，怎奈癌中之王太凶险，终究是回天乏术，令人怅然。父亲生活很自律，身体一向健康，没有老年人的慢性病、基础病，注重每年的体检。我从未想过，父亲会在68岁这么"年轻"的年纪就离我而去。

    时间飞逝，转眼父亲去世已经20年，我也从青年开始慢慢步入中年，渐渐走向老年。虽然过去了20年，但在华山医院陪伴父亲治病的几个月恍如昨日，那是我有生以来经历的最深的痛，刻骨铭心的痛，是对生离死别的无能为力。恰如古希腊哲人伊壁鸠鲁所言，（亲人的）死亡更多的是生者的不幸。2002年5月初，我接到母亲的越洋电话，说父亲检查情况不妙，在这之前的两个月，父亲一直感觉腰酸，而且胃也时常不舒服，他自认为是腰肌劳损和春节期间东西吃多了不消化，没太当回事，因为每年体检从没有什么大问题，直到4月底眼睛和脸部开始发黄，才开始重视，去医院检查。我在2月份就买好了一家5月初去阿拉斯加度假的机票，接到母亲的电话后，赶紧退机票，再订回中国的机票，联系纽约的朋友，帮忙办加急回国签证，一切都办好，回到上海已是一星期后。

    到上海的第二天早晨，我就去长海医院陪着父亲转院去了华山医院，父亲去了华山医院治疗后就再也没有出来，其间有去过华东医院，后又转回了华山医院。我在华山医院陪了父亲3个月，目睹了病痛发作时父亲难受的

---

① 李训经先生的女儿。

模样,疼痛折磨着他,有时要靠打止痛针缓解。父亲住院前期,每天来看望他的同事、学生、老同学和亲朋好友络绎不绝,有的学生从国外赶回来看他,送的鲜花都摆放到了病房门口的走廊上,同病房的病人说,这个老师的学生和朋友可真多。父亲教书育人几十年,桃李满天下。为了治疗父亲的疾病,我们通过南京的亲戚找了华山医院治疗胰腺癌最好的专家,本来制定的方案是手术,后来经过全面检查发现,父亲的癌症已经扩散到肝脏,肝上也有两个肿瘤,这时手术治疗的意义已经不大,医生建议先做肝脏的介入治疗,等肿瘤缩小后再考虑手术。介入治疗的效果并不理想,肿瘤也没有缩小很多。到了8月初,由于胆汁外流,父亲全身泛黄要开刀引流,从那以后父亲身上就多了一根管子和一个袋子,稍微碰一下管子,疼痛就会加剧。父亲很坚强,见人还是面带笑容,云淡风轻。但作为女儿,我心知肚明,心痛如绞。

我8月中旬回美国处理一些事,然后又在12月中旬赶回上海,那时父亲的精神已大不如从前,人也消瘦得很厉害,聊天时说梦到了凯西和凯文(我女儿和儿子)。我知道父亲想他们了,父亲和他们相处的时间,从他们出生到父亲去世,总共一年左右,其中包括这些年我们回国探亲和父母来美看望我们。他们在一起的时间虽然不长,但父亲对他们的爱浓烈炽热,溢于言表。1997年初父亲来美,我女儿凯西刚好4岁,我正在开始教她数数,从1数到100,每次数到带9的数,像9后面是10,19后面是20,以此类推,凯西大多数时候会卡顿。教了几次后我先生对女儿说:"你怎么这么笨,我像你这么大的时候,教一遍就会了。"父亲马上问我先生:"你怎么知道你教了一遍就会了,谁告诉你的?"问得先生哑口无言,我听得哈哈大笑,然后父亲又开始耐心地教凯西数数了。凯西喜欢看电影《大白鲨》,看时会怕,看后更不敢自己一个人睡觉,拉着我父亲陪她一起看电影,晚上陪她一起睡,父亲很高兴地担当起"二陪"的工作。闲时父亲还和我女儿一起拼乐高,两人玩得不亦乐乎。

父亲对他的学生而言是一位严师,对我而言他就是一位总是面带笑容、亲情满满的慈父。凯西和凯文他们夏天回来了一段时间,也去医院探望了外公几次,那种在医院相见,而不知以后还有没有机会再见的感觉,真的令人内心酸痛,欲哭无泪。

儿子当时还不满 5 岁，不停地问我外公的毛病什么时候能好，什么时候能回家，问得我无言以对，不知该如何回答才好。儿子还记得外公在美国陪他玩，陪他骑自行车，和他一起抓螃蟹，一起旅行的快乐时光。他希望外公的毛病能快点好，再去美国陪他玩。我接到母亲的电话后，退了去阿拉斯加的机票先赶了回来，先生带着我婆婆和两个孩子到阿拉斯加开会，他们比我晚了两周回上海。听我婆婆说凯文在机场闷闷不乐，还偷偷地抹眼泪，问他怎么了，他说想外公了，问外公现在生病了，会死吗？我婆婆听了很难过，跟我说这孩子太懂事了。

父亲祖籍山东莱阳，1935 年出生在一个小业主家庭，他是家中的长子，下面还有 7 个弟弟和妹妹。他品学兼优，积极向上，奋发努力，有所作为，在山东大学数学系读书期间被选为学生会主席。1956 年大学毕业后，他又考取了复旦大学数学系的研究生，师从著名数学家陈建功教授。陈建功先生知识渊博，治学严谨，是 1955 年中国科学院学部委员（当时仅有 7 名数学学部委员）。父亲以他的聪明才智、扎实的专业知识和刻苦勤勉，成了陈建功先生的研究生。若干年以后，在一次全国高校校长的会议上，陈建功先生碰到了山东大学的老校长成仿吾先生，他对成仿吾先生说，你那里考来的两个学生，我是满意的。陈先生口中的两个学生，就是夏道行教授和我父亲。父亲研究生毕业后，就留在了复旦大学，此后一生都在复旦任教直到去世。他教出了也带出了很多优秀的本科生、硕士生、博士生和博士后。

父亲是数学教授，不但聪明、睿智，而且博学多才，有时还有点小幽默。母亲是他的大学同学，在上海第二工业大学数学系任教，给学生上高等数学课。每次上课前，母亲都会备课到很晚，父亲为了让母亲早点休息，总会和母亲开玩笑说，你高等数学都教了几十年了，每次备课还备得这么辛苦，是不是自己的基础知识不扎实啊？母亲反驳说，不是基础知识不扎实，而是认真。父亲莞尔一笑，遂帮母亲收拾书本，要她早点休息。父亲交友甚广，和同行或学生聊天都能侃侃而谈。他为人非常善良，大学时期的老师张学铭教授生病后，他和陈祖浩教授将他们出书的稿费，全部送给了张学铭教授，用于他的治病和家庭生活。父亲还是一个有责任、有担当的人，在他求学时期，家道中落，因兄弟姐妹多，家中负担重，他作为长子，承担了抚养弟弟和妹妹们的责任。他研究生毕业后的工资是每个月72元,只给自己留下20元的伙食费和买书的钱,其余的都寄回了家,帮助父母抚养弟妹长大成人,十几年如一日,从没间断过。他自己的小家庭,即我们一家是靠着我母亲的72元工资维持着。记得小时候外婆就开玩笑说,她的小女儿(我母亲)是为别人家养的。但外婆是完全赞同这门婚姻的,她老人家很器重我父亲的学识和人品。母亲很伟大,支持了父亲一辈子,从来没有怨言。父亲也很孝顺,外婆跟随我们一起生活了几十年,他对外婆也很好。每天早晨最早起来的是父亲,他会准备我们的早餐,把我和外婆喝的牛奶热好后放在锅里保温着。我们家吃饭的方桌是靠着东面窗的墙放着,光线从东窗射进来,较敞亮,父亲独自一个人面朝南而坐,母亲和外婆并排坐在父亲的右手边面朝东,桌上放着菜,只要吃鱼,父亲总会细心地将鱼肉里的刺一根一根挑出,然后放到母亲喂外婆的小匙内,再让母亲喂进外婆嘴里。外婆92岁那年得了老年痴呆症,生活不能自理,只要父亲在家,就会帮着母亲一起照顾外婆,给外婆喂饭,帮外婆穿衣。爷爷70多岁时得了喉癌,父亲很是着急,托朋友帮爷爷联系了北京一家部队医院,让在天津工作的大姑陪爷爷去做放疗,最终爷爷战胜喉癌得以痊愈。父亲是个急性子,但做事情却很仔细,比母亲仔细很多,干什么都有模有样。衣服叠得整整齐齐,旅行的行李箱也摆放得井然有序,就连我婆婆来美国看望我们时带的行李箱,里面的东西都是他帮着摆放的。我婆婆不懂英语,我们将我婆婆在美国转机时可能会碰到的问题,都用中英文写好后,用邮件发给了父亲。父亲将它们整理归纳好后打印出来给我婆婆,方便她在美国机场遇到问题时,可以指着中文对应的英文,寻求老外的帮助。父亲不但学问做得好,在生活上也是一把好手。我们家有一个工具箱,里面的工具很齐全,家中东西坏了,大多数时候他能自己修好,动手能力很强。1997年的冬天父亲在我家,二楼一个卫生间的挂钩松动了,不是简单的拧螺丝,因为挂钩是嵌在瓷砖里的,我们不知道怎么弄。父亲看了看,让我开车带他去买一些材料,回来没多久挂钩就被父亲修好了。所以我经常和我先生开玩笑说,他虽然是学工科出身,但动手能力比我差,和父亲比起来更是相差十万八千里。父亲还做得一手好包子,每年春节,从发面到揉面再到包包子,最后上笼屉蒸包子,都是他一手包办,直到现在我都很怀念父亲做的包子。我包子包得不错，都是那时跟着父亲学的。

在我儿时的印象里，父母的工作一直都很忙。他们那一代的知识分子，经过"文化大革命"，一直在接受所谓再教育，不是去农村，就是去工厂改造锻炼。我们家先是我母亲去"五七"干校，每到周末父亲就骑上自行车带着我奔向广阔天地，去上海某郊县的"五七"干校和母亲会合。直到今天我还有一些印象，我坐在父亲的自行车上，看着乡间小路旁边盛开的油菜花，在自行车上高兴得手舞足蹈。到达目的地，我就和农村的孩子们一起赶鸡赶鸭，玩得不亦乐乎，不愿意回城，乡村生活对于在城市里长大的孩子是新鲜的、好奇的。母亲"五七"干校的生活结束后，父亲就去了上海炼油厂，是他主动要求去的，为了做到理论和实践相结合。父亲在上海炼油厂干了大约半年，吃、住也在炼油厂，平时几乎见不到他。那段时间都是外婆在上海陪着我和照顾我。通过半年多的努力，他负责研制的炼油厂常压蒸馏航空炼油质量控制的数学模型研究，获得了1977年上海市重大科学技术成果奖。"文革"结束后，中国是百废待兴，大学也一样。父亲忙着做学问、带学生，出国开会访问交流，在此期间他的科研成果拿了一些奖，如1989年的国家自然科学奖四等奖、1992年的国家教委二等奖、1995年的国家教委三等奖和1999年的上海市科学技术进步奖一等奖，他还荣获了2001年上海市优秀教育工作者称号。我没有什么值得让父亲骄傲的，但父亲确实让我引以为傲。

父亲爱他的母校山东大学、复旦大学。凡山东大学有任何需要他做的事，他从来不推诿，总是努力担当。1980年代初，他应邀出国访问讲学，用讲学的部分收入2 000多美元，买了一台当时很先进的计算机送给了复旦大学数学系。父亲为人毫无心机，总是与人坦诚相待，且专注学问，一心向学，学业精湛。父亲是个热心人，有一位山东老乡的儿子是学工科的，对学习高等数学感到一定的困惑，遂请父亲辅导。父亲利用寒假，每晚给这位恢复高考第一届的大学生(77级)辅导个把小时，逐章讲解并总结，一章一章，逻辑严密，结构清晰，起承转合并辅之以解题。最后，父亲高屋建瓴地对他讲：学好高等数学，一是要循序渐进，踏踏实实；二是要有连续性、整体性认识，不能将其弄得支离破碎；三是对关键点一定要有深刻认识，抓住抓紧，并通过中间环节的推导将关键点联系起来。并说极限理论、求导是最关键的，还有Taylor级数、Lagrange中值定理等，弄清楚它们之间的关系，把它们贯通起来，你对这门课程就有了系统性、整体性认识；从这样的高度再去理解各章节，就会更加清楚了。后来，这位学生的高等数学取得了优异成绩。因为父亲工作比较忙，所以我从小到大的学习主要是母亲在管，现在有时会想，如果是父亲管我学习，会不会有个不一样的我？

1980年代初，中国的旅游业还不发达，但"上有天堂，下有苏杭"我还是听说过的。记得我大二的暑假，父亲正好要去浙江大学办事，我也就跟着他一起去了杭州，住在浙江大学招待所里，那也是我第一次去杭州。时间不长，只有短短的两天，好像也是我出国之前，在国内唯一的一次和父亲一起旅游的经历。我们在西湖边上租了两辆自行车，沿着西湖的苏堤和白堤，一边骑着自行车，一边看着西湖的美景，按现代人的观点是既锻炼了身体，又欣赏了风景，一举两得，第二天我和父亲还一起去参观了灵隐寺，直到现在我都印象深刻。第二次和父亲一起在国内旅游是1999年的夏天，国际自动控制联合会（International Federation of Automatic Control，IFAC）在北京召开会议，我们一家从美国飞到北京，父亲从上海飞到北京来开会，我们一起在北京玩了几天，然后一起回到上海。和父母旅游比较多的还是在美国。1992年夏天，父亲来美国访问讲学两个多月，母亲也和他一起来看望我们，我们一起游览了当地城市圣路易斯，后来又开车4个多小时去了芝加哥，还租了一艘游艇在湖里开，开到游艇搁浅，等待救援，折腾了好久，现在有时想起还会觉得很搞笑。1997年的冬天，父亲来到克利夫兰，和我们一起生活了两个月，其间我们开车3个多小时，去了尼亚加拉大瀑布。冬天的尼亚加拉大瀑布，游轮是没有的，到处都是冰雕，也别有一番风味。在这两个月里，他还见到了几个得意门生，师生相见，甚是愉悦欣慰。

2000年的夏天，父母又一起来美看望我们，我们租了一辆大面包车，带着他们和父亲以前的硕士生、后来是我先生的博士生钱春江夫妇一起往美国东部开，这次旅行父亲和我先生见到了他们多年没见的老同学、老朋友和学生，旅途中的大部分落脚点都在同学、朋友和学生家，我开玩笑说这是一次"穷"游的旅程，节省了一笔酒店开销。在康涅狄格州，父亲的一位朋友在杜邦公司工作，我们在他家住了一晚，老朋友相见，分外高兴。父亲的这位老朋友有时会打电话来和他讨论问题,美国的白天就是中国的夜晚,不管多晚父亲都会接电话,就他提出的问题一起讨论。

在华盛顿特区,我们参观了林肯纪念堂、杰斐逊纪念堂、国家美术馆、几个博物馆、华盛顿纪念碑、美国国会大厦、白宫和阿灵顿国家公墓。去参观白宫的那天,由于排队的人很多,队伍比较长,我先生没有耐心排队等待,就领着大家看了一下白宫的外景,直到现在母亲都觉得很遗憾。在纽约,我们住在先生读研究生时的同学家中,老同学很热情,到的第一晚带我们去了一家韩国餐厅,点了一大桌吃的,其中有道菜他先不告诉我们是什么,让我们吃了以后猜猜看。那是一盘切得细细的丝,可以蘸着酱汁吃。我们只是觉得很好吃,但谁也没有猜出来是什么,最后他告诉我们是生牛肉,这是我们有生以来吃的第一顿生牛肉,也是唯一的一次。因为觉得好吃,所以我们回到克利夫兰后也去韩国餐厅,想再吃在纽约吃过的生牛肉,可我们那的韩国餐厅没有,再后来由于疯牛病,就不敢吃生牛肉了。在纽约,我们参观了自由女神像、帝国大厦、联合国总部、第五大道、华尔街、世贸大厦等地方,还参观了停在纽约港的航母。一年后的2001年9月11日,恐怖组织袭击了纽约的世贸大厦,两座大厦被飞机撞击后轰然倒塌,现在有时看到相册里世贸大厦的照片,觉得很珍贵。先生有位复旦大学的好朋友住在新泽西州,我们在结束纽约的旅程后开车去看望先生的好朋友,在他家吃了一顿午饭。朋友的太太听说母亲在旅途中只能吃中餐,吃不惯西餐,尤其不喜欢吃奶酪,很贴心地给了母亲好多罐八宝粥,朋友夫妇还很热情地带着我们一起参观了西点军校。刚到波士顿,我们住在父亲的学生胡建强家中,胡建强是在哈佛大学读的博士,毕业后在波士顿大学任教。他先带我们参观了哈佛大学,以及和哈佛相望的麻省理工学院,再带着我们去海边散步,然后请我们吃龙虾海鲜,我们都说是沾了父亲的光。父母山东大学的老同学陈之华也在波士顿,盛情邀请我们去她家住了一晚。开车回来的路上我们又去了尼亚加拉大瀑布,这次坐了游轮,体会到了大瀑布的壮观,和冬天的景象截然不同。回到克利夫兰家中我们休息了两周,母亲还想去美国西部看看。父亲1983年在美国待了一年多,他自己去过美国西部,但为了母亲,决定陪她再去一次,我就给他们报了一个七天六夜的旅游团,他们老两口就跟着旅游团玩了洛杉矶、旧金山、圣地亚哥和黄石公园,在旧金山还见到了另一对大学老同学夫妇。2001年夏,时隔一年,父母再一次来到美国看望我们,我们又一起开车先到底特律,帮母亲办了去加拿大的签证,然后开车去了加拿大的多伦多、渥太华和蒙特利尔。在多伦多我们参观了CN塔、市政厅和多伦多大学。在加拿大首都渥太华我们参观了渥太华国会大厦,大厦由3栋哥特式建筑组成,还可以登上展望台,欣赏渥太华的全景。我们还游览了渥太华的总督府,总督府里绿草茵茵,姹紫嫣红,景色十分怡人。在蒙特利尔我们参观了蒙特利尔圣母大教堂,它是北美最大的教堂,据说是参照法国巴黎圣母院样子建造的,有小巴黎圣母院的称号。我们在蒙特利尔时正好碰上音乐节,看了一些音乐表演。回程中我们又在加拿大那边看了不一样的尼亚加拉大瀑布。我们这次就是纯粹的旅行,几乎没见什么朋友,只在蒙特利尔时,先生的一位好朋友招待了我们。父亲后来自己还飞去维多利亚开了会,会议结束后,父亲就从加拿大回了国,母亲晚了一星期从美国飞回中国。半年后,父亲就感觉身体不适,住院检查治疗直到去世。人生无常,你永远无法知道明天和意外哪个会先到。

在我人生的成长过程中,父亲一直要求我做一个正直、善良、诚实、平凡但向上的人。从小到大,我每天都要喝一瓶牛奶,有时父亲还会在牛奶里打一个水煮蛋。牛奶对今天的年轻人来说已是非常普通的早餐,任何超市都有卖。但在1960年代的中国,牛奶是很稀有的。由于父母都是大学讲师,因此我们家当时可以订两瓶光明鲜牛奶,一瓶我喝,另一瓶我外婆喝,父母用他们自己的实际行动,让我从小就学会了什么是尊老爱幼。由于我不爱喝加了鸡蛋的牛奶,因此有时就会趁父亲不注意,将牛奶悄悄地从窗口倒掉。有次住在我家隔壁的叔叔正好在楼下晒被子,看到了我倒牛奶的这一幕,他将此事如实告知了我父亲,为此父亲和我长谈到深夜。由于我一直不肯承认错误,父亲就不厌其烦地给我讲道理,直到我认识到自己的错误。还有一次,我将早上不爱吃的白馒头扔在煤筐里(当时是烧煤炉的),自认为做得很聪明,没人会知道,但第二天父亲就发现了,他二话不说将已经变得又黑又硬的馒头"清理"了一下,重新蒸好后让我吃下去。我一边哭着一边吃完了"黑"馒头,父亲才语重心长地教育我,不能随便浪费食物,要体会农民种粮食的辛苦。父亲从来不会打骂我,只有在他苦口婆心的教育后,我还犟头倔脑地死不认错时,会拧着我的耳朵问,听明白了吗?自己错在哪里?父亲对我教育的点点滴滴写也写不完,只能记下一些在我儿时发生过的,我人到中年还记忆犹新的事。

往事依稀犹然在,都随岁月到心头。回忆虽然零散琐碎,但承载了我和父亲在一起时的美好时光。上述林林总总,算是我对父亲星星点点的忆念,对父亲的纪念与怀念永远存于我心。王阳明言,心备万物,心有则有。从此意义而言,父亲永远与我同在,与我们同在。

亦师、亦父、亦友
——缅怀我的岳父、数学家李训经教授

林 威[①]

一、引 言

2003年2月9日,我的岳父、数学家李训经教授因患胰腺癌在上海华山医院去世,从发病确诊到去世才短短9个月,他便永远地离开了家人和遍布世界各地的复旦弟子。他去世时,我的太太才从上海回到克利夫兰不到10天,当天我还在给凯斯西储大学的本科生及研究生上最优控制课。在岳父生病期间,我和太太及两个小孩曾于2002年夏天回上海陪伴他,我还趁10月到11月受邀访问日本几所大学期间,特意从东京飞回上海,在华山医院陪护了岳父几天。但在他老人家生命的最后时刻,由于中美两国飞行距离、时间的因素,中美大学不同的开学、放假时间,以及我们两个年幼小孩上学和假期限制,以致无法陪伴在岳父身边,送他走完人生最后的旅程。这成了我们夫妻心中永远的痛,是我们人生的一大憾事。随着岁月的流逝,我们自己逐渐成长,渐渐变老,故时常感慨命运的捉弄,父女、父子、亲人之间的"阴晴圆缺,家事世事,古难全"。

岳父离开我们20年了,我和他从1986年5月初见,到2003年短短17年的师生、翁婿之缘、之情,从学术研究讨论班指导,到研究方向探讨,从同事、师生之缘,到知心、相惜,再到日常生活里的亲情,至今都深深地镌刻在

[①] 李训经先生的女婿,凯斯西储大学教授。

我的脑海里。无数次梦里,都会闪现与岳父在一起讨论各种研究方向、关键性问题、可行的方法和路径。岳父的学术成就、治学态度和研究的方法与思想,为我的学术生涯和研究树立了榜样,可以说深刻影响了我的研究、治学以及培养、指导我的学生的理念和方式,尤其是博士研究生的培养。借他去世20周年缅怀之际,我把与他亦师、亦父、亦友之缘,用文字记载下来,希望他的学生和更多学子,能从一个近距离、特殊的视角,来了解李训经教授作为复旦学派领导人、创始人和数学家的学术生涯以及他的生活点滴。

二、应聘复旦

1986年5月,经过两年半的研究生课程学习及硕士论文答辩,我从华中工学院(现名:华中科技大学)自动控制和计算机系毕业,分配到了复旦大学数学系控制科学专业任助教。也许是冥冥之中命运的安排,我与复旦大学数学系和岳父的缘分从研究生毕业之前9个月就已经拉开了序幕——虽然当时岳父还在国外几所大学作学术交流、访问而不在复旦。

1985年秋天,在上完一年半硕士研究生课程后,我开始了硕士学位论文研究。由于我在1984年秋到1985年夏期间取得了一些进展,因此把硕士阶段做的研究结果分别投稿到《自动化学报》《控制理论及应用》和《机器人》杂志。同时我和硕士研究生同学、好友刘美华,花了两个多月,将我们合作的自适应控制机器人的研究结果,用老式打印机打成2篇英文论文,在华中工学院外办仔细审核和确认无泄露国家机密后,分别投稿到了 *Int. J. Control* 和 *IEE Pt. D* 两个国际期刊,很快在1985年秋季被接受并在做些微小修改后将发表。

当时国家开始放宽研究生出国留学政策,我的同学中,尤其是在北京、上海念书的,有些已经选择公费或自费出国留学。在出国留学浪潮影响下,我选择了研究生毕业后不留校,而计划去比武汉更开放的上海某个大学执教,然后出国攻读博士学位。也许是命运的巧妙安排,我的这个愿望和计划将逐步变成现实。1985年秋天,当时复旦大学数学系的李明忠教授到武汉大学参加该校数学系研究生答辩,这促成了我和李明忠先生第一次在武大的见面和交流。在我的人生旅途和学术生涯中,李明忠先生是促使我进入复旦大学任教的伯乐。在李明忠先生访问武大的几天时间里,我从华中工学院的喻家山到武汉大学的珞珈山两次拜访了他,并详细介绍了我的研究工作。李明忠先生的研究方向是积分方程,对我自适应控制的研究工作虽然不太了解,但他在两次交谈后,似乎很欣赏我当年做研究的初生牛犊不怕虎的精神,李明忠先生的极力推荐促成了我1986年初赴复旦大学数学系的面试。由于岳父大人当时还在美国访问,因此他委托了控制科学和常微分方程专业的金福临先生和孙莱祥老师对我进行面试。面试进行得很顺利,也许是已经接受的2篇英文论文和几篇国内自动化最好杂志接受的文章起了敲门砖作用,金先生和孙老师面试后就基本拍板让我硕士毕业后来复旦大学任教。1986年4月底我在华中工学院通过了硕士论文答辩,5月初从武汉汉口登船,坐了3天3夜长江轮船抵达上海,开始了出国留学前在复旦大学数学系从助教到讲师的3年执教生涯。这也开启了我和岳父从教研室同事、讨论班中时常争吵的师生,到周末常去岳父家吃饭、侃大山、海阔天空探讨各种控制论问题和人生的饭友,再延拓成亲朋,最后成就了我们从1989年到2003年跨世纪但短暂的14年翁婿缘。

三、初见岳父和基础培训

我至今记得第一次在岳父住的复旦大学教工第七宿舍家中见到他的情景。1986年5月底,岳父刚结束了在美国几所大学一年期的交流访问回到上海。我从5月初在复旦大学报到、入职上班快一个月了,还没在数学系600号3楼控制科学教研室见过他。听说他回国了,我就直接去岳父家里拜访他,并介绍、汇报一下硕士期间做的研究工作。那天是周六,太太当时在上海机械学院念大三,刚好周末回家,是她帮我开的门,这也是我第一次见到我的太太。第一次见面,岳父很平易近人,和蔼可亲。令我印象深刻的是,一旦讨论起研究问题,他就变得非常认真和严厉,且毫不留情面。他讨论从来都是对事不对人,这一点后来3年在岳父组织的自适应控制和随机控制两个讨论班中我有深刻的体会,想必他所有的研究生在这点上都应该有共鸣。第一次见面,岳父作为数学系控制科学教研室的主任,对我这个刚刚参加工作,从华中工学院工科专业跨行到复旦数学系理科专业的青年教师,已经有了他的系统培养计划和安排。他为我精心设计的数学基础培训,为我后来在圣路易斯华盛顿大学攻读博士学位以及至今几十年学术、研究生涯打下了坚实基础。直到今天,依然受益匪浅。

岳父的观念很清晰,他认为想在复旦大学数学系控制科学专业做个称职的教师,搞好教学和科研,我工科专业所学的工程数学远远不够,应该先扎扎实实补好我的数学基础,且要用复旦数学系的标准来考核。通过第一次面谈,他了解到我在本科和研究生期间已系统地自学了菲赫金哥尔茨三卷共八册的《微积分学教程》,还做过大量吉米多维奇著的《数学分析习题集》的题目,他就建议我可以跳过复旦数学系的数学分析课程,从常微分方程、概率论、数理统计开始,再逐渐过渡到拓扑及实分析等。因此,在复旦大学3年工作期间,我除了给生物系本科生上高等数学(同济大学版,当时为工程专业本科生高等数学通用教材)外,还给数学系多位老教师担任过助教,同时还与数学系本科生一起上课。我系统地上过的课程包括李君如老师的"常微分方程",徐家鹄老师的"概率论",屠伯埙老师的"高等代数",以及须复芬老师的课,这些都为我后来在圣路易斯华盛顿大学的博士学习打下了坚实的基础。现在回想起来,如果没有在复旦大学数学系3年踏踏实实的基础训练,仅凭原有的工科底子,很难想象我在华盛顿大学系统科学和数学系能4年取得博士学位,尤其是顺利通过了两年半繁重的博士学位课程,其中多门是数学专业课,如实分析、拓扑、泛函分析及微分几何和流形等。

四、随机控制、分布参数系统和自适应控制讨论班

从1986年9月开始到1989年8月出国,我在复旦大学主要的学术活

动是每周参加岳父组织的两个讨论班。一个是分布参数系统和随机控制讨论班,初始成员有马进、王银平、胡瑛、周迅宇和我,以及教概率论的徐家鹄老师。马进1987年夏天去了美国留学,周迅宇大概1987年底或1988年初去了日本做联合博士培养。他们俩离开不久,两位新成员又加入了这个充满活力的讨论班。一位是从普渡大学博士毕业又在得克萨斯大学奥斯汀分校做完博士后的雍炯敏,1987年底回到复旦任教,马上就加入了这个讨论班;另一位是从法国博士毕业后1988年到复旦大学做博士后的彭实戈。因为我当时的研究方向既不属于分布参数系统,也非随机控制,所以在这个讨论班上我属于旁听,只参加但不做报告。虽然有很长一段时间我未涉及这两个方向的研究,但在这个讨论班受到的熏陶和潜移默化的影响,促发了20多年后我开展的几个新研究方向,比如泛函型、时滞无限维系统的控制问题,采样随机控制系统镇定,以及随机齐次系统稳定性等课题的研究。

我参加的另一个讨论班是由岳父组织的自适应控制讨论班,成员包括王银平、我、陈善本,还有当时几位岳父的硕士研究生,其中有两位女生。我们几个人每周轮流做学术报告。每个报告人可能至今都不会忘记在岳父这个每周3小时讨论班中的宝贵经历和各种磨炼。"挂黑板"、被"为难发难"或受"严厉训斥"等都是家常便饭。我至今还铭记3年讨论班中学到了几个做研究的基本要素。比如如何判断和挑选重要、主流的研究方向和问题,如何做研究,什么是好的研究,什么是开创性研究。岳父常常对我们强调,在他的讨论班中,没有什么权威不能质疑,科学研究只有真理,没有高低辈分之分。不要轻易迷信任何学术权威、专家的断语,对名家研究的成果和已发表的、即使是在顶级学术杂志的论文,不要轻信,要敢于提问、质疑、挑错。

至今我还记得当年在讨论班报告英国学派关于线性随机系统自校正极点配置论文时的一段难忘经历。当时,我对基于微分几何方法的现代非线性系统控制和Lyapunov稳定性理论的了解甚少,几乎完全没有基础且不太懂。当我在讨论班报告如何通过自校正算法配置极点,以保证自适应系统闭环稳定性时,受到了岳父的严厉质问和质疑。他指出线性系统的自校正控制本质是个非线性问题,而不是线性控制问题。对非线性系统谈论极点配置来保证稳定性,毫无意义且观念是错的。原因当然很简单,因为

Jacobi 猜想通常是不对的。后来我在圣路易斯华盛顿大学师从 Byrnes 和 Isidori 念博士和做博士后，和他们讨论研究问题时再次碰到了类似的问题，由此回顾我在复旦讨论班的经历，才体会到自己 1980 年代做的研究工作之肤浅和不足。从自校正极点配置的讨论，岳父进一步引申出了钱学森和宋健著的《工程控制论》书中提到的冻结系数法。此方法虽然被工程人员广泛使用且非常直观，但理论上有反例。比如，即使一个线性系统具有缓慢变化的系数甚至是慢周期变化的系数，即使线性慢时变系统的特征根全部在左半平面，此系统仍可能完全不稳定。这个讨论以及后续的各种自适应控制问题的探讨，启蒙并激发了我对非线性动态系统、稳定性理论和基于微分几何方法的控制理论的极大兴趣，最终导致我出国后选择师从 Byrnes 和 Isidori 攻读博士学位且从事非线性控制方向的研究，这是后话。

五、复旦学派的雏形

复旦控制科学从最初两个活跃的讨论班，经过十几年的发展、壮大，最后在国际上形成了在分布参数系统、随机控制、倒向型随机微分方程及金融数学等领域颇有影响的复旦学派，这和岳父重视国际学术交流，保持国际视野，以及他走出去、引进来的人才交流、指导思想有紧密关系。在我的印象中，控制科学专业从 1986 年到 1989 年，每年都有学生、教师出国交流、留学。我入职复旦不久，胡建强在岳父推荐下被哈佛大学录取，赴哈佛师从何毓琦教授攻读博士学位，他毕业后执教于波士顿大学机械和制造工程系。同年，控制科学教研室尤云程老师在岳父指导下取得硕士学位后也赴明尼苏达大学攻读博士学位，毕业后执教于南佛罗里达大学数学系。1987 年夏天，我们讨论班的成员，当时留校当老师的马进也去了明尼苏达大学攻读博士，毕业后先任教于普渡大学，后又到南加州大学执教。岳父的硕士研究生郑惠恒在复旦毕业后分配到上海交大任教，不久也赴英国留学，现执教于英国帝国理工学院。自适应控制讨论班的几位成员，包括我和王银平以及岳父当时在带的几位硕士研究生也都相继出国留学。对在复旦攻读博士的周迅宇、胡瑛,岳父也是极力推荐他们出国交流。周迅宇参加了一个多学期的讨论班后,1988年初就被送到日本做联合培养。胡瑛博士毕业后也被推荐到法国做学术交流,后来任教于法国的雷恩大学。岳父这种开放式、从不把好学生留在身边而是送出去交流、培养的模式在复旦大学控制科学学科持续了多年,直到他去世。我自己的几位早期博士研究生如钱春江、杨博、黄献青等也都是在岳父极力推荐下,从复旦到我执教的凯斯西储大学电子工程和计算机系攻读博士学位。他们几位于攻读博士期间在非线性系统和控制方向都做出了一流的研究成果。

在引进人才方面,岳父也同样倾尽全力和心血。正是岳父的亲力亲为,在复旦大学各个部门跑上跑下,才得以快速把雍炯敏从美国以副教授职称引进回控制科学学科任教。记得炯敏是1987年底从美国飞到上海虹桥机场(和炯敏确认后是圣诞假期的第二天,即12月25日),当时上海还没有任何高速公路,岳父让我从复旦大学车队叫了一辆轿车,我和他从复旦坐了一个半小时的车到达虹桥机场,同时接机的还有炯敏的父母,我们一起接到了出国留学4年多后又回复旦大学工作的炯敏。后来通过讨论班以及私下经常交流,炯敏和我不但成了好友,他更是我在学术研究方面的学长。特别是在我攻读博士学位时,选取研究方向和导师等问题上他都给了我宝贵的建议。从1988年到1989年,我和炯敏以及王银平一共合作了3篇自校正控制的论文,后来都发表在了 *Int. J. Control* 杂志上。直到现在,每当我在新的研究问题上遇到困难的时候,仍会从克利夫兰直接打电话给住在奥兰多的炯敏,和他探讨遇到的技术问题和可能的解决方法、途径,总会得到他的帮助、启发。

六、对外交流和留学申请

在我复旦3年任教期间,我们的学术活动除了每周两个雷打不动的讨论班外,岳父还非常重视和国外自动化、控制同行的学术交流。当时控制科学教研室师生常有机会参加来访的国外专家的学术讲座并进行学术交流。对我后来学术生涯比较有影响的有两位专家的讲座。一个是岳父请来的荷兰 Curtain 教授做的用频域方法来研究分布参数系统，当时我听得似懂非懂，迷迷糊糊，但有些基本的观念留在了脑海里，比如如何将时滞系统、泛函型微分方程模型作为一种特殊的无限维系统问题来处理。20 多年后受这些基本观念的启发，我开展了对带时滞的非线性系统一系列控制问题的研究，尤其是对泛函型非线性系统开展全局、半全局控制问题的研究。另外一个对我学术生涯有重大影响的是美国圣路易斯华盛顿大学谈自忠教授 1988 年到复旦大学的访问。1988 年秋季（大约 11 月至 12 月初），谈自忠教授先访问了上海交通大学，再到复旦大学讲学。我当时正在准备联系出国攻读博士学位，岳父建议我根据研究方向、导师来选择大学，其中圣路易斯华盛顿大学就是他建议我申请的一所大学。当时华盛顿大学系统工程和数学系聚集了几位国际知名的学者，包括机器人方向的谈自忠教授、非线性几何控制方向的 Byrnes 和 Isidori 两位教授、电力系统方向的 Zaborsky 教授等，是 1980 年代国际上公认的基于微分几何方法的现代非线性系统研究的中心。当谈自忠教授要来复旦大学访问时，岳父建议我好好准备一下，向谈教授介绍一下我在华中工学院和复旦大学期间做的研究工作，包括自适应控制应用于机器人方面的研究成果。岳父还帮我挑选了已经发表在 *Int. J. Control* 和 *IEE Part D* 上的两篇英文论文以及当时刚刚接受的一篇《控制理论及应用》和两篇《自动化学报》中文论文，让我带上交给谈教授。为了让我有更多时间给谈教授做汇报，岳父从复旦车队订了一辆小车，派我随车去上海交大接谈自忠教授。当时交通很不方便，也无高速，上海交大到复旦开车至少要一个半小时。我就借这一个多小时的时间，在车上向谈教授仔细介绍了我的研究工作。谈教授对我的汇报以及研究工作很满意。原计划是安排我公派出国留学，我考了 EPT 但没有考托福。也许是和谈自忠教授的面谈、交流很顺利，谈教授回美国后通过他的影响力让华盛顿大学免了我的托福考试，直接录取了我并提供了全额奖学金。记得是在 1989 年 2 月中，我还在上海外国语学院培训英语时，收到了华盛顿大学全额奖学金和博士生录取通知书。1989 年春季学期，我一边在上海外国语学院培训英语，一边开始准备和办理出国的各种手续以及签证。到4月底我很顺利地就拿到了F1学生签证。在出国前,我和太太两人乘船从上海回福州见了我的父母和家人。从福州回上海后,我的父母很快也来到上海,在我出国前一直陪我住在复旦大学教工第十宿舍。这期间在岳父母和我父母的见证下,我和太太在五角场派出所领了结婚证,由于几天后即将启程赴美,因此我们当时没办婚礼。后来在1990年,我俩在圣路易斯和复旦大学78级数学系毕业的陈振华夫妇、北大物理系毕业的邓晖夫妇一起补办了一个婚礼纪念仪式,大家热闹了一番。

七、同事缘、师生缘、结婚

在复旦大学任教的3年期间,我周末常常去拜访的两位老师是李明忠教授和岳父。从我到复旦报到后第一次去拜访李明忠老师起,李老师始终在工作、生活各方面给予我很大帮助。他思想活跃、开放,在学术方面,虽然他的研究方向和我完全不同,但这不妨碍他常常从积分方程的角度给我的研究工作提出很多宝贵指导和建议。也许是人和人之间比较投缘,李老师和李师母在生活上也给了我长辈般的关爱。我印象中在复旦3年期间,随着和李老师及家人越来越熟,李老师和师母把我当作他们的晚辈一样,平均至少每一个月都会被李老师、李师母叫去他们家吃顿饭,给我改善伙食。他们对我的关爱我一直铭记、感恩在心。即使我后来出国了,我们也一直保留着这种家人般的联系。我们一家从1994年起每年回国探亲访问,一回到复旦岳父母家,都会先去复旦大学第九宿舍拜访李明忠老师,和他们一家人聚聚。

从1986年底开始,讨论班结束后我有时会带着各种自适应、最优控制问题去岳父家请教、讨论,渐渐地就和太太、岳母熟悉了起来。岳母特别关爱我,闲聊时总会把我说过的喜欢吃的菜记着,有时会打电话让我去吃饭改善伙食。3年期间我在岳父母家蹭了不少晚饭。当时太太还在上海机械学院住校读大学,只有周末回家。我们俩是在1987年夏天她大学毕业后分配到上海电站辅机厂设计科当工程师,搬回家住了以后才常常见面。1988年初,上海30多万人由于吃了被污染的毛蚶,造成了甲肝大流行。太太和毕业后的大学同学聚餐,吃毛蚶也中了招,感染了急性甲肝,被隔离在她单位的疗养院。我骑自行车从复旦去她的单位看她,给她送了杂志和小说,让她在休养期间有书读,打发隔离的时光。太太出院后,我们有了更多的交往,比如我的研究生同学到上海来出差,太太会和我一起招待他们到外面餐馆吃饭,也会参与我和在复旦大学念书的福州老乡的聚餐。岳父和岳母对太太和我的交往一直是持默许和支持的态度,我父母来上海看望我时,岳父母也会在家里盛情招待他们。我父母,尤其是我的父亲,特别喜欢我太太,曾亲自一个人从福州给她买了几十斤新鲜的龙眼送到上海。1989年夏天,岳父母让太太陪我在出国留学前一起从上海回福州拜访我的家人。我俩是从十六铺码头乘船回的福州。当时船运很慢,我们花了大概二十几个小时,才抵达福州马尾港。在福州期间,太太拜见了我父母,以及两大家族众多的亲朋好友,特别是我年迈的爷爷奶奶及外公外婆。两周时间里,我们游览了福州及周边的古迹和景点。虽然我们还未举办正式婚礼,但我也算是领了媳妇见过长辈、家人。最后在出国前几天,我们领了结婚证。有意思的小插曲是第一次去上海五角场派出所办理结婚登记,工作人员说我们要下班了,你俩明天再来办吧。所以第二天我俩又去了一趟派出所,才办好了结婚证。两天后太太、岳父母以及我的父母在上海虹桥机场送我赴美国,我开始了在圣路易斯华盛顿大学的留学生涯。当年出国由于外费紧缺,每个留学生只允许换汇27美元。岳父担心我美元现金不够,特意从他1986年回国时带回来的美元里取出145美元让我带着,以备急需。这笔钱后来帮我解决了第一个月在圣路易斯的房租。

八、留学华盛顿大学

1989年圣路易斯华盛顿大学提供的全额奖学金包括每年2万6 000多美元的学费和每个月800美元的生活费,付了学费,交完税大概每个月是

708美元。每个月付完房租和伙食费还剩400美元左右,但第一学期我每个月生活费基本花光,主要花在和太太及岳父家里的国际长途上。那时国内电话还很不普及,但复旦大学已经帮岳父家安装了电话,我每两周和太太及岳父母通一次电话,每次先打到复旦大学总机,再由总机转太太家里的分机。当时国际长途话费极其昂贵,起始接通费是3美元多,然后每分钟收费1美元多,每个月打两次长途,每次90多分钟,一个月电话费快400美元。直到第一学期快结束,太太在1989年的12月初从上海也到了圣路易斯后,我俩和父母的联系才开始改为通信。当然遇到重要的事情以及节假日,还是以电话联络为主。尤其在选择博士研究方向和导师时,我就多次打电话和岳父讨论。岳父和炯敏的意见是主要取决于我的研究兴趣和擅长方向。如果选择研究机器人控制为博士课题,他们建议我选择谈自忠教授。如果选择更偏向理论方向的微分几何非线性控制,则应选择Byrnes或Isidori作为导师。经过近一年的徘徊,我最终在1990年秋季选择了Byrnes作为博士生导师。原因是通过一年多的课程学习,我自己对当时正在蓬勃发展的几何非线性控制非常感兴趣,尤其是在上了Byrnes和Isidori的非线性控制课程后,很喜欢他们选择研究题目的见识,做研究的哲学和方法,尤其是必须做主流、重要问题的理念。当然,这对我来说是一个困难的决定,我对没有追随谈教授从事机器人方向的研究尤其感到遗憾。尽管我后来没有继续在机器人方面开展深入的研究工作,但谈教授始终是我学术生涯中一位重要的领路人和老师。庆幸的是多年以后有机会参加了由谈教授牵头领导的国际学术、教育合作项目,有更多的时间和机会在谈教授领导下开展合作研究,算是对当年遗憾的弥补。

  第一学期除了基础课程学习外,我和合租室友一起花钱专门订了网络电视,每天晚上复习完功课,10点半以后到次日凌晨2点多,大家通过看各种新闻、电视节目及电影来改进英语听力,效果很显著。经过了一学期的磨合与调整,我逐渐适应了留学生活节奏和新的学习环境。趁着第一学期的寒假,我买了一部二手车,在放假期间花了3周时间学驾驶,拿到了驾照。凑巧的是我刚学会开车,还没有上过高速,就派上了用场。当时在浙江大学执教的陈叔平教授(他是浙大张学铭教授的博士,张先生由于身体健康原因，叔平的博士论文主要由岳父指导）从岳父处得知我和太太在华盛顿大学念书，他在访问完罗格斯大学 Sussmann 教授后，回国途经圣路易斯来看我们。我第一次开高速就是在太太的陪伴下，壮着胆子去圣路易斯机场接到了叔平。在他逗留的两天时间里，我们开着车一起观光了圣路易斯拱门和森林公园等。一个小插曲是送走叔平那天是晚上，由于天色已黑，我和太太从机场回来时不仅在高速上迷了路，还因为慌乱在红绿灯处开错了道，同时被两辆警车截住，把我和太太吓了一大跳，被开了两张罚单。有意思的是两位警察在开完罚单后和我们聊天，发现我们是新来的留学生，刚刚拿到驾照，说着结结巴巴的英语，两位警察最后很友善地把两张罚单给取消了，改成了不罚款的警告。

在华盛顿大学学习了一年多后，我顺利通过了博士资格考试并获得了系统科学硕士学位。同年夏天，由于我常常和 Ghosh 教授讨论离散时间无源性问题，我们合作发表了一篇 Systems and Control Letters 论文。自然地，我就选择了离散时间非线性控制作为博士论文的研究课题，由此开始了我后面 3 年在这个方向上的研究工作。1992 年岳父受邀访问美国几所大学并参加在明尼苏达大学数学及其应用研究所（Institute for Mathematics and Its Application，IMA）举办的控制理论和应用年（1992 年 9 月 1 日至 1993 年 6 月 30 日），他和岳母在 6 月份先到圣路易斯访问华盛顿大学并看望我们，这离我和太太出国已经有近 3 年了。岳父母是先从上海飞抵圣路易斯。3 年没见岳父母，这一次的久别重逢，喜悦之情难以言表，特别是太太，和岳父母有说不完的话。在幸福的人生中，最美好的莫过于亲人相聚，时间改变的是容颜，不变的是亲情。岳父母给我们带了毛毯、高压锅、木耳、香菇等一些生活必需品。记得 1989 年底太太刚来美国去中国人开的超市买东西，觉得木耳、香菇比较贵，跟国内比性价比差很多，就打电话给岳父母，岳父母就买了木耳、香菇等干货给我们海运寄了过来。他们一直记着，这次趁着来美国又给我们带了一些，真是儿行千里母担忧。岳父母来探望我们是在 1992 年的夏天，太太已怀孕几个月，虽然肚子已不小了，但身体状况还一切如常。由于当时我们还在做学生，经济负担比较重，就只能开车带岳父母穷游，主要和他们一起在圣路易斯周边的几个城市旅游了一圈，最远的大城市是开车去的芝加哥,另外和他们一起游湖、开小汽艇以及野外露营。虽然是学生式穷游,但他们仍兴致盎然,玩得很开心。特别是一家人整个夏天能生活在一起,非常珍贵。在圣路易斯期间,岳父母和我晚饭后常常会陪怀孕的太太沿着华盛顿大学周边散步,我和他也借此常常讨论我的博士论文的进展和他的观点、看法,让我受益匪浅。

暑期过后的8月底,岳父从圣路易斯直飞明尼苏达大学访问,并参加在那里举办的1992年美国工业与应用数学学会(Society for Industrial and Applied Mathematics,SIAM)年会。当年我也投了一篇论文到SIAM年会,就和当时在华盛顿大学做访问助教的康伟(现执教于美国海军研究院数学系)一起从圣路易斯开着我的小车去明尼苏达大学双城分校开会。在参加SIAM年会期间,我惊喜地见到了多位从复旦大学陆续出了国、好几年未见的老朋友、老同事,包括正在IMA访问的雍炯敏,已经在普渡大学任教的马进,还有当时正在明尼苏达大学攻读博士的黄超成,以及在明尼苏达大学德卢斯分校执教的刘壮一。借助SIAM会议,我们这批从复旦控制科学专业出国的同事、朋友有了这次难得的相聚。大家对于离开复旦几年之后能在明尼苏达大学重逢都非常兴奋。开会期间的每天晚上,我们都聚在一起陪岳父海阔天空地聊天,话题无所不包,从学术研究,到如何申请博士后,寻找终身教职以及各自出国后在美国学习、生活的琐事。这次相聚是岳父领导的复旦控制科学教研室出国同事在美国人员比较齐全的一次聚会。岳父也很欣慰地看到他指导的学生、年轻教师个个都在美国大学逐渐站稳脚跟,有了自己的事业并将复旦学派的影响力扩展到了美国的大学、SIAM和自动控制学术圈。

岳父母是在9月底到10月初结束了他们1992年的美国之行,从圣路易斯返回上海。我们的女儿凯西是11月出生的,我当时正在写博士论文,当年一边带女儿一边写论文的情景至今历历在目。博士论文的研究虽遇到不少困难,但经过两年多的努力,我取得了实质性突破并在几个主要国际自动控制杂志发表了多篇论文,于1993年9月初通过了博士答辩。我在同年12月正式获得博士学位后,1994年1月开始进入了近两年的博士后工作。我的研究方向也从离散时间非线性系统控制转向了连续时间非线性系统控制以及非仿射无源性问题。

九、第一次回国探亲

在出国留学 4 年多后,我和太太带着 1 岁半的女儿在 1994 年 5 月中旬第一次回国探亲。我们一家 3 口是先飞到香港,住在岳父的博士生、已在香港中文大学执教的周迅宇家,受到他们一家的盛情款待。在香港休息了 4 天后,再经深圳、广州回福州,见到了分别了 4 年多的父母双亲以及亲朋好友。在福州探亲访友 3 周后,我们 3 人以及我父母和小外甥女共 6 人一起从福州乘船抵达上海,住进了岳父母刚入住两年的复旦大学第十二宿舍家中。还好岳父母 1992 年搬入的新房含大小两套,住 8 个人还算宽敞。原来只有岳父母两人,现在一下子多了 2 个小孩和 4 个成年人,1994 年的夏天,岳父母家里充满了欢声笑语。岳父还兴致勃勃地带着我们一群人参观了刚建成的杨浦大桥,还有森林公园和上海动物园。闲暇时岳父和我们会去复旦校园里边散散步,留下了不少他和我父母以及我们全家的合影。

我在上海的一个月期间和岳父朝夕相处,从他那里学到了不少他对无限维系统及随机控制问题的看法和观念。这也是亦师、亦父、亦友、难忘的一个月。回到 1994 年,无限维系统和随机控制这两个研究领域对我而言似乎相当遥远,风马牛不相及甚至是触不可及。当时我的博士后课题主要集中在有限维、确定性的非线性控制系统研究。但如今回想起来,很有启发意义的是多年前在复旦参加的讨论班,同岳父天马行空的讨论和闲聊,以及受到他对这两个方向研究理念、观点和思想的影响,居然有潜移默化之功效,不知不觉埋下了启蒙种子,多年后成了我进入泛函型、时滞无限维系统领域和随机控制及随机系统稳定性方向的引子。从这种意义上说,岳父虽已离开我们 20 年了,但他仍是我在这几个研究方向的领路人和启蒙人。无数次我曾在梦里和岳父神交、讨论正在做的这两个研究方向的问题,醒来才知是南柯一梦。

十、博士后研究和申请终身教职

度过了两个月短暂的暑假后,我们于 1994 年 7 月底经香港回圣路易斯,继续我的博士后研究工作。很幸运的是,在短短的一年多时间里,我在无源非仿射系统研究方面取得了显著的进展,应用无源性理论,尤其是非仿射的 KYP 引理的必要条件,解决了有挑战性的非仿射系统的全局镇定问题,给出了用微分几何方法、Lie 代数、Lie 导数刻画的"能控性"判据以及非线性小增益控制器的设计方法,发表了多篇独立作者的论文。值得一提的是我的导师 Byrnes 在我开始做博士后第一天起,就告诉我博士后可以选择我自己喜欢的方向,研究成果、论文都不用再挂他的名字,让我独立选课题、独立发表论文来建立我的学术声誉。Byrnes 这种自由、放任式、让学生尽早独立的方法对我博士后研究以及后来我执教、指导研究生的风格有极大影响。他的这种指导学生的方式和岳父有异曲同工之处。每次同岳父电话交流,我发现他也极其推崇这种指导学生的模式,并且总是灌输他的一个理念,即让学生自由发挥,尤其不要害怕、不要阻拦学生进入导师不熟悉甚至不懂的研究领域。回想起当年他在我们出国前的复旦几个讨论班上,也都是在贯彻这种理念,才形成了分布参数系统、随机控制、倒向随机微分方程的复旦学派。

博士后第一年刚刚结束,从 1995 年 1 月份起 Byrnes 就安排我担任访问助理教授,并让我给研究生上非线性控制课程。这极大地锻炼、提高了我的教学能力,也增加了我的教学履历和经验。这一年的教学经历对我后来寻找和申请美国大学的终身教职有很大的帮助。我从 1994 年 11 月左右起就陆陆续续看广告、递申请,且和岳父除了通信外还电话交流,倾听他的意见和建议。当时我在导师建议下申请了瑞典皇家理工学院的职位。Byrnes 在当工学院院长期间,和瑞典皇家理工学院的 Anders Lindquist 教授保持着长期的学术合作,两人经常互访。我和 Lindquist 在圣路易斯访问期间也逐渐变得熟悉了。他告诉我他们系当时刚好有个空缺。此外,我当时还申请了香港中文大学。除了这两所美国以外的大学,我在美国国内正式申请

亦师、亦父、亦友

的学校有十几所，对口的不多，倒是当时已在弗吉尼亚大学任教的陶刚教授通过电子邮件告诉我说凯斯西储大学系统、控制和工业工程系有个控制方向的教职空缺，使我最终任教于凯斯西储大学。也许这就是缘分，我曾经在1993年的IEEE决策与控制会议（Conference on Decision and Control, CDC）期间和当时的系主任Ken Loparo教授交谈过，对凯斯西储大学的这个系统、控制和工业工程系已经有所了解。Byrnes和我聊天时还告诉我哈佛大学的Brockett教授的博士学位是在1960年从这个系获得的，多位控制领域的知名专家也都曾在这个系执教过。这是个在控制和优化方面有着很强历史和传统的系。在和Byrnes以及岳父交谈后，我很快就递交了简历。这一年由于在找工作，我受邀访问了美国多所大学并给了讨论班讲座，这些学术讲座的经历为我后来去凯斯西储大学面试，且最终成功拿到offer积累了宝贵的经验。1995年我有3个面试以及学术生涯的选择，都和岳父的宝贵反馈意见密切相关，让我受益匪浅、终生难忘。

第一个经历是在1995年4月，我收到香港中文大学的面试邀请。当时我和在上海的岳父母通了多次国际长途，岳父的观点很明确：可以去面试，当作一个练兵的机会，但不建议我去香港执教。他的观点是根据1990年代当时整个国际大环境，从学术研究的活跃度、学术气氛和国际影响力出发，他认为我应尽量争取在美国排名前50的高校找终身教职。受岳父观念的影响，我把去香港的面试只当作一次练兵的经历，顺便从香港回内地探亲。记得当年迅宇看到我的PPT时，说我也太不认真、太自大了，PPT居然是用手写的。我也不好意思跟他解释岳父的意见，所以决定不打算来香港中文大学了。香港面试后我就顺便回内地探亲了一周多，然后又回到香港，参加了当年香港科技大学曹希仁和丘立两位教授为哈佛大学何毓琦教授以及其他两位Club 34的Petar Kokotovic和Wuhnam教授共同举办的60岁生日研讨会。岳父和雍炯敏也正好到香港参加后面举办的学术研讨会。第一天的主题演讲是由当年的国务委员、控制科学家宋健做的。印象深刻的是由于国务委员到访的安全、设施要求，在宋健教授做演讲前半个小时，一批国安人员先到开会现场做了安检。在香港开会期间，我和岳父、炯敏一起住在香港中文大学的旅馆。在开会期间，我们趁空闲一起顺便游览了香港，还在太平山顶以及浅水湾留下多张珍贵的照片。开完这个研讨会后我就飞回圣路易斯，几周后我和太太就启程去西雅图开1995年的美国控制会议（American Control Conference，ACC），然后再去加州参加在塔霍湖举行的第三届IFAC非线性控制会议。

第二个经历是1995年6月底我收到了瑞典皇家理工学院offer后和岳父的协商。这事发生在我和太太6月中旬去参加在西雅图举行的ACC期间，我们俩先去拜访了在微软工作、多年未见的中学同学，在同学家住了两天，还和在英国曼彻斯特大学任教的王宏一起游玩了西雅图国家公园和火山。这期间我的导师Byrnes正在瑞典皇家理工学院访问，当Lindquist教授告诉他，瑞典皇家理工学院已经给我offer后，Byrnes马上打电话给他在圣路易斯的秘书，让秘书打电话到ACC找我，但她却一直无法联系上我。原因是我们没有住在ACC开会的酒店，而是住在另外一家酒店。开完了ACC，我们又从西雅图飞到旧金山再转去赌城里诺，在赌城住了一晚、玩了一天，还小赌了一把，再开车去加州的塔霍湖，游览了这个著名风景区，同时参加在这里举行的第三届IFAC NOLCOS（非线性控制系统）会议。一入住酒店，碰到了从圣路易斯飞到塔霍湖的Isidori教授，我才得知了瑞典皇家理工学院的offer消息。Isidori说Byrnes以及系里老师一直试图用电话找我，多天都联系不上我。他们后来知道我会到塔霍湖开会，才让来参会的Isidori教授直接找我。开完IFAC会议一回到圣路易斯，我马上电话联系了刚从香港回到上海的岳父，在电话中他仍和他做学问的执着一样，一旦认定方向，不会轻易改变。他还是坚持原来的观点，即在1990年代，无论是瑞典还是香港，都不如在美国有做学术研究的气氛和影响力，他还是认为我应坚持在美国好的大学继续寻找合适的教职。有趣的插曲是瑞典皇家理工学院的offer对我保留了大半年的时间，这期间我们一直通过电子邮件保持着联系。直到我正式接受了凯斯西储大学的终身教职，1996年初到了凯斯西储大学入职后，瑞典皇家理工学院才让我写个正式的拒绝信。后来才了解到只有收到我的签名信后，瑞典皇家理工学院才能把已给我的教职再开放给下一位申请人。

第三个和岳父相关的经历是1995年10月初我去加州大学圣芭芭拉分校访问Petar Kokotovic教授两周。名为访问，实际上是去接受他两周的面试,后来才知道这是 Petar 招收博士后的模式。岳父当年主张我应该去他那里做个博士后,他的观念是有必要到不同的学校(学派)去学习不同的思维。在圣芭芭拉期间碰到 Petar 给我的一个公开问题,我花了一个多星期做出来后总觉得我的结果什么地方有错。打电话请教岳父,岳父用了一个晚上的时间给我举出了一个反例,让我茅塞顿开,修正了我的结果。后来我和他一起就这个问题合作发表了一篇论文。

经历了 1995 年 3 次面试的锻炼,加上这一年在美国多个大学做学术讲座经验的积累,我 11 月初去凯斯西储大学的面试就非常顺利,有水到渠成之感。实际上在面试第二天,刚结束但尚未离开克利夫兰之前,我已有 90% 的感觉这个助理教授的位置应该会拿下。记得我第二天面试完,去机场临回圣路易斯之前,当时的系主任 Howard Chzeck 教授对我说:"林威,等我的电话,不要接受任何其他 offer。"后来他果然在 3 周后、圣诞节前打电话把 offer 的消息通知了我,还说希望这是送给我的圣诞礼物。有意思的是当我立刻把这一消息打电话告诉在上海的岳父母时,我至今印象深刻的是岳父仍让我考虑是否可以和凯斯西储大学商量,先去圣芭芭拉跟 Kokotovic 教授做一两年博士后,再去凯斯西储大学任教。我把岳父的这个想法告诉了导师 Byrnes,他马上就否定了这个想法并且认为这太疯狂了(out of mind)。我想这主要是国内外对博士后工作理解的不同,1990 年代国内大学是把博士后当成比博士更高的一个学位处理,且博士后出站后就直接受聘副教授或教授职称,而国外只是把博士后当作找终身教职前的一个工作经验的积累和过渡。

十一、凯斯西储大学早期执教生涯

经过和岳父、家人以及导师 Byrnes 商量讨论后,我在 1995 年圣诞节后给系主任 Chezeck 教授打了电话,正式接受凯斯西储大学的 offer,从 1996 年春季学期起开始任教。1996 年的春季是我在凯斯西储大学的第一个学期,由于没有被安排教学任务,我整个学期主要忙于写基金申请,完成了几篇博士后期间做的成果的论文,同时准备参加 1996 年夏天在圣路易斯举行的网络与系统的数学理论(Mathematical Theory of Networks and Systems, MTNS)会议和在旧金山召开的 IFAC 世界自动控制大会。在 1996 年 3 月底还是 4 月初,我收到了美国国家科学基金会(National Science Foundation, NSF)通知,告诉我 1995 年 10 月份做博士后期间写的基金申请得到了 NSF 资助。这个 3 年的 NSF 批准的资助项目(1996—1999)对我在凯斯西储大学开始的研究生涯帮助很大,让我这个助理教授至少有了 3 年的缓冲期,不需要再到处申请研究经费,可以静下心来扎扎实实地做研究,这也为我后来申请其他各种研究经费打下了坚实基础。1996 年 12 月我去日本神户参加 IEEE CDC 国际会议,并受日本上智大学申铁龙教授邀请,访问了位于东京的上智大学。结束了 10 多天日本访问后,我顺便从东京回国内探亲。我先从东京飞到上海探望岳父母,然后又回福州看望了我的父母双亲以及家人。当时我正在招收几位博士研究生,第一个是已经在凯斯西储大学机械系取得了硕士学位的 Rich Kolacinski,招第二个博士生时曾问岳父他在复旦有没有什么好的学生可以推荐给我,岳父最后推荐了他原来的硕士生钱春江。当时春江已经从复旦毕业正式工作了。在 1996 年底我从上海回克利夫兰之前,岳父联系了钱春江,让他从张家港来复旦家里见我,相当于让钱春江来做个面试。由于岳父的极力推荐,我回到凯斯西储大学后,在 1997 年初系里研究生招生录取会议上强烈推荐了钱春江。当时钱春江只有托福成绩,还没有参加过 GRE 考试。根据凯斯西储大学的招生规定,他并不符合工学院博士生录取的程序要求。我们系开了招生会议后认为,他的录取是有条件录取,只有他考过了 GRE 并达到凯斯西储大学规定的分数线,才给他全额奖学金。岳父那时刚好又来美国几个大学访问,招生期间他正好在凯斯西储大学访问。我开完会后把春江的录取情况给他介绍了一下,岳父就给我举了几个原来复旦学生在 1980 年代被美国大学特殊录取的案例,当然也提到当年谈自忠教授破格录取我到华盛顿大学的例子——不仅免了我的 GRE 成绩,还免了托福考试。岳父的一席话让我茅塞顿开,第二天我到系里把自己当年被华盛顿大学特殊录取的例子给招生委员会每个成员现身说法了一番,最后他们鉴于我的坚持,同意在没有 GRE 成绩单的情况下仍录取钱春江,但附加条件是他不能占用系里的全额奖学金名额,而应由我的启动经费来资助他。系里招生委员会开会通过后,我再打了报告到凯斯西储大学研究生学院,说明为什么我们系同意免除钱春江的 GRE 考试,直接录取并给他全额奖学金资助。最后研究生院也批准了这个特招。

1997 年春季岳父在凯斯西储大学访问的两个月是从我们出国后,他和我们夫妻俩以及已经 4 岁的女儿一起生活较完整的日子。我们 4 个人住在刚刚买的房子里,白天我开车和他一起去上班,送他到他的办公室,我回自己办公室。他也常常参加我主持的博士研究生的讨论班,和我的学生在我办公室讨论。晚上回家他陪太太聊聊天,更多的是陪 4 岁的女儿玩,很有耐心地教她读书和小学算术。周末他总是跟我们一起去买菜、购物或去逛商店,特别容易融入美国的生活。由于刚搬入新的房子,岳父特别喜欢帮我们家里修修各种小器件,换淋浴喷头或抽水马桶等。岳父虽然是学数学的,但在和他一起生活的两个多月中,我才发现他的动手能力比我们强多了。我们的第一辆新车也是他在凯斯西储大学访问期间和我们一起去买的。记得他那时兴致勃勃,每个周末跟我们去各大车商处看车、试车,直到把新车买回家。后来在 3 月份岳父回国之前,我们一家还一起开车去游玩了仍是冰天雪地、大量结冰的尼亚加拉大瀑布。这也是唯一的一次我们在冬季去观赏位于布法罗的大瀑布。2001 年 5 月,我们陪岳父母还是开着 1997 年买的这辆车从美国出发,花两周时间游览了整个加拿大东部,包括多伦多、渥太华、蒙特利尔、魁北克省的其他地方以及美加边境的千岛湖,又从加拿大这边乘船重游了大瀑布,最后经布法罗开车回到克利夫兰。

1997 年初在岳父访问凯斯西储大学期间,雍炯敏夫妇和陈叔平也正好在美国几所大学访问。他们几位约好了 2 月初一起到克利夫兰我们家来看岳父。印象中我是和岳父开车到克利夫兰机场接到了炯敏夫妇。叔平是和在西密歇根大学执教的朱其吉一起从密歇根开车到我们家。他们几位在我们家里住了两个晚上,太太也尽她所能,做了很多菜招待远道而来的 4 位客人。这期间我和岳父陪他们几位在克利夫兰寒冷的冬天去凯斯西储大学校园逛了一圈,参观了坐落在我们校园里的克利夫兰交响乐团和校园边上的克利夫兰博物馆,还去观赏了冰天雪地、仍结着厚厚的一层冰的伊利湖,最后我们在校园里留下了几张很珍贵的合影照。岳父在访问凯斯西储大学期间，经常和我在晚饭后漫无边际、海阔天空地讨论各种控制理论和应用的研究问题，几个似乎和我当时研究毫无关联的、他提到过的研究方向和课题，如泛函型无限维系统、随机控制及稳定性等问题，多年后居然变成了我研究的两个方向，让我体会到岳父这种潜移默化的影响力。除了方向性的学术讨论，岳父在两个月的访问期间，我和他一起合作做了一个当时很热门的非线性控制问题：如何使用状态依赖的饱和度来构造非传统的饱和控制器，由此来镇定具有一般结构的前馈非线性系统，并应用于解决典型实验室的控制装置如球和梁系统控制问题？这个研究结果发表在了1999年的 *Int. J. Control* 杂志。这篇文章的思想后来成了研究前馈以及带有一般结构上三角非线性系统和各种高阶前馈非线性系统的基础。20多年后，这个思想在解决执行机构和状态带有大时滞的前馈非线性系统的镇定问题中也扮演了重要的角色，对实现无记忆反馈起到了决定性的作用。

  1997年夏天我们一家随我去欧洲参加在比利时举行的欧洲控制会议并访问法国和英国，所以没有回国探亲。我们在欧洲访问了一个多月，包括帝国理工大学和曼彻斯特大学。到了10月份我们迎来了第二个小孩。当时和国内家人联系主要还是靠国际长途电话，那时既无手机，更没法和父母视频通话，为了把两个小孩的成长过程让他们的爷爷奶奶、外公外婆看，我们专门买了一台现在看来极其笨重的JVC摄像机，把小孩的日常生活录成影像，拍成照片，寄回国内。1998年4月，由于我父亲患了胃癌，需要马上做手术，因此我们夫妻带着两个小孩在5月份凯斯西储大学一放暑假，就飞回国内探亲。我们先在复旦岳父母家住了一周，和岳父主要聊了聊我当时开始步入的非光滑非线性控制的研究方向和相关问题，也讨论了我正在申请的几个自然科学基金的课题，为此岳父还送了他购买的Clarke的《非光滑分析》一书给我。一周后我们一家4口从上海飞福州，到医院探望我的父亲，我父亲看到可爱的孙儿、孙女，精神上得到了很大安慰。1998年夏天我们在福州陪了住院的父亲一个多月，回美国前在上海又和岳父母一起生活了两周。这期间记得他和炯敏都向我推荐了原来从复旦控制科学专业毕业，已经在华中科技大学工作的黄献青来凯斯西储大学攻读博士学位。由

亦师、亦父、亦友

于他们的推荐，我在秋季招生的时候特别关注了献青的博士生申请材料，在1999年春季系里研究生录取会议上确保了给献青的全额奖学金，同年我还招收了从东南大学硕士毕业来凯斯西储大学攻读博士学位的宫琦。类似的对好学生的推荐岳父在2001年还帮我做过，其中复旦毕业的杨博（汤善健的硕士学生）来凯斯西储大学念博士也是岳父2001年来美国访问期间极力推荐的结果。这几位学生后来在博士和博士后期间都做出了一流的研究成果，尤其在非线性输出反馈方向和有限时间控制方面做出了开创性工作。

从上海返回克利夫兰后，我除了每周和父母通电话关注我父亲的术后康复情况，也和岳父母保持频繁的电话联系，让他们了解两个小孩的成长过程。到了1998年9、10月份，我把写好的研究基金申请报告陆续投出。1998年底我们一家和春江夫妇一起去佛罗里达的坦帕参加IEEE CDC，在会议上重逢了也来参会的炯敏、善健，还在会议期间一起聚了餐。开完CDC，我们带着两个小孩去迪士尼玩了几天才回克利夫兰。在CDC期间，我听到了一个好消息，当时在马里兰大学执教的非线性控制方面权威专家Dayawansa教授参加了当年NSF的杰出青年奖评审，他祝贺我拿到了1999年的NSF的杰出青年奖（Career Award）。虽然CDC的正式通知还没收到，但我们从奥兰多的迪士尼乐园游玩回来，我就马上打电话告诉了岳父这个好消息。那天岳父非常高兴，电话聊了很长时间。他知道这是一个非常有声誉的奖，如果获奖就意味着有了前途，终身教授就有了保障。事实上美国大学1990年代终身教授评估的一个标杆就是如此。后来正如岳父所料，我在凯斯西储大学提前一年评上终身教授和拿到杰出青年奖有很大的关系。

1999年2月初，我在办公室正式收到了NSF项目主管打来的电话，祝贺我获得了1999年的杰出青年奖。到了3、4月份，我又陆续收到另外两个NSF研究基金资助通知。当时还有一个消息是我1998年投稿给将在北京举办的1999年IFAC世界自动控制大会的两篇会议论文被录用了，这样我们夏天既可参加IFAC大会，又可顺便回国探亲看望父母。当时我推荐春江作为研究生参加IFAC大会，还拿到700美元差旅费。所以他和他太太6月底先从美国飞回苏州探亲，再到北京开会，我们全家4人则是在7月初从克利夫兰直接飞到北京参会。在开会前一天我见到了从上海到北京开

IFAC 大会的岳父和炯敏。记得我们一起坐在开会酒店的大堂聊天，我还给他们俩简要介绍了一下我当时指导春江正在做的非光滑控制研究工作。在北京开会期间，岳父和炯敏住同一个宾馆，我们一家住在开会的亚运村五洲大酒店。两个酒店离得很近，岳父每天早上步行到我们住的宾馆，看看我们，主要还是陪 6 岁的外孙女和不到 2 岁的外孙玩玩。在人民大会堂参加 IFAC 大会的宴会时，岳父、太太、我、Isidori 以及我们都很熟悉的做随机控制的 Bozenna Duncan 教授，还有 NSF 的 Baheti 在人民大会堂内外拍了多张很有纪念意义的照片。另一个难忘的活动是在开 IFAC 大会期间，谈自忠教授通知我们参加由国务委员宋健（他本人也是中国自动控制领军人物和先驱，和钱学森合著的《工程控制论》作者）举办的、专门招待 1980—1990 年代曾经在圣路易斯华盛顿大学攻读学位、进修过的人员的重聚晚宴。宋健教授 1980 年代曾在华盛顿大学系统科学和数学系访问过一年，后来他的儿子 1990 年代也在同一个系攻读博士学位，当然也是圣路易斯华盛顿大学的校友。晚宴后，谈自忠教授跟我说美国 NSF 的 Baheti 博士想去复旦大学和浙江大学访问，让我帮助联系并负责招待一下。我第二天就联系了岳父，还有浙江大学的刘康生教授，把 Baheti 去两个大学访问和做学术讲座的事情给安排妥当。开完 IFAC 大会后，我们就和 Baheti 一起从北京飞上海，岳父请他在复旦做了个 NSF 今后几年资助的研究方向和课题的报告，还让我陪他游览了上海。我紧接着又陪他去了杭州，访问了浙大。刘康生还陪我们游览了西湖，品尝了龙井茶。送走 Baheti 后，我们一家在岳父母家住了一周后从上海飞福州看望我的父母。在福州度了一个月假期后我们又回到上海，参加了当年由复旦大学数学系主办的全国高校暑期数学研究生讨论班，我应邀为控制科学专业方向的研究生做了一周非线性控制几何方法的报告。到了 8 月中旬，我们全家才从上海回克利夫兰，结束了 1999 年夏天的中国之旅。

十二、千禧年美国大学访问和美东之旅

2000 年 5—8 月，岳父母再次来美国访问和探望我们。岳父除了去几

所大学访问之外,大部分时间都住在我们家,和两个小孩享受难得的天伦之乐。女儿至今还记得和外公外婆一起度过的美好时光。岳父仍和1997年住在我们家一样,每天比我们更勤快,里里外外地收拾我们的房子,从地下室,到室内以及外面的草坪。7月初我们一家6口加上钱春江夫妇共8个人,开着一辆租来的大面包车,开始了美东两周自驾之旅。我们先从克利夫兰到了华盛顿特区,在特区3天期间参观了各种国家博物馆,包括航天、航空馆,游览了特区主要的景点如华盛顿纪念碑、林肯纪念堂、杰斐逊纪念堂、阿灵顿国家公墓,还观看了7月4日晚上美国国庆的烟花表演,最后开车去参观了五角大楼、国会大厦,留下了很多美好的照片。可惜由于参观白宫的队伍太长,我们一行实在没有耐心排队,只在白宫外围走了一圈,就开车离开了特区,前往康涅狄格州拜访岳父在杜邦公司工作的一位老朋友沈博士。沈博士招待我们一行在他家吃了一顿晚餐,住了一晚上。第二天下午我们从康涅狄格州开车到了纽约,8个人全部住在了我研究生同学余向东家里,受到了他们一家热情的款待。我和余向东从1986年华中工学院硕士毕业后就一直没有见过,隔了14年又在纽约重聚,倍感亲切。在纽约,他招待我们品尝了不少美食,尤其是韩国的生牛肉,至今难忘。我们在纽约观光了4天,坐船游览了自由女神像,参观了帝国大厦、华尔街、联合国总部以及停靠在纽约港的航空母舰和潜水艇,还在纽约港目睹了各种飞行表演,最后开车去游玩了大西洋赌城。可惜由于时间的限制,我们当年没有花时间排队登上110层的世贸大厦参观,只是在世贸大厦外面拍照留念,还拍摄了不少在纽约观光的录像带。原以为以后重游纽约,总有机会登上世贸大厦观光,但一年后的9月11日从电视直播里看到世贸大厦遭受恐怖袭击,两架客机撞楼,一个小时之内大厦轰然倒塌,这成了我们纽约之行的一个遗憾。现在有时重温2000年美东之旅的录像和照片,看到在世贸大厦前留下的合影,只能成为永久记忆的一部分。在离开纽约之前,我们开车去了已在纽约工作、安家,原来和我一起在复旦数学系执教的好友魏景东家。景东是1986年博士毕业后留在复旦当老师的,1986—1989年我们在复旦数学系共事近3年,成了知心好友。1990年他从复旦到美国留学,1991年曾路过圣路易斯,在我们家住了一晚,和我以及也在华盛顿大学读书的他大学同班同学陈振华一起聚过。相隔了多年在纽约重逢，大家都非常开心。他一家，尤其是他母亲和太太，做了一顿丰盛的中餐，招待我们一行。岳父和我们在旅途中吃各种美国食品、西餐都很适应，但岳母还是不太习惯西餐，尤其不喜欢吃带奶酪的食品，连麦当劳的汉堡包也不对她的胃口。所以在景东家吃到了地道的中国菜，让她很开心。下午景东夫妇专门陪岳父母以及我们一起开车去参观了西点军校。游览了西点军校后我们告别了景东夫妇，继续北上，开车先去了科德角湾，在海滩上戏水、抓小螃蟹，其乐融融。然后再驱车到了波士顿。我们一行先住在了胡建强家里。建强1986年从复旦出国，在哈佛拿到博士学位后就到波士顿大学任教。在波士顿期间，他陪我们参观了哈佛大学和麻省理工学院，岳父还专门在麻省理工学院控制论的创始人Wiener工作的地方参观了一番，拍摄了录像和照片。建强还带我们去了波士顿中央码头和水族馆，晚上还带我们去了中国城，品尝了波士顿大龙虾。离开波士顿前一天晚上，岳父母去探望了他们两人1950年代山东大学的老同学。由于和建强家相距较远，有近一小时车程，因此他们的老同学盛情邀请我们8个人一起住到她家，也便于他们老同学欢聚、聊天。在结束了波士顿之行后，我们开车从波士顿先经雪城，抵达了位于美加边境的千岛湖。花了半天乘船游览了美丽的千岛湖后，我们再开车到了布法罗，吃了晚饭后住进已预订好的旅馆。第二天，也是我们美东之旅的最后一天，我们在夏天又一次游览了尼亚加拉大瀑布。和1997年3月陪岳父游大瀑布不同，那时只有我和太太以及女儿陪他，这次不仅有岳母在，还多了个2岁的小儿子，再加上钱春江夫妇。一行8人团，在大瀑布乘坐了游轮，观赏到了与冬季截然不同的壮观瀑布景象，还拍了众多合照和全家福以及珍贵的录像。从大瀑布开车回克利夫兰的路上大约花了3个小时，两周的美东之旅圆满结束。现在回顾岳父母那几年来美国访问，2000年夏天的3个月是我们全家人在一起生活最长的一段时光，留下了很多美好的回忆，也是岳父陪伴我们两个小孩成长、游玩最长的一个暑假。美东之旅结束两周后，岳父母两个人又参加了我们给他们预订的美国西部7日观光旅游团。虽然岳父1984—1985年到美国各大学交流访问时已去过美国西部几大城市，但岳母大人还从未观光过美国西部。由于女儿、儿子尚小，我们就没有再陪同他们一起去，而是安排他们俩跟随旅游团去美国西部几大城市和景点一周游,包括旧金山、洛杉矶、圣地亚哥和黄石公园。

十三、再访美国和加拿大之旅

2001年夏天,岳父受邀参加在加拿大温哥华举行的中国、加拿大两国双边数学家交流大会。他办理好去加拿大的签证,借此机会在中加双边数学家会议前,和岳母先到美国,访问了北卡罗来纳州立大学和凯斯西储大学,又受韦恩州立大学数学系George Yin教授的邀请,去底特律访问了他并做了学术报告。在这期间,我们帮岳母申请办理了去加拿大的旅游签证。这样我们一家6个人从底特律出发,开始了加拿大东部两周多的自驾游。当年岳父曾提到过,西方主要国家他都去过了,或是去开会,或是去学术交流访问,唯有加拿大一直没机会去。所以2001年的全家加拿大东部自驾游正好弥补岳父的这个遗憾。我们从底特律经温莎开车进入加拿大,一路往东到了多伦多,在多伦多住了两天,参观了多伦多大学,以及具有欧洲风味的卡萨罗马城堡、安大略博物馆和美术馆,并一起乘高速电梯登上了加拿大国家电视CN塔,在观景台俯瞰多伦多全景。印象深刻的是多伦多的美食。由于多伦多有几十万中国大陆、香港、台湾和东南亚的移民,因此我们在当地品尝到了正宗、地道的中餐,以及日式、泰式、越式等各种美食。从多伦多出发,我们再开车北上去观光加拿大首都渥太华。虽然渥太华城市没有多伦多大,但非常美,几条河流交汇到渥太华,有山有水。在加拿大国会大厦广场,我们欣赏了给观光的游客组织的仪仗队游行和表演,了解了加拿大成立的历史,老少皆宜。在国会山以及尼皮安瞭望点,我们一家登高远望,可以俯视、观赏到整个渥太华以国会山为中心的主城区,景色美轮美奂,在这我们也拍了不少全家合影照。游完渥太华,我们开车一路往北,抵达了加拿大法式风情的蒙特利尔,受到了在康考迪亚大学执教的苏春翌教授的热情款待。他当晚就请我们品尝了蒙特利尔美食,陪我们全家参加了蒙特利尔音乐节,还参观了当年Celine Dion成名之前经常在蒙特利尔驻唱、表演的地点。在蒙特利尔期间,我们陪岳父母参观了和巴黎风格极其相似的圣母大教堂,去了将法兰西和上海风情融为一体的老城逛吃,登上了皇家山,从观景台俯瞰了蒙特利尔城全景,并游览了蒙特利尔老港。和岳父母加拿大东北部游的最后一站是魁北克城。我们一行先去了魁北克城的标志性景点——城堡酒店。这个酒店据称是世界上被拍照最多的酒店,非常有特色,别具一格,也是电影《鬼怪》的拍摄点。旁边有个女王城堡公园,是观赏城堡酒店的最佳去处之一。沿城堡酒店经"惊险之梯"可以下到达弗林平台——一条宽阔的木板大道。在这里我们逛了平台景点和小香普兰街。最后我们一行参观了最古老的、由石头建造的凯旋圣母大教堂和大壁画。这些情景至今能回忆起来,多亏了当年我携带的笨重的 JVC 摄像机,拍下了岳父母和我们游览魁北克的录像带。当年拍的都是磁带式录像,在写这篇回忆文章时,儿子帮我在网上订购了各种软硬件设施,帮忙把磁带式录像带转换成了数字式 MP4 格式,可以在手提电脑上方便播放,对我写这段回忆帮了大忙。结束了魁北克之旅后,我们全家启程回克利夫兰。在回程中我特意选择了从安大略省的尼亚加拉瀑布城开车入境美国,这样我们等于相隔了一年后又重游大瀑布。不同的是这次是在加拿大这边观赏大瀑布,与在美国布法罗城那边看的景观的不同之处是,从加拿大这边观赏大瀑布,瀑布显得更宽广、壮观。在瀑布城,我们全家也留下了不少有纪念意义的照片和录像。

  从加拿大回到克利夫兰,岳父又和我们一起生活了 3 周,到 8 月底他自己单独从克利夫兰飞温哥华,参加 2001 年中加两国双边数学家会议,这样他顺带访问了加拿大西部最主要的城市温哥华。双边会议结束后,他 9 月初从温哥华直接飞回了上海。岳母则是在我们家住到 9 月上旬,才从克利夫兰飞回上海。在 9 月份的复旦大学每年教授体检中,岳父身体还一切正常。

十四、患 病

  2002 年初过完春节,岳父开始感觉身体不适。一开始是腰酸,他以为是长期久坐造成腰椎劳损,一直没有重视,直到4月份,全身发黄,住院全身检查才发现是胰腺癌。让人想不到的是,从长海医院转到华山医院后,他老人家就再也没能出院。我们是在5月初从电话中得知岳父需要动手术的,太太马上将她5月初去阿拉斯加的机票给取消了,改成了一张她一个人5月上旬回上海的机票,先回去陪伴、照顾岳父。我由于需要参加5月初在阿拉斯加举行的2002 ACC,因此仍按计划带两个小孩和我母亲先去开会。ACC结束后我从阿拉斯加回来,过了一周多我们4个人马上启程回上海,开始了在上海华山医院陪伴岳父治疗的艰难、难以忘怀的两个多月,这也是我们全家4口和岳父一起度过的最后一个夏天。由于华山医院离我们复旦的家较远,因此我和太太两人是轮流每天去岳父的病房照顾他,有时也带两个小孩去看他,陪他聊聊天,送岳母做的各种补品和他喜欢吃的东西到医院,或者陪他做介入治疗及各种检查。这是我人生中第二次近距离感受到人生的无常、无奈和生命的脆弱,尤其是对至亲生离死别的无能为力。我第一次经历这种生离死别的痛楚是在陪伴我父亲抗癌的日子,他老人家最终仍由于胃癌复发在2000年5月永远离开了我们。谁知在短短的两年后,癌症也侵袭到岳父身上,让他遭受到胰腺癌的威胁且承受着癌症治疗的各种苦痛,而我们作为子女却无法帮他分担病痛,只能眼睁睁地看着他一个人单枪匹马和病魔战斗,拼死一搏。这种刻骨铭心的痛和无力感,20年后当我执笔在写回忆岳父的这篇文章时,仍然深深地伴随着我。我希望并祈祷岳父和我父亲,他们在另外一个世界,再没有癌症和病痛的折磨。

经历和目睹了我父亲和岳父治疗的过程,我深知癌症治疗的痛苦和艰难,但岳父在整个近一年的治疗时间里都表现得非常顽强,且对治好他的疾病充满了信心。在医院两个多月我陪伴岳父期间,很多岳父的学生、同行和他的老同学来看望他,他总是把话题转移到工作和科研问题上,而不是聊他的病情。无数次我在华山医院陪他聊天,在他住院的楼层陪他散步,他总是畅谈他出院后想抓的研究方向,还有下一步研究的课题,还经常让我给他介绍我当时的非光滑非线性控制的研究进展,总是不断提醒我不要拘泥、局限于有限维或确定性的非线性控制系统和问题,一旦有条件、时机成熟,应该大胆地拓展研究方向到无限维系统和随机控制。他的这种持之以恒的灌输、教化和传授,对我的研究风格影响至深。多年后,我带着几位学生在泛函型微分方程、带时滞的无限维系统和随机控制方面开展了众多问题研究,这也许冥冥之中仍是受到了岳父的潜移默化、长期打下的烙印的影响。

2002年夏天,我们一家一直陪伴岳父到8月中旬,直到凯斯西储大学临开学前一周,才从上海回到克利夫兰。当年10月我应东京大学、东京工业大学和东京电气大学邀请做学术交流,到东京3周。我利用3周访问空隙从东京飞回上海,前后3个晚上4天,我每天又去华山医院陪了岳父,当时他的病情似乎比我们夏天在上海见面时更严重了,他身体变得更虚弱,人也消瘦了,再次让我感受到人类在癌症这种疾病面前的无奈和无助。没想到这也是我和岳父最后一次见面和在一起的时光。在探望岳父后我从上海飞回东京,继续访问完3所东京的大学后从东京飞回美国给学生上课。一个多月后,我当时作为2002年IEEE CDC的程序委员会副主席,在拉斯维加斯组织CDC,我们全家还有我母亲也都在拉斯维加斯,开完会太太单独一个人从拉斯维加斯经洛杉矶飞回上海陪伴岳父。我带着两个小孩回克利夫兰,主要是他们和我一样每年春季都是1月中旬左右开学,无法像放暑期长假那样回上海陪伴岳父。原本华山医院的医生已经通知我们岳父的病情恶化情况,但神奇的是太太回到上海,在华山医院陪护岳父的一个多月期间,也许是太太的陪伴带给岳父的精神慰藉,岳父在这期间精神还不错。太太是2003年2月初回到美国的,不到一周后的2月9日,岳父在华山医院就永远地离开了我们。和很多留学海外的学子、家属经历一样,当父母永远离开我们时,作为子女的我们却无法陪伴、守护在他们身旁,陪他们走完人生的最后旅程,这也成了我们为人子最大的一个遗憾。

十五、结　语

迄今为止,岳父已经离开我们20年了。值得告慰岳父他老人家的是:由他在复旦培养出来的学生,很多在国内外大学、学术界成了领军人物、知名学者和专家教授。由他一手创建、推动的分布参数系统、随机控制、金融数学领域在国际上形成了知名的、有影响力的复旦学派。由他的海内外的学生发起的、每3年定期举办的"纪念李训经先生学术研讨会"从2005年首届开始一直办到现在,越办越好,生机勃勃,吸引了越来越多的海内外学者和下一代的科研工作者参加,也为他如今分布在世界各地的学生提供了每3年重聚的难得的机会和平台。在他离开我们20年之际,谨以此文缅怀我的岳父李训经先生,并纪念我和他的17年的师生之缘、相知相惜之缘以及翁婿之缘。

缅怀我的启蒙导师李训经先生

谢惠民[①]

李训经先生离开我们已经20年了,然而只要一提起他,当年他的音容笑貌仍然历历在目,他对我的多方面的教诲在我心中永存,影响了我的一生。下面只是片断的回忆。

一、初次见面

我于1957年高中毕业,考取复旦大学数学系。那一年的夏天非常特殊,大学里拨不出足够的接待新生入学的工作人员,于是通知十几位新生提前报到,协助接待新生,我也是其中之一。接待我们的是两位研究生同志,其中之一就是李训经,他当时是陈建功教授的研究生。这是我和他的第一次见面。他一口山东普通话,有很特殊的(鲁西)口音,对我们这些后生非常热情健谈。没想到后来他就是我在数学研究方面最重要的启蒙老师。

二、分专门化

1957年时复旦大学的学制已经从4年改为5年。在前3年半中,我们虽然也学了不少课程,但从"反右"开始的政治运动接连不断,每年要参加工

---

① 苏州大学教授,现已退休。

农业劳动多次,每周还有劳动,此外还有理论联系实际的活动等,这一切占用了学生大量的正常学习时间(包括3个暑假)和精力,几乎每个学期都难得有连续两个月能够正常上课。这种情况一直持续到1960年底,由于经济困难形势的全面降临,党委宣布不再搞政治运动,接下来恰好就是一年半的专门化学习。

当时李训经已经研究生毕业留校任教,我们都称呼他为李训经先生或简称李先生。他从函数逼近论方向毕业后就转入金福临先生领导的常微分方程的教学和研究中,具体的研究方向是稳定性,特别是控制系统的绝对稳定性。这和谷超豪教授从微分几何转向偏微分方程的做法是相似的。按照我们学生的理解,微分方程在数学的各个方向中,是在国民经济中有更多应用的方向。

我与其他同学,一共16位,有幸被分配到常微分方程专门化方向,成为这个专门化方向的第一届学生,由此开始了最后一年半的学习。后来的事实证明,这对于我们将来的工作有关键性的影响。

三、讨 论 班 上

与前3年半的学习比较,专门化学习最大的特点就是讨论班。李先生开设的讨论班是专门化学习的3个学期的常设课程,采取的方式是从精读论文开始,每个同学轮流做报告,而李先生对我们的报告不断提出问题,要求我们回答或者讨论。除了做报告的同学之外,其他每个同学都需要做同样细致的准备。李先生要求我们讲清楚论文的每一个细节,对我们报告中的每一个错误绝不放过,使我们对于什么叫数学的严格性有了前所未有的真切认识。由于我们过去除了学习教科书之外,最多只是阅读课外的参考书,几乎没有接触过论文,因此一开始很不适应,在我们的报告中往往漏洞百出,被李先生挑出毛病后下不了台是常有的事,这时每个同学都有可能被李先生问到。这样就促使我们在课外非常认真地准备报告,细读论文,反复思考。为了理解论文中的内容,我们还经常需要找参考书,补充知识。例如,我还记得李先生鼓励我阅读甘特马赫尔的《矩阵论》全书,使得矩阵成为我今后的重要工具(在我的毕业论文中就有一个矩阵方面的引理)。这与过去上课听讲,下课复习做作业交差,最后考试过关的学习方式完全不同。

当时除了金福临先生开设的常微分方程续论课程之外没有更多的数学必修课。又如前所述,当时不搞政治运动,我们有充分的时间专注于学习,这是非常有利的外部条件。由于所读的论文都是外文,因此我们的外文水平也有了明显提高。记得当时年级里学习第二外语或者第三外语的同学很多。我在专门化期间学了德语,这在后来写毕业论文时恰好用到,因为那时找到的一篇基本文献就是用德语写的。

通过讨论班,我们明白了许多此前不知道甚至从来没有想到过的事情。简言之,教科书是过去最重要成果的总结,一般来说比较系统,很少有错误,在写法上往往为读者考虑较多。论文则完全不同,作者的目的是为了创造新的知识。一篇数学论文,无论其水平如何,必须是前人没有做过的,也就是说必须有新的结果。论文中出现错误毫不奇怪。这样我们就知道了科学研究中的许多基本事实。

四、学 做 论 文

读论文就是为了做论文。

李先生的讨论班不仅使我们学会如何精读论文,明白什么是科学研究,而且他还主动安排时间让我们动手做科学研究。具体来说,记得在专门化的第二学期,他在讨论班上提出了一篇论文中没有解决的问题,并安排一定的时间让每个人独立研究,看能够得到什么结果。这样的学习方式对我们来说完全是第一次。在总结这次活动之后,李先生将这个问题的最后成果发表在复刊不久的《复旦大学学报》上,论文的署名是他和我们班的两位同学(陈俊本和我)。其实论文的结果他一定是早就得到了,这样的署名方式显然是对我们这些后生的极大鼓励。可以说,通过这样的活动,使我们为最后的毕业论文做好了准备。

这篇论文发表在我们毕业之前,这在全年级的所有专门化学员中是独一无二的。

此后我的大学毕业论文也发表于《复旦大学学报》,并转载于《高等学校自然科学学报》(数学,力学,天文学),这都离不开李先生的推荐。还有更想不到的事。在 20 世纪 90 年代我从事动力系统研究时,曾经多次去北京大学力学专家朱照宣先生家聊天。有一次他拿出我的毕业论文的油印件给我,说这是不知道哪年的事情,现在可以还给主人了。我看了以后也非常奇怪,因为我自己都没有见过。显然,这也一定出于李先生的推荐。

五、改 变 方 向

我于 1962 年大学毕业,想考研究生或者去中科院都没有成功,于是服从组织分配留校当助教,这样就自动参加了由金先生和李先生领导的教师讨论班。

这时发生了一件重大的事情,那就是讨论班的方向(也就是我们的研究方向)从控制系统的绝对稳定性转到了现代控制论中的最佳控制方向。这对我有很大的教育意义。

我后来知道,基本上有两类学者。第一类学者是不赞成改变方向的,他们一直从事一个方向或者一个领域的研究。当然其中不乏从一个问题转到另一个问题,但基本方向是不变的。第二类学者则经常大幅度地改变自己的研究方向。例如 Halmos 在其自传中就说过,他差不多每 5 年改变一次研究方向,新的方向与前一个方向没有很多联系,所使用的工具可以完全不同。

李先生的改变研究方向就是大幅度的方向转移,在最佳控制研究中系统都不一定是用常微分方程来描述的。从现在回顾不难发现,这样的改变方向是非常及时和正确的。我当然支持这样的转方向,也就是支持上面第二类学者的做法,而且在自己的后半辈子身体力行,从控制论转到动力系统的混沌和复杂性、生物数学、从核酸序列寻找基因的软件开发等。虽然没有做出什么大的成果,但还是很开心。可以说,这里都有李先生的影响在起作用。

在上述教师讨论班中,我精读了 Pontryagin 的经典著作《最佳过程的数学理论》,解决了阅读该书中发现的两个问题,其中之一写成了一篇短文《关于带有固定参数的最佳控制问题的一个注记》,发表在《复旦大学学报》上。实际上这是根据金福临先生在讨论班上所做的关于矩方法的报告而得到的成果,我只是举了个例子而已。我还和李先生合作完成了《线性系统的最佳快速控制》一文,也发表在《复旦大学学报》上。

六、风云变幻

正当我们的科学研究工作比较顺利地向前进的时候,爆发了史无前例的"文化大革命",一切学术活动都停了下来。我也于 1973 年离开复旦大学到无锡的一家保密工厂做情报员,以后又换过几个工种,似乎要终老于此了。

长达 10 年的"文化大革命"的结束改变了全中国包括我在内的千千万万人的命运,一切都有了希望(在那之前连希望也没有啊)。我于 1978 年从无锡的工厂考取了中科院数学所关肇直先生的研究生,实现了大学毕业时的梦想,并于 1982 年获得博士学位。关先生于当年就不幸去世。我于 1983 年到苏州大学数学系任教,直到 2010 年退休。

我在 1986 年出版了《绝对稳定性理论与应用》一书,它的前言是由金先生和李先生合写的。这本书虽然由我一个人编写和署名,但实际上凝结着他们两位多年的辛勤劳动和心血,这我已经写在该书的后记中了。当然这本书还有许多不足之处,这完全是我个人的责任。

在完成绝对稳定性的上述专著之后,我的研究方向多次改变,离控制理论越来越远,全国性的控制论会议我很少参加,因此与李先生的联系不是很多。但通过我在复旦大学的许多老同学和老熟人,我对李先生的许多工作和成就还是知道一些的。例如他利用"文革"中的间歇深入上海炼油厂等基层单位进行理论联系实际的研究工作，"文革"结束不久他在最优控制方面就取得了重大的突破性进展，荣获上海市"优秀教师"称号，成为复旦大学的首席教授，在复旦数学系发展的多个方面做出重要的贡献，等等。

  我在为李先生的成就感到高兴的同时，也深感自己的望尘莫及。作为李先生第一届学生的代表，所做出的成绩实在太少，对不起他对我的精心培养和帮助。在1973年离开复旦20年之后，我才在动力系统的复杂性方面写出了还有一点新意的论文和专著，此后只是参与编写了两套学习微积分的教辅书和一本数学史科普读物。虽然也有了教授的职称，做过博导，但我多次和我的学生说过，我真实的水平也许还比不上"文化大革命"前复旦大学的一个讲师。在今天怀念李先生的时候，只能感到惭愧。

忆我的老师李训经先生

马 进[①]

转眼之间,李训经先生已经离开我们20年了。记得他走的时候是68岁。再往前算一下,我们第一次见到李先生的时候应该是1979年,我们大二。他那时40岁刚出头一点,正是风华正茂的年纪。当时正值"文革"后百废待兴的时期,我们是恢复高考以后第一批大学生,而李先生则还属于"中青年教师"的群体,正在为能重新回到一个正常的学术研究和教学的氛围中而兴奋。在以后的近10年里,我在复旦学习和工作直至1987年出国,李先生作为我的老师和导师,教会了我许多道理和在课本中学不到的知识,这在我以后很多年的职业生涯中,起到了很大的作用。回想起来,从第一次看到李先生走进"600号"大教室给我们上常微分方程课至今的40多年的时间里,自己从学生到老师也走了很长的一段路。从某种意义上说,我和很多李先生教过的学生一样,一直以他为榜样坚持在学术界奋斗和进步。他对学术研究的态度,思考问题的方法,以及对是非的严格要求,无形中成为我们以及后来我们指导学生的标准。很多年以来,和李先生相处的一些事和他的一些教导一直都没能忘记,有些还成了用来教育学生的哲理性范例。这次有机会写一点下来,也是一件有意思的事情。

一、大 学 篇

我是1978年2月进的复旦数学系,即现在所称的77级。我们这一届

[①] 南加利福尼亚大学教授。

新生分成4个班：数学专业两个班，计算数学和力学各一个班。数学专业的两个班，一班年龄较小，二班年龄偏大，故又常称为"小班"和"大班"。大班中年龄最小的大约是中学72届毕业生。而我是中学73届，所以是小班中除了3位大哥（包括后来的国家副主席李源潮）之外年龄算是最大的，也属于当时"社会生"中的一员。我们这个班级（或广义下的"班级"）已经有很多的传说和故事，但有一点是肯定的，就是大部分同学有一个不太一帆风顺上大学的经历，所以大家都非常珍惜念大学的机会，学习都非常努力。这可能也是后来出了不少"牛人"的原因之一。

我1973年中学毕业后，因为没有直接升学的机会，所以被分配到了上海金山石化总厂塑料厂当工人。上海金山石化总厂是从日本引进技术的第二家大型石油化工综合性企业（另一家应该是北京的燕山石化）。因为当时还在围海造厂，所以我们这群小青工就先在上海市区培训。进厂几个月以后分工种，我被分到仪表车间。因为属于"技术"工种，我就被安排先去上海自动化仪表三厂学习，然后再到上海机械学院短训了几个月，学习一些文化和专业基础知识。当时所谓的培训其实非常简单，因为我们这一届中学生从小学四年级到中学毕业基本上没有认真地上过文化课，而且在当时的氛围下同时分配到厂里的青工当中很多人对学习也没有什么兴趣。而我得益于中学里的一位师范大学数学系毕业的班主任，在1972年"资本主义教育路线回潮"的时候带着我们学了一点中学代数和三角，所以在培训班数学摸底测验时，我得了满分。虽然这只是在一堆白卷中的"脱颖而出"，但得到了当时培训班老师们的很大的鼓励，以至于我对自己的"数学能力"有了些许自信，这可能对我后来报考复旦数学系也起了一定的作用。其实回想起来，当年一起进厂的青工当中有许多脑子快的，但后来由于种种原因，包括地域、毕业分配、带薪等实际问题而没有走考大学的路，应该也是人生选择的偶然吧。

我1970年代在金山石化总厂的4年仪表工的经历，相对于一些当时从"插队落户"的农村考进大学的同学来讲应该是非常幸运的。因为在当工人期间，除了上班，还有条件（包括时间和精力）自学一点东西。除数学之外，由于工作性质，我还接触了一些工程控制论的基本概念，例如什么PID调节器之类。虽然只是一些皮毛，或者说只是一些简单定性的概念，但至少对控制理论产生了一些感性认识和兴趣。应该说这为我后来选择应用数学，并且跟李先生做控制论埋下了一定的早期潜意识。许多年以后我得知李先生在1970年代也曾在金山石化总厂做过"理论联系实际"的科研活动，现在想来这可能也是我和他之间的一种缘分吧。

1978年2月我开始了复旦的大学生活。进了数学系，才知道什么是"数学能力"。看着班里的同学，立刻感觉到自己年龄其实不小了。班里年纪最小的同学才15岁，大扫除时还舞着扫帚玩呢。而班里、系里各种的"状元"，有的已经把吉米多维奇的《数学分析习题集》做了一大半。自己在厂里自学的那点底子，马上就不够用了。而对于"数学"这个全新的世界，一直到一年以后才稍微有了点感觉。

我第一次见到李先生是1979年大二时上他的常微分方程课。记得是在600号大教室，4个班的大课。李先生当时40岁出头，穿一身整齐的中山装，一口很重的山东口音。看得出来，他对能给我们这些恢复高考以后第一届大学生上课感觉非常兴奋。他上课认真，声音洪亮，板书整齐，只是有点严肃，而且显然把教学当作一件很重要的事情，让人有点望而生畏的样子。记得有一次600号大修，上课的时候外面施工有点吵。他很严肃地走到窗前跟外面的工人交涉，大概是说现在是上课时间，这里不能干活之类，好像是要求人家改个时间过来。谈判有没有成功不记得了，但是他当时表现出的那种理直气壮的气势给人印象非常深刻。

现在回想起来，大学时期主要上了一门常微分方程课和一门偏微分方程课，而李先生的常微分方程课其实为我以后学随机微分方程以及进行这方面的学术研究打下了一个很重要的基础。一些基本概念，譬如方程的存在唯一性问题、Picard迭代、Gronwall不等式，以及稳定性研究的一些手段，都是从那门课上第一次接触到的，而且在以后的几十年里都很受用。记得当时初学解方程手段，常需要对方程求导。大概是要表示做方程和做分析不一样，对求导、积分这类动作不必谨小慎微，李先生经常喜欢说的一句话是："我们不管，我们对它求导！"非常霸气。多年以后，我在明尼苏达大学念书时选偏微分方程课，教课的是偏微分方程大师 Hans Weinberger。他有几次讲到什么估计时需要对方程求导,在黑板上边写边讲:"We differentiate it like crazy..."(我们拼命地对它求导)顿时觉得与李先生的"求导论"有异曲同工之妙。

二、研 究 生 篇

1982年大学结束后,由于当时的一些具体政策,考研似乎是一个自然选择。被录取进入复旦大学数学所(硕士)研究生班以后,不知为什么,我本能地选择了应用数学和控制论方向。后来自己也想过原因,感觉当年的工作经验和早期对工程控制论的兴趣应该是起了主要的作用。

由于同在复旦,进入研究生阶段的学习生活,除了换了宿舍楼外,与大学生活没有什么变化。第一年还是上基础课。不过确定跟李先生学控制论以后,讨论班就开始成为我们学习生活的一个重要的组成部分。虽然关于李先生指导讨论班的方法和模式,许多已经成为传奇式的经典,相信在这个集子里也会有不少的回忆和描述,但对我影响最大的"挂黑板"的经历,在以后许多年里都是我用来教学生的范例。

1982年的下半年,也即研究生入学后的第一年,我们开始参加由李先生组织的讨论班。讨论班的主要对象是新招的硕士研究生和一些控制论组的青年教师。记得有孙莱祥老师和陈有根老师等,雍炯敏出国之前也在,但报告人主要是研究生。当时李先生已有开展随机控制方向的意向,所以开始让我们读一些自适应控制方面的文章。记得我做的第一个报告是关于离散时间的线性控制系统的一个什么问题,当时也不知道应该怎么准备报告,觉得大概只要把文章里看得懂的地方讲一下,看不懂的地方讨论班上问老师就行了。所以一开始就不假思索地在黑板上写下系统的差分方程,就想往下讲。但刚讲了不久,李先生说:"别忙,别忙。你能不能讲一下这个差分方程的常数变易公式?"我当时就卡住了。因为文章里也没用到常数变易公式,所以准备时也没有查过。于是站在那里拼命想,从能想到的常微分方程知识里试图把一个类似的公式猜出来。但几分钟后发现越想越糊涂,就说

"我不知道",心想李先生如果知道应该会告诉我结果的。但没想到李先生大为生气,大概因为等了那么长时间只等到一个"我不知道"对他来讲是一个不可接受的结果,就对我说:"如果你就这么回答问题的话,那你这研究生怎么念?"我当时觉得挺委屈的。我确实没见过差分方程的常数变易公式啊,该怎么回答才对呢?讨论班之后李先生叫住我,说你还记得线性常微分方程常数变易公式怎么推的吗?我说大概记得吧,但我当时没想出来。他说你为什么不在黑板上试着推一下呢?大家一起出出主意,应该不难推出来的。你让大家看着你几分钟,然后说不知道,不是浪费大家的时间吗?我这时才明白李先生的意思和他希望看见的研究生的能力。知识不到位没有关系,可以慢慢学。但如果只会被动学习,没有探索精神就没有希望了。从那次以后,凡是讨论班中提出的问题,我再也不会直接说不知道了,而是尽量把自己的思考路径讲出来。这样别人也可以知道你的思路,而且有可能帮助你找到答案。

从1982年第一次讨论班开始,到1987年出国,参加李先生的讨论班一直是我学业和职业生涯中的一个重要组成部分。可以非常客观地说,在这几年里学会的一些做研究和写论文的基本方法和能力,打下了我以后很多年学术生涯的基础。同时,我对讨论班的理解也随着李先生的言传身教而不断加深。我逐渐体会到讨论班的本质是"讨论",而不同于考试,因为坐在下面的人大多数情况下也不知道答案,都只是凭经验提出一些可能的结果。特别是当讨论班的目的是试图熟悉一个大家共同感兴趣的新领域的时候,通常报告的是别人的工作或文献。所以报告人应该做的功课是把主题讲清楚,并提出问题或质疑现有的结论,从而找到可能的研究课题。在1980年代初的几年里,李先生对于包括随机控制和动力系统在内的几个方向都在探索。在一些技术上他不熟悉的领域也还在一个学习和"旁观"的阶段,所以在讨论班里他经常是"听讲型"。但很有意思的是,他每次都能把报告人逻辑上的漏洞抓住(即使是在他似乎不熟悉的领域),而且经常是在他貌似"瞌睡"的状态之下。这对做报告的人无疑产生了很大的压力,至少准备一定要充分。另一方面,李先生并不"专制",讨论班上的争论也是常态,所以气氛一般很活跃。许多年下来,李先生的讨论班留下了很多的故事和趣事。

忆我的老师李训经先生

我跟李先生做硕士研究生的3年和以后做助教的2年,是李先生在复旦数学系建立随机控制方向从设想和计划到逐渐落实的一个前期阶段。1987年以后,随着彭实戈和雍炯敏的回国,以及周迅宇、胡瑛、汤善健等博士生的先后出道,复旦随机控制达到了一个人强马壮的高峰期,但这是后话。在1982—1985年我念硕士期间,由于当时的院系重组,在复旦数学系找到能教比较前沿的随机分析课的老师都有困难。当李先生决定让我和78级的王银平开始做随机控制方面的课题时,特地为我们两人专门组织开设了一门随机分析的辅导课,由当时刚从日本回来的徐家鹄老师教我们。徐家鹄老师1962年入复旦数学系统计数学专门组,1980年代初去日本京都大学做访问学者,在日本概率论学派的主要人物如伊藤(Itô)和他的主要弟子池田(Ikeda)、渡边(Watanabe)、国田(Kunita)、西尾(Nisio)等人的直接指导下或主持的讨论班中学习随机分析。他给我们上课时用的教材是他亲自手写后复印给我们两个的,其内容很多是基于后来著名的 Ikeda-Watanabe 的经典著作 *Stochastic Differential Equations and Diffusion Processes* 以及他在日本参加讨论班时的笔记。他的这门课对我之后的知识积累打下了一个非常重要的基础。徐老师写得一手好字,当时读他的讲义非常享受。一边学数学,一边欣赏书法。他那本讲义我一直收藏着,也一直带在身边。后来听说徐老师离开复旦去了新加坡,屡次回国都没有能见到他,无法当面感谢他带我们进入随机分析之门。

从大二的常微分方程课到以后的研究生和助教,我的知识结构和学习方法受到李先生很大的影响,也在我以后的学习和研究生涯中制造了一些完全出乎意料的小惊喜。我在明尼苏达大学念博士学位时,选了一门博士生的常微分方程课。任课的老师是 Yasutaka Sibuya 教授。Sibuya 教授师从 Earl A. Coddington,当年也快60岁了,是常微分方程的专家。上课用很多 Coddington-Levinson 书上的内容。记得一次带回家的考试,有一道题牵涉非稳定常微分方程组的发散估计。我记得当时用了一招,好像是跟李先生学能控性和能观性的关系时用到的一个利用对偶系统的方法。考试完之后我去他办公室查分数,他很高兴地把我叫进去,特地拿给我一篇他以前的预印本文章,上面工工整整地写着"谨呈马进先生"。他告诉我说,这篇文章里用了这个对偶系统的估计方法,很高兴看到你也会用,送给你做个纪念。我当时受宠若惊之余,很想和李先生分享这个故事,但不知最后有没有告诉他。Sibuya 教授后来一直待我很好。记得我通过博士资格考试(口试)之后,他特地请我出去吃了一顿日本料理,以示祝贺。我在写这篇文章时,特别上网查了一下,看到他不幸已于 2021 年 4 月仙逝,享年 90 岁。

三、复旦助教篇

1985 年我获得硕士学位后,留在复旦当助教。因为李先生当时还不能带博士生,所以我开始准备申请出国,同时也开始找自己的科研题目。记得当时手里有一本老同学雍炯敏送我的他在普渡大学的导师 Leonard Berkovitz 所著的 *Optimal Control Theory*,其中有一章讲的是松弛控制问题,觉得挺有意思,就想试着做一下连续时间、部分观测下的随机颤动引理。当时的数学系图书馆虽然有些藏书和期刊,但从查资料的角度来说还是很有限,所以也不知道这个问题的现状就一头冲了进去。做了一段时间,感觉还不错,就跟李先生报告了一下,准备投出去。大概是在 1986 年,日本神户大学的 Nisio 教授来复旦访问,李先生让我报告我的结果。当时讨论班里常提到 Nisio 半群什么的,所以知道 Nisio 教授是一位大家。报告的时候她坐在下面非常客气地微笑,点头。讲完后上来跟我说讲得不错,然后告诉我她有一篇文章,答应我她回去以后寄给我,说可能会对我有帮助。过了一段时间,我果然收到了她寄来的单行本。一看,是她和 Wendell Fleming 合作的一篇文章 *Stochastic Relaxed Control for Partially Observed Diffusions*,1984 年发在 *Nagoya Math. Journal* 上的。这是一个比较偏的杂志,用当时的手段几乎是没有办法查到的。读了 Nisio 和 Fleming 的文章,我才认识到自己实际是在很大一个框架下面做了一件很小的事情,而 Nisio 和 Fleming 的文章格局大太多了。当时我觉得挺沮丧的,就去找李先生求教。李先生听了以后安慰我说,与 Nisio 和 Fleming 撞车其实不用太在意,应该高兴才是,因为至少说明你问题是提得对的。回想起来,当时还真有点"虽死犹荣"的悲壮感觉。

　　李先生教学生最在意的是如何提出好的问题。记得他曾说过他最喜欢学生来跟他说:"我有一个想法……"想法对不对、好不好不要紧,但不能没有想法。有了想法,不好可以改进,但没有想法就比较累。跟李先生做研究生以后一直在学的一件事就是怎么提出有意思的问题,而且想办法去发展成一个可以成为研究的课题。这种思考的习惯,在到美国念博士的过程当中起到了非常重要的作用。我在明尼苏达大学的博士生导师 Naresh Jain 教授当年师从钟开莱,是马氏过程的专家,同 Courant 研究所的 Varadhan 教授和布朗大学的 Fleming 教授都很熟,但并不是做控制论的。我曾经把在复旦讨论班上跟李先生报告过的 Fleming-Rishel 的书 *Deterministic and Stochastic Control* 中的一些章节给他报告过,但因为系里著名的概率论专家 Steven Orey 教授曾做过一些奇异控制方面的问题,所以我的博士论文选在了那个方向。整个做论文的过程中,从泛读到选题,我在复旦的经验,特别是从李先生那里学到的一些想问题和提问题的方法,起到了非常重要的作用。我的第一篇关于光滑衔接原理的文章在 *SIAM J. Control Optim.* 上发表以后,Jain 教授非常高兴,认为我选题有"品味"。我想这和当年李先生在 Nisio 的文章后说我问题提得对是一个意思。我也很庆幸在复旦的磨炼终于有了结果。

　　我在复旦期间,由于家住上海市区,因此住校时间相对比较少,和李先生在学业和工作之外的联系不多。有时家里有事或因病需要跟李先生请假,会打电话给他,他通常只是叮嘱一下找人代课的事情。大概是在 1986 年,系里给具有教授职称的老师们联系到了一批价廉物美的家具,以改善他们的生活(助教不包括在内)。李先生知道我刚结婚,特地问我需不需要什么家具,他可以帮我订。我当时确实挺喜欢其中的一把书桌扶手椅,就让李先生订了。后来椅子到了,问题也来了。我住在市区,离复旦挺远的,当时出租车远不如现在方便,而且椅子也太大,根本无法运回去。怎么办呢?后来突发奇想,设计了一个简单而大胆的攻略:早上从家里骑自行车到人民广场,坐校车到学校。下午下班后拿上椅子,在系办公室用当年野营拉练时用的背包带,在椅背上做了两个"背包扣",然后从 600 号数学系背着那张扶手椅一路走到物理系门前上校车。扶手椅成为自带座位,到人民广场下车后再背着椅子骑自行车回家。最后骑车回家的一段路确实很潇洒。一把挺不错的扶手椅背在肩上超有画面感,一路上赚了不少回头率。记得有两个小青年骑车超过我的时候还在认真地讨论:"要不然,那你说怎么拿回去呢?"现在想来,也是趣事一桩。

四、题 外 篇

其实回想起我在复旦的日子,特别是3年研究生生活和之后做助教的2年里,有两位与李先生密切关联的师长/师兄也值得一提,因为他们对我后来的发展有着不小的影响。他们是姚允龙老师和尤云程师兄。姚允龙老师是65届复旦数训班的毕业生,而尤云程师兄是68届复旦数学系的毕业生。1978年以后,姚老师进入李先生的控制论组,而尤师兄则考回复旦成为李先生的首批硕士生之一,1982年我开始跟李先生做硕士研究生时,尤师兄刚硕士毕业。1981—1984年,他们俩是李先生建立无限维空间最大值原理理论的重要副手。姚老师和李先生与尤师兄分别写的几篇关于分布参数系统的最大值原理是我们学习的重要范文。记得当时李先生常提到的概念有"针状变分""向量值测度"等。但他最喜欢强调的是"单位闭球在无限维空间中非紧"。这些内容现在可能已经作为经典而成为理所当然,但在那时却是李先生在10年"文革"以后重返控制论研究的第一批结果,也是他非常引以为傲的心血并对他的学生们反复强调的"教旨"。

姚老师是一个非常特别的数学达人,对教学与科研有一种与众不同的态度。他说一口上海话,并且好像与普通话绝缘。所以听过他的课的外地学生都一定会觉得除了数学之外,上海话水平有了长足的进步。特别有意思的是他有一次在复旦召开的一次控制论会议上做报告,他的上海普通话让许多外地的参会者听得云里雾里,有人就在下面恳求:"姚老师能不能请你用英文讲?"如此的语言障碍,也是绝了。姚老师喜欢把数学概念简单化,从而学生(特别是初学者)能有自己的想象空间,而不是淹没在众多的抽象定义中。我曾听说他上课时对"赋范空间"的描述是："线性空间是一碗阳春面,加上一个范数,就成了一碗大排面。"如此令人捧腹而又充满上海特色的描述,想必听过他的课的学生一定印象深刻,几十年都不会忘记。在姚允龙老师2007年编著的《数学分析》(第二版)的序言中有这么一段话,很能说明他对数学教学的理解。在此不妨摘引一下,以求共鸣："数学的理论是美妙的,引人入胜;数学的方法是精巧的,丰富多彩;但学好数学却必须付出艰辛的劳动。在教学过程中,我们经常遇到这样的学生:他们能背出一些基本的公式,却做不了略有变化的演算,他们能牢记一些基本的定理,却给不出稍分层次的推理。有些学生依然留恋早年接受的、为应试而被不恰当地夸大了的'题型教学',不理解这种训练手段怎么在大学课堂里销声匿迹了。这些学生学习数学的方法大多较为稚嫩,他们对数学知识只停留于形式的理解,并未达到实质的掌握……学生学习数学的过程应当是一个再创造的过程。学生应当按自己的认识去解释、分析所学的内容,用新的观点去改变原有的理解,从而在个人数学知识的库藏中打上自己特有的烙印……"

姚允龙老师虽然没有对我的研究课题有直接的指导,但他对科研的态度和要求却在某种意义上对我产生了很深的影响。我出国之前因推荐信之类的事情常去他家,聊天之余他常给我讲他对做数学和写论文的看法。记得他问我出国以后想做什么,我不假思索地说:随机控制啊!他很不以为然,说为什么一定是随机控制呢?应该是什么有意思做什么。他鼓励我说,你年纪还轻,应该放开思路,做新的东西。我后来虽然没有走出随机控制的领域,但当时选择做奇异控制的问题,也是有点追求"不同"的意思,跟姚老师的建议多少有点潜意识的关联。姚老师似乎从未把科研当成压力,而是当成生活的一部分,从中取乐。他认为做数学的人,生活在"痛苦"之中应该是常态,因为一直处在一种"做不出"的困扰当中。解决了一个问题高兴几天,又开始进入新的痛苦。如此往复,无限循环。而一篇文章必须经过几番痛苦之后,才能出来。没有过痛苦的文章是一定不能发的。他的这个标准我后来和我的许多学生讲过。能在一个一直需要"苦中取乐"的职业生涯中坚持的,的确不容易,所以在众多的数学系学生中能坚持下来安心以做数学为职业的确实只有少数。

尤云程师兄在我开始念研究生时就已经留校任教了。1985 年我毕业留校工作以后,因为讨论班等原因和他接触比较多。他比我年长 12 岁,一直像是老大哥,而我后来的发展道路好像一直是在追寻着尤师兄。1986 年他出国,去了明尼苏达大学念博士。一年以后我也"跟着"去了。记得我到达明尼苏达大学时他还特地请了一位中国学生开车去机场接我,后来他毕业离开时还留了一些家具给我,我还用了好几年。尤师兄在明大留学生中是个传奇,因为他只待了两年就把博士学位拿下了,好像还是因为学校博士项目的期限要求。据说他的博士资格考试是一个出题老师也不知道答案的公开问题,而他的答卷等于是一篇小文章。他 1988 年毕业以后去普渡大学做了一年研究助理教授(一个博士后性质的职位),后来又回明大做了一年访问助理教授,就去了南佛州大学任教至今。有趣的是我博士毕业以后又步他的后尘去了普渡做研究助理教授。只是我后来比较幸运地转成了终身教职,而且一待就是 15 年。记得 2005 年在复旦发起第一次纪念李先生的学术研讨会时,尤师兄也参加了。会后我和尤师兄受大家嘱托,把由陈叔平、彭实戈和雍炯敏在 2002 年为李先生论文集所作的前言用英文改写成一篇短文,题为 *A tribute in memory of Professor Xunjing Li on his seventieth birthday*,2007 年发在了由汤善健和雍炯敏合编的 *Control Theory and Related Topics* 的一个专辑上。回想起来,当时因为各种原因,出国以前我和尤师兄都没有和李先生合作写过文章,但我和尤师兄的唯一一次合作则是为纪念李先生。作为我们对李先生的一点心意和回报,我还是感到很欣慰的。

五、结　束　语

李训经先生 2003 年去世后不久,几位在国内的师兄弟们开始酝酿举办一次纪念李先生的学术研讨会议。因为虽然李先生没有一个像系里一些主流、著名学者那样的光环,但他在科研、教育方面的追求和他培养学生的独特的方式,是完全值得纪念并传承下去的。基于这个想法,2005 年在复旦举办的一次倒向随机微分方程的学术会议期间,插入了一天纪念李先生的主题研讨会,并在2007年出了一本纪念李先生70周年诞辰的论文集。后来,2005年的会议被认为是第一届纪念李训经老师学术研讨会,从那以后每3年一次,持续了十几年。接下来的第六届会议本应该在2021年举行的,但由于疫情原因被推迟了。十几年来,李先生纪念会的与会人数在不断增加,原来10多人的集体照变成了百人照。随着传人队伍的不断壮大,李先生也逐渐成为一个概念。虽然我们这些李先生早期的学生聚在一起时,对于他当年对我们的教诲,包括"训斥",都还是津津乐道,百谈不厌,但下一代的学生们当中有很多没有见过李先生本人,有些甚至在1980—90年代时还没有出生。所以非常感谢陈叔平、雍炯敏和汤善健提出的为李先生出版集体回忆录的建议和为此所做出的努力。借此机会写下这些文字,希望能给愿意在李先生曾经努力耕耘过的学术领域中继续学习和工作的后辈们一些启示。

我的科研启蒙导师——李训经

王银平[①]

第一次上李先生的课是大学二年级的常微分方程,用的教科书也是李先生主编的。每堂课李先生总是面带微笑,用带着山东口音的普通话给我们讲解各种微分方程的解法和有关的定理。大学四年,这也是唯一与李先生有交集的课。四年级报考研究生时,对应用数学情有独钟的我填了运筹与控制专业,我与同班的何利民一起被录取了。因为录取的只有我们两个,所以就商量决定一人选一个分支。我选了控制,他选了运筹。

大学生的主要任务是扩充和巩固基础知识,而研究生除了继续扩充和巩固专业知识外,还要培养数学方面的科研能力,复旦数学系的讨论班就是为此而设计的。在第一堂专业课(现代控制理论)上,李先生讲解了自动控制理论在造纸厂的实际应用。因为李先生参与了一个造纸厂的自动化过程,所以他讲得很具体、很透彻。也就是在这堂课上,我学到了一个自动控制理论的核心概念——反馈。

与普通课程不一样,讨论班是由学生主讲,主讲学生需要选一篇公开发表的专业论文,读懂、读透后在讨论班上讲解其主要结果和论证过程,而导师和其他学生坐在下面听讲并提问。也就是在讨论班上,我开始领略了李先生在科研上的严厉和严谨。因为我们78级和77级只差半年,所以我和雍炯敏师兄及马进师兄一起参加讨论班。每次讨论班上,李先生都会提出一堆问题,如果主讲学生回答不出、回答不正确或不严谨,就会被李先生"按在地上狠狠摩擦"。每次轮到我主讲,都是战战兢兢的。尽管课前都自认准

[①] 现就职于美国 Segal 公司。

备充分,但每次结束都是"遍体鳞伤"。半年后雍炯敏师兄出国,"脱离了苦海",我和马进师兄继续生活在"水深火热"中。在李先生的严格要求下,我也逐渐养成了正确的科研方法和习惯。感谢您,李先生。

研究生毕业后我留在复旦,被分配到常微组,组长是金福临,副组长是李先生。尽管我已经"长大成人",但还是会和李先生一起参加讨论班,接受李先生的"再教育",直到我出国。

良师益友终生难忘
——回忆李训经老师

陈叔平①

俗话说,"师傅领进门,修行靠自身"。一个人在学业上的成就大小,主要靠自己的"修行",还需要一定的运气,但"师傅领进门"则是不可忽略的。在我熟悉的人中,无论成就大小,他们在成长的道路上,都在不同的时间,以不同的方式,在不同程度上得到过"贵人相助"。对我来说,李训经老师无疑就是把我引入学术之门的不可或缺的"贵人"。

我与李训经老师的结识是"机缘凑巧"的事。

1982年2月我从浙江师范学院毕业考入浙江大学数学系读研究生,师从张学铭教授。那一年浙大数学系研究生招收计划是6名,有30人报考,最后录取了朱其吉和我两人,都由时任系主任的张学铭教授指导,董光昌教授等其他几位指导教师决定下一级再招。张学铭是苏步青的学生,也是李训经老师在山东大学念书时的老师。入学后,张先生给朱其吉和我安排了学习计划,除课程学习外,要求我们自学并合作报告由陈祖浩等翻译、李训经老师校对的 Pontryagin 的《最佳过程的数学理论》。

那年初夏,张先生出国访问,回国后觉得身体有问题,在杭州就医后转入上海华山医院,被诊断为现在俗称的"渐冻症"。张先生自觉病情严重,就做了一个十分关键的决定:把我们送到复旦大学,委托李训经老师指导。在送我们去复旦前,张先生曾联系英国曼彻斯特大学的 Bullough 教授,想让我去那里读博士。

---

① 浙江大学教授,现已退休。

良师益友终生难忘

1983年春,朱其吉和我,还有低一级(只差半年)的岳荣同学3人到复旦大学"借读",遂与李训经老师结缘,开始了长达20年的师生情。

在复旦大学读了一个学期后,张学铭先生转回杭州治疗,我们也就跟着回到浙大学习。虽然尝试了各种治疗方法,但张先生的病情仍继续发展。在肌肉逐渐退化住院不起后,张先生仍每周一次在病床上与我讨论学业,开始时用笔,到后来只能用手指在沙盘上交流,更多的时候我还是接受李训经老师的指导。张学铭先生让山东大学的陈祖浩老师、梁中超老师等来浙大给我们讲过课,他们都是李训经老师在山东大学念书时的同学,几位师兄弟有很深的友谊。张学铭先生1986年去世,我在他身边学习的时间虽然不长,但他乐观的人生态度和谆谆教诲,他的博学和胸怀,以及对学生高度负责的精神让我刻骨铭心,他留给我的著作和《微观斋》诗稿都还保存着。

我考入浙江师范学院时已经28岁,且只有初中学历,而浙师院的培养目标是中学老师,因此,与大多数研究生同学相比,我的基础是相对薄弱的。同时,我报考研究生的动机也非常朴素,选专业更是随意的,只想考上浙大研究生就能回杭州照顾80岁上下的父母。因此一开始对"控制论"相当无知,甚至可以说"一无所知"。例如,到复旦不久,读到师兄尤云程翻译的《线性最优控制》(B. D. O. Anderson & J. B. Moore 著,科学出版社,1982)就让我肃然起敬(保存至今)。在这种情况下,张学铭先生让我有幸遇到了李训经老师。在李老师的引导下,我完成了学术"启蒙",补上了必要的基础,真正开始"入控制理论之门",并结识了雍炯敏、彭实戈等一批"厉害"的同学,保持了数十年的合作和友谊。没有当初这一机缘,很难想象自己后来发展的路将会怎样。

有了在浙大一年的学习基础,我很快就融入了复旦大学数学系的课程学习。姚允龙老师的"无限维线性系统理论"是我印象很深、收获很大的课。但真正理解什么叫研究、怎样做研究,迈出的第一步是参加李训经老师富有特色的讨论班。在讨论班上,我开始慢慢地理解了这门学科和它的主线,梳理了方向,训练了文献查阅,知晓了当时的一些"名家"并开始建立联系。更重要的是,讨论班让我极大地开阔了视野,激发了热情。讨论班上形成的"畅所欲言""和而不同"的团队合作风气,印证了那句被 Fermat 引作座右铭的英格兰哲学家、科学家 Francis Bacon 的名言:"知识的成长取决于同行间的大量交流。"

在讨论班上,李老师经常闭着眼睛,偶尔睁眼看一下黑板(当时没有投影仪等电子设备),看似在打瞌睡,其实在专心听、认真想,时不时会冒出一句"你这不对""你把这讲讲清楚"之类的话。如果准备不充分想"滑过去",就要"倒霉"了;如果不认真回答或答不上来还强词夺理,想自圆其说,就会被"挂黑板"。做学问所必须具备的严谨、务实和开创的精神在那段时间里得到了强化。往事历历在目。

这些东西看似"无形",但与发表论文、专著和获得各种荣誉等"有形"的东西相比,则更为基础,更为宝贵,意义和价值更为持久。讨论班其实就是研究生课程,讨论班上受到的熏陶和训练成为我们日后指导学生的"法宝"。几十年来,我们分散在各地,还能有凝聚力,还能坚持、传承、开拓,很大程度上源于李训经老师。这也是我们纪念李老师的根本原因之一。

我们刚学习控制理论时接触的是集中参数系统(常微分方程)。李训经老师很快就把我们引导到分布参数系统(时滞或偏微分方程),再到随机系统,跨度较大但顺理成章、一脉相承,相当"自然"。他让我们跟上学科发展前沿,扩大研究范围,促使"百花齐放""异军突起",在不太长的时间里成就了一个有影响的团队。所有这一切,核心和灵魂就是李训经老师。

李老师十分注重理论联系实际,以体现控制理论与纯数学的特色差别,发掘其内在的生命力,确保正确的方向。我印象很深的一个例子是,刚开始学习控制理论时,李老师用抽水马桶的工作原理来解释"反馈"这个核心概念,从中可以说清楚许多"非平凡"的控制论思想和主题。印象更深的是李老师讲过的一件事:上海金山石化总厂从日本引进一套炼油的"催化裂化"装置,由于没有配套引进控制系统,再度引进时日方要价 100 万美元。买来后发现主要是一个 4×4 的对称矩阵,相当于花 100 万美元买了 10 个数。李老师说,如果我们做控制理论的人不局限于写纯理论的学术论文,而是有意识地主动参与到这类重要的应用课题中去,就完全有可能自己研究出来。这件事对我的触动在很大程度上影响了我后来的教学和科研观念。受李老师的鼓励,我先后参与了吕勇哉、刘祥官的项目和其他不少应用课题。

李老师与我交谈时经常会聊到控制理论有没有用这个话题。归结起来主要是：没有机会用，有机会的时候不会用，以及没有新问题，没有好模型，就难以发展新理论，难以产生大影响。他提到过 Fourier, Hamilton, Nash, Black, Scholes 等人的故事。这些讨论，增强了我们对"控制"的认识理解，丰富了知识，拓展了范围，转变了观念，使可做的问题源源不断、多姿多彩。同时，也改进了自己的教学，有助于学生毕业后可以在不同的岗位上做出成绩。

李老师没有太多的国外经历，那个年代国内的学术交流也远不如后来丰富。但由于李老师的学术追求、学术视野、学术敏感性和所带团队的学术成果为国内外同行所了解，因此受到了同行的尊敬。李老师知道很多国内外知名学者并与其中不少人熟识，对他们的工作娓娓道来。譬如，我与北京宋健、于景元、朱广田、冯德兴这个团队就是在那段时间里通过李老师结识的，虽没有具体的合作，但从他们那里汲取了许多"营养"，扩大了"朋友圈"。1984 年李训经老师在美国访问时，因认可我博士论文的工作，遂联系多所大学推荐我毕业后去做博士后。

李老师先后介绍过好几位学者来浙江大学访问。其中记得比较清楚的有 1990 年代初俄罗斯的 Butkovskiy 和基辅州立大学的 Girko, 前者是宋健在苏联鲍曼工学院留学时的同学，后者则坚称自己是乌克兰人而非俄罗斯人。当时正值苏联解体，与他们的交谈让我了解了一些真实的背景。此时中国经济发展开始起步，物质已经相当丰富，对比之下他们反响强烈，说我们给的正常讲课酬金超过他们一个月工资。他们带了伏特加、香烟等"土产"送我，然后一起抽烟喝酒，有一件衬衫尺码（尤其是袖长）大到我完全没法穿。有一个送给雍炯敏而他没拿的木质俄罗斯首饰盒现今还在我家里。

李老师十分重视国际交流合作，他亲自筹划或支持我们组织了多次国际会议，帮助我们打开局面、融入主流，也增强了我们的凝聚力。在杭州举办的 1991 年网络与系统的数学理论研讨会预备会议（Pre-conference to the 1991 Symposium on Mathematical Theory of Networks and Systems）就是我组织的第一次活动。李老师去世以后，大家还能坚持每 3 年一次组织以纪念李训经先生名义的学术报告会，就是这个传统的延续。

值得一提的是 1980 年代后期我被 Hector Sussmann 教授邀请去访问、合作，也缘于 1985 年李老师介绍他来浙大访问与我相识。

1985 年 4 月我在浙江大学通过博士答辩，留校任教。当时孩子刚出生不久，教学工作比较多，张学铭先生病情日益严重，我不再能频繁地去上海见李训经老师，对自己的学术前景有些迷茫。恰好过了一段时间，李老师来信说，美国罗格斯大学的 Hector Sussmann 教授访问复旦大学后想来杭州，希望我能接待一下。那时我只是一个讲师，没有经验，英语水平一般，更缺乏资源，但因为是李老师交办的任务，无论如何也得想方设法好好完成。按常规，除安排食宿、陪同游览西湖外，必须安排一次学术报告。记得 Sussmann 拟讲的是"非线性系统控制的 Lie 代数方法"，在浙大属于比较"小众"的主题，找听众费了好大力气。主持学术报告，我最担心的是"冷场"：开始时介绍一下表示欢迎，报告结束后没有提问交流，就说一句"再次感谢"完事。好在那时我读过一点这方面工作的文章，正在做的也挨上一点边，因此在结束时提了一个问题，激发了 Sussmann 的兴趣，他在讲台上来回走，连说"a good problem, a good problem"（好问题，好问题）。散场后，Sussmann 就问我是否愿意去他那访问，这对我当然是意外之喜。事后李训经老师告诉我，Sussmann 说我是他在中国演讲时"唯一听懂了的"，其实学者的判别标准就是你能否有针对性地与他做学术交流。

与 Sussmann 相处的故事比较多。他第一次来杭州，我陪同去花港观鱼，收门票的人让其他游客让一让。Sussmann 说："我不理解也不习惯，你们为什么要这样'照顾'外国人，而门票却比中国人贵？"Sussmann 兴趣广泛，功底很深。除了理论研究外，也善于联系实际。在罗格斯大学时，有一次散步，他指着路边停的小汽车问：要有多大空间才能把车停进去？是否能证明一定可以用 Bang-Bang 的方式停好车？还有一次，我与他讨论一个问题时讲了自己的想法，回办公室不久，他就跑来，同构了一个"显然"的例子说，如果你的思路行得通，那就会导致荒谬的结论，直截了当就把问题澄清了。另外，我有一篇论文没有用手写，是请系里的秘书帮忙用打字机打的（当时还没有计算机），文稿中数学公式，特别是上标、下标，打印错误不少，我改了几遍后不好意思再麻烦别人，就投出去了，结果很快就被拒绝。我觉得审稿人的意见是不对的,就请 Sussmann 来"评判"。Sussmann 看了一晚,第二天回答我说:"在我看来,(他们)没有理由拒绝这篇论文。但你的文稿中有那么多的打印错误。你对自己的文章不负责任,怎么能要求别人对你的文章负责?"这就是"严肃"的学者的态度和观念。我经常把从这些故事中得到的"认识提升"讲给学生听。

在我接受 Sussmann 邀请的同时,浙江大学又给了我"包玉刚基金"资助去美国公派留学的机会。我向李训经老师报告并咨询应该怎样考虑,李老师建议我用公派名额去访问 Roberto Triggiani 和 Irena Laciesca。1987年2月我去了他们俩当时所在的位于盖恩斯维尔的佛罗里达大学,半年后随他们一起到了弗吉尼亚大学。这样就有了我的第一次出国交流,与 Sussmann,Triggiani 和 Laciesca 进行了有效的合作并结下了很深的友谊,开启了后面的学术道路。饮水思源,这些都得益于李老师给我的机会和建议。

Sussmann 和 Triggiani,Laciesca 后来都来过杭州看我,都是先到复旦访问。1991年 Sussmann 来浙大,适逢学校为丘成桐倡议的"浙江大学高等数学研究所"新建的"欧阳纯美科学楼"落成。我以为可以请他在仪式上讲话,Sussmann 欣然同意并做了认真准备,结果学校没有安排。之后我按 Sussmann 的愿望托人安排了他游览长江三峡,却因所托之人未买到成都至重庆的火车票而被耽误。Sussmann 很生气但没有怪我。这些低级失误让我深深地自责。我到贵州工作后,Sussmann 在武汉从汪更生那里打听到我的联系方式,联系上后,他放弃去三峡的计划,专程来贵阳住了几天。当时他的糖尿病比较严重,电话里对我提的唯一要求是安排住的房间里要有冰箱以便存放注射用的胰岛素。见面后,我为自己多年不做研究、未与他联系而抱歉,Sussmann 却说:"不,你在为很多人做事情。"我被他的情谊深深感动。

李老师的关怀和帮助是全方位的。我的博士论文从选题到答辩都得到了李老师的关心和指导,他还请到谷超豪先生担任我博士论文的主审,从而认识了谷超豪先生。谷先生后来到杭州,会见路甬祥,祭奠于之三烈士,登北高峰,每次都会让我陪同。李老师还主动带我去过苏步青家拜见苏老。

记得那次苏老拿烟招待我并要我"别客气",说自己戒烟是因为浙大西迁湄潭时抽不起烟,只能让太太炒点黄豆帮助"熬夜",还时常在睡梦中抽烟而醒来。谈起浙大时,苏老说,他与浙大是自由恋爱,与复旦是父母之命。苏老还笑着说他的中学数学老师也叫陈叔平。李老师则在一旁静静地听。这样的引荐和提携还有很多。

我独立指导研究生后,不少研究生的学位论文评审和答辩都是李老师主持的,至今还留着宝贵的照片和文字记录。1992年起,我开始担任不同的学术行政职务。李老师鼓励我"要做就把它做好",并给我一些具体的指点和帮助。谷超豪先生帮助浙大数学系获批了当时非常"宝贵"的博士后流动站,李老师得悉后就介绍任福尧先生的研究生尹永成来做博士后,记得我当即打着伞冒雨去见尹永成。后来刘康生也来浙大了。在李老师的推动和影响下,复旦成为浙大数学系优秀年轻人的重要来源,他们后来都成了中坚力量。浙大数学年轻人的精神面貌和氛围,加上1998年四校合并后杭州大学数学系的力量,2001年国家第一次学科评估时,在未做任何准备的情况下,浙大数学的评分居然在北大和复旦之后排名全国第三。虽然我一直不太在乎虚名,但这个结果在一定程度上说明了,重学术、重年轻人,总是不错的。

我虽然在复旦只待了不到一年,但回到浙大后,除出国外,都会隔三岔五与李老师见面,绝大多数时候是我坐几个小时火车去上海。每次见面,除了问一下张学铭先生及他家人的情况外,李老师基本上只谈学问,不理闲事。如果约好去李老师家,就直接到李老师的书房里讨论问题,通常直至深夜,兴致盎然,毫无倦意。碰上用餐的时间,师母刘老师都会热情地拉我蹭一顿饭。

李老师的住房不大,书房更小,堆满了书,但归类排列整整齐齐,很容易找到所需的。李老师几乎永远在阅读或写作,关注学术发展动态,孜孜不倦,心无旁骛。李老师学术视野开阔,不保守、不封闭。交流时,李老师不会限制你只谈他认为"重要的""正统的"东西,更不会要求你只跟着他做研究,而是始终支持、鼓励独立探索。你可以海阔天空地谈,只要能把事情说清楚,他都有兴趣倾听并发表看法。谈到具体的学术问题时,李老师经常会找出相关的资料给我看,如果我感兴趣而时间不够,还会让我带走。我书架上现在还有好几本从李老师那里得来的书,有的还有李老师的签名,记不得是他送我的还是我借而未还。其中像1984年清华大学出版社的《人工智能及其应用》(普渡大学傅京孙著)和1988年美国"控制理论未来方向"专门研究小组报告(主席 W. F. Fleming,七一〇所系统科学室译)等,至今还会翻阅。这些30多年前的资料充分反映了李老师的学术敏感性和前瞻性。每每看到,都会触景生情,思绪万千。

  李老师非常朴素、朴实。他到办公室去总是骑一辆旧自行车;在家里,天热时就穿一件已经洗得很薄的汗衫。他说念大学时因经济条件不好,常常穿一件破汗背心在操场上晨跑。李老师大多数时候是和颜悦色的,但有时也会瞪大眼睛,竖起眉毛,抿着嘴,用那口青岛普通话大声说一句"胡闹",这恐怕也就是发脾气了。李老师做事极其认真,从不敷衍,讨厌形式主义。他非常守时,写字工工整整。至今思念李老师时,他的容貌和字迹还会浮现在眼前。

  李老师是一个纯粹的人。他待人诚恳,严于律己,对张学铭先生极其敬重,对同学陈祖浩、梁中超等非常友爱;他乐于助人但尽量不麻烦别人。1996年我和李老师一起去香港访问周迅宇,讨论不定判据的随机 L-Q 问题。有一晚我突然牙龈肿痛,李先生把随身带的"西瓜霜"给我服用,立马见效。在李老师身边感受很深的还有一点是,人与人坦诚相待,用不着"玩心眼"。

  我和李老师相处的时间不短,点点滴滴的平凡"小事"写不完,但平凡中蕴含了不平凡的精神,体现了李老师的人品学问。李老师于我是宽厚长者,人生楷模。他的榜样告诉我,做一样就要爱一样、像一样。当个学者,就不能像政客,不能像演员,不能像商人,更不能像骗子,追名逐利。

  我去贵州工作不久就听说李老师病重住院,之后我专程赶到长海医院看望。我在病房坐了两个多小时,但不知道说些什么好。李老师原本就偏瘦,在病房里更憔悴了。他如实告诉我病情,但依然乐观、坚强。李老师曾经说,他不能在餐后吃水果,而要在餐前吃,我想这是否提示消化系统有问题,但想这些没有根据也没有意义了。我告辞出来后极其难过,泪流满面,心想一朝永诀，痛失良师益友。不久后李老师就走了，复旦告诉我李老师希望我来主持他的追悼会，我立刻放下手头的事，飞上海完成老师的最后一个愿望。

王元先生曾有一次动情地说，他比尊敬的老师华罗庚活得长了。现在我比我的两位老师张先生(1919—1986)和李老师(1935—2003)，也活得长了。我唯一能做的，就是以他们为榜样，让他们的精神和人格力量一代代传下去，发扬光大。如果现在还能做出一点好的学问，那李老师在天之灵一定会高兴的。

李训经老师教我做研究

朱其吉[①]

李训经老师离开我们已经 20 年了。感谢叔平和炯敏组织大家撰文来纪念李老师。这么多的颇有成就的应用数学家在这里一起怀念李老师,除了见证李老师的为人,同时也揭示了他多年来带领学术团队的成功和独到之处。总结李老师教书育人的成功经验应当也是组织者的一个重要考虑。我想从这个角度来谈谈我的体会。

一、缘 起

大家走到李老师身旁各有机缘。我是 1982 年春天从吉林工业大学毕业,考入浙江大学数学系的硕士研究生,开始跟随张学铭先生学习现代控制理论。不幸的是当年秋天开始,张先生患上了进行性肌萎缩症。到了冬天,他病情加重,难以继续指导我们学习。于是他和复旦大学的李训经老师商量,让我们到复旦大学跟随李老师做硕士论文。这样,1983 年的春天,张先生门下的 3 个学生陈叔平、岳荣和我来到了复旦大学。

二、讨 论 班

来到复旦大学借读,还是挺有意思的。我们每周必做的功课是参加李

[①] 西密歇根大学教授。

训经老师的讨论班。记得当时参加讨论班的除了我们3个浙大来借读的学生外,还有李老师的学生马进和王银平。青年教师雍炯敏正在准备留美,他和姚允龙老师也来参加。讨论班由学生轮流主讲,李老师坐在下面听,提问题。记得头一次主讲的是复旦李老师的学生,好像是王银平。开始一切进展顺利,直到证明主要定理的时候有一个细节被李老师问住了。那位学生想暂时存疑,下次补上。可是李老师不让,说忘记了证明就推出来。李老师的那位学生急得满头是汗,"吊"在黑板上,直到下课。

转过一周轮到我讲。记得内容是非线性泛函分析中的隐函数定理。这是我当时感兴趣的,但和讨论班主题控制论有点偏。准备报告前我问过李老师。他倒没有异议,说你有兴趣就讲来听听。有了前车之鉴,我准备时十分小心,仔细斟酌细节。开始报告之后,参加讨论班的同学们提了不少问题。雍炯敏那时已经有了做研究的经验,记得还问到定理中的条件可否减弱。我都一一作答,感觉还不错。我瞟了一眼李老师,他双目微闭好像在打瞌睡。眼看可以顺利收尾了,不料李老师突然睁开眼睛慢声细语地问,你为什么对这个结果感兴趣?应用在哪里?我毫无准备,当时就懵了。稍微定下心来,想到可以耍个小聪明,就说这个隐函数定理的有限维版本众所周知在微积分中有大量应用,这个泛函版本当然更有用了。我以为这样的搪塞在李老师面前可以混过去,但李老师揪住不放:"为什么当然更有用?你举个不能用有限维版本,必须用这个版本的例子。"我哪有什么例子!只盼下课铃响。但时间好像停止了,我开始怀疑电铃系统是不是出了故障……十几年后在对非光滑分析的系统研究中,我的同事 Ledyaev 与我合写了关于多值函数的隐函数定理的论文①,重拾讨论班上没能回答的问题,得到了相对满意的结果。这是后话。

在李老师的指导下,讨论班上报告的质量越来越高。李老师的点评也不需要太多地集中在报告的质量上了,他经常会提及一些他做学问的心得。我至今还记得一次他告诉我们,夏道行先生留学苏联回国后曾同他们讲过,

---

① Yu. S. Ledyaev and Q. Zhu, Implicit multifunction theorems, *Set-valued Anal.*, 7 (1999), 209-238.

留学学到的最重要的一点是,做研究的关键不在于做得难,而在于要做到点子上。

三、写 论 文

在复旦大学,除了参加讨论班,我们还跟姚允龙老师学习分布参数系统。姚允龙老师上课用他自己的讲义,内容包括分布参数系统控制的基础知识,也有一些他的最新研究结果。姚老师对所讲的内容极其熟悉且思路敏捷,常常说他喜欢大运动量训练。他给我们上课,总是提纲挈领地把要点讲清楚,然后布置我们做大量的练习。我们都很喜欢他的课。敬佩之余我也很羡慕他能很快地出研究成果。跟他熟悉了一些之后,有一次我就向他提出,有没有合适的题目可以和他一起做研究写论文?这件事情姚老师当然要跟李老师去商量,没想到李老师知道后找我做了一次很严肃的谈话。大意是说你现在这个阶段最重要的是要打好基础,了解所做的研究领域的主要问题和方法,而不是急着合作写论文。当时我觉得被泼了一头的冷水,心里还是觉得有些委屈。心想研究生想做论文,有什么不对呢?现在许多年过去了,自己也指导了研究生才体会到,李老师是怕我欲速则不达。后来,李老师指导陈叔平、岳荣和我3个从浙大来的学生分别阅读以椭圆、抛物和双曲方程为模型的控制系统方面的文献,轮流在讨论班上报告,然后鼓励我们自己根据阅读文献的心得寻找问题。这个过程使我们对分布参数系统控制整个领域的大致状况有了一个比较全面的了解,为我们以后的研究打下了一个坚实的基础。

我的论文聚焦在最大值原理。最大值原理在 Pontryagin 等开创的现代控制理论中占有中心的地位,其证明主要依赖于针状变分这个技术工具。当时李老师和姚允龙老师已经运用针状变分将最大值原理推广到了抛物型偏微分方程描述的控制系统上。在李老师的建议下,我又一次使用针状变分将最大值原理推广到了椭圆型方程描述的控制系统上。虽然这只是个平行的技术性推广,但在这个过程中我对针状变分有了深入的了解。更重要的是，我了解到了方法的重要性。

几年后，我到美国东北大学跟 Warga 教授读博士。他给我的第一个课题就是有时滞的控制系统的最优控制。由于有了对针状变分的理解，仅用了几周时间，我就融合混沌系统的结果，得到了时滞控制系统最大值原理一个巧妙的证明①，这和在做硕士论文的时候打下的底子是分不开的。

Warga 教授是现代控制理论的先驱之一。他幽默温和，从不对学生说重话。然而有意思的是，他给我的指点却与李老师相似。我入学时，Warga 教授的另一个学生，我的师兄方光雄还没毕业。我们在一起有一个小讨论班。Warga 教授当年已年近 70，但从他的提问就可看得出我们报告的内容，他都事先相当仔细地看过。我们当然不敢怠慢。关于研究选题，他总是跟我们说他当年是在航天工业界工作，因为产品需要才从事的控制理论研究，所以养成了习惯，喜欢选择有实际应用背景的课题。他说这样才会对课题和预期的结果有个直观的感觉，不易跑偏。在李老师和 Warga 教授两位导师那里我学到了：研究课题要选择在有重要应用背景的方向上，选定了研究领域后对其中占有中心地位的方法必须完全吃透。这样我逐渐走上了研究的正途。

四、眼　　界

李老师和我们的导师张先生都是研究分布参数系统最优控制的。但我们入学前后张先生已经在读孤粒子方面的文献，关注物理应用。李老师则除了指导我们在分布参数控制方面的研究外，引导他的学生们研读随机控制方面的文献。现在回过头来看，这两个方向都是过去这些年蓬勃发展的研究方向。李老师指导的复旦团队的成员大部分成为随机控制系统方面的领军人物。其实这样的眼光和洞见在那时的中国数学界也不限于李老师和

---

① J. Warga and Q. Zhu, A proper relaxation of shifted and delayed controls, *J. Math. Anal. Appl.*, 169(1992), 546-561.

张先生。在我熟悉的学者中,史树中教授通过他的书把非光滑分析介绍给了中国数学界,并且组织和领导了南开大学和北京大学的数理经济学研究团队。朱道立教授创建了复旦大学物流研究所,研究经济发展中需要的这个重要方向。在改革开放初期有机会出国访问的学者很多都有一种使命感,那就是要为中国的学术发展引领有意义的方向。

值得提到的是我做博士后时的主要指导老师 Jon Borwein 教授也是这样。他精力旺盛,知识渊博且极具前瞻性。他的研究涉及分析、优化、数值与符号计算及许多相关(包括金融)领域的应用。我 1993 年加入他刚创建的实验与计算数学中心(Center for Experimental and Computational Mathematics,CECM)做博士后。那时他已看到计算科学和人工智能大发展的前景,认为数学发现也应该主动运用这些新工具。在他的引导下,CECM 当时的 8 个博士后和 12 个研究生覆盖了从理论到实际应用的七八个方向。然而,Jon(Borwein 教授平易近人,我们都这样叫他)从不允许我们关起门来只搞自己的一摊。我们一周有两次例会,每次通常有两到三人做 20 分钟陈述,报告自己的研究进展。这和李老师的讨论班有异曲同工之妙,只是节奏更快,覆盖面更广些。当年李老师讨论班的训练使我在这个环境里显得非常得心应手。Jon 总是跟我们说,想问题要一块一块地想,块与块之间的结合冲撞常常是最有意思的。这些前辈们的开阔眼界和坚持学以致用的态度对我的学术生涯影响很大。

五、克利夫兰

1996 年冬,李老师到克利夫兰看望女儿和女婿。那时我已在西密歇根大学任教,炯敏在美国访问,正好叔平也来美走访几所学校。李老师知道了很高兴,就邀我们一起去克利夫兰聚会。记得好像炯敏先到。我去芝加哥大学接了叔平到卡拉玛祖看看我工作的学校,在我家里休息了一晚,次日一起开车到克利夫兰。我出国后一直没有机会回去,一路和叔平交流中美学界情况,相谈甚欢。只是叔平烟瘾极大,又坚持不肯在车上抽烟,有些受罪。

看到他在休息处和加油站里使劲把烟吸到只剩很短一个烟头的样子，不免有些不忍，因此也有意多休息了两次。到克利夫兰已近晚饭时光。李毅明和林威准备的一桌好菜，让我这吃货至今难忘。可让我更印象深刻的是，在女儿女婿家里，李老师的严师形象完全不见了踪影，全然是一个和蔼可亲的慈父。自我出国，这是我第一次再见到李老师。我心里暗自纳闷，多年不见，李老师变得没脾气了？

次日我们一起参观了林威教书的凯斯西储大学。我同李老师谈及当年讨论班上被吊黑板，但也学到了东西的往事，可李老师已经不记得了。我和李老师开玩笑说，当年我们拿你说的话当圣旨，结果搞半天你是有口无心嘛。李老师笑道：你记得就好，我记得有什么用呢？虽是一句玩笑，其实却道出了李老师带学生的真谛。他是在带我们学习如何做学问，而不是执着于教我们具体的知识。

那时候大家都各有各的事情，短暂一聚之后就各奔东西了。相聚虽短，但还是其乐融融。回首往事，我就在想李老师不但带我们学会了做学问，而且也带出了我们之间的友谊，这是为什么呢？似乎最主要的一点就是李老师为我们做出了一个榜样。大家在一起，精力全部扑在做学问上。这个一致的目标筑起了我们之间的情谊。几十年来虽然我们都各自有事业和家庭要忙，研究方向也各有偏重，但是相互之间的信任和欣赏依旧像在当年一起参加李老师的讨论班时一样。同样的现象也出现在我在 CECM 的同事之间。时光流逝，我们的友谊却不减当年。

六、重返复旦

2002 年 4—6 月，在我的学术假期间，炯敏邀我到复旦做短期的访问。时隔近 20 年又回到复旦，一切都非常亲切。

博士毕业以后不久，我就进入了非光滑分析和变分分析的领域。由于李老师和 Warga 教授引导我养成的习惯，我一开始就十分注重最基本的方法。不过我很快发现在这个领域里面有 3 个不同的基本的工具：

Mordukhovich 发现的极值原理，Ioffe 提出的近似广义导数加法原理，以及 Clarke 和 Ledyeav 得到的多值中值定理。他们各自对自己的方法用得得心应手，领域里的重要结果常有几种不同的证明方法。但这苦了像我这样初出道的：究竟要跟哪个门派呢？经过几年的努力，我终于意识到，其实这3个基本工具是等价的[①]，他们都是基于我的博士后导师 Borwein 和 Preiss 合作的变分原理并叠加上一个解耦引理。这一下我的研究工作终于柳暗花明。自然地，我对变分分析也有了自己的系统的视角。

访问复旦时，我做了一系列讲座来介绍变分分析，为此我根据自己的理解编写了讲义。李老师也来听我的讲座，不过这次他不大提问。当然，李老师已经不需要提问了，因为他手下的精兵强将会把该问的问题全部问到。到了5月份，李老师不再来参加我的讲座了。开始我以为李老师对这个领域不是很感兴趣，后来才从炯敏处得知李老师得了癌症并已经住院。他不想大家分心，所以叫大家不要张扬。我去华山医院看李老师时，他精神、身体看来还都很好，对治疗也很有信心。他对我说，你现在研究已经上路，应该抓紧整理你的成果，写出书来，不要把时间花在跑到医院来看我上面。炯敏也鼓励我写书。后来我和博士后导师 Borwein 教授一起把我在复旦的讲义拓展成 *Techniques of Variational Analysis*，成为总结变分分析研究的几部有影响的专著之一[②]。

2002年6月底，我结束在复旦的访问，离沪前再去医院看望李老师。临走，他送我到楼下。在电梯口握手道别那一刻，我看到李老师眼睛有些湿润了。我转过头快速走出了大门。那时李老师精神仍旧很好，我不愿往坏处想，但心里总有挥之不去的不祥之感。的确，那是我最后一次见到李老师。

七、金融数学

回到1990年代初，中国自然科学基金委资助了金融数学重大项目。李

[①] Q. Zhu, The equivalence of several basic theorems for subdifferentials, *Set-valued Anal.*, 6(1998), 171-185.

[②] J. M. Borwein and Q. Zhu, *Techniques of Variational Analysis*, Springer, 2005.

老师和我熟悉的史树中老师及叔平、炯敏均为主要研究人员，这自然引起了我对这个方向的注意。在研究变分分析之余，我也断断续续涉猎了金融数学理论和实务方面的一些文献，在金融市场中的实践也使我对这个领域越来越有兴趣。于是，2005年完成在变分分析方面的专著以后，我的研究完全转向了金融数学。过去这十几年我先后在风险控制、交易策略的理论和实践，以及银行资产管理等不同领域得到了实用但不很难的结果。除了论文以外，我还与 Peter Carr 博士一起出了一本专著。目前正在与 Maier-Paape, Judice 和 Platen 合作另一部关于投资组合理论框架及在银行资产管理中应用的专著。

我能够成功地转入金融数学这个研究领域，与李老师和 Warga 教授培养我养成做什么先问会怎样用是分不开的。事实上我在金融领域的工作很多都是和有多年经验的金融从业者合作的。他们有些有过数学训练（如 Judice 和 Lopez de Prado），有些是金融专业的（如 Carr），甚至还有高中辍学自学成才的（如 Vince）。真心诚意地关注实践，相信实践出真知，是成功合作的关键。

我和 Vince 的合作是很有意思的一个例子。我们合作的第一个课题是如何处理最速增长投资组合（Growth Optimal Portfolio, GOP）风险太高的问题。Vince 在讨论中提出即使看只有一个风险资产的情况，那个"钟形"曲线上也有比最速增长更为合理的权重选择。我的第一反应是他搞错了。因为 GOP 优化对数效用函数的数学期望，那是个权重的凹函数，怎么会是"钟形"？在试图说服他的过程中才发现我们说的不是一回事。考虑对数效用函数的期望值实际上是在考虑投资在无限周期上的平均回报率。作为对冲基金管理人的 Vince 关注的是有限周期上的总回报，那的确是个钟形曲线。一旦视角转换，如何合理地在使用 GOP 时降低风险就很明显了。把这个观念在数学上表达清楚只需要基本的微积分而已。我们把所得到的结果用在21点最佳赌注上，发现用了几十年的 Thorpe 给出的建议（总赌资的2%）实际上风险太大了[①]。后来和银行研究部门高管 Judice 博士一起指导

---

① R. Vince and Q. Zhu, Optimal betting size for the game of Blackjack, *Risk Journals: Portfolio Management*, 4(2015), 53-75.

我的博士生 Dewasurendra 验证了这个对 GOP 的新的视角,也能在银行资产管理问题中帮助找到更合理的杠杆率[①]。

2009 年我学术假期间访问了新加坡国立大学的风险管理研究所,正巧张庆到数学系访问戴民。我们一起证明了"跟风"策略在金融市场中的合理性[②]。我在这项研究中扮演了"实践者"的角色。我知道在金融市场中顺势操作在很多情况下是可以获利的,好奇的是理论上是否可以论证。熟悉随机过程的张庆马上想到可以用市场看涨的概率来描述"势"。再考虑模式转换描述的市场中优化回报的数学期望就得到一个随机控制问题。如果限定策略只能是满仓或空仓,那么最优策略必定是一个由市场看涨概率的阈值决定的"跟风"策略。戴民在偏微分方程方面的专长提供了决定阈值的理论和数值解。我已有现成的市场数据验证程序,正好用来检验理论结果的合理性。我们都为能够在几星期里得到这样一个对金融实践有指导意义的结果而十分兴奋。

在金融研究中,Borwein 教授成块的思考问题的方式也对我颇有帮助。Peter Carr 博士和我合作的专著 *Convex Duality and Financial Mathematics* 其实就是凸分析对偶理论和金融理论这两块理论结合的产物[③]。正如 Borwein 教授所说,这样的块与块的碰撞常常会产生意料之外的有趣结果。我们的合作大部分是在我 2015 年学术假访问纽约大学 Courant 研究所时产生的。那时 Peter 和我合作给金融数学方向的博士生们讲凸分析在金融中的应用。我的住处离 Peter 家很近,我们常在附近的星巴克里讨论下一讲的内容。我们当时已经知道金融衍生品价值的共轭函数可以用来描述对冲过程。一天他问起不知对广义凸函数这个结果是否还成立?我感觉应该是平行推广,反问他会有什么用?多年在摩根大通做金融衍生品研究的 Peter 说当然有用,比如翻倍指数,并说马上可以推导给我看。但星巴克里

---

① P. Judice, S. Dewasurendra and Q. Zhu, The optimum leverage level of the banking sector, *MDPI Risks*, 7(2019), 51.

② M. Dai, Q. Zhang and Q. Zhu, Trend following trading under a regime switching model, *SIAM J. Math. Finance*, 1(2010), 780-810.

③ P. Carr and Q. Zhu, *Convex Duality and Financial Mathematics*, Springer, 2018.

的餐巾纸显然太小了。我们干脆回到 Peter 家,他一口气写了 5 页。我的平行推广没那么快,花了差不多一个星期,但写出来其实也没什么难的。这正是与有经验的做金融实务的业界人士合作的乐趣。试想如果没有实际应用的背景,这样的平行推广谁会有兴趣去看呢?反过来 Peter 能够一口气写出应用背景,可见他思考这个问题已经有一段时间了。对我来说相对容易的平行推广,对他来说却并不是很自然的。这个结果后来成为我们专著的重要一章。

做金融方面的研究我很得意的一件事是我带起了 Jon(Borwein)对这个方向的兴趣。一如既往,他一旦进入一个领域很快就会敏感地抓住有意义的议题。2014 年他和 Bailey,Lopez de Prado 及我一起在 *Notice of AMS* 上发表了一篇很有影响的文章 *Pseudo-Mathematics and Financial Charlatanism*,揭示了很多自称用历史数据验证过的交易策略其实无异骗局[①]。接下来两年相关的合作继续深入。Jon 一向注重科研对社会的影响。在他的倡议下我们还建了一个博客网站,科普如何避免堕入金融领域假科学的圈套。可惜 2016 年 8 月,Jon 竟突发急病离开了我们,给数学界留下了一个难以填补的巨大空洞。

八、结　语

美国有句老话说:培养一个孩子要靠全村人的努力。我在几十年的学术生涯里遇到过很多贵人、挚友与合作伙伴,而李老师是把我领上这条道路的启蒙老师。他对我的教诲许多他不一定记得,但是我记得且终身受益。

---

① D. Bailey, J. M. Borwein, M. Lopez de Prado and Q. Zhu, Pseudo-mathematics and financial Charlatanism: the effects of backtesting overfitting on out-of-sample performance, *Notice of AMS*, May 2014, 458-471.

纪念李老师

岳 荣[①]

今天，我很荣幸能一同来纪念我们敬爱的李老师。我从一个苏北农村出生的穷小子，到现在的一名在美国硅谷的软件工程师，一路上遇到许多贵人相助，李老师就是其中很重要的一位。

1982年我从山东大学数学系考上了浙江大学数学系的研究生，师从张学铭教授。当时他招了两名学生，另一名是浙大数学系毕业的蒋竹涵，他是要外派到英国留学的，英国的导师是做孤立子波方面的专家。当时张学铭刚从英国他那里访问回来。此外，我还有两位师兄陈叔平和朱其吉，早我半年入其门下。我第一次见张教授是和两位师兄一起去他家的，当时听说他在宾馆发现身体协调有点问题，也没有认识到是什么大事。我记得他指导我的第一句话是"你的英文要抓紧学好"。没想到后来他给我看的第一篇文章就是英文的，是有关地震波成像地层构造的。当时光英文要看懂就要费老大的劲，我都后悔考研究生了。那年大学毕业都是国家分配，班里的同学都鼓动我考研，这样好单位抢的人就少了。考研并非我有什么雄心壮志呀！估计我的师兄们应该是有抱负理想的。照《圣经》里的说法，我就是一粒灰尘，被神从粪堆里抬举了！张教授的病经过浙江医院诊断，是全身肌肉萎缩，包括肺也在萎缩，是"文革"时期被打，脊椎受损留下的后遗症，早期不明显。进了医院不久，他呼吸功能由于肺肌萎缩变弱，需要上呼吸机了。刚开始上呼吸机是手动的，我们师兄弟3人还有护士排班上去。就是用手压按一个橡皮球，球连着管子，那管子插在张先生（我们都这样称呼张教授）的气

[①] 美国西门子EDA软件部首席工程师。

管上,所以每按压一次都会拉动管子,扯到创口,我们看到张先生很痛苦。后来我就把手悬着,这样管子动得不多,自己累多了,但张先生明显不怎么痛了。幸好我以前干农活,手上力量还够。后来张先生就再也没有离开医院,直到去世,真是天妒英才。

这样一来,我们师兄弟3人就成了有挂名的导师,实际上没有导师的学生了。于是浙江大学安排我们去复旦大学数学系跟李训经教授一段时间,这也是我接触李老师的开始。当时两位师兄要开始写论文了,我还没开始,但是反正就是选课,也就一起来了。除了选修基础课程以外,我还参加了最优控制论的讨论班,算是勉强跟得上吧。我了解李老师主要是在讨论班上。刚开始我们不知如何称呼他,李先生、李教授或李老师的都有。我有点尴尬,真不知怎么称呼他。心里觉得称李先生似乎拉开了距离,况且他也没有那么老;称李教授那就更生疏了。我还是喜欢称李老师,因为我很想有位导师,这样关系最近。但李老师是个平易近人的人,完全无所谓,反而是我想多了。讨论班上我还认识了李老师当时带的研究生,他们是尤云程、马进和王银平。当时不太清楚雍炯敏是什么身份,好像是位神秘人物。后来看过他的纪念李老师的文章才知他当时已有很好的研究成果。尤云程应该是与我的师兄同届,也正在写论文。马进和王银平和我是同届,当时还没有什么论文题目。我的印象是李老师要学生们借着讨论班找到问题,然后论文就有了。不到万一他不会给学生出好合适的题目,他对这一群学生期望挺高。讨论班对我来说基本上算是应付得了,但要发现新问题难度很大,所以压力还是很大的。

在浙大数学系,对我们师兄弟3人最上心的是蔡燧林教授,与李老师是好友。他的研究工作是常微分方程方向的,也是我在浙大遇到的一位贵人,可以说是没有挂名的导师。蔡老师当时是浙江大学数学系的副系主任,所以我们3人人事上的事情都是他帮我们搞定的。来复旦以及李老师培养我们的计划也是他主管的。

在复旦的那段日子,我们师兄弟3人住在一间宿舍,后来又添了一位湖南来的田劲,比两师兄还要高,现在已经忘了是学什么的了。我们关系处得挺好,但是平时缺少学习上的交流,大家都各忙各的。在讨论班上,我记得李老师常常坐在后排，我们上去报告读的文章，他就闭着眼睛。刚开始我们以为可以蒙混过关了，但是等到讲错了，李老师就睁开眼叫停了。原来他是了然于胸呀！他的治学态度是很严的，但对我比较松，也不知是何原因，这对我来说一直是个谜。我想也许是他看出来我的水准还没有到，不能让我伤志，而是多鼓励吧。当时我只知道师兄们来是要寻找论文方向的，我是顺带来的。后来回到浙大开始要写论文时，不知道要做什么，六神无主，才后悔当初在复旦时没有主动去询问李老师有什么问题是可能适合我去思考的。

我硕士毕业后留校补充师资，当时人才青黄不接，所以我们82级研究生要么继续读博士，要么留校当助教。后来有3位在1986年去了美国留学，一位去了外校读博士。边保军在董光昌教授的指导下读博士。陈叔平师兄读博士，张学铭教授是挂名导师，实际上是李老师远程指导，当时可没有现在这么方便，难度很大。朱其吉师兄读在职博士，他后来准备出国留学，不幸生病，只能先养病。1987年，国家教委分配给浙江大学一个陈省身项目考试名额，当时叔平师兄已经获得博士学位，朱其吉师兄养病，所以这个名额就给了我。去北京大学考试，其实压力不小，因为这是浙江大学第一次获得这个名额。考试回来我感觉不是很理想。蔡老师问了情况，后来带我到系主任办公室，打了个长途电话到北京大学问结果，说是13名里选中了7名，我是入选了。接下来就是去广州培训英语和申请美国的大学研究生院，又是蔡老师出面请李老师给我写推荐信。其实我的硕士论文没有好成果，李老师的推荐信成了很关键的材料。虽然当时还有 AMS 和 SIAM 的推荐信，但那信没有多少内容。因为李老师与普渡大学数学系的 Berkovitz 教授有过互访，交流比较多，所以我就被普渡大学录取了。布朗大学和杜克大学都没有中，这也是一种幸运，我一生中每次为我开启的门都只有一道，因为我不太会选吧，所以也是神的恩典。后来到普渡大学开始做论文时，我还写过信给李老师，向他寻求指点，包括是否要改变研究方向。李老师都认真地回信分析表达他的看法，非常让我感动！Berkovitz 教授那时已经不打算收学生了，我算是最后一位吧。我到普渡大学时，炯敏已经离开了，但他后来回来访问过，碰过一次面。在我前面还有钱小军，从清华来的，后来回清华,去了管理学院,也不做数学了。后来我的兴趣转向了软件设计,就不好意思再向李老师汇报了。现在回头看,真是不该,也很遗憾!李老师是很通情达理的长辈,不会因为我放弃数学研究这条路而生气的。

最后想用一段《圣经》里的话来纪念李训经老师:

爱是恒久忍耐,又有恩慈;爱是不嫉妒;爱是不自夸,不张狂,不做害羞的事,不求自己的益处,不轻易发怒,不计算人的恶,不喜欢不义,只喜欢真理;凡事包容,凡事相信,凡事盼望,凡事忍耐。爱是永不止息。(哥林多前书 13:4-8)

谢谢李老师的爱心,您永远活在我们学生的心中!

纪念李训经先生

郑惠恒[①]

我是李训经先生最早的硕士生之一。我于1983年拜入师门,至1986年硕士毕业。硕士研究生的第一年,我上了李先生的研究生课程,包括"最优控制理论"。次年,我开始研究"具有时滞的非线性控制系统的稳定性"。由于李先生于1984—1985年在国外做为期一年的学术访问,因此我的研究工作主要是在尤云程教授指导下进行的(他是李先生早我几年的硕士研究生,那时已毕业留校任教,协助李训经先生指导学生)。正因为如此,李先生对我学术研究的影响相比较于他对其他学生的影响要小些。我那段时间里的有关研究结果被写进了我的硕士学位论文。那年,我基本完成了硕士学位论文。硕士研究生的3年,我和浙江大学的几位学生(包括童柏宁)一起参加了由李先生组织的讨论班。由于我已经基本完成硕士学位论文,因此几乎没有做其他研究。

尽管我感觉李先生对我的学术研究的直接影响似乎不大,但是回想起来,我之所以会走上与控制理论有关的学术研究道路,李先生曾起过决定性的作用。在我需要决定硕士研究招生的专业方向和在哪所学校攻读博士学位的关键时刻,我先后获得过李先生的实质性的帮助。记得在本科的最后一年,我选修了李先生讲授的"控制论"课程。那门课的内容我记不清了,但有一件事我记得很清楚。期末考试那天,我从宿舍骑车到数学楼去参加考试,途中不知为何从自行车上摔下来,左手擦地,手心流血疼痛,但由于临近考试,因此没时间去学校医务所就诊。幸好受伤的是我的左手,而我非左撇

[①] 帝国理工学院教授。

子，故我可以不缺考。李先生监考。考试开始后，我也无法管其他的事，专心致志忍痛做起答卷。不知何时，李先生来到我的座位上，他用棉签清洁我手上的伤口，涂上红药水，并贴上纱布垫。我对李先生的所作所为感到非常惊讶和感激，尤其是我只是一名本科生，他以前可能根本不认识我，可见李先生对学生的无微不至的关心和爱护。当年，我各科考试（包括那次考试）都曾取得不错的成绩，因此考硕士研究生时，我可以有多个不同学科领域的选择，但这次经历让我下定了决心：选择李训经先生作为我的指导教授。

我硕士毕业后去了上海交大工作。不久，我申请出国留学，攻读博士学位。那年，我收到了包括不列颠哥伦比亚大学（UBC）在内的几所美国和加拿大顶尖大学的录取通知书，不知该选择哪一所。我把这些录取学校告诉了李先生，李先生建议我去 UBC，因为 Frank Clarke 教授在那里，他是非光滑优化领域的世界领先专家。那时我对这门课一无所知，但李先生让我放心，学好它，将来会很有用，所以我去了 UBC 攻读博士学位。尽管当我开始就读 UBC 时，Clarke 教授已经离开那里了，但我在博士期间从 Ulrich Haussmann、Ed Perkins、William Ziemba、Philip Loewen 等 UBC 著名教授那里学到了很多东西。我取得博士学位后，获得了英国帝国理工学院的博士后职位，与 Richard Vinter 教授一起工作，因此又认识了那里的许多顶尖学者。李先生提供了极为有用的信息，帮助我选择 UBC 攻读博士学位，这是我职业道路上的一个重要里程碑，否则我就会去其他大学，并最终走上一条可能完全不同的路。

我最后一次见到李先生是在 2001 年，在我学习了 7 年的数学楼综合办公室。我告诉他作为帝国理工学院的教员，我加入了 Mark Davis 教授的小组。李先生说 Davis 教授是随机控制和数理金融领域的世界顶级专家，而帝国理工学院是英国顶尖的研究机构，常有很多优秀的学者在那里交流访问，这对我来说非常好。他说的每一句话都没错：在帝国理工学院工作后，我从别人那里学到了很多东西。眨眼间，李先生离开我们已经 20 年了，但他在教育、研究和对学生关怀方面的奉献精神将在未来许多年与我们同在。

严师慈父李老师

周迅宇①

李训经老师离开我们已经 20 年了,但他的音容笑貌还是常常浮现在我的脑海里。这里我就零零碎碎地讲述一些片段。

我第一次见到李老师还是在 1984 年报考复旦大学运筹和控制硕士研究生的面试,当时是俞文魮老师和李老师一起面试我的。李老师给我的印象是和蔼可亲、笑容可掬,反而俞老师比较严肃、不苟言笑。他们问的问题不太记得了,李老师应该是问了一些微积分和常微分方程的问题。我大概回答得不错,结果被录取了。同时录取的还有胡瑛。

硕士研究生生涯和本科生大大不同,主要是讨论班的开始。李老师主持的讨论班又非常有特点,在上面报告论文必须把每个细节都搞清楚,否则的话就会"挂黑板",站在那儿思考,直到说清楚为止,其实就是罚站,而且如果回答错了或者回答不好,李老师都会毫不留情地斥责(骂)。记得当时郑惠恒(Harry Zheng,现在是帝国理工学院的教授)和周渊经常被他骂,另外有一位女生被他骂哭了。当时讨论班第一本报告的是 Frank Clarke 的关于广义导数的书,我要花很多时间、读很多相关的文章才能在报告时不被李老师骂。另外,我发现一个不被责骂的诀窍是要和他争辩,要强硬过他,这样他反而会另眼相看。还有一个有趣的现象是学生在上面报告时,发现他经常在闭眼打盹,但会突如其来地睁开眼睛,问一个尖锐的问题。我们因此学乖了,不管他是否真的在睡觉,我们都一丝不苟地报告,绝对不敢投机取巧。李老师带有浓重的山东口音,一开始还真的很难全部听懂。记得有一次,他

---

① 哥伦比亚大学教授。

提起周修义的论文,我却听成了"周迅宇",心想我还没有写过论文哪。不过难懂的口音也有一个好处,就是很多苛责的话可以跳过不听,反正听不懂。

1986年,李老师成为复旦首批博士研究生导师。记得有一天,他把我叫到他家里,把一份博士申请表格扔在我面前,说"你可以去申请直博了"。他可能预料我会欢欣鼓舞,雀跃不已,可是没想到我却打了一个愣,似乎犹豫不决,所以他就问我是不是想出国。其实我当时犹豫是因为不确定我是不是做研究的料。不过后来我还是申请了,成了他正式带的第一个博士生。半年后,胡瑛也成了他的博士生。

第二年(1987年)我得到了一个赴日本庆应大学联合培养的机会,师从著名概率学家田中洋教授(Hiroshi Tanaka,著名的 Tanaka 公式的发明者)。在那儿,我开始以当时刚刚发展起来的粘性解理论研究最大值原理和动态规划之间的关系,后来成为我博士论文的主要内容。在日本期间,我和李老师一直保持通信联系,报告我的研究进展。

1988年夏天,我从日本回国。当时,彭实戈刚刚从法国博士毕业后去李老师那儿做博士后,雍炯敏也回国不久做青年教师,再加上胡瑛,一个随机控制的讨论班就轰轰烈烈地开始了。在那个讨论班上,有更多的争论,更多的"骂"。不过那时的"骂"已经不是李老师一个人的了,而是互相"骂"。但很多原创的、后来成为经典的结果就是在这一片"骂声"中诞生的。可以说,"复旦学派"的原型就是1988年至1989年之间李老师的讨论班。

现在回想起来,李老师的讨论班使我一生受益,很多做研究必须具备的品格,如一丝不苟、精益求精、大胆设想、小心求证等,都是在那儿培养起来的,最后成为自己的一部分。我后来自己带博士生,也是沿用李老师的风格。李老师的风格,尽管在欧美甚至香港,这都不是主流的做法。

在复旦期间,我经常有机会去李老师家中串门,和他讨论各种学术问题和学术研究方法,从中得到了许多毕生受益的东西。比如,印象很深的是他一直坚称自己"不懂概率",但认为随机控制本质上是一个分布参数系统控制问题,因为如果考虑反馈控制的话,前者状态过程的密度函数满足一个受控偏微分方程。这个思想,一直到最近还在我的研究中被应用过。更重要的是,他强调做研究不要做"平行推广",在开始一个研究课题之前一定要先问一下和现有结果不同在哪里、难点又在哪里。另外，找文献一定要找最早的和最新的工作。这些研究方面的心得和品味后来慢慢成了我的一部分。有趣的是，在他家中聊天，一旦话匣子打开，他就收不住，而且连续不断，不给我插嘴机会。有几次，我看时间实在太晚，就利用他喝口水停顿半秒的机会，见缝插针地告辞。

李老师一向鼓励学生离开自己，去复旦之外甚至国外发展。我博士毕业后，去了日本神户大学西尾真喜子教授那儿做博士后，后来又去了多伦多大学，最后回到香港中文大学任教。李老师从来没有责备我没回复旦，反而一直和我通信联系，鼓励我向别的研究领域发展。这也是为什么他的学生遍地开花，从事不同的研究方向。"复旦学派"也是包容各门各派，而绝没有近亲繁殖的踪影。

2002年李老师生病之后，我从香港赶回到华山医院看他。他皮包骨头的样子，不禁使人落泪。而他看到我踏进病房时，伸出双臂迎接我，眼泪已经流下。这还是我第一次看见我的老师流泪，可能他已经意识到来日无多。我们交谈时，他一直紧紧握住我的双手，而聊的还是学术问题。他英年早逝，没有看到"复旦学派"的全盛时期。可是他从无到有，全力打造了一个现在在国际上有广泛影响的随机控制、分布参数系统、倒向随机微分方程以及金融数学的具有鲜明特色的流派，而且几代学生也已经茁壮成长。我想到了《射雕英雄传》中丘处机和江南七怪的比武：自己比武胜出不算啥，培养出来的学生胜出那才叫本事。而李老师在这方面可以说是独树一帜，无出其右吧！

纪念我的博士生导师——李训经先生

胡 瑛[①]

日月如梭。一转眼李先生离开我们已经 20 年了。

我第一次见到李先生是在 1984 年硕士研究生入学考试口试时。那时得首先参加笔试,笔试后,我参加了由李先生和俞老师主持的口试。记得当时李先生非常和蔼可亲,并且他特地问了我有没有出国留学的打算,我当时的回答是没有。最终我被录取了,第一年我们读了研究生基础课程,并未见到李先生,后来才知道他这一年去美国访问了。

李先生 1985 年从美国回来后,立即组织了讨论班,每位老师和学生得定时报告一些学术论文。参加李先生的讨论班得准备随时挨骂,这一点参加过这个讨论班的人都有回忆,这里就不多说了,我只提我记得的两次。一次李先生让我报告一篇 Bensoussan 的文章,我刚报告了十几分钟,他就让我停下,并且开始斥责我说未领会文章的思想,并且罚我站了几十分钟,搞得我很难堪。几年以后,因研究原因,我又重读了这篇文章,终于领会了文章的思想,说明他当时的斥责是对的。另外一次他让我报告 Bismut 的关于线性倒向随机微分方程的文章[②],我刚报告了几分钟,他又让我停下,追问为何要引进第二个变量 Z,我又未讲清楚,同样又被罚站了几十分钟。讨论班结束后,他又连续好几次问我这个问题。为了回答他的这个问题,我花了很多时间去专心理解 Bismut 的文章,并且多次回答他的这个问题。终于有一次,李先生说他满意我的回答了。我想这应该是国内讨论班第一次报告

[①] 雷恩第一大学教授。

[②] J.-M. Bismut, An introductory approach to duality in optimal stochastic control, *SIAM Rev.*, 20(1978), 62–78.

线性倒向随机微分方程的文章吧,并且当时讨论班成员都理解了线性倒向随机微分方程的基本思想。[前几年我参加一个国际学术会议时,巧遇 Bismut 教授,与他聊起倒向随机微分方程时,他也提到他的一篇这方面的文章投稿后(1970—1980 年代),修改了好几次才发表,因审稿人反复追问为何要引进第二个变量 Z,这是后话。]有一次李先生对我说,别看我在讨论班上对你们学生很凶,但在数学系其他老师面前,我都说你们很好,尽量帮助你们。我这才领会到李先生的良苦用心。后来我开始读博士学位了,李先生有时星期天还叫上我们几个去他家吃饭,顺便讨论一些数学问题,经常讨论到很晚才结束。

提到 Bismut,我得提一下李先生当初为何让我们读这篇文章。他(和姚老师等)1984 年前研究的是分布参数系统的最优控制问题。李先生在美国访问了布朗大学,与 Fleming 教授进行了深入的讨论。Fleming 教授提出分布参数系统与随机系统有紧密的联系,李先生等关于分布参数系统的结果或方法应该可用于随机系统。李先生 1985 年从美国访问回来后,就开始随机控制方面的研究,专门请了概率论组的徐家鹄老师(他曾经在日本京都大学 Watanabe 的概率论组访问)教我们随机分析(用的教材就是 Ikeda 和 Watanabe 关于随机微分方程的专著:Ikeda,Watanabe,*Stochastic Differential Equations and Diffusion Processes*,North-Holland Mathematical Library,24,North-Holland Publishing Co.,Amsterdam-New York;Kodansha,Ltd.,Tokyo,1981,以及 Kunita 关于随机流的预印本:Kunita,*Stochastic Flows and Stochastic Differential Equations*,Cambridge Studies in Advanced Mathematics,24,Cambridge University Press,Cambridge,1990),并让我们开始报告 Bismut 和 Haussmann[①] 等的随机最大值原理。经过几年的努力,周迅宇和我都写了这方面的文章,但都局限于线性倒向随机微分方程的研究与应用。后来在 Etienne Pardoux 访问复旦大学期间,李先生就邀请 Pardoux 参加讨论班,并安排周迅宇和我在

---

① U. G. Haussmann, Some examples of optimal stochastic controls or: the stochastic maximum principle at work,*SIAM Rev.*,23(1981),292-307.

讨论班上报告了各自的结果。周迅宇报告的是随机最大值原理与动态规划之间的关系[①],我报告的是终端受限的随机系统的最大值原理[②]。我们俩都反复使用了线性倒向随机微分方程的理论以及它与线性随机微分方程的对偶关系,从而引起了 Pardoux 和彭实戈的重视。后来正是在 Pardoux 访问复旦期间,Pardoux 和彭实戈引进了非线性倒向随机微分方程的一般理论。从这一点上可以说,李先生主持的复旦讨论班是非线性倒向随机微分方程的摇篮。

尽管科研经费非常紧张,但是李先生还是想尽办法让学生们参加学术会议。有一次日本 Nisio 教授到中山大学讲学,他就让周迅宇和我去广州去听讲,后来周迅宇就有了去日本访问的机会。在我就读期间,他还邀请了 Curtain, Watanabe, Sussmann 等来复旦访问。记得有一次他请了郑伟安教授来讨论班做报告,郑教授做完报告后,对讨论班的活跃气氛留下了深刻印象,他对李先生说:非常羡慕你的讨论班有这么多年轻人。后来 Pardoux 访问了复旦,我就去了法国做博士后研究。

我在法国期间,李先生一直和我通信联系,并提出一些新问题。在 1997 年我回国访问期间,他很高兴地请我做学术报告,并提出有关正倒向随机微分方程的新见解。他一直认为他的分布参数系统最大值原理方法可用于随机系统,并且一直强调偏微分方程与随机分析的紧密联系。应该说,我在复旦研究生阶段跟李先生学的方法和思想,这些年来我一直在用,如近几年与周迅宇等的关于时间不一致随机系统的工作[③],与意大利 Fuhrman, Tessitore 的随机分布参数系统最大值原理工作[④],以及与汤善健

[①] X. Zhou, A unified treatment of maximum principle and dynamic programming in stochastic controls, *Stochastics Stochastics Rep.*, 36(1991), 137-161.

[②] Y. Hu, The maximum principle in optimal control of Markov processes, (Chinese) *Acta Math. Sinica*, 33(1990), 43-56.

[③] Y. Hu, H. Jin and X. Zhou, Time-inconsistent stochastic linear-quadratic control, *SIAM J. Control Optim.*, 50(2012), 1548-1572.

[④] M. Fuhrman, Y. Hu and G. Tessitore, Stochastic maximum principle for optimal control of partial differential equations driven by white noise, *Stoch. Partial Differ. Equ. Anal. Comput.*, 6(2018), 255-285.

等刚完成的关于带均值限制的随机系统最大值原理工作[①]等。

最后一次见到李先生是2001年暑期。李先生生病了,雍炯敏带我去华山医院看他。记得李先生当时还详细询问了我的研究课题,并且又提出了他的一些想法。遗憾的是,李先生英年早逝,没有能够看到复旦学派的鼎盛时期。

[①] Y. Hu, S. Tang and Z. Xu, Optimal control of SDEs with expected path constraints and related constrained FBSDEs, *Probab. Uncertain. Quant. Risk*, 7(2022), 365-384.

往事如烟
——纪念李训经先生

彭实戈[①]

我到山东大学数学研究所最初的研究领域是确定性控制,后来能够转向随机控制系统理论,实在是一个概率非常小的事件。回想起来,似应追溯到陈祖浩先生推荐我去复旦大学参加 J. L. Lions 院士在那里举办的系列讲座,我对他报告中的(与 Bensoussan 和 Papanicolaou 合作完成的)有关周期结构和均匀化的重要研究成果印象较深。记得问题的解决还涉及随机控制理论的观点和方法,而我当时仅仅涉足确定性控制。一到随机分析和随机微分方程、随机控制这些需要更上一层楼的领域,就近乎完全不懂了。其实当时中国仍处于改革开放初期,百废待兴,恐怕很少有人真正听懂了这样高深的内容,但是看到 Lions 游刃有余地游弋于那些高深莫测的数学公式之间,已使我产生了非常深刻的印象。

至于对于确定性系统的最优控制问题的研究,早在 20 世纪 50—60 年代,山东大学的张学铭教授就率领研究团队,在我国率先开展了对 Pontryagin 开创的最大值原理的研究。1979 年我在张先生的推荐下,调入山东大学数学研究所,使我有可能充分接近他创建的山东大学团队。其中印象深刻的一件事就是李训经先生在山东大学举办的最优控制理论的学术会议上做的一次学术报告,记得他报告了在无穷维最优控制理论方面做出的一个具有高度创新性的研究成果。报告极具吸引力,我想在场的很多人也都有这个感觉。李训经先生毕业于山东大学数学系,而那时他已经算得

---

① 山东大学教授,中国科学院院士。

上是山东大学控制理论界的传奇人物了，大家都为山东大学本科教育能够培养出夏道行、李训经这样的出类拔萃的人才而感到骄傲和自豪。我又借这次 Lions 系列讲座的时机第一次找到了李训经老师本人，并向他转达陈祖浩老师对他的问候。但当时似乎并没有找到能与他深谈、向他请教的机会，第一次能找到与李训经先生的较长时间深谈的机会应该是我留法在 Bensoussan 教授指导下做博士生的时候了。当时我的好友，本科毕业于复旦大学的刘钧①，已经做了逆问题研究领域的大专家 Guy Chavent 的博士生。刘钧告诉我一个重要消息：李训经先生将由美国转道巴黎访问法国 INRIA（法国国立计算机与自动化研究院）。我们都非常兴奋，在他到来之前就忙着商量接待计划、预订旅馆。而在他访问巴黎的一个月里，我们自然也就有了机会找他请教、深谈，受益匪浅。记得当时他曾重点谈起了要在研究方向上做出一个重大的调整，即开展对随机最优控制理论的研究。他当时还谈到在来法之前，他曾在访问美国随机控制理论的大专家 Fleming 时说起过这个计划，Fleming 对此非常支持。由于我的导师 Bensoussan 当时的一个重要研究方向就是确定性和随机最优控制系统的奇异摄动问题的最大值原理和动态规划问题，当时我的博士论文方向虽然仅是不含随机干扰的确定性控制问题，但也在考虑争取在完成这个博士论文后转向相应的随机控制问题的研究，因此非常高兴地看到李训经老师的这个雄心勃勃的计划，期盼它能尽早成功。实际上我在巴黎用两年顺利地通过了三阶段博士论文答辩之后，获得了 INRIA 的资助，到了位于美丽的地中海城市中的普卢旺斯大学，就在随机控制专家 Etienne Pardoux 教授的指导下，开始了对随机控制的奇异摄动问题的研究。

当时我的法语口语交流的能力虽然已经有了显著的提升，但是仍需对话者的耐心，听到讲得太快的法语就没有办法了，而且当时整个大学里只有我一个中国人，所以常常有一种孤军奋战的感觉。我在马赛待了一年，完成了法国新体制下的博士论文后，于 1987 年初回到了山东大学数学系。李训

---

① 编者注：刘钧 1983 年毕业于复旦大学数学系，次年由国家公派赴法留学，1989 年获得博士学位，生前为法国国家科学院主任研究员，2004 年 1 月因病早逝于法国巴黎。2006 年，其家人在复旦大学设立"刘钧数学纪念奖"。

经先生得知我回山大之后，邀请我去复旦大学做学术报告。其间他告诉我一个消息：邓小平采纳了物理学家李政道的建议，决定在我国建立博士后制度，以吸引国内外优秀青年人才，而复旦大学第一批获准建立了博士后流动站。李先生希望我能考虑到复旦大学去做博士后，而我也希望能找到一个较为理想的，能够全身心投入到我所感兴趣的研究问题中去的职位。复旦大学李训经先生的团队无疑是最能理解自己的工作，最有可能通过研究和交流萌发新思想的地方了。由此我就下了决心，克服了诸多困难，在陈祖浩、李训经先生的全力支持下，顺利地进入了复旦大学的博士后流动站。现在回想起来，这真是个难得的机遇，也是在非常关键的阶段所做的非常正确的抉择。复旦大学博士后流动站给我们这些博士后提供了非常理想的学习、工作和生活环境，完全可以和任何国家的数学青年研究人员所获的待遇相媲美。而更加重要的是，在李训经先生周围已经聚集起了一支朝气蓬勃而又才气横溢的研究团队。与随机控制有密切联系的有陈叔平、雍炯敏，而李训经先生还有两个特别优秀的学生胡瑛和周迅宇主攻随机最优控制方向。在讨论班里所做的报告常常极具挑战，超乎预期。李训经先生有非常渊博的学识和敏锐的判断力，一个看似重要的结果，常常经他分析就显现出其真面目。讨论班之外还有形式多样的学术研究活动，例如每隔一段时间，晚饭后我们会聚集到李训经先生家，而那里的讨论会更加轻松，也更加开阔一些。

我在博士后公寓的家也是一个经常聚集的地方，书房的书柜下层存放着厚厚的一摞白纸，是我和胡瑛找了一根木棍作扁担，从复旦大学相辉堂下的校内文具店扛回来的。来访者的讨论经常会很快深入到对所讨论的复杂数学问题的公式表达，而这时我们就会抽出几张白纸来，连说带写、带解释地进行讨论，这样的讨论往往会带来不少意想不到的结果。到我博士后研究快结束时，我们扛回来的那一摞纸也就几乎用完了。

我在复旦博士后期间有两个很得意的研究成果：一是获得了一般随机最优控制系统的 Pontryagin 型最大值原理。问题的难点是控制同时出现在漂移项和扩散项中，且控制集合不假设凸性条件。这是一个长期以来悬而未决的问题，曾经被国际同行视为 20 世纪此研究领域里的两大问题之一。第二项研究成果实际上是紧接着第一项的。我与 Pardoux 合作研究了一般非线性倒向随机微分方程问题,给出了问题的正确提法,获得了适应解的存在唯一性。此问题的解决受到了法国数学家 Bismut 线性倒向随机微分方程研究的启发。

上述两项成果完成后不久,我结束了复旦大学的博士后研究生活,回到了山东大学。值得一提的是在复旦获得的倒向随机微分方程的研究成果仅仅是这个理论研究的开始。回到山大不久,我就发现倒向随机微分方程的解实际上可以表示一大类确定性非线性偏微分方程的解:经典的 Feynman-Kac 公式表述了线性偏微分方程的解可用正向随机微分方程的解来表示。我意识到这个公式中其实藏着一个特殊的线性倒向随机微分方程,只要将其改为非线性方程,人们就可以表示相应的非线性偏微分方程的解[Peng,1991],这就是对这个领域产生了非常重要影响的非线性 Feynman-Kac 公式。我的文章最初投给 *SIAM J. Control Optim.*,但不幸的是它很快被拒稿了。之后在 Pardoux 的建议下,我投稿到 *Stochastics*,被接受发表了[Peng,1991],涉及随机最优控制的部分则包含在[Peng,1992]中,而产生重要影响的工作主要是[Pardoux-Peng,1992]。大家知道,偏微分方程的数值计算中有著名的维数灾难问题(空间维数超过 3 就寸步难行),而近年人们用倒向随机微分方程的方法可以对空间维数为 100 的偏微分方程进行数值计算[Han et al,2018]。其实这个算法早在[Ma-Yong,1994]的文章中就有非常系统的讨论,但那时尚没有深度算法这个革命性的概念。

倒向随机微分方程与偏微分方程的深刻内在关系被揭开后不久,人们就发现其在金融数学,特别是不完备金融市场的期权定价问题和金融风险度量问题方面的重要应用[El Kanoui et al,1997]。而这些重要发展,反过来又推进了相应数学理论的研究,这在我国金融数学理论的发展研究中起到了高屋建瓴的作用。

一个值得后人深思的问题是,被国际上很多人称道的复旦学派(Fudan School)是怎样兴起的? 李训经先生无疑在这个过程中起着无可替代的领导作用。关于复旦学派的成长发展及其在随机控制方面的理论建树,有兴趣的读者可以去看雍炯敏和周迅宇的专著 *Stochastic Control*：*Hamiltonian System and HJB Equations*（Springer），特别是书的导引及每一章的结尾乃至全书的结尾所给出的非常详尽的解释和历史评注，对李训经先生所建立的复旦学派在随机控制领域所获得成果做出了很好的总结，也见证了我国当代数学史上并不常见的一段传奇。

我的成长经历
——与李训经先生 20 多年的交往

雍炯敏[①]

一、引　　子

　　1977 年底,我在四川插队落户的农村参加了"文革"后的第一次高考,歪打正着地于 1978 年 2 月进入了复旦大学数学系学习。按照复旦大学数学系的传统,新生从"数学分析""高等代数"和"解析几何"这 3 门基础课开始学习(它们分别是 3 个学期、2 个学期和 1 个学期)。经过一年的学习,我已基本熟悉大学的生活,也基本从睡梦中"醒来"(由于四川农村和上海生活的巨大反差,使得我在头几个月里,始终觉得来到复旦大学念书是在梦中)。

　　二年级开始,"解析几何"课程已经结束,"高等代数"课程仅留了个尾巴,也将马上结束,"数学分析"课程正进行着多元微积分。此时,"常微分方程"课程的主要预备知识已经具备,因此,"常微分方程"的课开场了。在中学里我学过一元一次和一元二次代数方程,始终对各类代数方程有浓厚的兴趣。还记得在高考前,我曾自学过一点求导数的公式和解常系数一阶及二阶线性微分方程的方法,套套公式,依葫芦画瓢。在当年的四川高考中居然有两道求导数和两道常微分方程的附加题。套公式的求导数题目自然不在话下,我还解出了那道二阶常系数线性常微分方程题,用一下特征方程,写出通解和特解。但我不会解那道变系数的一阶常微分方程题(后来才知

[①] 中佛罗里达大学教授。

道那是可分离变量的一阶方程)。这也就是我始终认为自己是"歪打"的缘故。现如今,我要和同学们一起正式学习常微分方程,不禁有点说不出的感慨。

根据我当年的记事本记载,我们的"高等代数"课于1979年3月2日结束。第一节"常微分方程"课是1979年3月7日上的。就在那一天,我们第一次知名知姓地见到了李训经先生(在这以前,也许在校园里见过,但并不认识)。李老师中等身材,戴一副浅色塑料边框的眼镜,穿着一身那个年代流行的洗得有点发白的蓝色中山装,上衣口袋里别着一支钢笔。我想,李老师的这种打扮是当年高校教师的标准配置。我记得第一堂"常微分方程"的课是在600号的602室上的,这是一个能容纳约100人的阶梯教室。响铃之前几分钟,李老师来到教室,在黑板前来回走动,不时对陆续进来的学生点头微笑。铃声响过后,李老师开始上课。首先,他在黑板上一笔一画写了"常微分方程"几个字。后来得知,这是他的一种风格,并且也是如此要求他的学生们的。要讲什么,首先把题目规规矩矩写好。随后,他用夹着山东青岛口音的普通话开始讲课。他用的教材是金福临先生和他编写的《常微分方程》。在接下来的几个月里,李老师给我们讲授了常微分方程的基本理论。他深入浅出,把难的东西讲容易了。自从进了复旦,我们的老师常常讲到"把书先念厚,再念薄"。我是逐步理解其中的奥秘的。李老师的课,使我进一步体会了这种说法的味道。顺便讲一下,在这门课里,我当然学会了高考时不会解的那种可分离变量的一阶常微分方程的解法。在当年,每门课的成绩就是期末考试成绩,没有什么平时作业成绩、期中测验成绩等的加权平均。我的常微分方程成绩是我在复旦数学系4年所修所有数学课程中最差的,由此给我留下的印象是这位任课老师可能是极为严格的,当然也许我的确学得不好。

1980年春季,李训经先生开设了一门选修课——"现代控制理论基础"。我出于好奇,选了这门课,其实压根儿不知那门课要讲什么东西。李老师用的是他自己编写的讲义,这好像也是我第一次上一门没有书的课。讲义是铅印在质量较差的纸张上,简单装订起来的,浅绿色的封面。李老师在这门课中给我们介绍了控制理论的频域方法和状态空间方法,我学到了系统的能控性、能观性，以及线性二次最优控制问题。在讲线性系统的对偶原理时，他反复强调其重要性。当时我还不太以为意，但在日后的研究工作中，我发现对偶原理是最优控制理论中应用最广泛的思想方法和重要工具之一。20 年后，李老师和我修订了这个讲义，写成了一本题为《控制理论基础》的教科书（由高等教育出版社出版）。李老师作古后，此书在周渊加盟后出了第二版，那是后话。

在大学期间，我还记得李训经先生曾经开设过"科普"性的讲座。记得有一次，我听了他的一次讲座，说的是当年他帮助解决宝钢从日本进口设备的一个问题，大概意思是不要迷信外国人设定的技术参数。他举的一个例子是，在某个设备的参数中，一些量之间的关系似乎很神秘，但是数学上将它们列成矩阵，一眼就看出它们本质上是一个简单的线性变换关系。我当时感到那是多么的神奇。在以后自己的研究工作中和指导自己的学生时，也常常喜欢不断地变换对事物或现象的观察角度，追寻问题的本质。当年李老师的那些潜移默化的教导，对我后来的学术生涯有相当大的影响。

还有件事给我留下深刻印象的是 1981 年底，我们即将大学毕业，在 600 号（就是子彬楼）前草坪上合影。所有任课教师以及苏步青、谷超豪、夏道行等先生们前排就座，好像就是不见李训经先生，感到挺奇怪的。这是"文革"以后第一届毕业的大学生，是这些老师花了心血培养的。不久，我在 600 号的 602 室听一个报告，看到李训经先生兴高采烈地出现在那里，正巧面对面碰上，我不禁问他那些时候的合影为什么没来。他说，当时他在国外参加学术会议和短期学术访问。他看起来精神特别好。那时，他已经是副教授了，可以招收硕士研究生。

大学本科 4 年，我修了李老师的两门课，接触的时间其实并不多。尽管他非常平易近人，但师生之间还是有点距离。我好像没有单独和李老师交谈过。匆匆 4 年，要是没有后来的故事，我和李老师的交往可能也就停留在一个大学生和曾经修过的两门课的任课教师之间的普通关系。此外，当时我除了常微分方程拿到一个不理想的成绩外，也还没有特别察觉出李老师的严厉程度。

二、考研、留校和学做科研工作

日历翻回到1981年春季快结束的时候,同学间传出数学系和数学研究所将招收25名研究生,其中数学专业16名,应用数学9名,报名日期是7月16—20日。我和大多数想报考的同学一样,16日早早地去报了名,接下来就是紧张的复习。当年考研究生还是非常有神秘感的。9月12—14日考试(12日上午考英语,下午考政治;13日上午考函数论与泛函分析初步,下午考微分几何与拓扑初步;14日上午考高等代数)。考试面向全国,且有若干教育部代培出国研究生名额。我当时报考数学专业研究生(有1个教育部代培出国研究生名额)。考试结束后,大家就忐忑不安地等待。不久,一次在公交车上偶遇谷超豪和胡和生两位先生,由于我修了谷先生的选修课"偏微分方程续论",得以和他认识。他们当然知道我考研究生的成绩。胡先生开口就讲:"王向东很好,他的名字很好记。你也很好。"(王向东是我同班同学,后去德国学代数几何)她想进一步透露些什么,谷先生示意不能讲。于是,胡先生作罢。这次偶遇使我得知,王向东考了数学专业第一名,教育部代培数学专业的这个出国名额非他莫属。我嘛,差一点,录取本校的研究生大概问题不大。学校从报考应用数学研究生的考生中择优选拔了6名代培出国研究生(其中我们班上4人,外校2人)。因为我没有报考应用数学,所以没有资格参与选拔。录取研究生和选拔出国研究生的过程,我们学生是完全不知晓的,只是被动地等待通知。在陆续得知有些同学获得出国念研究生资格以后,自己是否被录取为本校的研究生,也还是完全未知的,能做的就是耐心等待。

1981年11月10日上午,在数学系办公室碰上我们的高等代数习题课老师王芬。正聊着,副系主任吴立鹏老师从外面进来,我认识他,他叫不出我名字。我礼貌地和他打了个招呼。他随口问我:"你叫什么?"我告诉了他。他笑着说:"你就是雍炯敏啊?下午1点半到系主任办公室来一趟。"下午,我忐忑不安地提前来到系里。1点35分,吴老师来了,把我领到系主任办公室,关上门,然后问我:"你考的是什么专业?""是数学专业。"我答道。"你愿不愿意改搞应用数学?"在当时那种形势下,这言下之意已经很清楚了。"当然愿意!"我爽快地回答。于是他告诉我,学校通过教育部获得了世界银行的贷款,此款将资助我校年轻教师出国留学。全校将选拔20名年轻教师,出国留学毕业后回学校工作。系里根据研究生报考成绩,确定我入选,前提是放弃本校研究生录取资格,作为年轻教师留校,参加英语培训和出国英语考试。若英语考试过不了,则安心留校做助教。于是从那天起,我开始停课准备英语考试。在接下来的几个月里,我没有参加毕业分配,研究生录取也与我无关,专心参加英语强化培训,并参加了多次英语考试,压力很大。

1982年3月5日,吴立鹏老师正式告知我,我的专业方向是控制理论,由李训经先生指导我的业务、联系出国,以及教我处理其他有关事务。从那一刻开始,我的学术生涯正式与控制理论挂上钩了,与李老师的密切交往也就随之开始了。

1982年3月8日下午,我来到600号3楼最东面的一间办公室,来见李训经先生,这好像是我第一次单独与李老师谈话。他显然已经知道系里的安排,显得很高兴,连连说:欢迎欢迎。他简明扼要地介绍了控制理论要研究的问题,需要学习的东西,以及需要注意的事情。同时他推荐了两本书,一本是钱学森的《工程控制论》,另一本是 Hermes 和 Lasalle 的英文版 *Functional Analysis and Time Optimal Control*,让我自学。这对我来说是一个新的挑战。在大学期间,我自学过博弈论,读的是一本中文版的书(书名就叫《博弈论》,作者已经记不得了)。而现在需要念一本数学语言不多但工程味道很浓的书,还有一本英文书。当时我的英文水平还相当差,因此有点不知所措。可能李老师看出来了,他鼓励我说,我的泛函分析水平足以念这样的书。回过头来想想,他说的是恰如其分的。顺便提一下,大学四年级时,童裕孙老师(他是当年国内设立博士学位后的第一批18名博士之一)指导我们小组念 Halmos 的 *Hilbert Space Problems Book*,我的本科毕业论文是有关泛函分析方面的一个小问题。

在接下来的一段时间里,我在助教工作以外,盯着李老师给我推荐的两本书。出于兴趣，我花了更多的时间在 Hermes 和 Lasalle 的书上，那泛函分析的语言很适合我的胃口，学到了许多新的有关控制理论的知识，尤其是泛函分析的理论是如何用到控制理论当中去的。值得一提的是在书中的第一章第 8 节里有关于能达集的凸性的 Liapounoff 定理，其证明采用了复杂古怪的归纳法，是 Lindenstrauss 于 1966 给出的"简化证明"。我始终看不懂，于是我干脆试着直接证明它。居然不用归纳法，我直接给证出来了。我挺高兴的，把证明写下来，拿给李老师看。他也觉得没错，就让我写成一篇文章，并让我直接用英语写。当时，我也不太明白他为什么要让我用英语写。我只是学着用英语写成后，交给了李老师，也不知下一步是什么。那应该是 1982 年秋季开学不久的事。那年 12 月，布朗大学的 Jack Hale 教授应李老师邀请来访，22 日在数学所 500 号 3 楼做报告。报告结束后，李老师让我向 Hale 介绍我的关于 Liapounoff 定理的直接证明，并让我把写好的文章给 Hale 看。此时，我才明白李老师让我用英语写的目的。顺便提一句，我当时正在申请布朗大学。Hale 看了以后，也觉得挺好。事后，李老师把此文推荐给了《数学研究与评论》杂志。1984 年，此文正式发表[①]。这是我的第一篇正式发表的文章，很短，就一页，但这是个里程碑。该文中用到的方法后来还被用到其他地方。可以说，李老师领着我迈进了数学研究的大门。

  李老师那年先后招收了两名硕士研究生——马进和王银平（前后差半年）。1983 年春季，浙江大学的 3 位张学铭先生的硕士研究生陈叔平、朱其吉和岳荣来复旦借读，由于张先生病重住院，他委托李老师代为指导。于是我们 6 个人一起参加李老师的研究生讨论班。据我记事本的记载，那年 3 月 9 日的讨论班，王银平准备不周，被挂在黑板上，受到李老师的严厉训斥。还记得有一次朱其吉报告 Lions 的偏微分方程的最优控制理论，艰难地在李老师的"发难"中过关。当时马进和王银平主要报告 Austrom 的书 *Introduction to Stochastic Control*，那是有关离散的随机控制

---

① J. Yong, A note on the paper "A short proof of Liapounoff's convexity theorem" of J. Lindenstrauss, 数学研究与评论, 4(1984), 4.

的。也许我当时做助教的同时,还在应付考外语和联系出国,我在讨论班上当听众的时间较多。不过,据我记载,1983年4月11日的讨论班由我主讲,内容好像是介绍四川大学孙顺华在 SIAM J. Control Optim. 上发表的有关分布参数系统镇定问题。我(平行)推广了他的结果。由于有前面同学挂黑板的教训,我事先准备得比较充分,因此基本顺利地应付了李老师的"发难"。那学期,我们6人还一起听了姚允龙老师的分布参数控制的课,学习无界算子。我后来做无限维系统最优控制的基础就是那时打下的。也就是从那时候起,我和陈叔平、马进分别做了以后长期合作的铺垫,并且与他们,当然还包括朱其吉和岳荣建立了长期的牢固友谊。有趣的是,岳荣后来成为我在普渡大学名正言顺的师弟(他也师从 Berkovitz,这是后话)。

这里还有一件值得记叙的事。李老师曾经对我讲过,大概意思是念别人的文章,要善于提问题,挑毛病,这样才会"有饭吃"。由于我泛函分析有一定的基础,且也感兴趣,因此,李老师自然就让我学习分布参数系统的控制理论。1981年,L. F. Ho 翻译了四川大学孙顺华1978年发表于《数学学报》的分布参数系统镇定问题的文章,刊载在 SIAM J. Control Optim. 上。当年在这类杂志上发表文章的国内学者还相当少,李老师让我读读那篇文章。按照李老师教我的读文章的方法,我仔细读了孙顺华的文章并且做了推广工作。尽管现在看来那推广几乎是平行的,但我觉得这是学做研究的初步。我的文章写好后,1983年3月8日交给李老师,请他指正。不久,孙顺华教授来复旦访问,李老师就把我的文章给孙教授看了,同时,他把我介绍给孙教授。孙教授还专门安排时间与我讨论。他婉转地指出了文章缺乏深度,平推味道比较浓。这给我留下深刻印象。逐步地,日后开始研究一个新问题时,我总要追究研究此类问题的意义、创新点等。毫不夸张地讲,我的成长,多亏了像李训经和孙顺华那样的老一辈的无私教诲。稍后,我的那篇文章经过进一步的修改,听从李老师的建议,投稿于《控制理论及其应用》,并于1986年发表。这是我的第二篇发表的文章[①]。

---

① 雍炯敏,一类分布参数系统的镇定,控制理论及应用,3(1986),12-19.

三、艰难的联系出国经历

1982年初,联系出国念博士还不是一件普通的事。我不清楚那时为数极少的自费出国留学的情况,对于像我这样的公派出国留学,那真是充满"过关斩将""走钢丝"的味道。那年正值"胡娜事件"和"王炳章事件"的档口,政审和外事集训搞得非常严格,所有对外联系必须通过官方渠道,对我而言就是校师资办公室和校外事办公室。另外,师生对联系出国的事务也基本上是一头雾水。还有,那时没有电脑打字这一说,申请表格、对外英文信件均需用打字机,而当时复旦数学系也只是在图书资料室有两台。网络没听说过(网上递交申请简直想都没想过),紧急长途联系只能靠打电报,等等。困难程度无法想象。

在3月初系里确定我的专业方向后,李老师就开始具体指导我联系出国事宜。当时,他有过的经验是帮助林晓标(当年在布朗大学念研究生,现在北卡罗来纳州立大学任教)出国留学。据此,他建议我根据导师来定学校。当时,他选了如下的可能导师:Berkovitz(普渡大学),Banks(布朗大学),谈自忠(华盛顿大学),以及Duncun(堪萨斯大学),后来又加了何毓琦(哈佛大学)和Mitter(麻省理工学院)。在当时,哪里先录取就去哪。准备申请材料也是非常麻烦。先给国外学校写信索取申请表,表格寄到后需要借用系里图书资料室的打字机填申请表,请推荐老师写推荐信草稿,用打字机誊写推荐信,再请老师签字。所有材料搞好后,需交到师资科审查(避免政治错误)。每个步骤短则一周,长则两三周。不时还会出现古怪的问题,因此,李老师三天两头陪我或单独跑师资办,他都有点像我的秘书。5月14日,根据李老师的建议,我把给普渡大学、华盛顿大学和哈佛大学的索取正式申请表格的信交到师资办,由他们发出,然后等待。

6月18日,我被叫到学校外事办公室,在那里看到了从普渡大学寄来的大信封,上面写有"Republic of China"(中华民国)的字样。我被询问这是咋回事,"对方对中国是否友好?""是无意还是故意?"我怎么说得清?"把你导师叫来!"于是我到处找李老师(不像现在用手机打个电话就行了),费了九牛二虎之力,找到李老师,把他拖到外办。他当然也莫名其妙,回答不了问题。按外事规定,这样的信件应当退回,我们也只得同意。此时,另一位办公室里的老师说道,假如有问题的话,海关应该截住。由于我正在联系出国,因此,信件应该与之有关。于是我们在那办公室里当场拆开信封,就是一份申请表,没有其他违规材料。于是,我拿到了普渡大学的申请表格。显然,假如这申请表没能顺利拿到,以后的故事有可能很不一样。

7月上旬,师资办传来消息,说是有位复旦校友捐赠了一笔款子给麻省理工学院,让他们招收复旦的研究生,且申请表格都已寄到。于是,包括我在内的几个"世界银行贷款"的出国预备生开始准备麻省理工学院的申请材料。李老师说如果能去麻省理工学院的话,就跟 Mitter。李训经先生和夏道行先生写了推荐信,第三封是谢希德先生写的。材料完整以后就交由师资办处理。与此同时,我也准备普渡大学和华盛顿大学的申请。李老师建议普渡大学的申请请陈恕行老师写封推荐信,因为他访问过那里。在这期间,李老师与普渡大学的 Berkovitz 通信联系,介绍了我的情况。9月14日,李老师告诉我,Berkovitz 口头答应录取我。但有一点,他将于1983年秋到1984年夏休学术假,不在普渡大学,建议是否可以同时申请一下布朗大学。李老师讲,等到谷超豪先生从外地开会回来,与他商量后再定。同时,李老师又与李明忠老师(当时的系代理总支书记)商量,觉得既然普渡大学接受就不必三心二意。于是,李老师让我起草给 Berkovitz 的信,表达这层意思。信写好后交给了他,他决定暂缓发出,等谷先生回来再定夺。普渡大学的完整申请材料是9月23日寄出的。那天,李老师告诉我给 Berkovitz 的信暂时不寄,因为谢希德已经得到麻省理工学院的信息,说是9月底他们讨论,听口气挺有希望。9月底,麻省理工学院依然没有消息,因此,李老师让我赶紧把他给 Berkovitz 的信打好并让他签好字后寄出,那是催 IAP-66 表格(相当于现在的 DS-2019 表格)的。10月5日,李老师托人叫我去他家。在他家,他告诉我麻省理工学院的事情已经"泡汤"了。

在等待普渡大学的 IAP-66 表格的同时,11月15日我把准备好的华盛顿大学的申请材料交到了师资办。11月24日,布朗大学的申请材料也弄好了,直接由师资办寄给 Banks。11 月 25 日,我收到了普渡大学的 IAP-66 表格,其日期是 1983 年 1 月 1 日到 1984 年 1 月 1 日,故需要在 1984 年 1 月 1 日前抵达,显然时间上可能来不及。于是,师资办陈谦余老师让我打电报给普渡大学,要求他们允许推迟注册日期。复旦将普渡大学的回电及寄到的 IAP-66 表格报教育部备案。普渡大学的回电是 12 月 4 日收到的。电文中讲,注册日期可以推迟到 6 月或 8 月。

寒假结束回到学校是 1983 年 2 月 23 日,到校后首先得到的消息是,出于某种原因,上级决定 5 月份以前的 IAP-66 表格全部停办,5 月以后的暂时不定。这似乎是受"王炳章事件"的影响,当时所谓的"中国之春"闹腾得挺厉害。因为我新的 IAP-66 表格已到,是 1983 年 8 月 1 日开始的,故希望不受影响。李老师比较乐观,他认为不会有问题。因为既然国门已开,马上关闭是不可能的。另外收到了布朗大学的信,说是没有收到我的报名费。我曾去信给林晓标(他是 Jack Hale 的学生,当时在布朗大学),请他替我垫付报名费。还有,收到了华盛顿大学谈自忠的录取通知,没有 IAP-66 表格,而他们学校的另一封信问我要托福成绩。3 月 30 日,我去信华盛顿大学,告诉他们假如迟迟收不到 IAP-66 表格的话,我就只能放弃了。4 月 7 日,新闻联播宣布了我国文化部停止执行 1983 年中美文化协定尚未执行部分的决定,起因是"胡娜事件"。当时担心会波及其他方面。4 月 11 日,李老师告诉我,谈自忠亲自打电话给他,说是录取我。李老师与俞文魮老师(他当时是我所在的应用数学教研室的主任)商量后觉得我去华盛顿大学也合适。于是李老师吩咐我立即写信给 Zaborszky(当时华盛顿大学那里的系主任),催 IAP-66 表格。

4 月底,我没法再等华盛顿大学和布朗大学的消息,就上报了普渡大学的 IAP-66 表格,正式准备去那里了。5 月 10 日,学校已经决定我马上去上海外国语学院参加集训(当年这是公派出国前的最后一道程序)。5 月 12—23 日,我参加了集训,随后就整装待发,办护照、置装、订机票,等等。每件事都不是一帆风顺,但都过了。临行前一天,即 7 月 22 日,我去李老师家道别。他说本来让我带一封信给 Berkovitz,但来不及写,也只好作罢。然后他讲,希望我在普渡大学学一段时间后仍能转到布朗大学去,因为那里控制理论的实力更强一些。他还给了我林晓标的地址。7月23日,我登上了去美国的飞机。

回顾这一年多联系出国的经历,每一步都能看到李老师的影子。假如李老师不那么卖力,我是否能够1983年最终成功前往普渡大学留学,还真得打个问号。

四、留 学 期 间

1983年7月23日,我从上海出发,在飞机上过了一个黑夜(是否应该这样叫,值得商榷),但抵达芝加哥依然是7月23日(赚了一天)。飞机晚点,没有赶上飞往拉法叶特的小飞机。我在机场度过一晚,第二天飞到拉法叶特,预先联系好的同学林华新接我到住处。第三天,在普渡大学数学系,我见到了我的导师 Leonard D. Berkovitz,谈了有关事情。从此,我在普渡大学的留学生活拉开了序幕。1984年1月,我以3个A的成绩通过了3场博士资格笔试。8月,Berkovitz结束学术休假回到拉法叶特。8月6日,我见到了Berkovitz。他谈到了去年9月在中国的访问,见到了李训经先生,等等。8月30日,我又通过了两场(资格笔试通过后的)高端课程的口试,然后就可以进入博士论文阶段了。

1984年8月,我得知李训经先生将来美国访问,其中,他将访问普渡大学一个月。我很高兴。按照Berkovitz教授的吩咐,我帮着张罗。9月10日,李老师打电话告诉我,他已经在布朗大学了,是8月30日抵美的。他将于11月初来普渡大学,12月中旬离开去密歇根大学。9月27日,我收到李老师从布朗大学寄来的一个大信封,里面有我第一篇文章(发表在《数学研究与评论》上)的一些单行本。可见,李老师始终把我的事放在心上。11月9日,Berkovitz告诉我李老师将于11月13日抵达普渡大学,事先会写信告诉我他的航班号码。但是到了12日,我依然没有收到他的来信,就告诉了Berkovitz,他也表示无奈。这时,我突然想起,李老师来普渡大学前应该在宾州访问。于是,Berkovitz打电话给宾州大学的陈巩教授询问。

陈巩告知,李老师已经乘灰狗长途汽车离开宾州,将于13日早上7:30到达拉法叶特。

13日早上,我开车去灰狗长途汽车站接李老师。先接到我的住处,稍事休息,然后带他去系里见Berkovitz。10点半,我将他送到住处,再陪同他去购物,直到下午1点半才全部安顿好。16日,在Berkovitz的办公室,我向李老师和Berkovitz教授汇报我的工作,是有关躲避对策的结果。当天下午,我陪李老师去拉法叶特申请社会保险号码。11月18日,Berkovitz邀请李老师到他家吃晚饭,我前往作陪,另有一位波兰学者L. S. Zaremba(他做微分包含的对策问题)也应邀出席。11月29日,我在李老师的办公室里有次谈话,谈话的内容之一是Berkovitz对我的安排,估计1986年夏天我能够毕业。李老师希望我1986年毕业以后,能够到另外一个地方做一段博士后。当然最理想的地方应该是布朗大学,因为那里除了Banks外,还有Fleming和Kushner,随机控制力量很强。11月30日,我又去李老师的办公室,与他交谈了两个小时。他特别提到Berkovitz在别人面前夸我,说是给我的问题往往会很快作答。Berkovitz还说道,学生强对老师也是个很大的促进。李老师再次说,1986年毕业应该不会有问题,让我赶紧进行有关博士论文的研究工作,争取在1985年内拿出两篇像样的文章。无疑,这对我来说压力不小,但也是对我的鞭策。

12月6日下午,李老师在系里的控制论讨论班(Berkovitz主持)上做了关于最大值原理的报告。晚上,我们先在Berkovitz家参加一个鸡尾酒会,主宾是李老师,我作陪,然后又去一家叫作"三元"的中餐馆吃晚饭。鸡尾酒会参加的人有十几位,去吃晚餐的共计8人。12月22日,我参加了普渡大学的一个毕业典礼,被授予了一个理学硕士学位,李老师也一起参加了那天的典礼。12月29日下午,李老师按计划坐上灰狗长途汽车离开拉法叶特,前往密歇根大学,我和Berkovitz一起去车站为李老师送行。这样,李老师在普渡大学的访问就结束了。在一个多月的时间里,我与李老师的接触非常频繁,从李老师身上学到了一些数学研究中的常识:什么叫一个有意思的好结果,什么叫有潜力的好方法,什么叫原创的思想,等等。

1985年夏天,我曾回国探亲。由于当时李训经先生"周游世界"还没有结束(从他1984年8月30日抵美开始为期一年,1985年夏天他还在西欧),故那年夏天在上海我没有见到李老师。1985年12月31日,我收到李老师的来信,他谈到林晓标和邓波计划1987年夏天回复旦工作,届时计划成立控制科学系,因此急需人才,希望我1987年也可以回复旦。

1986年5月17日,我从普渡大学毕业了,获得了博士学位。由于种种原因,毕业后我没有去布朗大学做博士后,而是去了得克萨斯大学奥斯汀分校做博士后。按照美国J-1签证的要求,我能够在那里待满18个月。

1986年6月2日,我收到李老师的来信,称学校同意我在美国再待一年。当年我国对留学生的管理是非常严格的。因此,为了获得这样的"批准",李老师多半在有关部门说尽好话。1987年1月13日,我再次收到李老师的信,称吴宗敏在联邦德国拿到了博士学位,已经回到复旦工作,李老师帮他搞妥了房子以及夫人的工作,等等。同时他告诉我,系里正研究林晓标、郭本琦和我回国时的职称问题,为此,他向我索取我的论文目录和论文。我立即将我完成的10篇论文寄给了他。李老师把我和林、郭两位学长相提并论,我当时有点恐慌,因为他们的名头如雷贯耳。2月10日,我又收到李老师的来信,他说系里正式成立了控制科学教研组,他当然是头。当时,从事偏微分方程计算数学的李立康教授担任系主任,从事控制科学的孙莱祥和陈有根两位副教授均为副系主任,姚允龙老师前往汕头大学支教,尤云程(李老师的硕士)已经去美国留学,马进不久也将出国。因此,指导研究生的教师太少了,他希望我越早回去越好。我有一种使命感,但又怕自己的翅膀不够硬。4月13日,收到李老师的来信,称我的副教授职称问题系里已经通过,报到学校去了。6月2日,我去信给李老师,告诉他我决定年底回国。1987年12月24日,圣诞节前一天,我登上了回国的飞机,新的历程随即开始了。

五、回国初期与控制理论讨论班

1987年12月25日下午,我抵达上海虹桥机场,李老师亲自到机场接我。同在机场接我的还有我父母以及当时刚来复旦工作的一位年轻教师林威。

从我回到上海到1988年春季开学这一个多月时间里,李老师抽出不少时间指点甚至亲自帮我跑前跑后,比如职称和工资级别的认定、户口办理、住房落实,以及其他若干琐碎的杂事,等等。要打交道的部门有校办、人事处、房管处、财务科、科研处、派出所、自来水公司、煤气公司等。这些事说说简单,要是没有李老师的指点或亲自出面,我不可能开学后能正常上课。回想当年打个电话都只有公用电话,出门必须挤公交车,没有随便叫个出租车什么的。1988年春季开学前,主要的事情均搞定了。

春季学期,李老师给我安排的工作是指导两名硕士研究生张平健和徐一生。除了主持他们两人的讨论班以外,还为他们开设"最优控制理论"的课程。初来乍到,一切生疏,我一下子不知从何开始。李老师完全放手,并明确这两个学生就是我的学生,他不挂名。同时,他鼓励我不必害怕,就学着Berkovitz指导我那样指导这两个学生。我基于Berkovitz的 *Optimal Control Theory*,自己编写讲稿,正式为两个学生讲课,同时开始摸索指导学生念文献。

当时,李训经先生已经是博士生导师。据称,他属于复旦大学最后一批教育部批的博导,人们戏称"全国粮票"。从那以后,复旦大学的博导由学校自己审批,被称为"地方粮票"。那时,在李老师名下读博士的是周迅宇和胡瑛,还有潘立平。胡瑛和潘立平在校,而周迅宇在日本跟随随机控制专家Nisio学习,属于当年的联合培养。从1988年3月开始,我参加由李老师主持的分布参数和随机控制讨论班。那时除了李老师和我以外,参加讨论班的还有徐家鹄老师(他当时是在复旦数学系的随机分析方向的老师,好像访问过日本的Ikeda或Watanabe。当时他还翻译了Ikeda和Watanabe的书 *Stochastic Differential Equations and Diffusion Processes* 的部分章节作为讲义给研究生,包括给周迅宇和胡瑛上随机分析的课)、胡瑛、潘立平、林威。还有一位是刚从法国回来的彭实戈博士,他大概是复旦博士后流动站的第一位博士后。彭实戈在法国师从Bensoussan和Pardoux,他的博士论文做的是最优控制中的奇异摄动。在我回复旦和彭实戈加盟之前,这个讨论班已经存在,那时参加的人还有马进(1987年下半年前往明尼苏达大学念博士)和周迅宇(他大概于1987年夏去日本,1988年夏回国,继续参加讨论班)。当时讨论班的主题有两个:随机最优控制和分布参数最优控制。

分布参数控制方向主要由我和潘立平报告,我当时跟着李老师学做无限维系统的最优控制。开始念李老师和姚允龙老师的文章以及其他相关文献。李老师当年还有一位硕士研究生徐宏,他于1988年7月毕业,硕士论文是《分布参数系统最优控制的必要条件》。此文的主要思想来源于李老师,做的是 Hilbert 空间里发展系统具有有限余维数终端约束的最大值原理。李老师让我从这出发,考虑初终端混合约束的问题,希望包含周期问题,并完善无限维系统的针状变分方法。于是,我在徐宏文章的基础上把半线性发展系统的针状变分方法做了架构性的完善,仅允许底空间是一般 Banach 空间且其对偶空间只是严格凸,能达集和混合约束集的代数差具有限维即可证明 Pontryagin 形式的最大值原理成立。在这里,我用到了在普渡大学时 Berkovitz 让我自学的 Clarke 的非光滑分析当中的一些技巧。我们的文章于1989年6月完成,两年后在 *SIAM J. Control Optim.* 上发表。随后,这种思想方法被进一步发展,运用到许多相关问题上,包括椭圆方程、变分不等式、抛物方程、二阶条件、主部系数受控等。

随机控制方向主要由彭实戈和胡瑛报告(周迅宇1988年回国后也加入这一行列)。我当年对随机问题一窍不通,跟着学习。李训经先生在1982年招收硕士研究生马进和王银平时就已经开始让学生开辟随机控制的研究方向了。他对我们多次谈到1984年他访问美国布朗大学时与 Fleming 的谈话。他说,Fleming 认为我们的基础足以开展随机控制的研究。随机控制并非很神秘。李老师的一贯做法是让学生开展他自己不熟悉领域里的研究,他常说,这样才能创造条件让学生超过老师。马进和王银平先后硕士毕业出国留学以后,李老师以博士生导师的身份正式招收周迅宇和胡瑛两名博士生。随着彭实戈博士的到来,复旦的这个方向出现了空前活跃的气氛和长足的发展。当时,随机控制方向的切入点就是 Bismut 以及稍后的一些学者关于随机最优控制的最大值原理。胡瑛在1987年就已经有一些初步结果(按资料记载,1987 年全国控制理论及应用年会上,他就有这方面的工作介绍)。李老师、彭实戈和胡瑛的混合约束条件下的随机控制的最大值原理在 1988 全国控制理论及应用年会上报告过。不过,这些结果都是在控制集合为凸的条件下得到的。我当时还不会独立写随机控制的文章,但对确定性系统的转换和脉冲控制有些工作,因此我拉着胡瑛做随机脉冲控制的最大值原理。经典推导(随机)最大值原理的做法是:在最优控制附近对控制做凸摄动(对确定性系统可做针状摄动),然后导出变分方程,再引入共轭方程,最后利用对偶原理得到最大值条件。对于脉冲控制问题(以及后来的随机系统控制区域未必凸的情形),无法通过对状态方程中的控制做针状摄动后取极限得到变分方程。我和胡瑛当时的想法是:对状态方程做摄动后,暂时不取极限,保留近似变分方程,引入近似共轭方程,然后由对偶原理得到近似最大值条件,最后再取极限。这样就回避了经典方法中遇到的困难。我们的文章完成于 1988 年 9 月,这是我第一篇随机控制的文章。当时英文文章还不太会写,尤其是随机控制的文章(胡瑛在此前也没有发表过英文文章,而我已经发或即将发的英文文章都是由合作者执笔的,或由我的导师满篇修改成文的)。因此,我们商量就写中文,投复旦的《数学年刊》。结果拖得时间很长,直到 1991 年才发表[①]。

  彭实戈在 1988—1989 年期间,对一般随机系统的最大值原理做出了开创性的工作。他不需要假定控制集合的凸性。他的主要思想是:在最优控制附近对控制做针状摄动,对摄动以后的状态方程暂时不取极限,而是作二阶 Taylor 展开;有关项归并以后,本质上得到近似的一阶和二阶变分方程,然后引入近似的一阶和二阶共轭方程,通过对偶,得到近似的最大值条件,最后取极限完成最大值原理的建立。他的文章完成于 1989 年 2 月,于 1990 年 7 月发表于 SIAM J. Control Optim. [②]。彭实戈的结果对我们来说是很振奋的,李老师非常高兴。

---

  ① 胡瑛、雍炯敏,随机脉冲最优控制的最大值原理,数学年刊 A 辑,增刊,12(1991),109-114.

  ② S. Peng, A general stochastic maximum principle for optimal control problems, *SIAM J. Control Optim.*, 28(1990), 966-979.

在研究随机最大值原理的过程中,一类线性随机微分方程的终值问题是不可避免的。对这样的方程,经典的方法是对偶方法加鞅表示定理,但这些方法只适用于线性方程。另一方面,作为数学问题,总可以提非线性随机微分方程的终值问题吧?1989 年夏,法国的 Pardoux(彭实戈在法国的导师之一)来复旦访问,主人当然就是李老师和彭实戈。当时 Pardoux 做了系列报告,胡瑛和周迅宇也介绍了他们有关最大值原理的工作(记得当时我介绍了转换策略二人零和微分对策的工作)。当时 Pardoux 对如何导出最大值原理及相关的共轭方程显得特别感兴趣。随后我猜想,彭实戈和 Pardoux 深入讨论了非线性随机微分方程的终值问题,取得了突破性的进展,建立了这类问题的唯一可解性,这样的问题后来被命名为倒向随机微分方程。他们的文章完成于 1989 年 7 月。由于当时觉得此文章无非是把一个线性问题在数学上推广到非线性,其中的数学技巧也并不过于困难,因此 Pardoux 建议投到一个小杂志 System Control Letters。该文发表于 1990 年[①]。这是一个开创研究领域的工作,后续有关的发展是非常令人惊叹的。彭实戈自己沿此方向的工作有:非线性 Feynman-Kac 公式、非线性期望、G-期望;为随机分析领域带来的研究方向包括(他自己也参与许多)正倒向随机微分方程、路径相关的偏微分方程、倒向随机积分方程,以及不胜枚举的在金融数学中的应用。

此外我还应该提及,周迅宇从 1987 年开始在最大值原理和动态规划方法之间的关系方面做了一系列的工作,影响很大。另外,除了上述的工作以外,讨论班的成员之间还有若干合作,比如,彭实戈和胡瑛的关于无限维系统的随机最大值原理,彭实戈和我的能达集的粘性解刻画,林威、王银平和我合作写的自适应控制方面的文章,等等。应该说,1987—1990 年,复旦控制科学的讨论班在李训经先生的主持下,成就是辉煌的。更重要的是,这种学习和研究的方法使得讨论班的参与者在以后的学术生涯中得以传承,对他们自己以及他们的学生后来的发展产生深远的影响。

[①] E. Pardoux and S. Peng, Adapted solution of a backward stochastic differential equation, *Systems Control Lett.*, 14(1990), 55-61.

1989年夏,在复旦500号三楼数学研究所举行了周迅宇和胡瑛的博士论文答辩。除了李老师和答辩的两位学生外,参加的老师们有本校的金福临、汪嘉冈、张荫楠,中国科学院的陈翰馥,中国社会科学院的于景远,华东师范大学的袁震东和浙江大学的吕勇哉。我担任秘书,负责文书工作。他们两个是李老师指导的首批博士。

六、爬 泰 山

1988年初夏,全国控制理论及其应用年会在山东曲阜召开,复旦去了好些人,由李老师带队,彭实戈、胡瑛、林威和我都去了。李老师当时是全国控制理论委员会的成员,也是这个年会名义上的组织者之一。此会实际上是由中科院系统研究所每年操办的,当年主要由陈翰馥、秦化淑、王恩平等老师具体负责,他们的大名在我们这些小字辈听来都是如雷贯耳的。在那次会议上,我报告了关于转换与脉冲问题的粘性解理论,胡瑛和彭实戈好像分别报告了随机最优控制的一些结果,林威应该报告了自适应控制的有关结果。李老师作为组委会的成员,好像没有做报告。

那年的会议期间,李老师和我们一起参观了孔府,更有意思的是和我们一起去爬泰山。那年李老师已经53岁了。我们一帮年轻人说是要去爬泰山,李老师笑笑,不置可否。我们就七嘴八舌地说,这么多年轻人,抬也可以把您抬上去。于是,我们拉着李老师一起去。当年,在我们眼里,50多岁已经是非常年长的了。要爬这么高的泰山,需要有足够的体力和勇气。我们上午大概8、9点钟来到山脚,在我们的起哄下,李老师不好意思不爬。于是,我们一路说说笑笑,拾级而上,中途累了就稍事休息。我看李老师和我们年轻人没有什么两样,也没看到他气喘吁吁。不多时,我们来到中天门,在那里坐了一会,好像也拍了一些照,然后继续往上,李老师丝毫不见有倦容。十八盘的台阶越来越陡,我们几个紧随李老师左右。尽管我们起哄硬"逼"李老师上山来,但各位心中不免有点忐忑,因此大家都比较注意。最终,我们所有人顺利地爬上了南天门。在山顶,我们又拍了一些照,当然在

"五岳独尊"的石碑前各自留了影。李老师那个年岁能如此轻松登上南天门,与我们年轻人没什么差别,这给我留下了很深的印象。在李老师看来,好像没有什么是值得可怕的。

七、写 书

在普渡大学的时候,Berkovitz 就让我学习 Clarke 的广义梯度和非光滑分析,以及 Crandall-Lions 的粘性解理论。在与李老师合作的分布参数系统最大值原理文章中,我用到了广义梯度。另外,我自己也在转换和脉冲最优控制方面做了一些工作,主要基于 Crandall-Lions 的粘性解理论。1990 年初,我在一次和李老师的谈话中讲到我是否可以写有关粘性解的书。因为一方面粘性解理论的研究开始还不久,国内理解这方面工作的人还不多,普及应该是一件值得做的事情;另一方面,写书扩大影响比较快,并且我做的那些转换与脉冲工作写进书中会更快得到国内同行的认可。在当时还不曾想写英文书。李老师听后连连点头赞赏,他主动建议最好让科学出版社出版。然而,我当时名不见经传,寄去的写书计划很快被科学出版社邀请的国内控制理论界的专家们给拒绝了,主要理由是粘性解理论"还不成熟"。粘性解理论始于 1981 年,距当时已经快 10 年了,基本理论已经相当完善。当然,这表面拒绝的理由并非真正的理由。于是,李老师再帮我联系上海科学技术出版社。他们对我的写书计划表示欢迎。不久,我就和他们签订了合同,书名是"动态规划方法与 Hamilton-Jacobi-Bellman 方程"。我把书的大纲给李老师看过,他提过一些建议,这样我就按修改以后的大纲开始写。那时写书叫作"爬格子",哪有现在敲键盘那么方便!记得我是在 1990 年夏天开始动笔的。由于办公室条件不好,没有空调(那年头只有计算机才能享受空调待遇),又不能在办公室光膀子,因此我只得在家写。在家里我可以光着膀子干,顺带看着小孩。所以,我的写作始终在家进行,用的是备课、上课、参加讨论班以外的业余时间。记得当时常常小手臂下面垫着干毛巾(以免汗水弄湿待爬的格子),不时擦拭额头汗珠。在家爬格子时,电扇还不能对着吹，怕把稿纸吹起。几个月后，书稿完成了。我请李老师审阅，他提出了一些意见。根据他的意见，我又适当地调整和修改了一些内容。我请李老师为此书写个序，他欣然答应。在序言的末尾，他写道："我相信本书的出版将推动控制科学在我国的发展，并使关心控制科学发展的数学工作者和工程技术人员对动态规划方法和 HJB 方程有个全面的了解。"这无疑是对我的莫大鼓舞。李老师的序是 1991 年 3 月写下的。我的第一本书就在李老师的关怀下，于 1992 年出版了。那年，我 34 岁。

在李老师和我的关于分布参数系统最大值原理的文章 1989 年完成后（1991 年发表于 *SIAM J. Control Optim.*①），我在无限维控制理论方面做了系统的工作。进入 1992 年，我的第一本书出版以后，就有了写一本英文专著的冲动。一次，在李老师家里谈话时，他也提到写书的事，我们一拍即合。于是我俩共同计划写一本英文专著，总结我们已经完成和正在完成的无限维系统的最优控制理论。不过，我还是有点担心是否能写好。李老师觉得不会有问题，一定能写好。于是，我们开始设想专著的大纲以及各个章节的内容。1992 年，我应 A. Friedman 的邀请，前往美国明尼苏达大学数学及应用研究所访问，参加在那里举办的"控制论年"的活动。在那里我待了一整年，除了完成 10 篇论文以外，还写了此书的三分之二。1993 年回国以后，又花了半年时间，完成了整本书的初稿。在写作过程中，我每每遇到问题，就向李老师请教。写完一章，就寄给他征求意见，然后根据意见做修改，就这样无数次地来回往返。进入 1994 年以后，我开始逐章逐节地校对，很费时间。正式交稿是 1994 年 8 月，最终此书以 "Optimal Control Theory for Infinite Dimensional Systems" 为题，在 Birkhäuser 出版社出版。这是李老师和我共同花了许多心血完成的，总结了到那时为止我们复旦人完成的无限维系统最优控制理论的工作。此书出版后，*Mathematical Review*，*IEEE-AC* 以及 *SIAM Review* 先后发表了书评，对此书做出了非常高的评价。

---

① X. Li and J. Yong, Necessary conditions for optimal control of distributed parameter systems, *SIAM J. Control Optim.*, 29(1991), 895-908.

八、报奖和受挫

由于我们在无限维系统最优控制方面取得了国际同行公认的成就，因此很自然就想到应该报奖。当时首选是教育部科技进步一等奖。假如能够获得，则有资格申报国家自然科学奖。按照规定，假如只获得教育部的科技进步二等奖，则没有资格申报国家自然科学奖。我们当时觉得，获得国家自然科学奖是表明我们的成就被国家认可。作为第一步，1997年，我们申报教育部的科技进步一等奖。为准备材料，我们花了非常多的心血，把该想到的都做到了。材料好像是通过学校上报的，然后就是等待。我已经记不得煎熬地等待了多久，该来的终究来了。内部传来消息，我们的申报项目未能获得一等奖，假如愿意的话，会给个二等奖。心血白花，二等奖我们当然无法接受。因此，李老师和我商量以后，决定撤回申报。

由于省(直辖市)和部是同级，因此我们还可以申报上海市的科技进步一等奖。当然，材料必须重做，时间上也需要等待。到了1998年，我们重新启动申请程序，申报上海市的科技进步一等奖。同样地，我们花了许多时间，准备了更充分的材料。除了李老师和我以外，还加上了陈叔平、周迅宇和潘立平一共5人共同申请，并且李老师坚持要让我打头。这次比较顺利，1999年我们获得了上海市科技进步一等奖。那年上海市各行各业参评科技进步奖，共有12个项目获一等奖，我们排名第二，是唯一获一等奖的自然科学类的项目。

第二年，申报国家自然科学奖被提到议事日程。国家规定从那年开始，两年评一次国家奖改为每年评，并且取消原有的三等和四等奖。从表面上看，获奖的机会应该变大，并且中奖至少是二等奖。由于我们已经获得上海市科技进步一等奖，因此有资格申报国家自然科学奖。我们比前两次的申报更加慎重，还求得了时任工程院院长的宋健院士和谷超豪院士的推荐信(他们一致推荐我们的项目获国家自然科学二等奖)。万事俱备,东风却没有来,最终我们得到落选的消息。我想这是最终的"判决"。我们没有冯康先生的本事,他可以在生前拒绝国家自然科学二等奖,而等到去世后,在他无法亲自申报的时候,国家自然科学一等奖会送上门去。

在得知消息的那天晚上,我去了李老师家。我是他家的常客,每次晚上去,不到凌晨2点不会回家。平常,天南海北,什么都聊。聊得最多的是陈建功先生对学生的严厉程度,讨论班上,学生报告不好,就要挨骂。报告不好有多种,准备不充分、报告的文章太简单、板书不好、照本宣科,等等,都是挨骂的理由。因此,从陈建功先生那里学有所成者都是很了不起的。那天晚上我非常灰心。李老师不断开导我,说胜败乃兵家常事,要看得远些,不要计较眼前的得失。我们的工作虽然暂时无法得到国内有关部门的足够认可,但是只要是被国际同行认可的,就没什么可怕的。我们需要对自己提更高的要求。这个级别的奖项我们自己没能得到,将来可以让我们的学生去得到,学生超过老师嘛!我们还可以争取更高标准的承认,比如拿国际奖项,在国际数学家大会上应邀做报告,等等。李老师的这些话无疑给我定了更高的标准。多年后,李老师为我们设定的目标一一实现了,当年报奖的受挫变成不值一提的事情。

九、正倒向随机微分方程和随机控制

1992年我赴美参加明尼苏达大学IMA的控制论年。我在普渡大学念书的最后一年,Friedman从美国西北大学被聘去了普渡大学担任数学系新设立的应用数学中心主任。Berkovitz让我去跟Friedman学点偏微分方程。于是我和他,再加上在那里访问的北京大学黄少云教授,3人合作写了两篇文章。说实在的,我扮演了一个"南郭先生",因为我那时的偏微分方程知识还不足以和Friedman那样的大家联手做东西。于是,我拼命向黄少云教授学习。等到我毕业时,偏微分方程方面也开始可以写点东西了,我得感谢黄少云教授。我在得克萨斯大学奥斯汀分校的博士后位置,最终还是

Friedman 的一个电话解决的。我离开普渡大学前去见 Friedman 时,他骄傲地告诉我,他将前往明尼苏达大学的 IMA(这是美国的一个由国家设立的研究所)去任所长。"I will be more important!"(我会更重要!)这是他给我留下深刻印象的话。他还说,他将举办"控制论年",届时邀请我参加。1992—1993 年就是那里的控制论年。那年下半年,SIAM 的年会也在那里召开,李老师也曾前往参加年会,我们在那里还一起参加了会议,包括听了 Sussmann 的那个大有争议的大会报告。他的报告开宗明义说道,只有他搞的微分几何方法才是一流的,所有其他的方法最多是二流,等等。在明尼苏达大学期间,我和李老师花过一些时间讨论我们的书以及其他控制问题。前面已经提到过,在明尼苏达大学的一年中,我写了三分之二的书,并且写了 10 篇文章,大多是合作的。正因为如此,我建立了许多日后长久保持的合作关系,更重要的是我步入了正倒向随机微分方程的研究领域,我和马进携手共同开创了这个研究领域。马进既是我大学的同班同学,又是李老师的硕士研究生,因此我们非常投机。在后来的数年中,我们系统建立了正倒向随机微分方程理论。1999 年我和他合作撰写了专著 *Forward-Backward Stochastic Differential Equations and Their Applications*,出版在 Springer-Verlag 出版社的 Lecture Notes in Mathematics 的系列丛书中,这也成为这个领域中的一个里程碑。另外,作为正倒向随机微分方程理论的应用,我也开始涉足金融数学的研究。

  周迅宇在复旦毕业以后,转战多处。1994 年,他好像已经开始在香港中文大学的执教工作。在此前,我和他还没有合作过。大概是那年的秋季,在香港一起参加一个学术会议期间,我们讨论了一个关于粘性解的验证定理,李老师也参加了讨论,最后我们解决了问题,写成了我们 3 人的合作文章,并于 1997 年发表在 *SIAM J. Control Optim.* 上[①]。此文实际上的主要贡献者是周迅宇,这个问题与他那几年一直在做的动态规划和最大值原理之间关系的工作有直接的联系。他比较客气,硬把李老师和我的名字挂上。

---

  ① X. Zhou, X. Li and J. Yong, Stochastic verification theorems within the framework of viscosity solutions, *SIAM J. Control Optim.*, 35(1997), 243-253.

在此以后，我和他的交流渐渐多了起来。我和李老师以及陈叔平多次去访问香港中文大学。大概1994年底，在我和李老师的书杀青以后，我想到复旦控制科学的人除了在分布参数系统方面有系统的工作以外，在随机最优控制方面有更巨大的贡献，是否也应该写书？按理，我应该没有多少资格写此书，因为我在这方面的贡献并不大。最适合写此书的应该是彭实戈、周迅宇及胡瑛。但是，当年我感觉彭实戈并没有兴趣写书，他有他认为更重要的事情要做，而胡瑛那时恐怕另有事情缠身。我发现美国的殷刚和张庆（他们都是布朗大学毕业的博士，假如当年我去了布朗大学，则他们均应是我的同学）已有合作的 Springer-Verlag 的专著出版，觉得这对我们来讲是个压力和鞭策。我和李老师讨论过这个问题，李老师建议我和周迅宇来做这件事。尽管当时我和马进一起已经做了几年正倒向随机微分方程，随机方面的基础已经可以唬唬外行了，但自己知道我应该还没有达到那些写随机专著作者们的功底水平。李老师不断鼓励我，边干边学嘛。于是我联系周迅宇，问他有无兴趣。他情绪很高涨，一口答应，从而我们开始计划动笔。从我保留的 TeX 文件的记录看，我们好像至少在1995年的6月就开始写了，当时我还在美国访问。1997年夏我回国以后，曾往返香港多次，集中精力写此书，用的是当时香港回归前周迅宇申请到的一笔基金。那时我还年轻，效率还挺高（当时我还同时与马进正在写正倒向随机微分方程的那本专著）。1998年我们完成书稿，最终于1999年以"Stochastic Control: Hamiltonian Systems and HJB Equations"为题由 Springer-Verlag 出版。书中总结了我们复旦控制科学的研究人员的一系列工作，包括彭实戈的一般随机最大值原理，周迅宇的动态规划和最大值原理的关系，陈叔平、李训经和周迅宇（我也部分参与的）线性二次不定指标最优控制问题，Crandall-Lions 的 HJB 方程粘性解理论在随机最优控制里的通俗陈述，Pardoux 和彭实戈的倒向随机微分方程以及马进和我的正倒向微分方程简介。这又是我们复旦人为控制科学做出的一个杰出贡献。此书出版后，又获得了国际同行们的高度评价，它被同领域的许多同行认为是随机最优控制方面的为数不多的经典著作之一。

十、组织国际会议

由于事件是并联发生的,而叙述只能串联,因此我又得把日历翻回到 1988 年。当时,李老师在分布参数系统方面已经有许多建树,主要是他和姚允龙老师的一些有关无限维系统时间最优控制方面的系列工作,并且有些工作已经发表或在国际学术会议上报告过。李老师深切地知道,为了扩大我们的影响,同时借机让年轻人尽快走向国际舞台,我们应该组织国际学术会议。于是,李老师通过主动联系,获得了主办国际信息处理联合会(International Federation for Information Processing, IFIP)下属的 WG 7.2 的一个学术会议,主题是分布参数系统及其应用。我们计划在 1989 年夏在复旦举行。在李老师的指导下,我学着承办国际学术会议的每道程序,确定国内外邀请对象,写邀请信,向学校打报告要求承办国际学术会议,向有关部门申请经费,确定开会场所、代表的住宿和餐饮及交通,等等。随着邀请信的发出,事情是越来越多,比如国外参会人员办理签证的材料准备、所有参会人员的报告题目和摘要的收集等。还有一件不曾预料的事。我按照李老师拟定的国外分布参数系统方面比较活跃的学者名单发邀请信,本来期望会来的学者,突然张三因为得知李四会来参加而找借口不来,原因是张三和李四学术意见或风格不同,不愿出现在同一个会议上。

1989 年春夏期间,国内出现风波,导致国际会议当时无法举行,于是我们不得不将会议延期一年。幸好那些国外的朋友都想来看看中国,因此即便会议顺延了一年,依然非常成功。最终我们的会议于 1990 年 5 月 6—9 日举行。参会的除了中国代表外,还有 6 个其他国家的 10 余位学者,包括最早做分布参数系统的俄罗斯学者 Butkovskiy。借此大会,我们扩大了复旦控制科学团队在国际上的影响。李老师和我还编辑了会议的论文集,由 Springer-Verlag 出版社在 Lecture Notes in Control and Information Sciences 系列里出版。

1991 年 6 月 12—14 日,在李老师的指导下,陈叔平和我在浙江大学组织召开了题为"Control Theory, Stochastic Analysis and Applications"的国际会议，目的就是为申报基金委重大项目打前站。参会的有多个国家的学者。也就是在那次会议上，彭实戈临时换了报告题目，讲演了非线性Feynman-Kac公式。陈叔平和我编辑了论文集，由新加坡世界科技出版社出版。

多年以后的1998年6月19—22日，李老师、陈叔平、周迅宇和我一起又组织了一次IFIP WG 7.2的学术会议。这一次的主题是分布参数系统和随机系统控制，会议在杭州举行。此次会议的规模要大于前面的那次。除了中国的十几位学者外，来自8个国家的近40位学者参加了会议，活跃在这两个领域里的许多学者到了场，其中还有许多我在1992—1993年访问明尼苏达大学结识的学术同行。我们4个人还编辑了会议论文集，由Kluwer学术出版社出版。此次会议的有意义的成果之一是我的第一个博士生张旭由于参会，得以有机会与国外同行接触，从而获得了去西班牙做博士后的机会。若干年以后来看，这是非常重要的一次机会。

2001年5月10—13日，我在上海还组织了一次金融数学的国际会议。此时李老师已经准备退休，但依然是我们组委会的顾问，参与出谋划策。国际上若干金融数学界的名人前来参加了会议。我们的论文集最后由新加坡世界科学出版社出版。

十一、从重点项目到重大项目

1991年国家开始"第八个五年计划"。李训经先生和陈翰馥先生联手组织研究队伍，向国家自然科学基金委申报"随机与分布参数控制理论"重点项目。记得当时在陈翰馥先生团队里有郭雷、张纪峰等，在李老师的麾下有陈叔平、刘康生和我。李老师和我算是复旦大学的，陈叔平和刘康生算是浙江大学的。由于重点项目有单位个数和各单位参加人数的限制，因此我记得好像彭实戈被排除在外。项目于1991年立项，当年我们准备材料，然后正式申报，好像还有答辩，最终于1992年获得批准。此项目里，李老师的团队主要开展分布参数系统的控制理论研究，陈翰馥老师的团队主要从事随机控制的研究。在接下来的几年里，我们就大力发展了分布参数系统的最优控制理论，李老师和我的专著算是此项目的成果之一。

自从彭实戈的倒向随机微分方程一般理论出现后，人们发现了它在金融领域的重要应用。当年，在整个世界范围里，金融数学方兴未艾，如火如荼。原因之一是由于苏联的解体，以美国为首的西方突然发现大敌不见了，因此与军方有关的研究基金骤减，从而导致一批应用数学家转向经济和金融方向的研究，尤其是那些金融衍生物的研究。恰好，彭实戈的倒向随机微分方程理论为相关研究提供了一个有力的工具，使得我国相应的若干研究一下子走到了世界的前列。于是，8位数学家向国家自然科学基金委提出在"九五"期间设立金融数学重大项目的建议。这八位数学家是：李训经（复旦大学）、彭实戈（山东大学）、严加安（中国科学院）、史树中（南开大学）、张耀庭（武汉大学）、王则柯（中山大学）、陈叔平（浙江大学）和我。为了成功立项，我们组织过若干次学术会议，多次邀请自然科学基金委及数理学部的工作人员前来观摩和指导。我记得被邀请前来的有：基金委的副主任胡兆森、数理学部主任许忠勤、数学科主任徐中玲以及张文岭等。经过我们艰苦的努力，这一建议最终获得了基金委的认可，但是有个条件——作为基金委的重大项目，必须跨学部。于是，时任全国人大副委员长的成思危以管理学部主任的身份带领他的"金融管理"团队，清华大学的宋逢明带领他的"金融工程"团队挤进项目，最终成为"金融数学、金融工程、金融管理"的基金委"九五"重大项目，1997年正式批准，彭实戈为首席科学家。在接下来的几年里，我们在金融数学方面又做了许多工作，其中包含了马进和我的关于正倒向随机微分方程的专著。值得一提的是，复旦大学数学金融研究所的创建，李老师起了决定性的作用。我记得为了此事，李老师与当时复旦大学的校长杨福家发生过很大争执。过了一段时间，当重大项目申报成功以后，两位长者和解，以杨校长"认输"为结局。听李老师讲起此事时说，杨校长的大概意思是，他并不是有意设置障碍，而是需要一定的时间来了解、接受这样的新生事物。另外，在复旦创建金融研究所的过程中，李老师也付出了极大的努力,包括引进张金清,这对后来金融研究所的发展起了很大的作用。李老师好像在建所初期担任过学术委员会成员。

十二、忠实可靠的留守

从我1988年回国工作开始到我2003年移居美国的这15年中,我有两次时间较长的出国访问,即1992—1993年和1995—1997年。我不在复旦的期间,李老师完全代管我的研究生。1992年秋我去访问明尼苏达大学时,有4个硕士研究生(卢红、王宏、钱张军、蔡小俊),他们的硕士论文的审查、答辩等所有事务都是李老师包办的。1995年秋我出访田纳西大学、马里兰大学以及明尼苏达大学,直到1997年夏才回国,前后两年。当时我有3个硕士研究生张旭、卢卫东、李攀,他们是1993年9月入学的。张旭于1996年3月转为博士生,卢卫东1996年夏天毕业,李攀1997年夏天毕业,都是李老师全权包办。1997年秋起,我才费心指导张旭。这短短的一段叙述,包含了李老师多少个日日夜夜的劳动。每每想起这些,我总会感到非常内疚。我也知道李老师并不稀罕我对他说声谢谢,他期望看到的是我们团队的人能为他争光,为复旦控制科学争光,为中国的数学事业争光。

值得一提的是,张旭在我出国访问的两年期间,其研究工作的启蒙均是由李老师具体指导的,因此,张旭传承了许多李老师做研究工作的风格和思想方法。2000年张旭获全国优秀博士学位论文奖,一大半应归功于李训经先生。顺便提一句,李老师还有另一位博士陈启宏获得过全国优秀博士学位论文奖。

十三、行 政 工 作

因个人性格的原因,我对行政工作向来不太感兴趣,尤其是在精力旺盛地热衷于研究工作的年代。在回国后不久,我坦诚地和李老师交过这个底,李老师表示支持。不过他告诉我,他会尽量阻止在我40岁以前让我做行政工作的任何安排。但是他也讲,40岁以后就不能保证了。从另一个方面来讲,做行政工作是为大家服务。40岁以后,假如大家认为你需要出来做点行政工作,为大家服务,那么也不要拒绝,同时做好自己的研究工作和为大家服务的行政工作。他强调,当你一心做研究而一点不碰行政工作时,是别人做了为你服务的工作,难道你不应该付出点吗?经李老师的点拨,我一下明白了许多。

2000年,我被推到系主任的位置上,那年我42岁,李老师终于使我没在40岁以前涉足行政工作。当然,也许在这以前我本来就没有资格。成为系主任以后,行政事务占据了我许多做研究的时间,这很容易从我发表论文的数量看出,但我也学会了光做研究学不到的许多知识。由于阅历不深、经验不足,我常常会遇到不易处理的事务,于是李老师就变成了我的活字典,我经常向他讨教处理许多人与人之间关系的方法。同时,他又成了我的后盾。时不时地,我需要李老师替我"看守"一下讨论班,而他从不推辞。

我成为系主任后遇到的一件大事是数学系和数学所全体教师的岗位津贴评定一事,这对所有人来说都非常重要。在复旦,我至多是属于徒孙辈的,以这样的身份做系主任,且来负责处理这样一件事,难度相当大。对于长辈,我需要尊重他们的意见,确切地理解他们的意愿,承认他们的贡献;对于同辈,我需要得到他们的理解和鼎力相助;对于晚辈,我需要保护他们的利益和鼓励他们进步。所幸的是,以李老师为代表的老一辈,不计较个人的些许得失,以维护数学系和数学所的大局为重。可以想象,在这风平浪静的背后,李老师及其他的长辈老师们多半坚定地维护着系和所的大局。在他们的榜样面前,所有同辈和晚辈的同事们也均体现出惊人的合作性,岗位津贴的评定最终非常圆满地完成了。事后,李老师夸我做得不错,并鼓励我说行政能力也是可以练出来的。在这里,我顺便提一下当年与我同甘共苦合作的数学系党总支书记朱大训,我们的合作非常愉快,且富有成效。另外,我还要特别感谢李大潜先生。一次,我纠结于系里的某件琐事,一筹莫展。李大潜先生托朱大训带给我四个字:"事缓则圆。"我深深记得。

十四、退　　休

2001年,李训经先生荣获上海市"优秀教师"称号。他是当之无愧的。同年,李训经先生正式退休。那年的5月15日,我们组织了一次聚会,主请李老师和他的夫人刘丽婉老师。当时来参加聚会的李老师的弟子们有(以当时合影从左到右排列为序):洪文明、于江、周渊、汤善健、吴汉忠、雍炯敏、彭实戈、刘道百、马进、朱尚伟、陈叔平、陈启宏、高夯、周迅宇、潘立平、汪更生、刘康生、楼红卫,颇为热闹。

十五、离　　别

2002年5月,李老师被诊断患胰腺癌,于是他住进了华山医院的高干病房。确诊以后,医生给他的治疗方法是所谓的靶向治疗配合化疗。李老师始终非常乐观,他认为他能够战胜病魔。我隔一段时间就去看他。当时,我母亲也患相同的病,她住在华山医院的普通病房,所以有时我跑一趟探望两位病人。很不幸,我母亲因为已经晚期,后来转院去了五角场一家地段医院,属于临终关怀性质的住院。我不得不每天往那里跑,与华山医院方向相反,故无暇去看望李老师。我母亲于10月初去世。料理完她的后事,我才得以有时间再去看望李老师。

大概就是10月中下旬,我又一次去看望李老师。那时他的靶向治疗和化疗都已进行过了,效果并不理想。他看上去精神还可以,人有点消瘦。估计他也知道自己的时间不多了。我是戴着黑袖章(因为我母亲刚去世不久)去的,他也已知道我母亲是患同样的病走的。在交谈中,我提到我能为他做点什么,他表达了希望我们能够为他出一本学术论文的选集。我说好的,这事我来操办。回家以后,我查了一下李老师的所有数学论文的目录,一两天后带着它去见李老师,由他圈定收入选集的论文。李老师圈定了25篇,最早的是 1960 年发表于《复旦大学自然科学学报》第 2 期上的文章,最后一篇是与高夯合作的于 2000 年发表在 Journal of Australia Math. Soc. Ser. B 上的文章,前后跨越 40 年,也基本反映了李老师的数学学术生涯。有了这个目录后,我一方面发动群众,给我能指挥得动的李老师的学生们一一打电话,通报此事,并分派任务。我们每人分一定数量的文章,输入排版。较新的文章已有 TeX 文件,相对容易重新排版;有些老的文章需要全文重新电脑排版,比较花时间。我期望尽早完成排版并出样书,能让李老师亲自看到。这是与时间的赛跑。我承担了一部分输入,尤其是一些老的文章,并负责全书格式的统一。当时参与一起编排选集的有:汤善健、刘康生、潘立平、吴汉忠、楼红卫、刘道百、周渊。与此同时,我联系复旦大学出版社的范仁梅,她是我们数学系 77 级力学班的同学。她非常热心,满口答应,并且对出版此书的开本、字号大小、照片清晰度的要求等一系列问题提出了建议;同时,对审批的程序和出版的若干具体过程一路开绿灯。其间关于照片的选取,我们得到了李老师的夫人刘丽婉老师的大力协助。所有收入的照片,全部经李老师过目认可。2002 年 11 月 22 日,文稿包括所有清晰度合格的照片,送交范仁梅。

2002 年 12 月 6 日,范仁梅给我送来两本样书,装帧很好。书名《李训经数学论文选》,标题竖排。范仁梅亲自担任书的责任编辑,封面设计都是她一手搞定的。前言由我执笔起草,陈叔平和彭实戈阅读后提出修改意见。最后是我们 3 人署名的,日期是 2002 年 12 月。12 月 8 日,我带着样书前往华山医院看望李老师,把他的数学论文选集呈献给他。他显得很高兴,慢慢地翻阅着他的选集,流露出一种如释重负的微笑。我当时也有一种说不出的感觉。作为学生,尽我所能,只能做到这一步。当时,李老师看上去情况还算可以,尤其是他的精神状态很好。

随后,12 月中旬,我前往香港参加一个学术会议;下旬,我前往美国做短期访问和探亲。我本来计划在 2003 年 2 月中旬回国时还能见到李老师,殊不知 12 月 8 日的那次见面是我和李老师的最终诀别。

2003 年 2 月 9 日,我收到汤善健的邮件,称李训经先生于当日北京时间 12 点去世。汤善健问我要了一些海外人员的邮箱地址,以便他发布消息。他还告诉我，李老师的女儿刚刚于1月22日探望李老师后返美，无法再次回中国参加李老师的葬礼。事实上，那时候中美交通远没有如今便利，短期订票改票还不那么方便，我也是原定计划比较难以改动而不能回国。几天前，汤善健曾告诉我李老师病危，问我何时能回。当时我希望李老师再能撑个十天半个月，因为我计划的回国日期是2月16日。就这样，我没能见到李老师的最后一面，甚是内疚。尽管感到宽慰的是，2002年12月8日我离沪赴美之前，携着《李训经数学论文选》去医院看望过李老师，但我依然难以原谅自己。

李老师留下的遗言是捐献他的遗体，他的这个遗言被遵守了。李老师的风范是那么的崇高，他是如此的无私。他为后人树立了光辉的榜样。

十六、后续的故事

2003年秋，我移居美国，在中佛罗里达大学任教。在站稳脚跟的同时，我保持着与复旦大学的关系。在国家留学基金委开始资助联合培养和高访学者后，2010年迄今，我先后指导联合培养博士4名，接受高访学者9名，另外完成指导复旦大学数学系在我名下的博士2名。在来到中佛罗里达大学后，由于没有行政事务，我可以专心于控制理论及相关领域的研究工作，先后在随机倒向积分方程、时间不一致随机最优控制以及随机线性二次最优控制方面做出一系列具有原创性的工作。2014年的首尔国际数学家大会，我应邀做45分钟报告，完成了李老师10多年前交给我的一项艰巨任务。尽管李老师可能对我的期望更高，但我已尽力，即便不是最优，也差不多是在我的能力约束条件下的次优的结果。2015年，我出版了一本题为 $Differential\ Games: A\ Concise\ Introduction$ 的专著，总结了我在微分对策领域里的系列工作，包括我在 Berkovitz 教授指导下做的躲避、追踪微分对策工作和以后做的转换脉冲微分对策等的系列工作。在书的扉页上我写上了：In the Memory of Professor Leonard D. Berkovitz and Professor Xunjing Li(纪念 Leonard D. Berkovitz 教授和李训经教授)。我把这本书敬献给了我的两位恩师。

迄今,我们团队里的人有许多说得上的成就:拿过国家自然科学二等奖的有彭实戈、张旭、汤善健;在国际数学家大会上做过1小时报告的人有彭实戈,做过45分钟报告的人有周迅宇和张旭(再加上我,还有张旭的学生吕琦在2022年被邀请做45分钟报告);彭实戈2005年成为中科院院士,还拿到了2020年的"未来科学大奖"。我想,假如李训经先生在世,看到我们团队有如此辉煌的成就,一定会非常高兴和骄傲。

怀念李训经先生

潘立平[①]

敬爱的李训经先生离开我们已经 20 个年头了。斯人虽逝,音容宛在。他的谆谆教诲仍时刻回响在我的耳际。

我于 1985 年夏考入复旦大学数学研究所,专业选的是"泛函分析"。严绍宗教授找我谈话,说报考"泛函分析"的学生太多了(有十几个人),希望我改选"运筹学与控制论"专业。正当我在运筹学和控制论这两者之间举棋不定时,有幸遇到了尤云程老师(那时李老师正在国外访问),尤老师对控制科学的介绍引发了我对控制理论的浓厚兴趣。

1986 年李老师主持硕士生讨论班,带领我和徐洪同学研读 Clarke 的专著《非光滑分析与最优化》。我为此特地去李老师家向他请教如何才能掌握好 Clarke 的理论,他说:"一本专著,往往会有一个(或几个)核心问题,解决它(或它们)要用到一些结果,这些结果的证明又要用到另一些结果……有关结果全体构成一棵(或几棵)倒立树,不妨称之为关键树。你先找出关键树,弄懂(倒读)树上的结果,然后再旁及其他。"我回来后,运用李老师的读书法,很快就念完了《非光滑分析与最优化》一书(感觉学习效果甚好)。

转眼到了 1987 年夏,又面临硕士学位论文的课题选择问题。我在资料室泡了一个暑假,最后看到了尤老师的一篇讨论线性-非二次最优控制问题的论文,觉得其中的凸性假定似乎可代之以更一般的假设。我去找李老师商量,问是否可以以无限维线性-非二次最优控制问题作为我的硕士学位论文选题。李老师思考后答复说:(1) 线性-非二次最优控制问题是有意义的

[①] 复旦大学教授。

（对于附有状态终端不等式约束的线性-二次最优控制问题，可借助惩罚泛函思想将之近似地化为状态终端自由的线性-非二次最优控制问题。当状态终端约束集合含有的点不止一个时，虽然人们可以从中任意取定一点作为状态转移的目标，但这样做可能会导致允许控制函数集合大大缩小，相应的最优控制问题的最优值可能会因此而变大）。(2) 最优综合的工具应该用积分拟 Riccati 方程(不宜用涉及无界非全定义算子本身的无限维微分拟 Riccati 方程)。(3) 不仅要考虑拟 Riccati 方程之解的存在唯一性，还要考虑拟 Riccati 方程之解关于数据的连续依赖性(即要考虑拟 Riccati 方程之解的适定性)。经过努力，我做到了李老师对我的后两条要求。

1996 年，李老师与雍炯敏老师派遣我赴澳大利亚西澳大学数学系与国际知名学者 K. L. Teo 合作进行最优控制的计算方法方面的研究工作，所获成果之一证实了李老师"可利用惩罚泛函思想将附有状态终端不等式约束的线性-非二次(含二次)最优控制问题近似地化为状态终端自由的线性-非二次最优控制问题"这一判断(我们在系统能控等假设条件下证得了很强的收敛性结果)。计算实践(由师兄周渊上机完成)表明我们的计算方法是有效的。

1988 年冬我成为李老师的一名博士生(提前半年攻读博士学位)，李老师建议我多跟雍炯敏老师讨论。雍老师没有架子，手把手地教会我如何针对一类时滞抛物偏微分系统的最优控制问题建立起相应的 Pontryagin 型最大值原理。

大约在同一年(1988 年)，李老师给了我一份陈叔平老师的博士学位论文(好像是打字稿的复印件)。后来陈老师论文中的主要结果(Riccati 积分方程与一族线性 Fredholm 积分方程的等价性定理)在我们(我和雍老师)研究任意多级线性-二次主从微分对策问题时起到了至关重要的作用。

李老师、雍老师对他们的每一名学生都是非常关心和爱护的。两位老师两次帮我申请到奖学金，后又三次推荐我申报上海市科协青年优秀科技论文奖(均获奖)。

李老师对彭实戈院士、雍炯敏老师的工作极为赞赏，说彭和雍是两位创造力非凡的杰出数学家。

李老师曾和我谈到刘康生同学,称赞刘兼具从事基础理论和实际应用两方面工作的能力。

李老师生前的一大心愿是对控制域为一般完备可分度量空间的受控系统给出最优控制满足的二阶必要条件。楼红卫教授(雍老师的学生)在这一难度颇高的研究方向上取得了突破性进展,其论文我认真拜读了两遍,他高明的思想与精湛的分析技术令人叹服。

1988年以来,我还先后与胡瑛教授、汤善健教授、张旭教授、吴汉忠老师、陈启宏教授和许亚善教授等(他们都是李老师或雍老师的弟子)有过讨论,受益良多。在此谨向他们表示衷心的感谢!

教授是怎样从硕士炼成的
——缅怀我的博士生导师李训经先生

刘康生[①]

一、长春初识

1987年夏,我从四川大学硕士毕业后第一次参加关于"分布参数系统控制理论"的学术交流会议。会议由东北师范大学数学系主办,李训经老师也出席了这次会议,没想到这次长春之行决定了我后来的人生轨迹。

李老师给人的第一印象是和蔼可亲,这也是我妻子对他的第一印象。她在见到李老师后对我说:李老师见人笑眯眯的,你怎么说你们同学都怕他。我说:你是不知道老师在讨论班上对学生的严厉。

我在长春会议上报告了我的硕士论文的工作——耦合振动弦的点镇定器设计中的能量衰减问题,这是美国得克萨斯农工大学的陈巩教授(当年还在宾州大学)1986年在四川大学讲学时讨论的问题。会议休息时我有了与李老师交谈的机会,他问我了解问题的背景吗?我当然是否定的回答。他指出这与航天器天线振动的镇定有关,并鼓励我说:非常支持我们在这方面的工作。这给我留下了深刻的印象。

---

① 浙江大学教授。

二、首次全国青年数学工作者论文报告会

我是由西南石油学院委托培养的硕士研究生，1987年秋开始了在四川省南充市的教书工作。似乎冥冥之中自有定数，我居然看到了1988年将在合肥的中国科学技术大学召开"首次全国青年数学工作者论文报告会"的征文通知，而且还大胆地给李老师写信，请求推荐的可能性，并表达了想去复旦读博士研究生的意愿。

我提交的论文当时已经投到SICON，但还没有收到录用通知。首次全国青年数学工作者论文报告会的主席是复旦大学数学研究所的谷超豪院士（当时也在中科大任校长）。后来李老师告诉我，他推荐了我的论文并介绍了陈巩教授，然后就被录用了。

会上报告者人才济济，包括刚从美国普渡大学博士毕业归来的雍炯敏老师。我这个从川北小学校基础部来的小不点也混入其中，真是意外。在合肥见到了李老师，他表示同意接受我到复旦大学读博，并在回上海后启动免试推荐流程。

三、1989年春夏上海的艰难日子

1989年春节后，我乘坐两天三夜火车从西昌中转成都艰难地来到大上海，这是我第一次到上海。命运就是冥冥之中自有定数，5年前我报考上海交通大学系统工程专业硕士落榜，然后被调剂到四川大学数学系应用数学专业，师从黄发伦教授。如今感谢李老师的器重，免试录取我为复旦大学运筹学与控制论专业博士学位研究生，圆了我的上海读书之梦。

记得第一次去外滩，是随大队同学步行前往，然后艰难困苦地步行返回。不过，更艰难的要算是讨论班上报告者的"煎熬"，我有的师兄弟可以在讨论班上挂在黑板前失去思维能力。也许是我有些报告的存货，也许是李

老师给我留了些面子,总之在同期师兄弟中,我是讨论班上不太艰难的一个报告者。

艰难的日子来到了。那年的5月底,正值全国动荡。我忐忑地去向李老师告假,因为我要做父亲了。不料李老师欣然准假,让我如释重负,也让我体会到了李老师对学生既严厉又通情达理。我于6月2日乘坐火车硬座离开上海,4日傍晚超时到达成都,实在太疲倦就休息了,躲过了晚上的动荡,次日离开成都赶回西昌。当月女儿来到人间,而进出上海的铁路交通自6月8日开始就中断了。

四、杭 州 之 缘

1990年冬,李老师到浙江大学参加学术交流会,只带了我一个学生,后来才知道此举的专门意图。

这是我第一次到杭州,火车站显得很古老,据说还是1930年代的建筑。出了火车站后,李老师带我乘坐7路公交车通过西湖旁边的北山路到玉泉下车。顺便说一下,似乎30多年来杭州7路公交车的线路(至少从少年宫至灵隐段)都没有变化过。下了公交车,李老师熟练地带我穿过植物园茂密的树林来到东山弄、浙大路、浙大大门,等等,后来这些地点都成了我人生高频碾压的地方。

当时的杭州给我的印象是植物多,但建筑比上海差多了。那时的西湖水没有如今清澈,还在清理周边污染源,也许这是早期的"美丽西湖行动"。一个有灵渊的城市,如果潭中水质像臭水滨一样差,那么人们就该尽量逃离这个城市了。通过多轮的"美丽西湖行动"、周围开放免票、西进、引钱塘江水净化等,如今的西湖更加吸引人们牵着线地来膜拜了。

记得我受到李老师最严厉的一次训斥也是与杭州有关。1991年底我的学位论文答辩前,李老师极力推荐我到浙江大学工作,但由于我仍然是西南石油学院委托培养的博士生,通过努力也没有获得放行,只能先回去做博士后。李老师觉得我不够努力,并带着失望的情绪说道:"你要不求上进地回去过安稳的日子也没办法。"

两年后,感谢时任西南石油学院的书记和院长,他们同意了我转博士后第二站。我于1993年12月终于按李老师的指引到浙江大学报到,跟陈叔平老师做博士后,至今已在杭州度过了29个春天。记得1978年高考时,我考了我们中学的第二名,考第一名的同学就是录取到了浙大。当时,与那位同学一起办户口转移手续时,户籍人员就说杭州是一个美丽的城市,好安逸哦,给我留下深刻印象。缘分真是冥冥之中自有定数。

五、自然科学基金项目与合作发表论文

1992年初离开上海前李老师叮嘱我:去了四川马上申请国家自然科学基金青年项目,这是在基础研究领域占有一个席位的第一步。要找机会早点调到浙江大学去,数学系都没有的学校怎么能够支持做数学研究?

我是西南石油学院的第一个博士后,青年基金项目申请也很顺利,使得我的合作教授都感到为学院争光了。1992年度批准的数学青年项目额度是1.5万元,1995年批准的面上项目额度是3.5万元。第五个项目后我参加了张旭负责的两轮九年分布参数控制系统重点项目。到了2020年,我就分布参数系统控制问题的有限维逼近又写了个面上项目的本子,感觉比前面5个本子都写得好,但还是完美地掉了,反馈意见看不出缘由,可能是评议人错勾结论为D了,否则不会如此不济(虽然已不如前活跃)。2021年的本子没有出幺蛾子,批了直接经费51万元,间接经费还没有下来,据说要涨。大概率我以后不再写本子了,争取就这个项目为年轻人的学位、就业和升职做出有标记的贡献。这些数字显示了国家对基础研究的重视——即使考虑通货膨胀因素。

我博士学位论文答辩时,任何发表的论文都没有包含学位论文的结果。李老师对同意指导的研究生学位论文送审是出了名的严格,他没有同意几个学生进入学位论文答辩环节。

整理自我博士生期间研究成果的论文《反馈小时滞对边界镇定的影响》

发表于《中国科学 A 辑》1993.11(英文版 1993.12)[1]，署名单位是复旦大学，是我与李老师合作发表的唯一论文。论文讨论反馈指数镇定关于反馈小时滞的稳健性。结果是：抛物系统是稳健的，但无限维保守系统的对称反馈镇定是不稳健的。后者的应用例子回答了"控制论的未来方向：数学展望"（美国 SIAM 专家组报告 1988）中提到的一个问题。早期的英文版投到美国期刊被拒了，窃以为原因是下面简明的解答使得提问题的人没有了面子：用二阶变分发展方程建模阻尼弹性振动系统只涉及三个二次型——弹性能二次型、动能二次型和阻尼二次型，弹性能二次型诱导含几何边界条件的空间 V 上内积，力学边界条件则被吸收进入变分方程。假设动能二次型和阻尼二次型在 V 上是弱连续的，则存在趋于零的时滞序列，使得二阶变分发展方程的速度项带这个时滞时具有非平凡的周期解。在论文署名时，李老师强调要我署名第一作者，说对我将来发展有用，我坚持了字母署名顺序习惯。

在 Liu-Liu[JDE 1997][2]中讨论阻尼弹性振动系统的指数稳定性、Gevrey 类可微性和解析性时也用了二阶变分发展方程建模，并用三个二次型描述充分条件，结果覆盖了许多例子，降低了论文产量和他引量。最近我发现有 2021 年发表的论文中，结果也可被覆盖。适当时候考虑是否让急于要论文的学生练练打字。

六、促成与刘壮一的合作

1995 年初夏的一天，我在浙大数学系的欧阳楼接到一个电话，对方自我介绍是复旦大学校友刘壮一，从美国明尼苏达大学德卢斯校区回国访问，

---

[1] 李训经、刘康生，反馈小时滞对边界镇定的影响，中国科学 A 辑，23(1993)，1205-1211(英文版 1993.12)。

[2] K. Liu, Z. Liu, Analyticity and differentiability of semigroups associated with elastic systems with damping and gyroscopic forces, *Journal of Differential Equations*, 141 (1997), 340-355.

经李老师介绍要来杭州跟我讨论问题。后来熟悉后壮一告诉我:他去复旦大学拜访李老师时谈起他正在研究的问题,李老师信心满满地告诉他,这些问题你去杭州找刘康生讨论,一定有收获。

后来我与壮一老兄在粘弹性、热弹性、局部粘弹性结构振动系统的解算子半群架构及其指数稳定性和正则性方面合作了一系列论文,被同行们称为 Liu Square(刘平方)的论文。由于壮一的学术交流的活跃性,关于局部粘弹性的工作引起了欧洲、南美和南亚等许多同行的关注和跟随研究。我的女儿也成了明尼苏达大学的校友,这一切的源头都来自李老师。

七、难忘 1997

1997年香港回归,也是我的幸运年。这年,我申请了中国控制理论界对年轻学者很有分量的"关肇直奖"。我投寄的入围候选论文需要在江西庐山召开的"中国控制会议"上报告。那一次李老师也来参加会议,并且告诉我,他已经有5年因故没有参加"中国控制会议"了,我当时感动得一塌糊涂。那一年我获得了"关肇直奖",这也是我学术生涯当中的一件大事。毫无疑问,李老师在这当中起到的作用必定是至关重要的。许多年以后,我于50岁时建了学生群就是受李老师关心学生成长的行为影响,希望学生们互相帮助,共同进步。

我获得"关肇直奖"的论文题目是 *On exact controllability of linear PDEs:frequency domain characterization and piecewise multiplier techniques*。这篇论文介绍了两点:(1)无限维保守系统有界控制(观测)的频域刻画(即相应有限维情形的所谓 Hautus 判据);(2)分块乘子方法和伴生的几何条件。前者是我的博士论文工作,因为应用案例的驱使,捣鼓出后者之后才在 1995 年整理投稿。我的线性系统理论知识是从无限维介入的,当时不知道有限维系统的 Hautus 判据。

有限维控制系统的能控性和能观性的概念是由 Kalman 在 1960 年代初提出的,然后一直在滤波分析、反馈调节器设计和最优控制问题研究中充当重要角色。Popov 在 1966 年(其英文版于 1973 发表)[①],Hautus 在 1969 年[②]给出了线性系统(C,A)能观性(从而对偶系统的能控性)的频域刻画,它等价于对齐次线性方程组验证只有零解,即"$(sI-A)X=0,CX=0$"只有零解,非常易于检验,这就是著名的"Hautus 判据"。人们对无限维线性控制系统的研究很多时候是沿着有限维的概念轨迹。Russell 和 Weiss 于 1994 年($SICON$)[③]给出了无限维线性系统精确能观性的一个必要条件(一个频域不等式),并猜想它是充分的。我的结果(1)实际上是给出了 Russell 和 Weiss 猜想的部分证明。遗憾的是在我们 2001 年发表于 $SICON$ 的论文(Liu-Liu-Rao)[④]中已知 Hautus 判据并给出了更像有限维形式的特征向量判据,但还是遗漏了 Russell 和 Weiss 1994 年的论文。自从 Jacob 和 Zwart[$SICON$ 2004][⑤]对 Russell 和 Weiss 的猜想给出解析半群系统反例后,关于无限维系统的 Hautus 判据的研究历程都集中在时间可逆系统上发展。

因为忽略了 Hautus,所以"无限维系统的 Hautus 判据"这条研究线路的起点属于 Russell 和 Weiss [$SICON$ 1994],Haak 等[SCL 2019][⑥]关于时变无限维系统的平均 Hautus 判据似乎还不是终点,而我 1997 年发表在 $SICON$ 上的文章[⑦]还是被一些同行和友人评价为这条线上的一个重要标记。这篇论文是 1997 年 9 月刊的,我 1997 年 10 月份晋升教授使用了校

---

① V. M. Popov, *Hyperstability of Control Systems*, Editura Academiei, Bucharest, 1966. (In Romanian.) Springer-Verlag, Berlin, 1973. (In English.)

② M. L. J. Hautus, Controllability and observability conditions for linear autonomous systems, *Ned. Akad. Wetenschappen*, *Prof. Ser. A*, 72(1969), 443-448.

③ D. L. Russell and G. Weiss, A general necessary condition for exact observability, *SIAM J. Control Optim.*, 32(1994), 1-23.

④ K. Liu, Z. Liu, B. Rao, Exponential stability of an abstract nondissipative linear system, *SIAM J. Control Optim.*, 40(2001), 149-165.

⑤ B. Jacob and H. Zwart, Counterexamples concerning observation operators for C0-semigroups, *SIAM J. Control Optim.*, 43(2004), 137-153.

⑥ B. Haak, D.-T. Hoang, E.-M. Ouhabaz, Controllability and observability for non-autonomous evolution equations: The averaged Hautus test, *Systems & Control Letters*, 133(2019), 104524.

⑦ K. Liu, Locally distributed control and damping for the conservative systems, *SIAM J. Control Optim.*, 35(1997), 1574-1590.

样,因此,这相当于时任浙大数学系主任的陈叔平老师鼓动浙大购买了期货,至今的回报是 Web of Science 核心合集的 180 次他人引用,其中近 5 年有 50 次。

八、结　束　语

千里马常有而伯乐不常有。如今一个硕士炼成教授的概率有百分之几？按如今的博士生学位论文发表要求,我在当年授不了博士学位。如今我也没有发现一个博士生导师能像当年李老师一样严格要求学生。

李训经先生和我的一些事

黄建雄[1]

李先生离开我们已经许多年了,但先生指导关怀我的场景经常出现在我脑海中。这么多年我没有做数学学问,只是做了一些教学工作,浪费了李先生在我身上倾注的精力,说实在话,我不太好意思写这篇文章,担心李先生要批评我不求上进。但不管怎么说,李先生是我学业的导师,他的言行及经历,指导我度过了我大部分的职业生涯,想想还是写一些我和李先生的事,以作纪念。

1983年,我从复旦数学系毕业分配至长沙水电师范学院(现在更名为长沙理工大学)筹建处工作。当时长沙水电师范学院还没有开始招生,原单位根据后续课程教学安排,让我返回母校进修,研修微分方程课程。

两个月后,我重新备好行李返回了复旦校园,进修的主要课程是常微分方程和数理方程。我第一次见到李先生是在1983年9月,正好是他给本科生开设常微分方程课,我跟班学习。因为我是进修生身份,以后也是做老师的,所以李先生给了我蛮多的指导,建议我读读几本经典的教材,印象中有Smale的《常微分方程与线性代数》,Hale的《常微分方程》。现在看来,李先生的课程笔记和他要求学习的几本书,使得我在以后的教学工作中受益良多。

在一年的进修过程中,我听闻了两件关于李先生的事情,很能体现他的做事风格和治学态度。其一是李先生从国外访学归来,用省吃俭用剩下的外汇购买了一台微机捐给了复旦数学系,相对当时的收入,那可是笔巨额款

---

[1] 上海电力大学教授。

项。其二是李先生对待教学工作的严谨态度。当年的常微分方程课的不及格率非常高,但李先生非常耐心地进行了多次的答疑辅导,帮助大部分学生达到课程要求,通过了课程考试。

因为有了前面和李先生的接触,1986年我报考了微分方程分支理论方向的硕士研究生,导师是金福临先生和李训经先生。硕士研究生阶段,我参加的是金先生的讨论班,方向是常微分方程分支问题和泛函微分方程的振动问题。金先生渊博的知识以及和风细雨的问题讨论方式给我留下了难忘的记忆。这一时期,李先生也非常关心我的学习状态,记得每年我们向李先生的汇报都要持续很长时间,当然,其中绝大部分时间是在倾听李先生对问题的看法。

1989年,李先生应该是考虑到他作为学科带头人的动力系统学科的发展问题,同时思考着常微分方程的研究思路可以发展到分布参数系统的定性问题研究之中,他建议我直博。在硕士生阶段,李先生在我的心目中一直是温文尔雅、和颜悦色的长者形象,我也没考虑自己是不是个做研究的料,马上受宠若惊地填写了直接攻读博士学位的申请表,从此经历了一段终生难忘的博士研究生阶段的学习过程。

博士生阶段,正值复旦控制学科快速发展的时期,我参加了李先生的讨论班,记得当时讨论班里有现在的宗师级大咖人物——彭实戈老师、雍炯敏老师及刘康生。硕士研究生阶段,我的基础积累主要在常微分方程和泛函微分方程,基本上没有分布参数系统的知识基础,对分布参数系统的主要特性缺乏理解,我在讨论班上的报告应该没有落在李先生关心的点上,结果是惨不忍睹,挂黑板成了家常便饭。因为挂黑板的频率高了,李先生也担心我的承受力,私下交流时也宽慰我说,虽然我的同行前辈不算多,但复旦数学学科是大靠山,在这个良好的大环境中也能成长起来。

日子难过年年过,在李先生的训斥声中我慢慢进入了论文的撰写阶段,最后总算得到了一个比较满意的结果,导出了分布参数系统的同宿轨道的周期振动产生混沌现象的 Melnikov 判据。由于分布参数系统解的可导性质的缺乏,高维系统和泛函微分方程相关问题的研究方法无法借用过来,最后我参考了二维系统的讨论方法,终于将上述问题讨论推广到了分布参数系统之中。有了这个结果，李先生也松了口气，开始正视我前面讨论班的报告内容了。

在论文的定稿阶段，李先生严谨的治学态度给我留下了深刻的印象。凡是未加证明，直接引用他人的结论，李先生基本上都要求我当场给出证明。我印象非常深的一件事是李先生要求我就无限维系统的局部稳定流形的存在光滑性质给出详细的证明。确实，对时间缺乏可导性质的一类解可以在状态空间中形成光滑流形，是挺诡异的。这件事情使得我明白了李先生心中疑虑之所在，也知道了我在讨论班上频繁挂黑板的根源之所在。

工作以后，由于岗位的变动，我也离开了数学研究的江湖，但和朋友们聊起由李先生倾力打造，现在活跃在分布参数系统、随机控制、金融数学诸多领域的复旦学派的蓬勃发展、兴旺发达时，我也替李先生自豪，为我曾经在这个师门受过熏陶而自得。

回忆李训经老师

胡建强①

李训经老师是我本科毕业论文的指导老师,也是我的硕士生导师,但更重要的他是我学术生涯的引路人。没有李老师当年的指导和帮助,很难想象我会有后来这几十年的学术生涯。

1984—1985学年,我选了李老师为大四本科生开的毕业讨论班,这是我第一次有机会和李老师有比较深入的接触,之前只是听同学们说过李老师对学生要求非常严格。在上讨论班前,我对学术研究没有什么概念,李老师的讨论班不但让我们学到了很多知识,更重要的是把我们当中的不少人引上了学术研究之路。虽然已经过去近40年了,但我仍然记得在讨论班上读的那篇有关混沌理论的文章,让我真正体会到了学术研究和成果的美妙之处。参加了李老师的讨论班后,我便毫不犹豫地报考了李老师的硕士研究生,计划跟着李老师好好搞控制理论方向的研究工作。

李老师在我本科大四期间去美国的几所大学进行了学术访问,他的这次访问完全改变了我的学术生涯和人生轨迹。记得有一天,我突然接到李老师从美国寄来的一封信,告诉我他在布朗大学访问,推荐我申请那里的博士生,这还是我第一次听说可以自己申请去国外读博士的事。接下来李老师又帮我推荐了包括哈佛大学的另外几所大学,并同时指导我开始了一些相关的研究,我的第一篇学术论文②就是这期间在李老师的指导下完成的。在李老师的极力推荐和帮助下,我被哈佛大学的何毓琦(Yu-Chi Larry Ho)

---

① 复旦大学管理学院教授。

② J. Hu, A note on the perturbation equations of general classical networks, *Control Theory and Applications*, 4(1987), 125-129.

教授录取为博士研究生,开始了我近22年在美国的学习和学术生涯之路。很难想象,如果没有李老师当年的指导和帮助,我今天会是怎样?我虽然只在李老师的门下读了一年的硕士,但这是我一生中最重要的一年。

在美国学习和工作期间,我和李老师一直保持着联系。1990年我博士毕业时告诉他因为各种原因,我想在美国先工作一段时间。虽然他很希望我们这些在美国留学的学生能够学成回国,为国家的科学发展做出贡献,但他表示对我的决定非常理解和支持。我的一大遗憾就是没有能在李老师有生之年回到复旦工作,在李老师的研究团队里一起进行科研工作。

李老师是我的长辈、恩师,但我也能把他当成挚友,这在东方的文化环境中不常见。还记得那年他来美国访问,在我家住了几天,那几天我们聊了很多,是无话不谈,我跟他请教了很多学术和人生的问题。

时间过得真快,一转眼,李老师离开我们已经20年了。2003年听到李老师去世的消息时,我们都非常震惊,难以相信他怎么就这样一下子离我们而去。自从回到复旦工作,每每路过数学学院的那幢小楼时,我真希望李老师还在那里,能去跟他请教、交流。

李老师安息。

常想起您,李老师!

汪更生[①]

在美国读书的某一天,Barbu 老师介绍了一篇发表在 SICON 上的有关最优控制的论文,作者是两位复旦大学的老师(李训经与雍炯敏)。尽管当时我的心思不在数学上,依然比较认真地读完了论文,并在讨论班上报告了它,由此对该论文中漂亮的数学思想有了一定的认知。

1996 年回国后,我在华中师范大学工作。大约是那一年的 5 月,系里通知我:他们邀请了复旦大学做控制论的李训经老师来做报告,请我参加。我立马联想到了在美国读的那篇论文,并断定李老师应该是其作者之一。去系里的路上遇到了路校长(当时是副校长),他告诉我李老师与我太太是老乡,都是山东人。于是,一个身材魁梧、浓眉大眼的朱时茂形象浮现在眼前。见到真实的李老师那一瞬间,大失所望:眼前这么个干瘦斯文的小个子与绝对主角朱时茂形成的反差也太大了!但那透过眼镜片射出的炯炯之神,那一声洪亮的、具有浓厚山东口音的问候,让我如梦方醒:正宗的山东汉子!(或许在上海待久了,个子变小了?)接着,李老师为我们做了一场学术报告,那是我多年中听过的最难忘的学术报告,其内容是利用针状变分得到最优控制的最大值原理。李老师的报告没用 PPT(当时好像没有那玩意),也没有讲义,手中自始至终只有一支粉笔。伴随言简意赅、抑扬顿挫的讲解,他手中的粉笔在黑板上留下了一版又一版工整、清晰的数学推导式,犹如美妙的交响乐声与乐曲浸入我的心灵,映入我的眼帘。报告结束的那一刻,我心中涌现出由衷的敬佩之意——对他的数学水平,更对他的敬业精

[①] 天津大学教授。

神。因为此前读过他的相关论文,所以我在他报告后提出了几个问题,引起了他的注意,从此直至他去世那几年中,李老师一直真心地在学术方面指导我,在做人方面身教我。

1996年的秋天,李老师邀请我去复旦大学访问了一个月,那是我学术生涯中最为重要的一个月。我几乎每周有3到4个晚上去李老师家中与他聊天,从7点到10点,有时更晚。聊天的内容以数学为主,家常为辅;聊天的形式是李老师滔滔不绝地讲解,伴以我不时的困惑。在相关数学的聊天中,李老师提及最多的是时间最优控制问题,涉及问题的背景,他(在这方面)的工作,以及目前的研究进展。他隐有自豪地提及了其在这方面的研究思想与贡献,也坦陈地说明了其研究的不足,从而指出了这个领域的一些重要的、尚未解决的问题,这些为我日后的研究起到了指明方向的作用。与聊数学不同的是聊家常:谈数学,李老师充满激情;扯家常,李老师甚是平淡。然平淡中偶有金言。记得一次他问我业余爱好,我答:喜欢下围棋、看电影、读小说。李老师批评道:这些爱好太花时间,不利于做数学,这就是你数学没做好的原因啊!接着他又问我(读小说与看电影)喜欢喜剧还是悲剧?我不假思索地回答:悲剧。这时,李老师说出了我终生难忘的话:还是喜剧好,悲剧不需要到电影小说中去找,看看身边的你我他,再瞧瞧我们的昨天、今天与明天即可。

大约1998年,李老师借Barbu老师来华中师范大学访问之机,精心指导我举办了一个小型的学术会议。那次会议不仅让我认识了李老师团队成员的超高的学术水平与朴实的科学精神,也让我与他研究团队的若干成员(如彭实戈、雍炯敏与张旭等)有了相互了解。这些老师在以后的20多年中给予了我巨大的帮助与鼓励,支撑我在学术道路上走到了今天。

再次见到李老师是在上海华山医院的病房里,躺在床上的李老师是那么的虚弱无力,他艰难地露出笑容,与我攀谈。他似乎有许多话想对我说,但病痛让我们的会面很短,很短……我清楚:再也回不到1996年的那个秋天了,悲剧总在身边。

这么多年过去了,每每想起李老师的提携与教诲,眼前都会浮现他那慈祥的面颊。那面颊为何这般模糊?是您我阴阳相隔,还是我泪眼蒙眬?随着时光前行,面颊越来越模糊,但您的品行却越来越清晰:乐于助人,精益求精,刚正不阿!学生怀念您,更生感谢您。

我的老师——李训经教授

高 夯[①]

一、相　识

我与李老师初次见面是在 1984 年的夏天,李老师在复旦大学组织了一个分布参数系统控制理论的学术会议。参加会议的人不多,老一辈的先生中,除李老师之外,有姚允龙老师、陈任昭老师、朱广田老师、胡顺菊老师等人。当时的年轻人有陈叔平老师、俞文焕老师和尤云程老师等,今天回想起来,似乎就是十几个人。1980 年代,在中国从事控制数学理论研究的人,也许就是 20 人左右。当时,我只是本科毕业生,略懂一点微分方程的适定性理论,初步确定的发展方向是控制理论,但是还没有读过控制论的课程,属于纯听会者,看看大家都讲一点什么。

记得在这次会议上,姚允龙老师报告了他与李老师合作的研究成果——无穷维系统最优控制的最大值原理。事实上,李老师的这一研究工作在 1983 年已经完成,并且在法国召开的学术会议上已经报告过。据我所知,这个工作是李老师"文革"之后开展数学研究在控制理论中的第二个成果。前面李老师利用无限维空间的凸集分离性,证明了无穷维线性系统的时间最优控制的必要条件,文章发表在《中国科学》期刊上。李老师选择无穷维系统最优控制的最大值原理进行研究,这是一个起步非常高的工作。从 1960 年 Pontryagin 有限维系统最优控制的最大值原理到 1983 年李训经

[①] 东北师范大学教授。

老师无穷维系统最优控制的最大值原理,历时 23 年,相信有很多数学家探索过这一工作,我国就有老一辈的数学家试图解决这一问题。法国大数学家 Lions 教授只是在没有状态约束的情况下给出了无穷维系统最优控制满足的变分不等式。这个问题的难度是可想而知的。但是李老师做事是有气魄的,他就是选择难的问题去研究。李老师的工作与法国学派的工作有着本质的不同。法国学派在研究最优控制的必要条件时,是在控制集合为凸集的情形下,使用凸变分的方法来进行的,而李老师是在控制集合为有界闭集的情形下,使用针状变分的方法来进行的。2018 年,我邀请了俄罗斯科学院的 Yuri 教授(毕业于莫斯科大学,是 Filippov 的学生)访问东北师范大学并工作 3 个月,他很了解李老师的工作,对李老师的工作给了很高的评价。他认为李老师的工作就是 Pontryagin 的最大值原理在无限维空间的表现形式。

第二次见到李老师是在 1987 年,受李老师委托,陈任昭老师在东北师大承办了控制理论与应用学术会议。陈任昭老师是宋健院士、于景元教授的合作者,开展水坝温度控制研究与人口控制理论研究。当时,我是陈老师的硕士研究生。李老师、朱广田老师、刘康生老师等约有 20 人参加了这次会议。在会议上,李老师报告了随机系统最优控制的最大值原理,其他报告人报告的内容均为确定性系统的控制问题。在当时,我作为一名学生,还无法认识到李老师所讲问题的重要性,直到现在才认识到随机现象是普遍存在的,而确定性系统完全可以看成人们对随机系统的一种简单化处理。有些问题必须用随机系统描述才是合理的,用确定性系统描述就不合理了(因为天有不测风云)。从科学研究的角度看,随机系统控制理论的研究是非常有意义的,它具有确定性系统不具有的特殊性质。现在更多的学者把研究的着重点转移到了随机系统上。正是李老师当年率先进入随机系统控制理论的研究,使得彭实戈院士、雍炯敏教授、周迅宇教授、马进教授、汤善健教授、张旭教授等一大批学者在国际上成为该领域的领导者。

第三次见到李老师是在 1990 年,在复旦大学李老师主持召开控制理论国际学术会议。在这次会议上,我看到了复旦大学控制学科在国际上的影响。也正是在这次会上,我认识了彭实戈院士、雍炯敏老师、陈叔平老师。

记得李老师多次说道：那一段时间是复旦大学控制学科的黄金时期。

1992年的暑假期间，李老师到长春参加国家自然科学基金委项目评审的会议，陈任昭老师与黄启昌老师推荐我跟随李老师读博士学位，得到了李老师的同意，就这样我进入了复旦大学，进而进入了控制论这一学科领域。

二、拜 师

1993年2月我来到复旦大学攻读博士学位，我这是在教了10年的书之后，又成了学生。这次是以学生的身份接触李老师，感觉到与以前的认识是不一样的，初步认识到他是一位严格的老师。在报到的第一天，李老师在600号楼的办公室与我进行了一次谈话。我清晰地记得他说："在这里读博士学位，研究的问题要自己去找。指导老师的作用就是告诉你找的问题是值得做还是不值得做。""如果我说'怎么搞的'，那是对你的严格要求；如果我说'做得不错'，那是对你的鼓励。"纵观跟随李老师的学习过程，他放手让学生自己去探索，但不是放任自流，而是时时刻刻在掌控你的研究工作进展。他鼓励的时间少，批评的时间多。在私下的场合鼓励，在公开的场合批评。我现在从教已经40年了，常常回忆李老师如何指导学生。李老师不仅是数学家，同时也是数学教育家。他严慈相济，是在用"心"培养学生。

在复旦大学学习期间，李老师给我开了一门课程——"无限维系统的最优控制理论"，即最优控制的必要条件与最优控制的存在性。学生是两位，钱春江与我。李老师讲的这门课程是我听过的课程中最精彩的。李老师的课没有教材，我一边听一边记笔记，还是觉得有点不适应。他如同讲数学史一般，似乎从1935年的凸集分离性讲起：是如何提出的问题？这个问题的本质是什么？解决这个问题的主要思想方法是什么？先生娓娓道来。然后他会介绍几篇参考文献。李老师的课讲清楚了问题的由来，讲出了学科发展的脉络，讲清楚了解决问题的思想方法，就是没有讲数学推导的过程。他把老师该做的事情与学生该做的事情处理得非常清晰。应该说，这门课程的学习对于我的帮助是很大的，我学会了通过阅读文献来理清学科的发展过程。多少年来，我反思我的教学工作，我讲不出来像李老师那样的课程，这是由学术水平决定的。

李老师培养学生的一个重要环节是讨论班。每周一次讨论班是雷打不动的，大家读的文献、每个人研究工作的进展都要在讨论班上报告。在我们的讨论班上，有时几个不同的方向分别在报告。我记得有人报告动力系统的内容，有人报告随机系统的内容，我报告的是偏微分方程支配系统的内容，还有人报告计算数学的。但不管是哪个方向报告的文献，李老师都能够进行点评。他不仅指出该文工作的创新之处，更会提出该文工作的不足之处，以及更应该做好的地方。我感觉每次讨论班听李老师的点评收获是很大的。甚至自己报告的论文，我并没有真正读懂，但听了李老师的点评之后，会感到他观察问题的宽阔视野、分析问题的深度，认识到了以前自己没有认识到的地方。

在复旦大学3年的讨论班上真的有很大收获，有一种脱胎换骨的感觉。这种进步绝不是简单的知识的增加，而是思维方式的发展、学习习惯的改变。这种发展与改变，只有身处不同水平学校的人才能体会到。李老师经常倡导的是养成"批判精神"：不仅要知道这篇论文解决了什么新的问题，更要看到还有什么没有解决好。如果只是盲目地崇拜别人的工作，那么自己就不会进步了。应该说，这种批判精神不是自然会有的，是一个培养的过程，甚至是一个训练的过程。我体会到李老师在讨论班上经常批评学生，那是一个训练学生的过程，是一个养成教育的过程。在讨论班上的另一收获是养成"比较"的习惯。习惯不是说一说就能养成的，常常是在老师的追问下，逐渐地认识到一篇论文的创新之处。能认识到创新，就是要与原来的工作比较清楚，是在什么基础上向前发展了一步。正是这一步一步的发展，形成了系统的知识体系，这在教育理论中被称为"建构主义"。我想，李老师未必很清晰教育理论中的建构主义，但他在培养学生的过程中，用行动帮助学生建构起无穷维系统的控制理论体系。

在复旦大学读书期间，除了每周一次讨论班外，我们常常到李老师的家里与他进行交流。李老师宣布："我的家随时欢迎学生的到来。"我都是晚饭后7点多钟的时间来到李老师的家里，有时是简单汇报一下读书的情况、考虑的问题等，更多是听李老师在讲他对一些问题的看法，以及他研究工作的发展过程及以后的想法。现在回想一下，李老师和他们那一代人有太多的不容易。他们经历了多场政治运动，还曾经到工厂劳动一年。这些经历影响着他们，以至于他们做学问也与现代人表现出不同。我感到李老师的研究工作与现实联系紧密。他解释为什么要研究最大值原理的理由是"为了教书，能把最大值原理容易给学生讲清楚"，即它的研究工作与教学结合在一起。李老师的话是很真实的。有限维系统有状态约束的 Pontryagin 最大值原理的证明并不容易读懂，李老师与雍炯敏教授合作的使用 Ekeland 变分原理证明的有状态约束无限维系统最优控制的最大值原理是非常容易读懂的。他多次建议我要去读钱学森的《工程控制论》，他主张控制科学的数学研究要有工程的背景，甚至要理解与运用控制工程的语言。在他编写的教材中，能够看到控制工程的痕迹。如《最优控制理论的微分方程理论》一书中，目录有：最优开关设计器的设计原理、反馈调节器的设计原理，听起来是工程内容，实际上是数学内容。他也曾招收工科的学生来读运筹学与控制论专业的研究生，进行理工结合的人才培养模式探索。我在复旦读书期间，李老师就关注到随机系统在金融学中的作用，积极推动金融数学与金融工程学科的发展，身体力行，争取国家自然科学基金委的支持，开展"金融工程相关问题的研究"。我问老师对控制数学理论还有什么想法时，他说"若可能，发展控制数学的几何理论研究"。总之，李老师在数学研究所选择的问题，不仅有重大的理论意义，同时有实际意义。他是一个不知疲倦的人，不断地开拓新的研究领域，不断地前进。常常是在这样的交谈中，我们知道了老师更关心什么问题。虽然老师没有明确要求你必须去做什么，但慢慢也知道了老师希望你去做什么。

李老师指导学生还是有自己的独到之处。他严格要求学生在复旦大学是出了名的，做到了宽进严出，以至于在学校赢得了信誉——只要是他想要的学生，不需要考试就可以入校学习的。他对学生的指导过程是粗线条的，用他自己的话说，导师的作用就是指导"哪些问题值得做，哪些问题不值得做"。他确实是能放开手的。要研究的问题自己去找。觉得找到了一个问题后，询问他的意见，他会说："那有什么意思？"那就接着再去找问题，直到他说"这还有点意思",我们才开始做下去。正是这个过程,培养了我们发现问题、提出问题的能力。在我的学习过程中,李老师对我的严格要求与鼓励兼而有之,但更多的是严格要求。我记得老师只称赞了一次。那是毕业答辩结束之后,我们两个人一起走在路上。李老师对我说:"今天讲得不错。"但我深深地体会到,这是老师在临别之际对我的鼓励与期望。

李老师在学习上严格要求学生,在生活上却给学生周到的关怀。在复旦学习期间,我是有工资的,当时每个月200多元的工资已经是不少的。但是,每个学期老师都会给我发一些补助费。记得有一年,一位贵州的考生因为某种原因,没有得到助学金,李老师就用自己的经费资助这个学生的学习。反之,学生是不能给老师送任何礼物的。我在报到后提着几斤水果去见李老师,他坚决不收,批评之后,水果还要带走。知道规矩后,我就再也没有给李老师送任何礼物。

三、毕 业 后

我毕业之后,李老师始终关心我的成长。我博士毕业时,计划进吉林大学博士后流动站,李老师就把我的博士论文送到吉林大学伍卓群教授那里评审,为进吉林大学数学博士后流动站做准备工作。凡是有学术会议,都会通知我参加会议。特别是有些小型的学术活动,老师都是尽可能地给予帮助。

1996年的暑假期间,李老师到东北师大讲学,同时也受到吉林大学的邀请去讲学。在吉林大学做报告时,来了很多的青年教师与研究生,报告厅座无虚席,特别是吉林大学数学系一批老教师都去听李老师的报告。这些老先生有:王柔怀教授、伍卓群教授、李荣华教授、冯国臣教授等人。李老师考虑到吉林大学偏微分方程是他们的优势学科,就重点讲了无穷维系统控制理论的发展。

晚餐地点在吉林大学专家招待所。参加晚餐的除上述老先生外,年轻教师是系主任高文杰教授,还有尹景学教授、李勇教授与我。在晚餐过程中,曾经关注过控制科学发展的王柔怀教授向李老师了解控制科学的发展状况,还特别问到金融数学与金融工程的发展。王柔怀老师是我国德高望重的数学家,为我国偏微分方程的发展做出了重大的贡献。伍卓群教授曾任吉林大学的校长,那时他已经卸任。论辈分,王柔怀先生是其他人的老师。那天的晚餐只有王先生与李老师在不断地交谈,其他人很少插话,都成了听众。

在吉林大学数学系,最资深的先生是王湘浩院士,其次是西南联大毕业的徐利治先生,再次是王柔怀先生等人,他们都是吉林大学数学系的创建者,伍卓群教授、李荣华教授是吉林大学毕业的学生。从李老师在吉林大学的这次讲学活动中可以看出王先生对李老师科学研究工作的赞赏。

记得应该是在 1997 年,汪更生教授邀请罗马尼亚的 Barbu 教授来华中师范大学访问,他同时邀请了李老师与雍炯敏教授。当时我与汪更生教授尚不熟悉,但他按照李老师的建议也邀请我参加了这次学术活动。因航班原因,我到得较晚。李老师特意向 Barbu 教授引见我。也正是这次学术活动,汪更生教授成了我的一个关系非常好的同行,同时与 Barbu 建立了联系。两年后,Barbu 教授还访问了东北师大。

李老师于 2000 年 8 月在复旦大学退休。我在东北师大听到这个信息后,与校长商量希望能聘请李老师到东北师大工作几年,李老师非常高兴地接受了东北师大的聘请。我知道李老师曾经在浙江大学做过兼职教授。有那么一段时间,中国的高校中只有复旦大学和浙江大学有运筹学与控制论专业博士授予权,李老师是这两个学校运筹学与控制论专业的博士生导师。如果能请到李老师到东北师大发展运筹学与控制论专业,那是东北师大的幸事,我们都期待李老师能早日到来。根据李老师的安排,他计划 2002 年 5 月来东北师大,每年在这里工作半年。2001 年 9 月,国家留学基金委派我去美国访问一年。这是一个派遣系主任访问的重点项目,我当时任东北师大数学系系主任,不想失去这样一个访问的机会。2001 年 9 月 7 日,我去了俄亥俄大学进行访问,接待李老师的工作就委托给了毕业于复旦大学、忻元龙教授的学生于祖焕教授,他是代理系主任。2002 年 3 月我与李老师、于祖焕频繁沟通他到东北师大工作的一些事情,李老师还是很高兴地在为来东北师大做准备工作。东北师大不仅有他的学生、他的老朋友,更有他的事业。遗憾的是李老师在4月份发现得了病,住进了医院并再没有出院。2002年7月,我从美国回来,就到上海去看望李老师。李老师在住院期间精神状态很好。我第二次去医院时,恰好与袁小平教授一起去。在医院里,李老师与袁小平还在交流袁近期的研究工作。李老师把他的病看得很淡,其实他的病是很重的。2003年初,他不幸辞世。当时,我正在海南给研究生班的学生讲课,未能参加老师的遗体告别。师母刘老师告诉我,按照老师的遗嘱,他将遗体捐献给了医院,捐给了国家的医学事业。

虽然李老师因病没有直接到东北师大工作,但正是因为他收了我这位学生,带来了李老师及其团队对东北师大数学学科发展数不清的帮助。袁岗华2001年在东北师大硕士毕业后,就被学校送到复旦大学数学系进修,参加了雍老师组织的讨论班,后面又经过雍老师的推荐,到日本东京大学读博士学位,师从Yamamoto教授,学习反问题。袁岗华也得到了复旦大学程晋教授的帮助。林萍在东北师大获得博士学位后,进入武汉大学博士后流动站,师从汪更生教授,开展最优控制必要条件研究,后来她到美国中佛罗里达大学访问,与雍老师开展分布参数系统控制问题的合作研究。柳絮在东北师大获得硕士学位后,到浙江大学攻读博士学位,师从刘康生教授,后来进入中国科学院数学与系统科学研究院博士后流动站,师从张旭教授。我的学生栾姝也曾经到复旦大学访问一年,在楼红卫教授的指导下研究椭圆系统的最优控制问题。山东大学博士毕业来东北师大工作的魏庆萌到美国中佛罗里达大学访问一年,与雍老师开展随机系统控制问题的合作研究。如果说东北师大控制学科青年教师还取得了一点成绩的话,那么这个成绩的取得,是复旦大学控制科学团队帮助的结果。

复旦大学数学学科对东北师大数学学科的帮助是很多方面的。东北师大申请博士点的时候,李老师主动向李大潜院士介绍东北师大数学专业的情况。2005年,东北师大申请数学一级学科博士授予权,我去向国务院学科评议组汇报,李大潜院士是会议主持人。在李院士主持的会议上,我们顺利地得以通过,我们还是能体会到李院士对我们的帮助的。2001年6月,复旦大学数学所夏鲁老师来东北师大做研究生招生宣传,我们推荐了雷震与段永江去复旦学习,他们分别师从周忆教授与郭坤宇教授。雷震在研究生学习期间,得到了老师的欣赏,留在了复旦大学工作。郭坤宇教授也把段永江培养得十分优秀,段永江回到东北师大后成了分析学科的学术带头人。继段永江之后,郭坤宇教授又为东北师大培养了一些年轻人。东北师大数学专业还有洪家兴院士的学生、魏益民教授的学生。东北师大数学专业在外校取得博士学位的教师中,最多的是毕业于吉林大学,其次是毕业于复旦大学。

四、轶 事

大学的水平取决于教师群体的学术水平,大学的风格取决于大学的文化。有人对北大与清华的老师及学生做比较,说:"北大的老师,只关心过程,不关心结果;清华的老师,只关心结果,不关心过程。""北大的学生,面对一项工作,常问'为什么要做';清华的学生,面对一项工作,常问'要做成什么样'。"复旦大学的风格是什么样我说不清楚,但复旦大学是一个有文化的大学。这个校园文化就是一些故事,一些人物。李老师一定是组成复旦大学校园文化的人物之一。

李老师做了一辈子的数学,用做数学的方式培养了一批数学的弟子,同样,他也是用数学的思维处理社会上的事情。

这是李老师自己讲给我的故事:有一次学校通知李老师下午两点钟去参加一个座谈会,李老师准时到会。过了5分钟,主持会议的校领导还没有到会,李老师就离开了会场。后面他打电话给校办,告知我已经到了会场,因校领导超时没有到会,使会议不能正点开始,故我退会。李老师是按照该一是一、该二是二的思维处理开会时间的,真的没有错,但是学校领导一定会有难堪的心理而不高兴。

陈任昭老师讲了另一个故事:1996年在大连理工大学召开一次控制理论学术会议,李老师与陈老师同在一个软卧包间从长春去大连。同一包间中另两位是大连市的一位副市长及其秘书,他们提出商议,希望两位老师转移到别的包间去。李老师听了之后表达了意见:"若是普通群众提出的可以,领导干部提出的不行。"陈老师觉得氛围有点紧张,为缓解这种紧张的氛围,找话与这位副市长闲聊:"听说大连市提出一个口号,对外贸易上要把大连建成北方的香港?"这位副市长肯定了陈老师的问话。李老师听后说道:"什么意思,要把大连变成殖民地?"(1996年香港尚未回归中国)这位副市长与秘书感到这个包间有点不好住,就搬到了另外的包间。李老师就是这样一位耿直的人,他会平等地对待每一个人,不会在领导面前表现出谦恭,也不会在普通人面前摆出架子。

李老师就是这样一位一心一意研究数学、教数学、按照数学思维处理一切事情的学者。他对中国控制数学理论做出了重大的贡献,赢得了同行的高度评价。有一次我去复旦大学拜见洪家兴院士,他动情地说:"李老师的逝世,真是我们复旦大学的重大损失。"郭坤宇教授曾任复旦大学数学科学学院院长,多次来东北师范大学讲学。他多次称赞以李老师为代表的复旦大学控制科学团队,为复旦大学争得了荣誉。

李老师去世后,在彭实戈老师、雍炯敏老师和陈叔平老师的倡导下,他的学生每3年举行一次学术会议,以此形式来纪念李老师。2018年,第五届纪念李训经教授学术讨论会在长春举行。按照前面4次会议的惯例,都是安排邀请报告。长春这次会议举行了4天,做报告的约有50人。除报告人之外,还有一些人以听会人的身份来参加会议,参加会议的总人数超过了80人。这些人是李老师的第一代学生、第二代学生、第三代学生。与1984年在复旦大学举行的会议相比,从事控制数学理论研究的人数大约是当年人数的5倍。

在李老师的各代学生中,彭实戈老师早已经成为中国科学院院士,且在国际数学家大会上做过一小时的报告。雍炯敏教授、周迅宇教授、张旭教授、吕琦教授在国际数学家大会上做过45分钟学术报告。彭实戈教授、张旭教授、汤善健教授曾获得国家自然科学二等奖。

李老师若今天还在世,看到我们这支控制科学的队伍在不断延续他的学术生命,看到他后面这些优秀的学生,他该有多么高兴……

无私授道　甘为人梯
——怀念恩师李训经先生

陈启宏[①]

一、幸入师门

在李训经先生的"入门弟子"中，我是入门较晚的，1995年才成为先生的博士研究生。

本人原为上海（无）知青（少年），16岁时到内蒙古土默特左旗中海流村插队务农；1971年底进呼和浩特市食品厂当工人；次年，将华罗庚先生倡导的"优选法"应用于饴糖生产，取得了成效；1973年被选入内蒙古科技局组建的"小分队"赴各盟市推广应用"优选法"。当时仅自学过初中数学"有理数"和"一元二次代数方程"的我有幸遇见了同在"小分队"的内蒙古大学和内蒙古师大的数学老师，在他们的鼓励下决心自学被"文革"耽误的数理化课程（他们建议我阅读那套"文革"前出版的中学生数理化自学丛书；后来在内蒙古大学培训时我又从图书馆借得菲赫金哥尔茨的《微积分学教程》自学）。1978年国家恢复招收研究生，我考上了首届内蒙古大学数学系（偏微分方程方向）研究生，毕业后留校任教。1987年又考上复旦大学数学所（李大潜先生的）博士生；同年调入苏州某新建高校，新单位因工作需要令我放弃读博。李大潜先生将我介绍给那年春天刚从北大调入苏州大学的姜礼尚先生。此后连续6年，我每周风雨无阻地从姑苏城外寒山寺旁（我所在学

[①]　上海财经大学教授，现已退休。

校)骑车去城东苏州大学参加姜先生主持的讨论班以及相关的学术活动,给自己"充电"。1988年在"长江三角洲"偏微分方程研讨会上我首次幸会刚从美国学成归国的雍炯敏老师(当时复旦数学系最年轻的副教授);后来因安排外宾学术报告事宜,雍老师带我去过李训经先生家中,这是我与先生的第一面。先生豪爽大度,热心提携学界后辈,令我印象颇深。1994年5月(我已于1993年底作为市高教局引进人才调入上海师专,该校几年后并入上海师大),在上海市委党校的第五期高级知识分子进修班上我又幸遇雍老师。我向雍老师表示想进一步学习(偏微分方程等)无限维空间的最优控制理论与应用(当时我已43岁了,也不知从何而来的勇气道出了自己的"非分之想"),雍老师随即将我的愿望转达给李训经先生。承蒙先生不弃,将我收入门下。1995年秋季开学,我便满怀欣喜地成为先生的博士研究生。

二、蒙 恩 承 教

李先生培养弟子为师授道很有特色,入学后我更深切感受到了。

一年级博士生,除了忙于政治、外语及专业基础课程外,最纠结的就是选择博士开题的研究方向。一个自然的做法就是把导师发表的论文都找来读一下,看看自己还能跟着做点什么,并且想当然地以为这也是导师所希望的。结果发现并非如此。记得在开学后不久的讨论班上,李先生就对我们说:"博士生要有自己选择的研究兴趣和方向,不要只是跟着导师做。如果只是跟在导师后面做,你就永远超越不了导师。"让学生尽快超越自己——这就是李先生为培养博士生设定的目标。为此,先生鼓励学生自己选题寻找有意义的研究方向,支持学生去开拓他自己并不熟悉的研究领域。先生自己毕生对学术的追求孜孜不倦、心无旁骛,同时富有与时俱进的学术敏感性、包容性和前瞻性。在他言传身教的激励下,我们做学生的绝对不敢懈怠。

先生治学严谨深刻,十分注重研究对象的内在结构。他对控制论中著名的 Pontryagin 最大值原理中的 Hamilton 结构十分在意。1997年暑假,李先生应邀访问香港中文大学,同时指导雍炯敏、周迅宇关于随机最优控制的专著的定稿,开学后在讨论班上告诉我们:在港期间他几乎每天都在图书馆里,查阅了大量文献,经过分析斟酌,最后将书名定为 *Stochastic Control: Hamiltonian Systems and HJB Equations*,认为这个书名最能体现该书中工作成果的内在特色。该书出版后果然受到国际同行高度评价,成为随机最优控制领域的经典之作。

1980 年代后期,冯康先生提出并发展了 Hamilton 系统的"辛几何算法",李先生敏锐地联想到最优控制的计算。他在讨论班上说,一次学术会议期间,他曾在电梯上与冯先生聊起过 Pontryagin 原理中的 Hamilton 结构,冯先生表示:"这很有趣,可惜我对控制论不太了解……"后来冯康先生不幸早逝。李先生在 1990 年代末曾招来博士后,就最优控制计算中如何利用最大值原理的 Hamilton(辛)结构进行探索,惜未有果。2010 年上海"世博会"期间我曾与来访的中国科学院数学研究所所长(冯康先生的博士,我的内蒙古大学校友)谈起过此事,我们分别是两位先生的弟子,却未能组织起一些年轻人继续这方面的研究,甚感有愧。

先生的学术追求除了理论攀登外,还十分注重数学控制论在工业工程及经济金融等社会领域的应用。先生的教诲让我们领悟到:数学各学科的发展都能促进人们更深刻地认识世界,而数学控制论的学科特点决定了其发展还将有助于人们能动地改造世界,因而有着广泛的应用领域。

先生在讨论班上提起过他的山东老乡兼学术同行宋健院士建立的"人口控制论"。宋院士 1960 年代曾在中国科学院数学研究所从事控制论研究,后在国防科委系统工作;1980 年代初将控制理论与社会科学相结合,建立"人口控制论";曾任国务委员兼国家科委主任,1992 年当选中国科学院院士,1994 年当选中国工程院院士、俄罗斯科学院外籍院士、瑞典皇家工程科学院院士。宋院士当时是全国政协副主席,属于国家领导人("他是先当院士后当国家领导人的",李先生不无幽默地补充道)。在一同参加某国际学术会议时,宋院士曾告诉先生:改革开放初期他应邀到中央政治局做关于"人口控制论"的演讲后,曾受到某些中央领导的质疑,说是"用马尔萨斯压马克思,褒马寅初贬毛泽东"。但宋院士心里很踏实,因为自己的研究都有控制模型的支撑；而且心里有底：他是受小平同志亲自邀请去讲的。后来计划生育政策成为"基本国策"；为表彰中国为解决人口问题的努力，1983年首颁"联合国人口奖"给予中国（国家计划生育委员会主任）钱信忠和印度（总理）英迪拉·甘地（由于众所周知的原因，我国人文社科领域获得的国际表彰认可相当罕见）。先生认为这是数学控制论成功应用于人文社科领域的一个范例。

1980年代末，先生指导从法国学成回国的彭实戈博士做博士后，研究随机控制问题，获得了一般随机最大值原理，此后进一步发展出的非线性倒向随机微分方程理论在金融领域产生了意想不到的影响。先生敏锐地感到金融数学应是他的团队下一个进军目标。从1990年代中期开始，先生在各种场合积极倡导金融数学的研究。先生联合了另外7位数学家，共同向国家自然科学基金委员会建议"金融数学-金融工程-金融管理"重大项目的立项。在他和同事们的共同努力下，国家自然科学基金委员会最终将此项目作为"九五重大项目"立项，并组织了以彭实戈作为首席科学家的重大项目的实施，从而实质性地推动了我国金融数学的研究。

记得在我毕业之前两年间，先生的学术友人、著名华人经济学家邹至庄先生（也是经济控制论专家；1970年代台湾"经济起飞"的功臣；八九十年代曾多次来华并受到当时国家领导人的隆重接待）来沪，先生认真准备了建议书等材料，利用陪同邹先生与上海市主要领导会面之际，向高层建言：在经济日益全球化、信息化时代背景下，为维护国家金融安全，我们要有自己的"金融曼哈顿计划"，要注重金融风险分析与控制的研究，加强金融数学人才的培养。当时我们对金融数学的研究兴趣也是来自先生的鼓励。进入21世纪以来，金融数学与金融工程这些专业方向已经在社会上十分"吃香"了，这其中不乏功利因素，而当初先生则是以"家国情怀"来激励年轻学子们的。

先生将控制理论运用于工业工程实际则始于半个多世纪前。在"史无前例"的10年期间，"知识越多越反动"之类的荒谬口号横行一时，高校教学科研几近瘫痪，理论研究几乎完全停顿。在这种情势下，先生做出了（当时可行的）最佳选择："理论联系实际"。1966—1967年，先生带领团队在上海炼油厂搞反馈软件；1970年代先生带领学生和同事们在上海炼油厂、金山石油化工厂、上海矽钢片厂、上海第十玻璃瓶厂、上海味精厂等企业深入实际,从实际问题中研究控制理论的应用;1979年初在宝山钢铁公司举办"宝钢数学模型班",消化日本设备的有关技术,为宝钢培养了大批骨干人才。先生还曾与浙江大学的工程控制论著名学者吕勇哉合作搞常压蒸馏塔自动控制,融合不同学科,带领不同背景人员一起开展理论研究和技术革新。由先生主持完成的"常压蒸馏航空煤油质量控制的数学模型"项目获得1977年"上海市重大科学技术优秀成果奖"。该项目是我国自行研制的用于大工业生产控制的第一个数学模型。改革开放后,作为工业与应用数学界的前辈,先生曾担任中国工业与应用数学学会常务理事、中国工业与应用数学学会系统与控制数学专业委员会主任。2002年底,我曾陪同上海工业与应用数学学会陈果良、方爱农两位副理事长探望病重的先生,言语间先生仍十分关注学会发展,此情此景,感人至深!

众所周知,李先生是出了名的"严师",在讨论班上时常"声色俱厉"。然而,言之厉,爱之切,"疾言厉色"其表,内心里却是对其弟子们真诚无私的"大爱"。现就本人亲历,择举几例。

我是在职读博不住校,经常要在完成本职工作之余,从徐汇区骑车一两小时赶到复旦听课或参加讨论班。为了照顾我的时间,先生就把对我的学业指导安排在讨论班结束后去他家书房,经常长谈数小时。我颇感不安:一下午课后再这样长谈,是否太劳累了?先生为了打消我的顾虑,就打趣说:"我的身体没问题,60岁还骑车从复旦到徐家汇呢!"几年后先生发病,不知是否积劳成疾,我很内疚。

毕业前一年,我与毕业论文相关的文章被 SICON(先生称之为"数学控制论国际最权威期刊")录用,我请先生署名,先生坚持不署,让我独立发表。我想先生是出于学生今后发展的考虑,实乃无私"大爱"!在毕业论文定稿前,我向先生表示会字斟句酌仔细修改,毕业后争取申报"百优",先生在赞许的同时又告诫我:"百优"每年数学才三五篇,落榜概率很大,不要期望过高。有志申报而得到导师首肯乃属自然,随后的告诫则让我感受到一种父辈对孩子般的关爱!几年之后,本人获评"全国百篇优秀博士学位论文",病榻上的先生闻之欣然。

先生对弟子的关心帮助一直延伸至毕业后。2001年我调离上海师大时,先生主动给意欲挽留的郭本瑜先生去电解释缘由;之后我获聘上海财大的应用数学系主任。先生从复旦退休后慨然答应返聘上海财大,为新成立的应用数学系的学科建设与发展出谋划策(直至辞世)。2002年秋,上海财大在国内率先设立"金融数学与金融工程"二级学科博士点(由应用数学系与金融学院共建),先生不顾病魔缠身,在我前去探望时还向我指点该学科博士生的培养方案。至今我还清晰地记得先生在病房里指着上海财大的聘书与医生笑谈道:"你们可要让我早点出去哦,出院了我就去那里上班……",音容笑貌,恍如昨日……

三、告慰先师

光阴荏苒,李先生离我们而去已经20年。先生的教诲犹在耳边,先生无私授道、甘为人梯的高风亮节则始终是吾辈的楷模和从教指南。本人自愧不才,未能做到"超越导师",有负先生厚望。幸好20年来,学兄学长们多有建树,可以告慰先师:在先生的弟子们中已有了院士,有了3位国家自然科学二等奖获得者;在国际数学家大会上做45分钟(及以上)报告的中国数学家寥若晨星,而先生的弟子们中就有5位,其中彭院士是做一小时报告的首位(全职在大陆工作的)中国数学家。

更令人振奋的是,先生的弟子彭实戈还获得了2020未来科学大奖"数学与计算机科学奖"!获奖消息传来一小时后,彭院士在回答澎湃新闻记者专访时谈道:"我这个研究有一个延续性,可以追溯到1989年。那时候我还在复旦做博士后,在做随机控制问题。""李训经教授组织了一批我们这样的年轻人讨论问题,说着说着拿起纸来就算,旁边的黑板往那儿一写,就是这样的气氛。""做了大概一年半,外边就传开了,叫这批人'复旦学派'(Fudan School)。"当时"获得了一个新的随机最大值原理,称为一般随机最大值原理。""就在一般随机最大值原理的启发下,又发现还有更美妙的数学藏在旁边,就是所谓的倒向随机微分方程。""接下来的事情一连串发生。发现了倒向随机微分方程的存在唯一性,但这个方程还是非常抽象,它干什么用呢?""后来发现我们研究的数学结果竟可以与金融风险对冲对应起来。""1997年我们专门发表了一篇70多页的研究文章《金融中的倒向随机微分方程》。这篇文章在随机分析、随机控制和金融方面都受到了很高的关注。""回想当年也是非常令人欣慰的,因为我们这些人在随机控制这个领域本来是跟着别人走的,突然之间很多东西都出自我们之手了。包括倒向随机微分方程这些结果都是那个时候出来的。"

对一生无私授道、甘为人梯的李训经先生,这是最好的纪念了!

李先生琐忆

朱尚伟[①]

一、久闻大名

还是我在南开大学读研期间,就已经从导师伍镜波处闻知李训经先生。李先生师从数学大师陈建功先生,1950年代末开始涉足控制理论研究领域,参与了Pontryagin等人的经典著作《最佳过程的数学理论》的翻译校对工作,并在绝对稳定性方面做了一些工作。1970年代末李先生开始了无穷维系统最优控制理论方面的探索,他带领复旦大学控制理论研究群体不断开拓研究方向,在分布参数系统最优控制、随机控制、金融数学等方向做出了一系列工作,在国内外产生了重要影响。李先生被国际同行誉称为"复旦学派"的领袖。

由于我当时的研究方向是无穷维线性系统的稳定性,对最优控制理论关注较少,因此对李先生以及他的工作仅限于一点概括性的了解。曾听伍镜波老师说起过,李先生对我们用装备结构方法研究无穷维控制系统的工作有所关注。

二、初识先生

1997年在庐山参加中国控制会议时,我才有幸认识了李先生。

---

① 山西财经大学教授,现已退休。

会议报到那天,我和几位代表结伴到达庐山脚下,在一个大厅里候车,准备前往会议报到地点。大厅里的两位老人立刻引起了我的注意,我发现几乎所有的人都过去向他们问候致意。二老似乎是老两口,衣着朴素、面目慈祥、精神矍铄、谈笑风生。向旁边的代表打听后,才知道他们便是大名鼎鼎的李训经先生和他的老伴。

会议分组报告期间,我恰好和复旦大学的在读博士张旭在同一组,相互认识后,张旭博士引见我认识了李训经先生。

三、忝列门墙

1999年冬,我萌生了读博深造的想法,写信征得李先生同意后于次年5月参加了复旦大学的博士招生考试。笔试考完后我感觉英语没考好,并且面试时关于最优控制内容的题目也基本没有答上题。我感觉录取是没有希望了,但还是怀着惭愧的心情拜访了李先生,做道别。李先生是学界前辈,自己又是第一次造访,空手登门总觉不好意思,就拎着5个苹果敲开了先生的家门,先生让我把东西放在门外将我让进书房。

我如实向先生做了汇报:自己曾在函数论与泛函分析方面下过一些功夫,基础课考得感觉还行。但是以前主要致力于无穷维线性系统的稳定性方面的研究,在最优控制理论方面基础严重薄弱,只是在报考后的半年内才突击读完了张学铭、李训经、陈祖浩著的《最优控制系统的微分方程理论》一书的前4章。这次考试不仅英语和面试题目考得不好,而且40多岁改变研究方向在学术上似乎也没多大希望。

但是,先生对我一再予以鼓励,并说他注意过我近年发表的学术论文,如果真有兴趣向最优控制方向发展的话,有限维最优控制理论方面的短板可以在学习无穷维最优控制理论的过程中尽快补上,可以借助较为扎实的分析学基础和无穷维系统的装备结构方法研究新的领域;只要锲而不舍,无论是否读博都可在学术研究上有所进取。他还列举了历史上几位大器晚成的国际学术大师为例鼓励我不必灰心,殷殷之心溢于言外。先生对我这个素昧平生的后辈的一席谈话让我特别感动,觉得这位学界前辈更像我的老师和家族长辈。

离开先生家时,先生坚持让我将门口的5个苹果带走了。后来我才知道,要不是由于我是陌生人,带东西上门先生会发火的。

考完一个多月后,收到李先生的来信,告诉我英语虽未达线,但专业课考得不错,他正在向复旦大学研究生院申请破格录取,估计问题不大,让我做好就读准备。半个月后,我收到了复旦大学的录取通知书,正式成为李先生的入门弟子。

入学后我得知,多年来李先生破格录取过多名像我这样的弟子。听说复旦研究生院的管理人士们认为李先生对弟子的要求比他们苛刻多了,李先生的破格申请他们基本上会绿灯放行。

四、亲聆训诲

李先生对弟子们有两个特别的要求:一是每周必须去先生家里面谈一次,二是每周一次的专业讨论班作为一门课程从入学到毕业贯穿始终。据师兄们说,这两条是李先生坚持多年的"基本门规",也是令很多弟子最头疼的"面训"与"挂训",先生对弟子的严苛我是入门后才深切体会到的。

登门面谈主要是向先生汇报一周内读什么文章、研究什么问题、有何进展或想法,汇报的重点是文章或问题的背景、意义以及主要结果。除个别经典书籍和重要论文外,先生极少指定该读哪篇文章或研究什么问题,需要仔细阅读的文章一般得自己查阅学术期刊择定,先生根据你的汇报决定该文章或问题是否值得在讨论班上报告。接下来的"面训"主要是两个方面:一是通过一系列提问考查你的基本功,二是聊本学科的最新动态或数学和控制领域的名人轶事与历史掌故。先生的基本功特别扎实,对弟子的要求也非常严,常常问一些数学分析或函数论等数学基础学科中看似最简单、其实可以追溯到最原始数学思想的问题,循序追问、刨根问底,考查你对数学思想的领悟程度,顺便谈一些先生自己的见解。例如,有一次登门面谈时先生问我"如何证明$\lim_{x\to 0}\frac{\sin x}{x}=1$"。幸好我以前就这一基本结论的直观含义有过较为深入的思考,知道该结论的证明方法虽有多种,但本质上是"用弦逼近弧"的"割圆术"原始思想的直观体现,这样的认知和领悟先生还算认可。如果回答只限于复述经典教科书中用面积不等式证明的方法,估计会被先生训上一通。后来有一次在讨论班上,一位师兄报告时也被问到了这个问题,他回答可以用 L'Hospital 法则证明,当时先生就说他"本末倒置,大学三基不过关",他被挂在讲台上劈头盖脸训得无地自容。

我在学期间,复旦数学所运筹学与控制论专业所有的在读博士和博士后基本维持在 5 至 8 人,大家都必须参加每周一次的讨论班,控制专业没课的青年教师有时也会参加。讨论班一般都是导师们主持,由一位或两位学生报告,每个人大约 3 到 5 周轮到一次报告。报告内容可以是自己近期获得的研究成果或研究思路与进展情况,也可以是他人的学术成果或你最近精读的文章。准备投出的学术论文也必须在讨论班报告,让大家仔细挑毛病或提修改意见。

在讨论班上报告精读的文章或自己的成果时,过程常常会被老师或同学打断、当场提问。如果是某个证明过程的关键细节没讲清楚,可以解释或补充;如果报告的推导过程其实过不去,或者报告人对所援引的某个结论并没有真正理解,导师们就会立即指出,并追根问底看看你的问题到底出在哪里,提出评判或指导。

一般来说,每位新入学的博士或博士后第一次报告的都是自己前期的科研成果,我的第一次讨论班报告内容就是自己的硕士学位论文。想到前两次出现过报告人被挂在讲台上的窘况,报告时自己心里非常紧张,我发现几位老师提的问题有些涉及比报告内容更加深入的思考。好在硕士毕业后的那些年自己一直从事无穷维线性控制系统稳定性的研究,对于用装备结构方法研究稳定性有了一些比完成论文时更深入的理解,总算是没有被挂到黑板上。但是,在报告一个结论的证明过程中,李先生就我引用到的一个定理问到了"题外":这个定理在复变函数的情形或一般 Banach 空间的情形是否也能成立?我回答"复变函数的情形仍然成立,我自己曾经证明过;

一般 Banach 空间的情形我虽然思考过，但是没有得出是否成立的判断，在文献资料中我也没有见到过相关的结果"，看上去先生对这个回答还算满意，就让我继续报告。这次虽然没有被挂，但是先生的这个"突然袭击"也让我出了一身冷汗。

在讨论班上虽然每位老师或学生都可以随时提问，但让我们压力最大的就是李先生的"挂训"。每次我在讲台上报告时，发现李先生大多时间总是在闭目静听，但是只要先生眼神一振挥手喊"停"，我心里总会不由得突然紧张。先生的功底特别扎实，思维特别敏锐，任何一点细微的"硬伤"都逃不过他的眼睛。我的感觉是无论你准备得多么充分，也必然会被李先生问住。特别是如果他发现你有基本功方面的短板或不求甚解、有失严谨的研究态度时，就会特别生气，把你挂在黑板上开训，那种"恨铁不成钢"的神情让人刻骨铭心、终生难忘。一次报告被训两三次是常有的事，有时一训就是半小时，让你觉得无地自容。

一位博士后师兄曾经私下说，他原来满满的自信心就是在讨论班上被先生训垮的。比我高一届的师兄刘昌良有一次被挂在黑板上训了近一小时，先生告诫他：如果像他这个样子读书和做学问，不会让他毕业。据刘师兄自己说，他最终心灰意冷，觉得毕业无望，选择中途退学，就是因为被先生"骂怕了"。听其他师兄说，以前先生的弟子有个别中途退学都是受不了他的"苛责"被"骂退"的。看来，"先生把关比研究生院严"的说法确非谬传。

先生招收研究生坚持严进严出、宁缺毋滥的原则，每年只招一两名博士生。如果达不到先生认为的应有水平，则不许参加论文答辩，只好自动退学。我入学的次年，先生与我说起过本拟招收两名博士生，由于应考的唯一考生考试成绩不入他法眼，故未予录取。随后先生即退休，一年后病逝，我即成为先生的关门弟子。

复旦数学所控制专业的中青年教师大多是先生的留校弟子，我在他们身上总能看到先生的影子。入学不久，既是我老师，又是我师兄的吴汉忠、潘立平两位就和我成了很好的朋友，晚上常常到宿舍找我聊天，许多关于先生的点点滴滴我都是从他们那里了解到的。听吴汉忠老师说，先生愿意录取我，除了从考试成绩上对我的基本功比较满意之外，与南开大学伍镜波、涂奉生两位教授的推荐以及我发表的几篇学术论文有很大关系。在我刚刚考完时,李先生就让他提前准备给我上"无穷维系统最优控制理论"这门课。尽管这门课只有我一个学生,吴汉忠老师仍然非常认真,备课、讲授、板书都一丝不苟,从他身上,我总能看到李先生一丝不苟、严谨治学的影子。听吴汉忠、潘立平两位老师说,先生的脾气比前些年好多了,或许也因为我年龄较大给我留面子吧,在讨论班上我算是这几年来挨训最少的学生了。

五、巨星陨落

先生在 2001 年就办理了正式退休手续,当时刘师兄已经准备退学,先生门下还有我和尚未出站的博士后于江师兄在读。为了把我们两位弟子培养出师,先生一如既往地坚持在教学科研第一线,仍然主持讨论班。

2002 年 5 月上旬,先生感觉肚子连日不适,以为消化系统出问题了,由吴汉忠老师陪同去医院就诊,预约了胃镜检查。5 月 27 日先生去医院做胃镜检查,尽管他说我们有一个人陪他去医院就行,但几位没课的老师和我们讨论班的同学还是一起陪先生去了医院。做完胃镜活检后,医师当场就建议马上住院等化验结果。令大家意想不到的是当天下午就确诊了先生是胰腺癌晚期。

先生住院初期,数学所安排硕博学生每天晚上去医院轮值陪侍。当时先生门下只有我一个在读弟子,所里让我随时与师母刘老师联系,就没有安排我轮班。开始几天我每天去医院,后来每周去两三次,转院到华山医院后基本上是每周去探视一次。8 月,华山医院为先生做了一次黄疸手术,此后就一直做化疗。先生的意志非常坚强,得知自己是胰腺癌晚期后,情绪仍然很稳定,积极配合医院治疗。住院期间,先生仍然关注我的学业情况和研究进展。每周去探视时,只要先生精神尚可,就都要我简略汇报读什么文章、有什么收获和想法。每当听到我有微小进展时,先生的情绪就会好些。

先生的性格疾恶如仇,甚至略显偏激,容不得任何看不惯的人和事。有一位曾经是数学所控制专业的硕士生,在一次座谈会上对数学所老师要求学生多读书、多做难题的做法表示不可接受，认为是刁难学生，态度相当傲慢，事后就被数学所劝退，转到经济学院就读硕士去了。先生住院期间，有一次我去医院探视，受人之托顺便带个人去看望先生，没想到竟是那位被"赶跑"的同学，引得先生很不高兴。我第二次探视时，先生非常生气地训斥我"居然和那样的人搞到一起"。

从那天住院到2003年2月去世，先生再没有回过家，最后的8个多月他一直是在医院的病床上度过的。临终前，先生让亲属陪师母办理了相关手续，把自己的遗体捐献给复旦大学医学院。先生把他的毕生连同遗体全都献给了中国的教育和科研事业。

六、无尽追思

先生在做人、治学等方面以潜移默化的形式传授了我很多很多。复旦读博的5年——包括先生已经故去后的2年多——对我的影响非常深刻，使我获益匪浅。2年时间里每周一次战战兢兢的登门受训，先生以督考、训责和聊天的"不教之教、授人以渔"方式，大大提高了我的专业素养、科研思路与理念悟性，拓宽了我的学术视野。在短短的时间里，先生把我这样一个最优控制领域的门外汉领到了学科领域的学术前沿。

先生多次与我聊过他培养学生的基本理念：培养本科生是你知道一个问题并知道如何解答，把这些本事教给学生；培养硕士生是你知道一些有意义的问题但并不知道答案，让学生在你的指导下自己找出解答的途径、工具、方法和结果；培养博士生则是你知道一个领域的大致发展方向以及一些可能存在的问题和可能的价值与意义，但并不确切知道问题的提法和价值以及解决的方法和结果，让学生在你的指导下提出问题、解决问题。有时，发现问题、给出问题的恰当提法，比解决问题更关键、更有价值。

我的博士论文开题时选定的是"带有逐点状态约束的最优控制问题"，先生给予充分的肯定和鼓励，期望能将我以前较为熟悉的装备结构空间方法用到研究中，取得一些突破。或许是我确实有点自不量力了，先生住院时,我的学位论文虽然开题已经半年多,但是研究工作一直进展缓慢。由于英语是我的"特短",因此入学第一年我几乎把一半的精力用于英语课程,加之最优控制理论的补课和准备讨论班报告,常常感觉力不从心。先生去世时,我的论文课题研究还只限于一个粗略的思路框架,具体的切入点仍然毫无头绪,只做出了一个四阶系统的具体例子,按期毕业肯定是不行了,感觉心灰意冷;加之那时候我爱人身体不太好,女儿高中三年全靠她一个人带,那年正值我女儿高考,我为了自己的学术梦置家不顾,总觉得有点愧对妻女,所以打算弃学就家。当时我爱人坚决反对我虎头蛇尾、半途而废,说她无论多苦多累也会让我坚持完成学业拿到学位;复旦的吴汉忠、潘立平等几位和我私交甚密的老师也苦口婆心劝我申请延期毕业、坚持读完学位,雍炯敏、汤善健两位教授也表示"我们替李先生把你带下来"。亲友们和复旦老师的支持、鼓励和鞭策让我觉得非常惭愧,最终放弃了中途退学的想法,申请了延期毕业。

鉴于原来选定的研究课题难有进展,在雍炯敏老师和汤善健老师的建议和指导下,我重新选择了"带时滞的变分不等式控制系统的最优控制问题"作为新的学位论文选题。恰逢那年夏天全国闹非典,暑假回不了太原,正好逼着自己在复旦大学潜心学习和研究,开始熟悉变分不等式和时滞系统的有关文献、基本理论、已有成果、最新进展等前期准备工作。在雍老师和汤老师的指点下,经过半年多时间的刻苦奋斗,我终于对于带时滞的变分不等式系统的控制问题的提法和研究框架有了初步构想,并首先在时滞系统的适定性问题上取得了一些进展。但是在对偶系统的逼近收敛性问题上遇到了瓶颈,研究进展并不顺利。为了帮助我进一步拓展思路,汤善健老师还推荐我去华中师范大学做访问学者,跟着汪更生教授学习过一段时间。对于我遇到的收敛性瓶颈问题,其实雍炯敏老师在去美国前就已经给我指出过"减弱拓扑"的尝试思路,只是自己一直没有真正领悟。直到最后自己几经周折终于突破之后才突然意识到:在本质上这就是雍老师早就提过,而且后来他又托张旭老师详细转达给我的研究思路,事后想来更是惭愧。

先生去世时,我的其他学分课程都已学完,只剩下讨论班这一门课。此后的两年多时间里,除了还参加所里举办的一些学术讲座之外,我基本上成了"自由人"。那段时间,我才深深感受到以前每周一次去先生家里登门面谈是我这一生弥足珍贵的受教机会。先生通过"口试考查"与"聊天交流"的方式,不仅大大开阔了我的学术视野,更重要的是把他对数学学科和控制领域中的许多基本理念和独到理解零零星星地展示给了我。这是先生留给我的巨大财富,需要慢慢消化和吸收,值得我用毕生精力去认真体会、反思、领悟、借鉴。

正是有与先生"聊天"形成的一些基本理念和思路框架作基础,有雍老师和汤老师的悉心指导,有复旦师友和其他师长们的帮助和鼓励,有家人亲友们的理解和支持,我才能在转换研究选题后完成学位论文,延期两年最终完成学业。

从入师门后两年多的交流中,我感觉到先生对"带有逐点状态约束的最优控制问题"的兴趣相当浓厚,对我也寄予了相当高的期望。如果自己真能不负先生厚望,在这一课题的研究上有所进展或突破,也可告慰先生的在天之灵。可惜自己力不从心、畏难而退,最终放弃了这一课题的研究。因为有负于先生的殷殷期望,深感愧对恩师、愧对复旦,自己内心深处从来不敢以先生的关门弟子自居。

回忆李训经老师

朱大训①

老同学雍炯敏要求我来为李训经老师写些文字以作纪念，炯敏有令，自当遵从。最早知道李训经老师是在上本科生课程常微分方程时，所使用的教材就是金福临先生和李训经老师合作编写的《常微分方程》。与炯敏不同的是我1977年录取在计算数学专业，为我们讲授这门课的是李君如老师。真正近距离接触到李训经老师那要等到1988年的春天，我的硕士生导师蒋尔雄老师的第一批博士生於崇华、季星之、柏兆俊和何春阳毕业，蒋老师邀请了中科院的孙继广老师，以及复旦的李训经老师、李立康老师、曹志浩老师担任答辩委员会评委，由我担任秘书，这才能当面称呼李老师。记得当时李老师穿着一身常年不变的中山装，厚厚的镜片后面闪烁着智慧的目光，倒是没有我在本科和研究生期间所听闻的那份严厉。

从1999年底开始，我在数学系从事了10余年的管理工作，其时李训经老师除了是数学系的资深教授（我记得李老师还是复旦大学首席教授）外，还担任了数学系的学术委员会主任，所以这段时间是我和他接触最多的时候，或许我能比较了解李老师，也正得益于这段时间的交往。彼时数学系的办公楼是子彬院，在复旦校园里排序为600号楼，后一个名称应该更为有名。那时的办公条件十分窘迫，一个教研室大约只有两间办公室，每人能有一张书桌就很好了，多数办公室都是两排桌子居中对放着，这种状况直到2006年搬到光华东楼才得以改善。但就是在这样的窘况下，李训经老师那代复旦数学人创造了属于他们的辉煌。

---

① 复旦大学原数学系党总支书记，现已退休。

我们知道的李训经先生

2000年初，在学校的安排下我主持了数学系所的行政换届工作，依照学校的规定组织了由时任系主任、系学术委员会主任、教学指导委员会主任和教师代表组成的换届工作小组，李训经老师自然是其中的成员。由各个教研室提名新任系主任的候选人名单，经过换届工作小组综合为雍炯敏和吴宗敏两位老师，再经过大家投票表决后是炯敏担任了系主任。上一任的系主任是童裕孙老师，而自炯敏后就由改革开放后入学的学生担任数学系的行政领导。我陪着炯敏去了吴宗敏家邀请他担任数学系科研副系主任，另外於崇华老师任常务副系主任，这三位都是77级的同学，而教学副系主任是78级的邱维元老师。这是非常好的一个行政班子，我们一起度过了一段美好的时光。附带说一句，2003年炯敏任期届满后是吴宗敏老师接任系主任，那又是另外一个故事了。

因为工作的原因，我要时常向李训经老师请益。作为复旦控制学科的奠基人，在这个领域，李老师是最权威的专家了。我们有时是在办公室里，有时则走到600号的楼外。那时的楼前是3块相邻的小草坪，西侧则是当时复旦最大的一块草坪。紧贴着楼南两侧各有一株桂花树，一株是金桂，另一株是银桂，若逢金秋十月，满楼都是浓郁的桂花香味。漫步于林荫小道上，李老师给我讲述了复旦数学学科的若干过程，特别是控制学科发展的历史。记得就在那时，李老师送给我一份时任国家科委主任宋健给他的信的复印件，里面有对复旦控制学科的一句"复旦学派"的评价。在李老师的讲述中，给我印象最深的是他对自己学生的关心、爱护和培养，他了解每一个学生的长处和短处，关心每一个学生的成长，并不囿于要求每个学生都必须专注于学问，当然李老师对自己的学生在学术上的要求是十分严格的。若他们有其他方面的才华，李老师也会十分高兴地鼓励他们全面发展，我就不止一次听到过他对陈叔平老师在行政管理能力方面的称许。在我的记忆中还有李老师亲自出面解决自己学生的若干问题，有时是在数学系的层面，有时甚至要到学校去争取。我自己就记得和李老师一起去学校人事处跑他学生的事，具体为谁忘了，我之所以记忆深刻是事后知道那时李老师已经生病而未明确病因（身上黄疸出来了，以为是胆管出问题），另外当时我们俩又情绪着急了一些，说话间把人事处的一位工作人员给气哭了。李老师曾告诉我,为了汤善健老师早期的一项工作,他曾特意去向谷先生说明情况。炯敏是李老师留在复旦工作的学生中最受他重视的学生,他多次对我谈及对炯敏的欣赏。在我的印象中,李老师从未对自己提出过任何要求,他所关心的就是学校的建设、学科的发展,在如数家珍般地娓娓道来自己学生取得的成绩时,李老师脸上的每一道皱纹里都绽满了温和的微笑,或许那是他最幸福的时刻。

2002年4月底,李老师被诊断为胰腺肿瘤。李老师的红卡(相当于高干看病的医保卡,上海是1993年以前的教授可以享受)是在新华医院,前面提过,当时新华医院专家的诊断结果是胆管问题。后来不放心,又去了长海医院做进一步检查,4月底我陪着李老师的夫人刘老师在第一时间听到长海医院的医生通报了诊断结果。关于确诊后如何治疗,当时有两个方案:一个是孙莱祥副校长建议的继续在长海医院手术治疗;另一个是去华山医院做相对保守一点的介入治疗。最后李老师和刘老师选择了去华山医院。我配合着向学校反映将李老师的红卡待遇从新华医院转到了华山医院,这样可以继续享受特需病房的医疗条件,其间为了一项检查还短暂去过华东医院住院。当时上海医科大学已与复旦合并,华山医院为李老师治疗的是最好的倪泉兴大夫。在李老师住院期间,我经常去医院看望他,记得有一次还遇到了周迅宇老师。李老师的治疗过程我都参与了解,主要是查出时已是晚期,介入治疗的效果不太好。随着病情的发展,李老师的状况越来越差,后期需要药物止痛。但李老师十分坚强,我从未听到他喊过痛。即便是第二年的春节期间我去看他,已处于半昏迷状态时我都不曾听到。李老师也是一个坦荡的明白人,在知道自己的病难以治愈时就决定去世后捐献遗体,希望能为医学上最终解决胰腺肿瘤做出最后的贡献。

2003年2月9日,李训经老师去世了。李老师的追悼会是我主持的,因为炯敏人在国外赶不回来,所以悼词也是我写的。由于捐献遗体的缘故,追悼会的地点是中山医院邻近医学院路的一间礼堂。悼词参照了《李训经数学论文选》的前言部分,为写悼词我特地请教了李大潜院士关于复旦学派的落笔。感谢李院士,他干脆利落地告诉我:"用原文!"这样在悼词里就有了"Fudan School"的表述。另外关于致悼词的人选,李训经老师的夫人刘老师希望是孙莱祥副校长,孙校长过去是李老师一个教研室的同事,当然非常合适,他答应了并且追悼会那天也到场了,但在前面跟学校协调时被校办否定了,最后还是时任学校人事处处长的沈兰芳老师主动提出她来做,算是学校层面的领导来致悼词,解决了这个问题。代表学生发言的是陈叔平老师,对外联络由汤善健老师负责,追悼会结束时捧着李老师遗像出来的是吴汉忠老师。那天来了很多人,令我印象深刻的是郭雷院士,李老师过去对我评点国内控制科学领域的风云人物时专门介绍过他。郭雷院士专程从北京直接赶到追悼会现场,参加完追悼会后就匆匆回去了。

大约是 2009 年,复旦数学科学学院召开过一次科研工作会议,会上谷超豪院士对复旦数学学科的发展给出了总结、规划和要求。如果我记得不错的话,那应该是谷先生最后一次出席数学学院的全体教师会议,地点是在光华东楼。在那次会议上,谷先生特别举了李训经老师团队的例子,肯定了李老师在培养学生方面做出的贡献。是啊,李老师的学生遍布国内外的很多大学,学生中在历次的国际数学家大会上做过 1 小时报告的有彭实戈院士,做过 45 分钟报告的有迅宇和炯敏,张旭和吕琦已经是第二代和第三代的学生了,另有多位学生获得过国家自然科学二等奖。冥世有灵,李训经老师当抚掌大笑乎!

李训经老师去世后,我连续 3 年的春节都去李老师家看望刘老师,知道刘老师在复旦的老年大学学习绘画。刘老师到学校散步时也经常来我们办公室坐坐,还带来她的画作一起欣赏,聊聊家常。以前是在 600 号,2006 年后就去光华东楼。2015 年后我也退休了,就没再见着刘老师。听闻她与何成奇老师的夫人、严绍宗老师的夫人、郑绍濂老师的夫人一起组成一个小小的互助组,互通信息,安享晚年。渡尽劫波姊妹在,相逢一笑夕阳红。祝长者们长寿更长寿!

缅怀李训经先生

项筱玲①

一个难得的机缘巧合,我在1990年代访问了复旦大学,有幸认识了李训经先生并得到他的指导。

1990年初,我第一次到加拿大渥太华大学访问,参加了该校电子工程系主任Ahmed先生的讨论班,开始涉足分布参数系统最优控制论领域。在1990年代中期,李训经先生和Ahmed先生同时访问香港理工大学,他们谈及了我在渥太华大学访问的情况。李先生回上海后即联系我,给了我到复旦大学访问的机会,这次访问也成为贵州大学分布参数系统最优控制研究团队组建的开端。

在复旦大学访问期间,我参加了李先生组织的讨论班,这是我终生难忘的经历。每周雷打不动的讨论班安排在复旦数学楼的一间普通教室,没有多媒体,没有PPT展示,粉笔和黑板就是报告、演绎和讨论的全部工具。每当李先生迈着沉稳的步子走进教室,习惯地坐在靠窗的末排座位上时,这间教室就充满了学术殿堂的庄严与肃穆。在李先生的组织下,讨论班的成员认真听报告,积极思考问题,既有尖锐的质疑,也有热烈的讨论。常常在对一个问题的争论中,时间不知不觉地逝去,窗外逐渐暗淡的余晖才提醒大家时间不早了,李先生该休息了。

每次讨论班,就报告和大家讨论的问题,李先生均会给出高屋建瓴的点评和总结,使得讨论班的水平升华到一个更深、更广的境界。对李先生讨论班的每一位参与者来说,讨论班不仅是数学知识的积累,数学思想的领悟,

---

① 贵州大学教授,已退休。

更难得的是可以真切地感触到一个学养深厚、眼光敏锐的学者对问题的思考过程。

我一到复旦,就听闻李先生学风严谨,是出了名的严师。在讨论班上,我也曾亲见李先生对报告人的疏忽或准备不够充分而做的毫不留情、几近严苛的批评,旁边的我也难免为学生捏把汗。但后来和李先生的学生接触多了,就常听他们坦然地谈起"挨李先生批评"的情景,看来李先生严厉的批评都是学生在学术成长道路上最有价值的经历,我也才深刻体会到"严师出高徒"的真正内涵。正是有了李先生一丝不苟的敬业精神,他才会培养出那么多国内外有影响的才华横溢的学生。李训经先生是学者,更是教书育人的典范。

复旦大学是国内著名学府,未到复旦,李训经先生的大名就如雷贯耳。李先生作为国内分布参数系统最优控制和随机最优控制的先驱,中国金融数学研究的倡导者和组织者,无疑是控制论研究者心目中的偶像。对我这个名不见经传的分布参数系统最优控制的初涉者来说,能到李先生门下学习,既是千载难逢的机遇,又有点忐忑不安。由于地域、经历、个人原因,在李先生领导的高手如林的讨论班上,自己深感学识水平、能力、眼界有较大的落差,真担心不能达到这次访问复旦的起码要求,在讨论班上报告更是紧张。一向严厉的李先生对我却十分宽厚,显示了师长对入门者的体谅与包容。在他的耐心指导和循循善诱下,访问期间我在学术上有了不小的进步,研究生培养和研究生选题也受到深刻启迪。回贵阳后,李先生还让我担任他的博士生学位论文的评审工作,这给了我极大的鼓励。

在复旦访问的时间虽然只有短短一个月,但对我此后的科研和教学产生了深远的影响。首先是对数学研究、教学的观念有了根本的提升。通过参加李先生的讨论班,我深切体会到:数学文献的阅读报告绝非限于公式、结果和推导,只有追根溯源,直击问题的本质,在数学上才有突破和创新的可能。特别是我汇报了前期的研究工作后,李先生语重心长地强调:仅仅明确自己的研究与前期工作在背景、问题、概念和方法上的区别,从而自认为有所推进是远远不够的,必须对所有的相关工作进行深层次的综合探讨,寻根究底,揭示其问题的本质关系和深刻内涵,研究才能在高层次上拓展,甚至有意想不到的发现。我深刻地认识到：浅尝辄止、虚浮粗浅的讨论绝不是进行数学研究的应有态度和方法。从复旦回到贵大，每当自己组织讨论班或参与其他与研究生指导相关的工作时，李先生认真严肃的形象就浮现在我的眼前。我努力以李先生为榜样，学习他的工作态度和风格，并通过各种方式向学生灌输李先生的观点和理念，相信他们和我一样会受益终身。这是李先生留给我及我的学生最珍贵的无形资产。

其次，李先生讨论班内容的安排和学生研究课题的开放性和前沿性让我大开眼界。李先生以宽广的学术视野，高瞻远瞩，鼓励学生探索新方向和新领域。在李先生的组织下，他的团队既博采众家之长，又自成一体，在一个又一个有实际意义和理论价值的新课题上，做出了杰出贡献。联系到地处边远地区的贵大，我们更应有开放的学术态度，不故步自封，不因循守旧，让学生到广阔的学术空间去搏击，否则难以在科研水平和学生培养质量上有所进展。

遵循李先生培养学生的理念，我回校后尽可能为学生创造"走出去，请进来"的条件。多次让学生参加国际国内学术会议，把学生送到国内知名学府学习，也到美国、英国、澳大利亚、泰国学习和交流。除了邀请内地、香港的知名学者外，也邀请加拿大、美国、澳大利亚等国的知名专家到贵大讲学。同时在贵大举办全国性的学术会议，2005年还与美国华盛顿州立大学联合在贵大举办了有20多个国家和地区学者出席的国际会议。较为广泛的学术交流，开阔了学生的眼界，也紧跟学术研究的前沿。

我以李先生为榜样，积极鼓励学生拓宽研究方向，把能解决实际重大需求、能推动学科方向发展作为选题的准则；甘为人梯，希望学生青出于蓝而胜于蓝，力求新人辈出。我欣喜地看到，许多学生突破了原有的狭窄领域，选择更有意义、更有难度的课题，并取得一定的进展。在贵大众多研究团队中，我们分布参数系统最优控制论团队由于能沿着李先生指引的方向努力，充满活力，后继有人。

在李训经先生的大力支持和鼓励下，我从复旦访问回到贵大，即开始了贵大分布参数系统最优控制团队建设的初创工作；努力开展国内国外博士生联合培养，在贵大没有数学博士点的条件下，培养了几名博士，形成团队的骨干。贵大年轻教师和研究生多次参加复旦大学组织的青年教师数学控制理论及应用的讲习班,并以李先生和他学生的论文、著作作为参考书目学习,有了一批从事控制论研究的基本队伍。继李先生之后,他的学生和团队一如既往地帮助我们,由复旦大学、四川大学、山东大学等举办的与控制论相关的研讨会和其他学术活动,我们的团队都能参加。2009 年,为纪念李训经先生逝世 6 周年,还在贵州大学举办了学术研讨会。由于我和我的学生们一直与复旦大学控制论及应用团队保持密切接触,因此团队在学术氛围开放的较高平台上发展,紧跟控制论的前沿及核心,进步较快。复旦控制论团队成员作为我们的良师益友,在课题选择准则、研究方向的确定乃至研究难点的分析方面给了我们很多指导;我们的学生还到四川大学、武汉大学、牛津大学等高校学习,在他们的直接指导下,开展了一些更有趣、更有挑战性的工作,提升了团队的水平和实力。

斗转星移,敬爱的李训经先生已离开我们 20 年。作为中国分布参数系统最优控制理论及应用的先驱者,李先生怀着极大的热情关心这一理论的发展,培养了一批该领域的领军人物并支持该领域在国内发展壮大,李先生的学问与精神必将长存。今天,我们满怀深深的感激之情,缅怀李训经先生。可以告慰李先生在天之灵的是:他一手扶持的贵大本土教师的控制论研究团队已成为贵大一级学科博士点的主要支撑力量之一,20 年来不断稳步发展。

贵大的控制论学人,永远铭记李先生和他的学生们对贵大数学学科建设做出的不可磨灭的贡献。

缅怀李训经老师

刘壮一[①]

值此纪念李训经老师逝世 20 周年之际,回顾我和老师之间的几次交往,深感受益匪浅。

1977 年恢复高考,我有幸如愿以偿,踏入复旦数学系的大门。经历了 10 年的"文革",我们这一届学生大多务过工、务过农,因此十分珍惜来之不易的学习机会。老师们对我们也是青睐有加,倾囊相授。数学系大名鼎鼎的"十大教授"亲自为我们上基础课,后来传为美谈。我第一次见到李老师就是在他的常微分方程课上。他讲课深入浅出,条理清晰。一手工整秀丽的板书加上一口带山东口音的普通话,给我留下了深刻的印象。课后他也曾耐心地为我答疑。

大学毕业后我在上海液压气动研究所工作了两年,1984 年去了弗吉尼亚理工大学数学系读研,师从 John Burns 教授。我的博士论文是关于带记忆的热粘弹性方程的有限维逼近框架及控制问题。虽然这个工作的侧重点在于数值计算和收敛性上,但同时也引起了我对这类方程本身性质的兴趣。可那时我对偏微分方程理论所知甚少,没能做进一步的探讨。1991 年,复旦的郑宋穆老师到明尼苏达大学应用数学中心访问,那时我已就职于明尼苏达大学德卢斯分校。郑老师在双曲抛物混合型方程的理论上造诣很深。在他的指导下,我们借用了四川大学孙顺华老师研究带粘性阻尼的弹性系统的频域方法,并且推广到无界阻尼的系统,从而证明了一维线性热弹性方程的指数稳定性。此后我们发表了一系列关于带各种阻尼的弹性系统的指

---

① 明尼苏达大学德卢斯分校教授。

数稳定性的文章。

李训经老师来明尼苏达大学应用数学中心访问时,我邀请他到德卢斯分校做学术报告。还记得那时我开车去双城接他,一路上相谈甚欢。在苏必利尔湖边散步时,我向他汇报了我和郑老师的研究课题,还谈到了我对今后研究方向的困惑。

1994年3月,我回复旦访学时做了关于一维线性热弹性及热粘弹性方程指数稳定性的学术报告。事后,李老师邀请我参加他的研究生讨论班。他特地给我介绍了他的博士生刘康生的工作,并建议我有机会去浙江大学和刘康生合作。记得他当时很自信地断言:"你们俩若能合作,取长补短,一定会有收获的。"第二年夏天,我特地去杭州见刘康生,我俩一拍即合。正巧刘康生是四川大学黄法伦老师的硕士生,对黄老师的指数稳定半群、解析半群的频域方法有较深刻的理解,并且已经在国内外专业杂志上发表了多篇文章,而这些正是我在这一研究方向继续深入所需要的。自1996年至2002年,我们对频域方法做了进一步的发展,合作发表了11篇文章,其中多篇被频繁引用。更加宝贵的是我们由此建立的20多年的友情。俗话说"老师领进门,修行在个人"。郑宋穆老师领我入门,而李训经老师则指点我找到了更上一层楼的台阶。他的知人善任至今让我钦佩不已。

2003年我回国时获悉李老师病重,匆匆赶去华山医院探望。李老师见到我非常高兴,不知疲倦地询问我的近况。那时我已获得终身教授的职称,并和郑宋穆老师合著了《耗散系统的半群理论》一书。他对我和刘康生的合作成果十分满意,叮嘱我要继续努力,还要注意身体健康。我们交谈了约半小时。为了不打扰他的休息,我不得不告辞。不料这一别竟成永别。

忆李训经老师

华宣积①

　　李训经老师与我共事40多年。由于多种原因开始时我们接触并不多。首先他有着我的老师辈的资历,其次我们不在一个教研组,还有就是他很早就是数学系的科研秘书。直到1973年底,数学专业工农兵学员进校,我们才同在一个教研组,经常一起开会讨论。这届学生经过半年补习之后,实行各年级按课题进行教学。一年级是以江南造船厂为主的"曲线与曲面",二年级是以江汉油田为背景的"有限元素法",三年级是以上海炼油厂为主的"最优控制理论"。他在上海炼油厂搞课题,我在江南造船厂搞项目,我们两人没有单独的接触机会。

　　1979年,应用数学专业成立。应用数学教研组由控制运筹、概率统计、计算几何以及搞有限元方法的老师组成,李训经老师担任副组长。后来运筹统计单独成立一个系,李训经老师担任应用数学组组长。1986年,国家教委在北京大学勺园召开全国高校应用数学教学讨论会,系里指派李训经老师和我去参加会议。这次会议为我们之间的相互了解提供了良好的机会。

　　会议期间我们没有交谈,我们的谈话是在来回的飞机上及候机的时候进行的。谈论内容很广泛,十分随意。我提出何时可以成立应用数学系的问题,他不是很感兴趣。他认为专业是基础,他要为数学控制理论专业不懈努力。从会议代表的情况可以看到,搞数学控制理论的单位不多,我们学校的数学控制理论方向很有特色。我们谈到金福临先生,他教过我数学分析

---

① 复旦大学教授,现已退休。

和微分几何两门课,与李训经同在微分方程教研组,并一起编写了《常微分方程》一书。

我们又很自然地谈论"文化大革命"中的一些人和事,他特别向我讲述了山东大学数学系张学铭先生对他说过的山大的一些情况。我很感谢他。他对认准了的事的执着和坚持,大家都是有目共睹的。不仅对数学控制专业,而且对整个数学系的大事,他都会全力以赴。在我们酝酿成立数学科学学院的过程中,学校个别领导有不同的看法。我们许多教授出动游说,李训经老师是最努力的。他利用各种场合向学校领导建言,有时会发生争论。他有些固执,但更主要是他的毅力和坚持。

李训经(右一)、姚允龙(右三)和丁言功(右四)看望金福临老师

1986 年全国高校应用数学教学讨论会代表合影

回忆李训经先生

张平健[①]

今年是李训经先生离开我们20周年,先生虽然已远去,但他的音容笑貌、点点滴滴仍时常浮现在我的脑海里。

我第一次见先生是在研究生复试的时候,但在那之前对先生已经有所知晓。我于1983年进入复旦大学计算数学专业就读,那时国门已重开,不少新思想、新理论、新技术涌入百业待兴的中国。大概在大二的时候,我知道了"三论"(系统论、控制论、信息论),并且朴素地认为"三论"代表了未来的学科发展方向。那时数学系正好开设了一门"最优控制理论"的选修课,于是我就选了这门课。授课的是尤云程老师,内容主要是讲线性二次最优控制问题,这是我跟控制论的首次接触,由此知道了以先生为首的复旦控制理论的几位老师。有了这层经历,大四考研的时候我非常坚定地报考了先生的研究生。复试的时候是先生亲自主持,考了几个问题,我在其中一个问题上卡壳了,虽然在先生的启发下解决了,但我也意识到数学思维和抓住问题本质的重要性,并由衷钦佩先生思考的高度和角度。与我同时报考先生研究生的还有应用数学班的一位同学,他未获录取,毕业分配去了上海第二工业大学任教。

先生师从陈建功前辈,早期研究方向是函数论及微分方程,后来一手创立了复旦的控制论学派。在我进入师门的时候,除先生外,控制方向还有尤云程老师、姚允龙老师、孙莱祥老师等。尤云程老师未久便出国了;姚老师号称"四小龙"之一,数学功底非常扎实,曾担任过我一学期的"数学分析"课

---

① 华南理工大学教授。

程的任课老师；孙老师则给我们开设研究生课程"线性控制系统"，教材选的是中译本《线性多变量控制：一种几何方法》，完全用线性子空间的工具和方法来阐述线性控制系统，令人耳目一新，让我体会到了几何方法的优雅和简明。先生则建议我阅读一些经典工程控制论的专著，加强控制论的认识和实践。不久，更多的青年才俊来到了复旦：有从法国获得博士学位后在先生指导下进行博士后研究的彭实戈老师，有从美国获得博士学位后返回母校工作的雍炯敏老师，有与先生有深厚渊源、经常来复旦参加研讨的浙江大学陈叔平老师，此外还有博士研究生胡瑛、周迅宇、潘立平、刘康生等。在先生的引领下，复旦控制论学派学术气氛非常浓厚，学术成果突出，特别是在分布参数最优控制理论和随机系统最优控制理论方面创立了有鲜明特色的理论和方法，取得了举世瞩目的成就，形成了在控制理论领域具有相当影响力的"复旦学派"。硕士求学期间，我比较系统地学习了最优控制理论，特别是在雍炯敏老师的指导下，啃完了 Clarke 的 *Optimization and Nonsmooth Analysis*，这是我第一次完整地研读原文专著，受益匪浅。

先生治学非常严谨，有时候难免会让人感觉很严厉。我因为是在雍炯敏老师的指导下完成硕士学业，所以这方面体会不多，反而感受到很多先生的温暖和照顾。研二的时候，复旦主办了一个控制理论与应用方面的国际会议，在会议结束之后，先生安排我们几位研究生陪同参会的海外学者游览一下上海，并进行一些简单的翻译和交流。我负责接待的是一位来自日本的学者，为人非常谦逊、随和，所以任务是很轻松愉快的。但先生没有忘记我们的这一丁点付出，让我们都参加了招待宴会、观看了演出。在我硕士毕业的时候，正是特殊时期，先生为我的前途也操了很多心，给了我几个选择：一是帮我联系工作单位，二是推荐我到浙江大学继续攻读博士学位。当得知我决定去浙江大学读博士时，先生又专门找我谈话，告诉我浙江大学数学系有一位董光昌老先生，在偏微分方程方面的研究非常深入，希望我到那以后可以多学习偏微分方程知识，如有合适机会，可研究由偏微分方程描述的控制系统问题。

我到了浙江大学跟陈叔平老师读博后，有幸结识了董先生门下数位弟子，初步了解了他们学派的工作和成就。董先生及其弟子主要使用"硬分析"的技巧来研究偏微分方程,通过对不等式的精细估计来确定较为具体的偏微分方程的解性状,这跟我在复旦学的借助泛函分析、非线性泛函分析和算子代数工具来研究较一般的偏微分方程解的整体性质有很大不同。我开始阅读一些 Treves,D. Gilbarg 和 Trudinger,Lions 的偏微分方程方面的专著,为研究做一些准备。当时,控制学界也涌现出许多前沿课题,像鲁棒控制、非线性控制几何方法等,后来我的博士研究方向确定为分布参数系统H_∞最优控制问题,就没有仔细推敲那些偏微分方程专著的所有技术细节了,也没能深入研究偏微分方程控制问题,辜负了先生的期望。

无论是先生在我刚入门的时候提醒我要补经典自动控制理论的课,还是在我即将读博的时候建议我要学习浙江大学偏微分方程学派的方法和技巧,我觉得先生始终在教导我"从实践中来,到实践中去"的治学思想,这个指导思想影响了我的整个职业生涯。走上工作岗位后,我一方面参与了一些工业自动化等控制工程项目和控制软件编制,另一方面研究兴趣也慢慢转向了计算机应用和软件工程,直到现在热门的深度学习和人工智能。我越来越深刻地认识到,控制论的思想和概念与深度学习和人工智能有着紧密的联系。例如,神经网络系统权重调整的反向传播学习算法本质上就是一种反馈控制机制,生成对抗网络可视为一类二人零和对策问题。我相信,下一代的可解释深度学习模型的一个突破口或许就隐藏在可控、可观、极点配置等概念里面。

谨以此文纪念先生,愿先生安息!

李训经老师及他创建的"Fudan School"对我的影响

张 旭[①]

提要：本文主要介绍李训经老师及他创建的"Fudan School"（复旦学派）对我近30年学术经历，尤其是对我在分布参数系统控制理论、随机分布参数系统控制理论和无限维分析等方面学术工作（含合作）的影响。

一、引　子

我出生在四川一个偏远的小山村，17岁之前一直是地地道道的农民，在那里按部就班地从小学、初中读到高中。在我们那个小地方，当时还没有幼儿园，我正好赶上最后一届两年制高中（县城中学已改为三年制了）。高中第一年，我热衷于写诗、写小说，并给好多报刊投过稿，但遗憾的是没有得到发表的机会，这让我非常失望（当时若有诗文发表，我应该会走另外一条路的）。由于担心要回家务农，高中第二年我把除了吃饭睡觉之外的全部时间和精力都用于学习备考。天道酬勤，从一个乡村中学出来的我当年高考发挥得不错，居然考了全县理科第一，如愿地被四川大学数学系录取。

我在大学时明显松懈下来，读书一点都不用功，常常逃课，成绩一般般，毕业时没有考上研究生。大学毕业后我去达县师范专科学校做了几年教师，那里生活很是悠闲，但我总觉得没有归属感，于是准备再次报考研究生。

[①] 四川大学教授。作者非常感谢雍炯敏老师、柳絮和吕琦对本文初稿的意见。

由于担心（直读研究生的）大学同学变成我的老师，因此我考研究生时首先排除的就是四川大学。那时数学类的硕士研究生入学考试，除了政治、外语、数学分析和高等代数 4 门课外，还要另考一到两门数学专业课程。当时好几个我想去的数学重镇，如北京大学数学系和中国科学院数学研究所等要考两门数学专业课程，由于本科阶段没有好好学习，这让我感到很吃力，只好作罢。稍后，我惊喜地发现复旦大学数学研究所只需另考一门数学专业课程，就毫不犹豫地选择考其中的常微分方程，因为这是我在大学阶段为数不多的学得还勉强过得去的课程。

  从准备考复旦研究生开始，我就很自然地和李训经老师结缘了，因为选用的常微分方程课程参考书就是金福临先生和他编写的《常微分方程》。由于英语基础很差，因此我准备考硕士研究生时的主要精力放在了复习英语上（结果考了 55 分，刚好达到 1993 年复旦对英语要求的最低线），其他科目花的时间相对较少。当年的常微分方程试题中有一个 20 分的大题我不会做，胡乱写了一些，估计改卷的老师看我辛苦，就给了点步骤分，结果考了 83 分。硕士研究生面试我是和吴晓晖、李攀及卢卫东一起参加的，其中吴晓晖是从复旦免试直升的，他很友好地告诉我两件事：一是主试老师就是非常严厉的李训经老师，二是同样严厉的我们将来的导师雍炯敏老师这次没来参加面试。面试时问我问题最多的就是李老师，但我当时感觉他是很和蔼可亲的。我现在还记得李老师当时问我的问题。第一个问题是，若函数在区间 $(0, +\infty)$ 上可积，可否推出该函数在无穷处趋于零？我很容易地给了个反例。李老师进一步追问，如果要求该函数在 $(0, +\infty)$ 上处处大于零呢？我想了想，又给出了反例。我当时感觉他对我的回答还是比较满意的。李老师问的第二个问题是，如何求一个实对称矩阵的最大（或最小）特征值？我一下子就懵了，只好老老实实地说，我以前看过的高等代数书上没有讲过求法。李老师又追问我学过泛函分析没有，知不知道自共轭算子的谱分解定理？我老老实实地说，曾经学过，但基本都忘光了。李老师就没有继续问我问题，估计他虽对我的基础不太满意，但好在我没有不懂装懂，就放了我一马。几年后听说有个学生面试时，李老师问他（若干天以前）考研入学笔试试题中不会的题目现在会不会了？那个学生说考后就没有再去想不会的题目,这让李老师很生气,那个学生面试自然也没有过。想起这件事我都有点后怕,因为当年考研那道不会的常微分方程笔试题目我再也没有去关注过,很庆幸当年李老师没有问我同样的问题。

1993年9月,我如愿考入复旦大学数学研究所运筹学与控制论专业,从此我的学术生涯开始了。

二、分布参数系统

复旦大学是国内分布参数系统控制理论研究的发源地之一。我到复旦读研究生时,这里早已是具有国际影响的分布参数系统控制理论研究的大本营之一。

"文革"结束后不久,李训经老师就审时度势,带领当年还是助教的姚允龙老师开始了分布参数系统最优控制理论方面的探索。1978年,他们对无限维线性系统的时间最优控制问题的研究获得了突破([52])。他们发现,无限维线性系统的能达集未必是凸的,这与有限维情形有本质区别。同时,他们也证明,尽管无限维线性系统的能达集本身未必是凸的,但其闭包一定是凸的。由此,利用无限维空间的凸集分离性定理,他们得到了无限维线性系统时间最优控制的最大值原理。在随后的几年中,他们一起深入研究了向量值测度在无限维最优控制理论中的应用,其目的是证明一般半线性发展型无限维系统具有终端约束的最优控制所满足的最大值原理。在有限维情形中,L. S. Pontryagin 等人证明的最大值原理只需要系数的可微性和终端约束集的凸闭性。而在无限维情形,有反例表明,(非平凡的)最大值原理可能不成立。这样,寻求使得最大值原理成立的条件就成为一个很有意义的问题。在深入的研究中,他们发现了一个非常重要的条件,即终端约束集的有限余维数条件。1985年,他们证明([53]):对于一般半线性发展型无限维系统,如果终端约束集满足有限余维数条件,则最优控制满足最大值原理。

1987年底,师从美国著名数学控制论专家 L. D. Berkovitz 的雍炯敏老师回到复旦大学数学系工作,成为李训经老师新的合作者。1989 年,他们([54])完善了适用于无限维控制系统最大值原理证明的"针状变分技术",并利用 Ekeland 变分原理证明了一般半线性发展型无限维系统具有终初端混合约束且满足某种有限余维数条件时最优控制所满足的最大值原理。从 1992 年起,他们开始撰写专著 *Optimal Control Theory for Infinite Dimensional Systems*,该书于 1995 年在美国的 Birkhäuser 出版社正式出版([55]),在国内外控制理论界产生了很大的影响。该书比较完整地总结了到当时为止的非线性确定性无限维系统最优控制理论的最新成果,其中许多工作是复旦大学控制理论研究群体自己的工作,被 H. O. Fattorini 在英国剑桥大学出版社出版的"数学及其应用百科全书"之一的 *Infinite Dimensional Optimization and Control Theory* 中公开誉为 "Fudan School"的工作([22])。

初进复旦园

我 1993 年秋到复旦求学时,李训经老师和雍炯敏老师已经开始撰写(前面已提及的)他们合作的关于无限维系统最优控制理论的专著。在复旦的前两年,我主要是修基础课和专业课(由于大学阶段没有好好学,我不得不自修了不少本该那时学的基础课)。我当时问雍老师,我们控制方向需要修哪些课程?他告诉我,除了线性系统理论、最优控制理论、分布参数系统和随机控制等控制方向课程外,要多学点微分方程、动力系统、随机分析和泛函分析等方面的课程。当时复旦开了好多偏微分方程方面的课,如秦铁虎老师开的现代偏微分方程和应用偏微分方程、李大潜老师开的等值面边值问题与电阻率测井和非线性波动方程、洪家兴老师开的二阶椭圆型方程和曲面的等距嵌入、陈恕行老师开的拟微分算子引论和偏微分方程的奇性传播理论等,我都先后去听过(我当时没有想到,从这些课程中学到的知识很多在我后来的研究工作中用到了)。

在复旦的第一年,我还没有参加控制方向的研究生讨论班。我当时与吴晓晖、卢卫东住在一个房间,吴晓晖大学基础很好,所以刚开始的时候直接参加由李训经老师和雍炯敏老师联合主持的博士研究生讨论班,他和另

李训经老师及他创建的"Fudan School"对我的影响

一位常来我们房间串门的参加同一个讨论班的同学常给我们吐槽两位老师在讨论班上的严厉训话,尤其是后面这位同学的描述让我记忆犹新。他说道,在一次讨论班上,李老师说该同学高中数学没有过关,雍老师说该同学初中语文没有过关。从 1994 年秋季开始,我与李攀及卢卫东一起参加由雍炯敏老师主持的硕士研究生讨论班,我们 3 个学生轮流做报告。其实雍老师在 1994 年春季学期结束前就给我布置了任务,叫我从基本的物理定律出发,报告电磁场理论尤其是 Maxwell 方程组的推导,他希望我在此基础上研究电磁场中的控制问题。当年的那个暑假,我基本都在看物理书,特别是电动力学方面的书,其中的数学推导不难,但我很不适应物理学家的思维方式。那年的秋季学期我总共报告了 5 次,雍老师对我的报告不算太满意,主要是我未能讲出物理味道。比如他多次问我,电磁波到底是怎么传播的?我总是讲不太清楚,其实直到现在我还是不太清楚电磁波到底是咋传播的。

在报告电磁场理论一段时间后,雍炯敏老师叫我先考虑一下拟线性 Maxwell 方程组整体解的存在性,然后研究有关的控制问题。我当时是初生牛犊不怕虎,不久就给雍老师一个手稿,说我做出了拟线性 Maxwell 方程组的整体解,但遗憾的是,很快我就发现证明有问题。后来我又花了好多功夫思考这个问题,并学习了不少相关的知识,还请教了周忆老师。周老师告诉我,这个问题太难了,因为拟线性波动方程整体解的存在性就是一个非常困难的问题,而拟线性 Maxwell 方程组比拟线性波动方程更为困难。后来,我逐渐放弃了这方面的研究。尽管如此,在此过程中我学会了如何查找文献,如何根据问题的需要学习新的知识,也能在一定程度上欣赏物理学家的思维方式了。李训经老师后来知道我仔细念过电磁场理论,他很感兴趣。他说,从电磁场到规范场一步之遥,最好能考虑规范场中的控制问题(遗憾的是,到目前为止,我还没有考虑过这个问题)。

1994 年底,雍炯敏老师给了我一份他与李训经老师合写的上述专著的初稿,接下来的寒假期间我细读了这本书。1995 年春季学期开始后,雍老师对我们几个硕士生说,他从这年夏天开始要出国相当长一段时间,因此希望我们能在他出国之前完成一篇文章。由于研究拟线性 Maxwell 方程组的整体可解性没有进展,我很是着急。这年的 5 月前后,我去找雍老师,希望他给我个小题目做做,以"稳定军心"(很明显,我当时还不会自己找问题做)。他先问我把他和李老师合写的那本书读得怎样了?我说已经看完了。他先是表示很惊讶(以我现在的标准来看,自己当时肯定没有真正读懂),然后叫我试试把那本书(即后来正式出版的[55])第 7 章关于半线性抽象发展方程近似能控性的结果做到精确能控性情形。我花了一个多月的时间就初步完成了这一工作,即证明了如果一个半线性发展方程的线性化系统满足适当的能观性估计,则在一定条件下原系统精确能控。我很快给了雍老师一份手稿,但遗憾的是,和上一次拟线性 Maxwell 方程组的整体可解性一样,很快我又发现证明有问题,这让我很是难堪。好在这一次,如果把条件加强一点或者把结论削弱一点,证明还是过得去(这篇文章也是好多年后才发表的,见[111])。对于这篇文章,雍老师一直不太满意,主要原因是这是抽象结果,他希望我给出非平凡的具体例子。但这远不是一件容易的事情,事实上这是我接下来 3 年多时间要做的主要工作。

硕博连读与李训经老师早期的教诲

1995 年秋季学期开始,我参加了李训经老师的讨论班。由于雍炯敏老师出国,我们几个硕士生(李攀、卢卫东和我,以及由于志趣转移不准备读博的吴晓晖)的讨论班也由李老师代管。第一次上李老师的讨论班,由于早就听说过他的严厉,因此我感觉很紧张。可能是听雍老师说过我要继续读博,李老师在问了我们的名字后,就叫我去报告我已做的关于半线性抽象发展方程精确能控性的工作。我一下子就懵了,因为我没有做任何准备。我就老老实实地跟李老师说,我没有准备好。我第一次见识了李老师的严厉,他很不高兴地问道:你讲自己做的东西还需要准备吗?这样,我就只有硬着头皮讲下去。好在这个工作是暑假才做的,所以我比较顺利地讲完了。李老师对我当时的报告可能还算满意,至少没有明确表示不满意(后来才知道,李老师没说不满意就表示还算满意)。

接下来我就准备硕博连读的资格考试。这是复旦历史上首次实施硕博连读,资格考试除了一门拟研究方向的专业课外,可以任选两门其他方向的课程。我专业课选的是最优控制理论,其他方向的课程选考了泛函分析和偏微分方程。我在复旦读书还是比较用功的，所以很容易通过了这些考试。

1995 年底通过资格考试后，我就硕博连读了，从 1996 年 2 月底开始我就正式成为雍炯敏老师的博士研究生，并参加由李训经老师主持的博士生讨论班。当时的博士生讨论班主要由陈启宏、吴汉忠和我轮流做报告（楼红卫不久也加入）。从那时起，我回到了能控性问题的研究，尤其是致力于给出前述抽象能控性结果的非平凡具体例子。这对我当时那种"新兵蛋子"来说非常困难，感觉无从下手。好在李老师以前的博士生，当时已在浙江大学任教的刘康生老师已长期研究分布参数系统，并在保守系统（包括波动方程等）能控能稳性等的频域刻画方面有重要贡献（[60]），因此李老师和雍老师安排我去向刘老师学习。在整个 1996 年里，我多次从上海去杭州向刘老师请教，尤其是这年春季李老师安排我参加林芳华教授在浙江大学组织的"几何测度论"讲习班的一个多月里我经常和刘老师讨论。刘老师和他夫人都是我的四川老乡，他们对我照顾有加，我经常在他们家里品尝家乡的味道。在此期间，在刘老师的指点和帮助下，我把他和雍老师关于波动方程快速精确能控性的一个工作（[61]）从线性推广到半线性的情形，结果发表在 [110]。该结果是我在分布参数系统控制的第一个工作，一定程度上也可以作为我在硕士生阶段得到的抽象能控性结果的一个具体例子，只是这里考虑的是快速能控性，尤其是控制区域比较特殊，因此还不能完全算是前述抽象能控性结果的非平凡例子。

在完成上述快速能控性的工作后，由于在硕士阶段我仔细读过电磁场理论，因此雍炯敏老师建议我考虑 Maxwell 方程组的能控性和快速能控性。当时，我在讨论班上刚刚报告过 V. Komornik 写的入门书[43]，并读过 J.-L. Lions 在 *SIAM Rev.* 上的综述文章[56]，所以迅速将学到的乘子方法用于线性 Maxwell 方程组，得到了期望的能控性结果（[112]）。在准备该工作时，恰逢日本东京大学山本昌宏老师受李训经老师邀请来复旦访问，我和山本老师有过很多讨论并得到他的悉心指点。山本老师当时已是成名人物，与我当时这种无名小卒讨论时没有一点高高在上的感觉，而是完全与我平等讨论，让我见识了长者风范。稍后，D. L. Russell 也受李老师的邀请来复旦访问，李老师还安排我陪 Russell 去上海外滩转转并讨论了些问题。

Russell 是偏微分方程能控性领域的先驱并有基本的、开创性的贡献，他的综述文章[93]是该领域学者必读的文献之一。多年以后即 2009 年 5 月，我在中国科学院数学与系统科学研究院工作时，还给 Russell 组织了一次庆祝他 70 岁生日的国际会议，随后还在期刊 *Discrete and Continuous Dynamical Systems Series B* 和 *Journal of Systems Science and Complexity* 各出了一期贺寿专辑，他非常满意。

转眼到了 1997 年春季学期，我仍致力于给出前述抽象能控性结果的非平凡例子，但一直没有进展。已完成的两个工作，相当于与此密切相关的外围工作。

自从参加由李训经老师主持的讨论班，他就要求我除了正常参加讨论班外，还要每周到他家里去汇报一次（和当时绝大多数博士生导师一样，李老师没有办公室），时间并不固定（李老师说随时可以去找他讨论，只要他在家），每次大概两小时。李老师家在复旦第 12 宿舍 4 号楼 401 室，去李老师家里的时间我一般选在星期天晚上 7 点左右，正好是我每周末去我叔叔（在上海宝钢工作）家蹭饭回校后。有的时候，我实在感觉没有什么可以向李老师汇报，就没有去他家；但如果有两三个星期没有去的话，李老师在讨论班上就会问我最近为什么没去。当时好像没有觉得什么，现在我自己也带学生了，才发现很难做到像李老师一样几乎每周除了固定的讨论班外，再和学生有整段的时间单独讨论。

到李训经老师家坐下后，他的第一句话一般都是"（最近）怎么样？"一般说来，我也不好直接回答，因为一般都不怎么样。大多数时候，我就给李老师汇报一下最近看的文献和考虑的问题。绝大多数时候，李老师并不太关心细节，他反复追问我的是，为什么要看这些文献？尤其是为什么要考虑这些问题？李老师的学术生涯以研究最优控制为主，他在无限维系统最优控制和随机线性二次最优控制等方面有基本的贡献。由于我当时主要关心能控性问题，因此李老师经常问我：为什么要研究能控性？我现在已记不得当时是怎么回答的，想来一定回答得不好或是蒙混过关的。对这个问题，我是经过长期的思考，在很多年以后才能回答。事实上，几位控制论的先贤如 N. Wiener，L. S. Pontryagin 和 R. Bellman 都没有研究过能控性，另一位控制论先贤 R. E. Kalman 最早提出了能控性的概念并得到后来以他的名字命名的关于确定性有限维定常线性系统能控的秩条件。Kalman 引入能控性概念的主要目的是研究有限维定常线性系统的能稳性和最优调节器问题等；但即便是对有限维非线性系统而言，能控未必推出能稳，对分布参数系统和随机系统更是如此，因此一般而言，能控性的研究并不一定与系统的能稳性有直接的联系。我一直思考着李老师问的为什么要研究能控性这个问题，直到在复旦毕业好多年后准备申报一个关于控制的 973 项目（可惜当时没有立上项），我不得不深入思考控制论的基本问题时才发现，所谓控制，即以某种方式改变系统的动力学行为，而能控性相当于可行性，即希望至少找到一种方式达到目标（见[64]和[119]）。这样，能控性问题就成为控制论中最基础的问题之一，因为没有能控性（也就是没有可行性）的问题自然没有研究的必要！当然，确实有很多控制方面的工作没有研究能控性，主要是因为涉及的能控性要么是显然的（如没有终端约束及状态约束的最优控制问题），要么太困难（从而需要假定允许控制集合非空，也就是假定了所需的能控性）。

在我的记忆中，李训经老师精神很好，口才也很好。每次到他家，我简单地汇报自己近期的研究工作情况后，李老师就天南海北什么都聊，中途极少见到他去喝水什么的，有时候他说得兴起都忘了时间，甚至滔滔不绝地聊上几个小时后声音都有些沙哑了（我那时还有点怕他，不敢提议我们下次再聊）。记得有一次星期五下午两点钟左右，我去李老师家，准备聊一两个小时后就去我叔叔家吃晚饭（我事先也跟我叔叔说了），但到李老师家后，他那天很高兴，我们一直聊到晚上 7 点多。那时候还没有手机可以直接联系，我叔叔着急得不得了，以为我在路上出了什么事情呢！

在李训经老师家里聊天，当然以聊数学或与数学有关的事项为主，但大多数时候并不涉及特别具体的数学问题，更不局限于具体的控制问题，他也并不太关心我的研究工作进展，比如他甚至对我在 1997 年整个春季学期的研究工作没有任何进展并不在意（很可能他认为这是做一点有意思的研究工作必经的一个过程）。在李老师家里，他并没有准备纸笔或小黑板以供讨论数学问题之用，他甚至告诉我，高水平的数学讨论无须见到具体的数学式子。李老师常常给我讲他对数学和数学的各个分支的看法,以及如何看待一项数学工作。这些经年累月的教诲使我受益匪浅,我现在教育学生的用语有不少是李老师和雍炯敏老师当年给我说的原话。现在回想起来,李老师也许是希望通过这种看似漫不经心的聊天,潜移默化地提升我做数学研究的素养和品味。

李训经老师在讨论班以及我去他家时常说的一句话就是,"(你的)观念错了"。我当时还不太理解李老师的这句话,多年后与彭实戈老师聊天,彭老师说在他和 E. Pardoux 关于非线性倒向随机微分方程的工作之前,人们都把倒向随机微分方程中的修正项看成一个"不好的项"而设法消掉,而他们改变观念,反而把修正项看成一个"好项"并利用此项的"coercivity(强制性)"首次建立了该非线性方程的适定性,从此我才意识到改变观念的重要性。

由于控制论研究主要用到分析工具,因此李训经老师认为控制论在很大程度上可以算作分析数学的一部分。他常说,分析数学中的工具当然千变万化,但归根结底,分析问题时主要用实分析(我猜测,他的本意还包括泛函分析),而最终解决问题还得靠数学分析。我当时作为学生,对他的话感受并不深;在做了一定的研究工作后,尤其是听吴文俊先生说的"数学中主要就两类问题,一类是解方程,另一类是证定理,证定理往往也需要解方程"后,感悟更深。事实上,解方程尤其是解线性方程(而解非线性方程一般须把方程先线性化)本质上可以看作比较两个相关算子的值域,而根据值域比较定理(例如,见[55]第 7 章的引理 2.4),问题可以转化为相应伴随算子的先验估计,而所需的先验估计往往最终需要用数学分析中的方法才能得到。

李训经老师常对我说,要想做点好的数学工作,在大学和研究生阶段除了数学分析和高等代数等最基础的准备知识外,还应该真正读懂一本数学名著,最好读得滚瓜烂熟。李老师自己就精读过陈建功先生所著的《实函数论》([12])和 L. S. Pontryagin 等著的《最佳过程的数学理论》([89])。在这方面李老师很是自负,有一次他颇为不满地说,国内讲授实变函数论的人大都没有真正把实变函数论搞清楚。我确实见识过李老师实变函数论的功力。我自己曾碰到过一个分析方面的问题,较长时间未能解决。一次在李老师家里讨论时,我提到这个问题,他竟然当场解决了!对于前述 Pontryagin 等的那本书,李老师更是说国内只有他一个人才真正读懂过。李老师老是批评我没有真正读懂一本数学书,有一次他还调侃我,说我只是读懂了他和雍炯敏老师合著的那本书([55])的第 7 章。其实李老师批评得很对,在未来的岁月里我确实应该花大力气真正读懂一两本数学名著。

回到 1997 年的春季学期。由于在能控性问题上没有进展,我自己还是颇为着急的。现在已经想不起来我当时出于什么考虑,打算读一点随机微分方程方面的书,并在那个学期的讨论班上报告(我们参加讨论班的几个同学轮流报告,李训经老师要求每周要有人讲,但具体是谁讲以及讲什么他不管)。估计是因为常常听李老师自豪地说起"Fudan School"中彭实戈老师和雍炯敏老师等人在随机控制及相关领域的基本贡献,我自己也跃跃欲试。我给李老师谈了自己的想法,他非常支持我的想法并建议我仔细读读 N. Ikeda 和 S. Watanabe 的书([40])。遗憾的是我当时感觉这本书不大好读,于是就自作主张改读 G. Da Prato 和 J. Zabczyk 关于无限维空间随机微分方程的书([16])。在那个学期,我主要报告[16]这本书中前面几章的内容。李老师对我的报告并不太满意,比如我现在都还记得他认为我没有把什么是 Hilbert 空间中的 Markov 过程和随机积分讲清楚,他认为我还是应该先把有限维情形搞清楚。现在想来,这本书我当时确实读得稀里糊涂的。不过歪打正着,由于粗粗地读过[16],很多年后当我打算深入研究随机分布参数系统控制理论,这本书的不少准备知识成为必备的基础时,也就不用发怵了。

与国际同行早期的交流及合作

1997 年的秋季学期,雍炯敏老师回到了复旦,他给我带回了 A. V. Fursikov 和 O. Yu. Imanuvilov 合写的刚出版不久(后来在偏微分方程能控性方向有很大影响)的专著(即[30])。这部专著首次用整体 Carleman 估计得到了高维线性抛物方程的能观性估计,并由此得到半线性抛物方程的零能控性;但该书第四章第一节在用类似的方法并结合"紧性-唯一性推理"(即反证法的一个变种)研究双曲方程能观性估计时,需要假定方程的所有系数均不依赖于时间,从而无法将所得到的估计用于研究半线性双曲方程的精确能控性。

在这个学期,东京大学的山本昌宏老师再次访问复旦大学,他和我长时间在一起,讨论了很多问题。山本老师极为友好地告诉了我两个非常重要的反问题/不适定问题方面的文献,一是 M. M. Lavrent'ev, V. G. Romanov 及 S. P. Shishat•skiĭ 合写的专著[46],二是 M. A. Kazemi 和 M. V. Klibanov 的文章[42]。山本老师回日本后给我邮寄了一份[46]的复印件(让我感到特别不好意思的是,我后来在复旦图书馆发现了这本书,让他费心了。我工作之后才知道,复旦图书馆数学类藏书之全超乎想象,连不少在国家图书馆都找不到的数学书却能在复旦图书馆找到)。在山本老师访问期间,他建议我把[46]中的逐点估计方法和[42]中的一些技术用于研究带零阶项的 Maxwell 方程组的能观性估计及能控性。我花了不少时间考虑这个问题,在山本老师回日本后我们还通过邮件反复进行讨论,但遗憾的是,我们在这方面并没有做出值得发表的结果。不过,真是"有意栽花花不成,无心插柳柳成荫"。在和山本老师讨论的过程中,我仔细研读了 Kazemi 和 Klibanov 的上述文章,这在我不久后的研究工作中将会发挥非常关键的作用。这篇文章发表在一个不太有名的期刊,它用整体 Carleman 估计得到了线性双曲方程在强解意义下的一个稳定性估计,该估计已经非常接近于某些能控性问题需要的能观性估计,至少可以给出强解意义下带位势的线性双曲方程(甚至双曲不等式)的唯一延拓性质。这篇文章的作者之一 Klibanov 是反问题领域国际上的领军人物之一,写作风格和语言自然也偏重于反问题/不适定问题,因此在较长一段时间里偏微分方程能控性领域的学者并不知道其结果(尤其有意思的是,我后来的合作者之一 R. Triggiani 告诉我,他其实是这篇文章的审稿人之一,但当时他没有想到其方法可以用于研究能控性问题)。

转眼到了 1998 年的春季学期,也是我不得不考虑博士毕业论文以及毕业去向问题的时候了。雍炯敏老师希望我毕业后到偏微分方程能控性领域国际上的领军人物之一 E. Zuazua 那里去做一站博士后,当时 Zuazua 在西班牙的马德里康普顿斯大学工作。我从硕士阶段起,就精读过 Zuazua 写的很多文章,如[126]和[127]等。从某种意义上说,[126]和[127]也是我从硕士阶段起就开始研究的半线性分布参数系统精确能控性的出发点,[126]给出了半线性波动方程在控制施加在整个空间区域边界时的精确边界能控性,[127]给出了一维半线性波动方程在非线性函数超线性增长(并具有最佳增长性条件)时的整体精确(内部)能控性。雍老师希望我给出前面提及的关于半线性抽象发展方程精确能控性的非平凡的具体例子,实际上是希望能给出前人文献中尚未出现的能控性结论,也就是不能仅仅适用于[126]和[127]已有的关于线性波动方程的精确能控性。雍老师和 Zuazua 都参加了 1992—1993 年 A. Friedman 在美国明尼苏达大学 IMA 组织的控制论年,从那时起他们就彼此熟悉。由于我当时还不大敢和 Zuazua 这种成名人物直接联系,因此雍老师就给 Zuazua 写了封邮件,说了我的情况以及我希望去他那做博士后的事情。Zuazua 很快回复表示欢迎,并叫我直接和他联系。这样,我就发邮件给 Zuazua,给他寄了一些我已完成的文章的电子版,并告诉他我将于 1999 年初博士毕业,毕业后希望去跟他做博士后。我很快收到 Zuazua 的回复,他当时以为我已在复旦工作,得知我当时还是在读博士时就说博士后位置最好等到我获得博士学位后再申请,并告诉我他会参加由陈叔平老师、李训经老师、雍老师和周迅宇老师一起组织的将于 1998 年 6 月底在浙江大学举办的分布参数系统和随机系统控制国际会议,希望我们到时候可以面对面地讨论些问题。

在 1998 年春季学期一开始,雍炯敏老师就叫我把已有的能控性方面的工作试着作为一个整体写成博士学位论文。刚开始时我自己还很有勉为其难的感觉,主要是因为他让我给的非平凡的具体例子还没有找到,而且我在这方面已做的工作(即半线性抽象发展方程的精确能控性、半线性波动方程的快速精确能控性和 Maxwell 方程组的精确能控性)显得很散乱,因而不大容易串成一个整体。不过,这种训练很有必要,对我后来做研究时总是力求从一个方向、一个领域甚至一个学科整体上去把握特别有借鉴意义。

从我跟雍炯敏老师读硕士开始,他就要求我每周至少有半天泡在图书馆(那个时候还没有电子期刊)。尽管已开始准备撰写博士学位论文,我还和往常一样常去复旦数学系图书馆,尤其喜欢去翻翻新到的图书或期刊。

我们知道的李训经先生

大概是 1998 年 5 月，我发现了 I. Lasiecka 和 R. Triggiani 合写的发表在一个会议论文集上的文章[44]。Lasiecka 和 Triggiani 夫妇也是偏微分方程能控性领域国际上的领军人物，他们性格上颇为独特，很多人觉得和他们很难交往。不过，我和他们的关系很融洽，Triggiani 一度常在邮件中说他是我的大哥(elder brother)，而把我看作他的小弟(yonger brother)，我迄今为止唯一一次去美国的访问也是受他们夫妇邀请并在他们家住了一晚上(临别时，Lasiecka 还亲手给我做了汉堡包让我带在路上吃，让我特别感动)，这是后话。与[30]的方法相近，Lasiecka 和 Triggiani 的上述文章也是用整体 Carleman 估计并结合"紧性-唯一性推理"研究耦合的一般双曲方程组的能观性估计和边界能控性，因此他们需要假定这类方程组的某种唯一延拓性质成立。这一次，我直接用邮件和 Triggiani 联系，问他可否不用假定所需的唯一延拓性质？他说这是一个很好的问题，但他和 Lasiecka 都不知道该怎么做，并告诉我说他们夫妇也将参加前述由陈叔平老师等组织的国际会议，到时候我们可以进一步讨论这个问题。

转眼就到了 1998 年 6 月底，上述分布参数系统和随机系统控制国际会议很快就要在浙江大学举办，我当时作为学生自然要为会议做一些事务性的辅助工作。雍炯敏老师安排我去上海浦东机场接 I. Lasiecka 和 R. Triggiani 夫妇，然后和他们一起乘火车去杭州，直接去会议宾馆——灵峰山庄报到。我当时的英文(尤其是口语和听力)很不好(当然现在也很一般)，一路上闹了好多笑话。比如，我当时还年轻，可以很长时间不喝水(我当时还不知道年长的人一般需要大量饮水，遗憾的是我现在也已经到了这种年龄)，Triggiani 在火车上想喝水，就问我："火车上洗手间水龙头里的水能不能喝？"特别不好意思的是，我当时不知道水龙头的英文单词"faucet"的意思(我以前压根就没有见过这个单词)。Triggiani 给我解释了半天，见我还是不明白，就直接在纸上给我画了个水龙头，又画了几滴水，然后我马上明白了他的意思；我连忙说那水不能喝，并马上给他们夫妇各买了一瓶水。尽管我的英文很差，但并不大妨碍我同 Lasiecka 和 Triggiani 夫妇讨论数学问题。我们在火车上主要讨论了前面提到的他们俩的文章[44]，我告诉他们用[42]中的方法很有可能可以去掉[44]中的一个额外条件，也即无须假定他们文章中考虑的双曲方程组的唯一延拓性质成立。当时,他们不大相信我说的是对的,因为此前偏微分方程能控性领域的几乎所有名家如 C. Bardos, G. Lebeau 和 J. Rauch([6]), A. V. Fursikov 和 O. Yu. Imanuvilov ([30]), J.-L. Lions([57]), D. Tataru([98]) 以及 E. Zuazua([126])等(当然包括他们自己的文章[44])在建立双曲方程的能观性估计时总是需要用"紧性-唯一性推理"去掉额外的低阶项,从而依赖于相应的唯一延拓性质。我当时正好带了一份[42]的复印件,就把复印件给了他们。Lasiecka 和 Triggiani 夫妇很感兴趣,答应在开会期间及在回程航班上将仔细阅读这篇文章,并仔细检查他们的文章[44]。

如前所述,E. Zuazua 也来参加同样的会议,当时是安排汤善健老师把 Zuazua 从浦东机场接到会议宾馆的。Zuazua 请汤老师转告我,说希望找时间和我讨论。我那时还从未跨出过国门,因此没有要倒时差的概念,当即找到 Zuazua,我们就在灵峰山庄的大厅里找到一张小桌子开始讨论。前面说过,我那时的英语很差,也不知道该寒暄些什么,因此我们就直奔主题讨论数学问题。我告诉 Zuazua,我读过他的不少文章以及其他偏微分方程能控性方面的主要文献,并概要介绍了我在这方面已做的主要工作(但似乎没太引起他的兴趣),然后当我说最近我读过前面提到的文章[42],并打算用整体 Carleman 估计研究能观性估计时,他一下子就来了精神。他说最近碰到一个带奇异摄动的波动方程的能控性问题,需要关于摄动参数很细致的边界能观性估计,他和他当时的学生 A. López 可以证明一维情形的估计(包括对摄动参数的显式估计),不过他们采用的方法(与[127]类似)不能推广到高维情形,希望我用整体 Carleman 估计试试能否做出高维情形的估计。我当时想了想说,用[42]中的办法应该可以做出一个估计,只是还不能肯定关于摄动参数的阶的估计能否满足要求,这需要仔细计算后才能知道。于是,我们约定就这个问题往后在邮件中继续讨论,我说在暑假中应该就有初步结果。

那次会议国内外来了好多分布参数系统和随机系统控制等领域的知名学者,国内或华人学者除了前述 4 位组织者外,还有郭雷老师、刘康生老师、刘壮一老师、马进老师、彭实戈老师、汪更生老师、项筱玲老师、殷刚老师和张庆老师等，在会上我又一次见到了山本昌宏老师并有讨论。参加那次会议的非华裔学者有 M. C. Delfour, T. E. Duncan, U. G. Haussmann, H. Kunita, J. E. Lagnese, S. Lenhart, B. S. Mordukhovich, T. I. Seidman 和 F. Tröltzsch 等。这些前辈或同行中，有不少和我是第一次见面，在往后的岁月中他们大多对我关爱有加并有很大的帮助。会后，J. E. Lagnese 顺访复旦大学，我陪他在复旦校园和周边转了转，并给他介绍了我已完成的部分工作。

上述会议结束后，1998 年暑假就开始了。那个暑假我过得非常充实，那时候还算比较年轻，且基本没有杂务缠身，因此效率很高。R. Triggiani 回去后不久就来邮件告诉我，说他和 I. Lasiecka 在回程的飞机上检查了他们的文章[44]中的方法，他们的方法确实需要额外的唯一延拓性质，因此 M. A. Kazemi 和 M. V. Klibanov 的文章[42]以及该文中源于苏联 Novisibirsk 学派 M. M. Lavrent'ev, V. G. Romanov 和 S. P. Shishat·skiĭ 等人工作([46])的方法很值得借鉴。说到这里，我想起有一次李训经老师在讨论班上谈到苏联的数学，他说有位苏联数学家曾说，美国人做的每一项(有意义的)数学工作，一定有苏联人在 10 多年前甚至更早以前做过，甚至做过更好的工作！我还有一位在苏联解体后去俄罗斯留学拿到数学博士学位的朋友告诉我说，他在俄罗斯的导师不无自豪地给他说过，俄罗斯有无穷无尽的数学宝藏，因此叫那位朋友把俄文学好就可以了。这不禁让人感慨万分，不知道什么时候咱们中国的数学能到这个水准？言归正传，Triggiani 提议我们和 Lasiecka 一起研究带 Neumann 边界条件的一般双曲方程的能观性估计。与 Dirichlet 边界条件相比，从技术层面而言，带 Neumann 边界条件的一般双曲方程的能观性估计的处理要复杂很多，尤其是观测器的选取以及从光滑解到有限能量解的过渡均与 Dirichlet 边界条件的情形大不相同。幸运的是在那个暑假里，我从[46]中第 124 页的引理 1 出发，很快就得到初步结果并把结果用 TeX 文件写成 10 多页的初稿发给 Triggiani。与此同时，我也很快在那个暑假结束前完成了 E. Zuazua 给我的用整体 Carleman 估计建立带奇异摄动的高维波动方程的边界能观性估计，并给出了能控性常数关于摄动参数的显式估计，稍后把结果发给了 Zuazua。

非平凡例子与博士学位论文

新的一个学期,也就是 1998 年秋季学期开始了。那个学期开始的时候,上海的气温很是反常,从 9 月初开学到 10 月中旬,40 多天里差不多每天的气温都在 35 摄氏度以上。那个时候,从宿舍到教室都没有空调,电扇吹出来的都是热风,但不开电扇的话感觉更热。那个时候我还年轻,而且之前一直是在比较艰苦的环境中长大的,所以并不感觉很难受(记得在此之前,李训经老师得知我们博士生一个月的助学金大概是 100 多元,还关切地问我够不够用。我说已经挺好了,因为我老家很多上班族一个月的工资也就 100 多元,有的还得养一家人。当然我没有告诉李老师的是,由于当时我弟弟妹妹都还在读书,我得把助学金分一半给他们,因此我会不时去做做家教,攒点小钱)。由于马上要毕业了,我得赶快完成博士学位论文。我内心还是很着急的,因为雍炯敏老师建议我给的非平凡例子还没有找到。用 M. A. Kazemi 和 M. V. Klibanov 的文章[42]中的方法,可以很容易地得到带 Dirichlet 边界条件的一般高维双曲方程在自然能量空间中的边界能观性估计,但这不是我已完成的关于半线性发展方程精确能控性的抽象结果(具体到半线性波动方程)所需要的估计。雍老师要我给的非平凡例子,具体到半线性波动方程的精确内部能控性,需要建立带 Dirichlet 边界条件的一般高维双曲方程在比自然能量空间要低一阶正则性的空间中的内部能观性估计。这种关于偏微分方程的低正则性估计往往非常困难,这个问题从 1995 年夏天开始已经 3 年多时间了,我还没有解决。

在刚刚提及的那个学期开始的一两周的讨论班上,我分别报告了暑假中完成的与 I. Lasiecka 和 R. Triggiani 以及与 E. Zuazua 等合作完成的部分工作。由于主要工具是整体 Carleman 估计,而这种工具对具体的偏微分方程颇为烦琐,以至于主要定理的叙述在一块黑板上都写不下,李训经老师和雍炯敏老师对此都很不满意。李老师说,一个好的数学结果至少叙述出来应该简洁清晰,条件和记号若太复杂的话,最好放在主要定理的叙述之前。雍老师也很不满意地说,我在讨论班上的报告就是一通昏算,看不出背后的基本想法。其实,我当时就是现炒现卖,确实没有把 Carleman 估计的基本想法搞清楚。不仅是我自己，我后来发现，几乎所有的偏微分方程能控性领域使用 Carleman 估计的学者（当然包括最顶尖的学者）都没有把它的基本想法搞清楚，事实上此后多年（甚至不久前），我听好几位这方面国际上的顶级专家讲授关于偏微分方程能控性 Carleman 估计方法的课程时，和我当时一样也是一通昏算！挨了两位老师的训，心里当然有点不舒服，但这也促使我深入思考，尤其是思考 Carleman 估计的基本想法和实质，但几年以后才真正搞清楚，这是后话。

由于马上要提交博士学位论文送审了，我又回到雍炯敏老师叫我给的非平凡例子，我不想在这篇学位论文中留下太大的遗憾。前面说过，就半线性波动方程的精确能控性而言，其关键是得到带零阶项的高维双曲方程在低正则性空间中的内部能观性估计，其中零阶项的系数同时依赖于时间变量和空间变量且至多有本性有界性而没有光滑性。对此，直接用 M. A. Kazemi 和 M. V. Klibanov 的文章 [42] 中的方法是行不通的，因为他们的方法只能得到在自然能量空间中的能观性估计。J.-L. Lions 在专著 [57] 中有一种方法，可以从波动方程在自然能量空间中的边界能观性估计推出该方程在低正则性空间中的内部能观性估计，不过其方法仅仅适合于方程的所有系数为时不变的情形，而且也依赖于已知的整体唯一延拓性质。专著 [57] 中的方法是：第一步先对波动方程的解关于时间变量从 0 到 t 积分，从而把解的初始速度作为非齐次项引入方程中，这种非齐次项与时间无关，但并不方便处理；然后第二步，利用该非齐次项的时不变性，可以把它看成一个恰当的椭圆方程（或静态波动方程）的非齐次项，这样把该静态波动方程的解和前一步得到的波动方程的解合并在一起，就可以消掉前一步得到的波动方程中的非齐次项而得到一个新的波动方程，其解在自然能量空间中，从而可以利用已有的能观性估计再结合其他一些技术，最终可以得到结果。我一直想把 [42] 和 [57] 中的方法结合起来得到带低阶项的高维双曲方程在低正则性空间中的内部能观性估计，但很长一段时间里没有任何进展。到了 1998 年 9 月下旬，我突然想到，若把专著 [57] 中的方法的第一步略做修改，即变为对双曲方程的解关于时间变量从 s 到 t 积分（即让积分的上下限均变动），则不会把解的初始速度作为非齐次项引入方程中（从而上述第二步也就不需要了），但代价是把原来的双曲方程变成一个超双曲方程；由此，我马上想到，[42]的一个关键引理来自 M. M. Lavrent'ev, V. G. Romanov 和 S. P. Shishat·skiĭ 的专著[46]第 124 页的引理 1；我立刻去核查这后一个引理，发现它的结论非常一般，甚至对一般的超双曲算子都成立，于是我意识到所有的实质性困难都已经克服了，真是"踏破铁鞋无觅处，得来全不费工夫"。那个时候年轻真好，我知道该怎么做的时候，就加班加点，两三天就写出完整的证明，给出了带一般零阶项的高维双曲方程在低正则性空间中的内部能观性估计，其观测区域无须是整个边界的一个邻域，而只要是星形的部分边界的一个邻域即可，由此马上得到一个新的关于半线性波动方程的精确能控性结果（该工作即[113]，发表在英国皇家学会会刊 A 辑上），也就给出了雍老师 3 年前建议我找的关于半线性发展方程精确能控性的抽象结果的一个非平凡例子。3 年多的心血没有白费，我真是太高兴了。

找到上述非平凡例子后，我迅速地把它加进我的博士学位论文《半线性分布参数系统的精确能控性及某些相关问题》。该论文的主体部分分为 3 章。第一章的标题为"半线性发展型分布参数系统的精确能控性：抽象结论"，其实是我在硕士生阶段就完成的工作，但由于硕博连读，我没有申请硕士学位。第二章的标题为"半线性波方程的精确能控性和某些相关问题"，主要包括前述关于半线性波动方程精确能控性的非平凡例子以及该方程的快速精确能控性等。第三章的标题为"Maxwell 方程的精确内部能控性"，只是关于线性 Maxwell 方程的能控性结论，有点"挂羊头卖狗肉"的感觉，算是一点遗憾，若不加上的话博士学位论文显得太单薄了点，因此雍炯敏老师叫我把它作为研究半线性 Maxwell 方程精确能控性的基础加进去（即便加上这一章，我的博士学位论文也才 70 多页）。博士学位论文完成之时，正好传来我的小孩在老家出生的喜讯，我真的太高兴了（若干年后，小孩也考到复旦，成了"复二代"，目前还在复旦求学）。

在博士学位论文的致谢部分，我写道："作者深深地感谢导师雍炯敏教授的指导。五年多来，他给予作者许多无价的帮助。作者还特别感谢李训经教授，在雍炯敏教授出国的两年时间里，作者主要由李训经教授指导。他们不仅给作者传授知识，而且更重要的是让作者明白许多做人的道理。作者有幸,能同时得到两位严师的指导。两位恩师的教诲,必将使作者受益终身。"我这人嘴比较笨,这是我第一次正式向李老师和雍老师致谢。两位老师的学术思想、观点、方法尤其是品味早已像基因一样植入我的学术生命,对我博士毕业之后的影响尤甚。

博士学位论文最初是用英文写的,当时复旦数学研究所管研究生的老师要求我改成中文,说这样将来才可能参评全国优秀博士学位论文。我当时可没有想那么远,还很不情愿,但还是按那位老师的要求改了。幸运的是,3年后我确实荣获全国优秀博士学位论文奖并得到资助,将博士学位论文修改后以《半线性分布参数系统的精确能控性》为书名在高等教育出版社正式出版(见[117],其中最大的改动是把博士学位论文的第三章改为半线性板方程的精确能控性,弥补了当时的一个遗憾)。

在前人工作的基础上,我在博士学位论文([109])中发展了一套适合处理半线性分布参数系统精确能控性的较为一般的方法。该方法基于对偶方法(即将问题转化为某种能观性估计)和整体 Carleman 型估计,避开了传统的紧性唯一性推理的框架,其特色是可以给出显式的能观性估计。更准确地说,我们的方法受 J.-L. Lions([56])的(关于线性问题的)对偶方法以及李训经老师和雍炯敏老师的专著[55](第 7 章中关于半线性抽象发展方程的近似能控性结果)的启发,其关键是将半线性系统的精确能控性问题转换成它的线性化系统对偶系统的能观性估计。由我们的抽象结果([111])可以看出,解决半线性系统精确能控性问题的关键在于如何建立时变线性系统的能观性估计。为此,在[109](及后续工作[113—115]等)里,我们给出了一个新的建立能观性估计的方法,即用"主算子的逐点估计 + Carleman 型估计 + 通常能量估计"方法直接推导期望的能观性不等式。我们的方法可以描述成下述的主要步骤:

(1) 我们对(适当变形后的)主(微分)算子做一个细致的逐点估计。这一步的关键是在逐点估计式中,在一个适当的集合上,得到一个具有恰当正负号(或者至少不那么"坏")的受控低阶项。

(2) 对于主算子,我们运用 Carleman 型估计,即一种带权的能量估计。这一步的目的是在带权的 Hilbert 空间中,使得"能量"可以被含有主算子的项(这也可以包含一些不希望有的低阶项)来控制。由步骤(1)的结果,那些低阶项并不太坏。

(3) 最后,利用原来的方程,并用通常的能量估计,我们能够吸收掉低阶项,从而得到所期望的能观性不等式。

上述能观性估计的新方法明显受到 M. M. Lavrent'ev, V. G. Romanov 和 S. P. Shishat·skiĭ([46])及 M. A. Kazemi 和 M. V. Klibanov ([42])等工作的启发,不过他们的工作是有关不同问题的。我们的方法具有下述优点:① 能够给出能观性常数的显式估计。② 不需要任何先验的唯一延拓性质。事实上,唯一延拓性质是我们能观性不等式的一个副产品。③ 不需要紧性。④ 不依赖于所涉及方程的类型和特征等,从而克服了前人工作中的缺陷。这一能观性估计的新方法在我的许多后续工作中发挥了重要的作用。

完成博士学位论文后,事情似乎更多了起来。一是 E. Zuazua 来邮件告诉我,由于技术上的原因,我在暑假中用整体 Carleman 估计得到的带奇异摄动的高维波动方程的显式边界能观性估计,还不能用于带奇异摄动的波动方程的能控性问题。他问我,可否用同样的方法得到类似的关于该方程在低正则性空间中的内部能观性估计?由于已经有过(前述)处理带一般零阶项的高维双曲方程在低正则性空间中内部能观性估计的经历,Zuazua 需要的新的估计对我来说并不特别困难,但问题毕竟不同。考虑到对奇异摄动参数某种意义下的一致估计,不能直接用专著[46]第 124 页的引理 1,而是需要重新建立一个类似于该引理的关于带奇异摄动参数的超双曲算子的逐点估计。我花了一段时间得到这一逐点估计,并在一点技术性条件下得到了带奇异摄动的高维波动方程在低正则性空间中的内部能观性估计,同时给出了能观性常数关于摄动参数的显式估计。二是 R. Triggiani 来邮件告诉我,说他和 I. Lasiecka 一起仔细检查了我发给他们的关于带 Neumann 边界条件和一般低阶项的双曲方程的能观性估计的初步结果,认为结果是对的,并在此基础上写成 50 多页的初稿,但此稿的主要结果需要一个比带 Neumann 边界条件的经典波动方程的能观性估计(见[56]等)更为苛刻的一个几何条件,Triggiani 问我能否设法去掉这个条件?我仔细检查了 Triggiani 发给我的初稿,发现这个额外的几何条件其实是来源于专著[46]第 124 页的引理 1,因此要去掉这个条件的关键就是看能否改进该引理,这并不是一个太容易的问题。于是,我回答 Triggiani 说,我可能需要一段时间才能改进专著[46]中的那个关键引理,很可能要等到我博士毕业后才能完成。第三也是最重要的是,我得考虑博士毕业后到哪里去工作的问题。那个时候和现在完全不同,当时国内博士毕业生还很少,因此找工作似乎根本不用着急。在我快博士毕业时,李训经老师和雍炯敏老师告诉我,他们不久前碰到时任四川大学副校长的刘应明老师时提到过我的情况,刘老师表示欢迎我回四川大学工作或做博士后。稍后,我和四川大学数学学院联系好去做博士后。在联系四川大学的同时,我也和上海一些高校联系过工作,差不多同一时间,这些高校也同意我去工作。由于已经在上海待了近 6 年时间,因此我当时其实很想留在上海,于是我去征求雍老师的意见。鉴于先联系好了去川大,雍老师毫不犹豫地否决了我的想法,就这样我于 1999 年初回到了四川大学数学学院跟黄发伦老师做博士后。当时我还略为心有不甘,不过现在回想起来,回四川大学工作应该是我当时最正确的选择,其中一个最重要的原因就是我回来后刘应明老师对我的关心、鼓励和大力支持。

两段博士后经历

四川大学是我的母校,回成都工作对我来说基本没有什么不适应的感觉。当时,学校对博士后研究人员有不少现在难以想象的支持(比如,虽然名义上博士后是个临时位置,但基本上等同于永久位置,还没有教学任务,更完全没有现在"非升即走"的压力,并鼓励外出访问,甚至长期访问),因此我在四川大学很快安顿下来。我的合作导师黄发伦老师是算子半群领域国际上的著名专家,他与 J. Prüss 在 1980 年代中期独立给出的关于算子半群指数稳定的频域判据(即 Prüss-Huang 定理)直到现在还常被引用。黄老师建议我尽快把博士学位论文中的工作以及其他还在进行的工作迅速完稿并投出去。

到四川大学不久,E. Zuazua 来邮件说,总体上他对我在复旦快毕业时得到的带奇异摄动的高维波动方程在低正则性空间中的内部（显式）能观性估计是满意的，但希望试试看能否去掉其中的一个不太自然的技术性条件（他以这种方式给我演示了精益求精的治学态度）。我想了想，马上回复说应该是很有可能的，并告诉了他有关我的近况以及我希望也能到他那里去做一站博士后的想法。Zuazua 回复说，非常欢迎我申请到他那里去做博士后，并说西班牙那边办事效率很低，要马上准备申请材料。

1999 年春季学期开始后不久，当时在华中师范大学工作的汪更生老师在武汉组织了一个分布参数系统控制理论的会议。汪老师邀请我参加了这次会议，此后我们交往越来越多也越来越密切，一直到现在已经 20 多年了。汪老师最近十来年在偏微分方程能控能观性和时间最优控制的精细化研究方面有好几项非常重要的工作，如他与合作者给出的热方程在一般 Lebesgue 可测集上的能观性估计（见 [2]）曾是一个非常困难的问题，吕琦（我以前的学生）和我一起曾花过不少时间但未能解决。汪老师比我年长几岁，他对我而言，亦师亦友，堪称良师益友。这么多年来，他一直关心、帮助、支持我。我碰到什么疑难也总想听听他的意见和建议，这是后话。不过当时汪老师和我还不算太熟悉（仅在此前他访问复旦及其他会议时见过），我估计一定是李训经老师或雍炯敏老师推荐我去参会的。李老师和雍老师当然也参加了这次会议，参会的还有分布参数系统和随机系统控制等领域国际上的顶尖学者之一 V. Barbu。记得那是我第一次坐飞机旅行，感觉很新鲜。我在会上概要介绍了我的博士学位论文以及与 I. Lasiecka, R. Triggiani 及 E. Zuazua 等合作的工作，会后听汪老师说，Barbu 对我的工作评价很好。后来，我也一直和 Barbu 保持着联系，他一直对我有很大的帮助。

从武汉开完会回成都后不久，我就通过恰当选取两个权函数去掉了 E. Zuazua 说的那个不太自然的技术性条件，这样就得到了期望的带奇异摄动的高维波动方程在低正则性空间中的内部能观性估计，并给出了能观性常数关于摄动参数的一个显式估计（这个显式估计不是最佳的，但对 Zuazua 关心的问题已经足够了）。很快，我们和 A. López 三人联名的工作（[66]）就完成了。Zuazua 对该工作非常满意，因为这解决了一个长期未决的公开问题,即给出了抛物型和双曲型方程能控性的统一处理。事实上,在此工作之前,关于分布参数系统的能控性已有大量的工作。但分布参数系统的能控性强烈地依赖于系统本身的特性,如时间可逆与否,典型的例子分别是波动方程与热传导方程。这两类方程的能控性存在本质的差别。自然地,人们希望知道这两类不同系统的能控性是否有某种联系,尤其是能否建立抛物型和双曲型方程在某种意义下统一的能控性理论。该问题最早由 D. L. Russell 于 1973 年在[92]中提出并给出初步结果,但在我们的工作之前关于抛物型和双曲型方程能控性理论的统一问题没有进展。究其原因,主要是在这段时间内缺乏能观性估计的适当工具。我们在[66]发现了原先各自独立发展的抛物型和双曲型方程能控性理论之间的有机联系,在一定条件下证明了对精确能控的双曲型方程的奇异摄动问题取极限即得到某个抛物型方程的能控性;另一方面,我自己在[116]中证明了常系数抛物型方程的能控性结果可由一类双曲型方程的能控性推出。这两个结果的证明都依赖于精细的谱分析和前述能观性估计的显式方法。

后来,我和(我以前的硕士生)黎伟在[51]中还进一步分析了抛物型和双曲型方程的能控性结论,发现它们可用同样的方法即"对偶方法 + 前述能观性估计的显式方法"而得到,更准确地说可基于一类"类抛物"微分算子(即没有椭圆性条件)的逐点估计。在此基础上,付晓玉(我指导的第一届博士生之一)在其博士学位论文中从一个一般的偏微分算子的带权逐点恒等式出发给出了若干二阶及四阶偏微分方程的能控能观性结果,她也荣获全国优秀博士学位论文奖,这是后话。后来,我们还进一步将该统一性问题拓广到随机情形,发现从一类随机偏微分算子的逐点估计出发,可给出随机与确定性抛物型方程、随机与确定性双曲型方程、Schrödinger 方程和板方程等的能控能观性等结果的统一处理。

1999 年的春季学期,我过得忙碌而充实。在与 E. Zuazua 等完成上述工作的同时,我还致力于去掉 R. Triggiani 提到的那个(关于带 Neumann 边界条件和一般低阶项双曲方程的能观性估计所涉及的)额外的几何条件。如前所述,这需要改进专著[46]中的那个关键引理,即该书第 124 页的引理 1。这远不是一件容易的事情。在上述关键引理中,为了得到关于光滑函数 z 在双曲或超双曲算子作用下的逐点带权估计,作函数变换 $v=\theta z$(其中 θ 为一个处处非零的权函数),通过一系列复杂的变形后先得到关于 v 的逐点带权估计,再"还原"为 z 从而得到关于 z 的逐点带权估计。这后一步骤不但增加了许多工作量,而且导致了前面所说的那个额外几何条件。通过反复细致的分析后,我发现,其实无须将刚才所说的关于 v 的逐点带权估计全部"还原"为关于 z 的估计,尤其是对那些导致额外几何条件的项可以保持不动!这样,在进一步引入一系列复杂的截断函数后我与 I. Lasiecka 和 R. Triggiani 合作就可以得到关于带 Neumann 边界条件的非守恒双曲方程在非常自然的几何条件下的边界能观性估计(见[45])。我们这篇文章长近百页,在合作过程中我见识了两位合作者深厚的功力以及追求完美的治学态度。两位合作者对这项工作非常满意,尤其是 Triggiani 告诉我,我们的结果比一位长期研究偏微分方程唯一性的学者、反问题领域国际上的领军人物之一 V. Isakov 等在几乎同一时间独立完成的工作[41]中的结果更好([41]中的结果和我们在 1998 年秋季得到的结果相近,都直接用[46]中的那个关键引理)。

容易看出,偏微分方程的能观性估计相当于某种定量的整体唯一延拓性质。历史上,有不少大师级的数学家研究偏微分方程的唯一性,如 A. P. Calderón([11])和 L. Hörmander([36])等,但这些工作主要局限于局部唯一性。与局部唯一性相比,在控制论中更为有用的偏微分方程的整体唯一延拓性质的研究更为困难。一个自然的想法是将局部唯一性"拼接"起来而得到整体唯一性。然而,这并不总是可行的。事实上,S. Alinhac 在[1]中的经典结果表明:对于带有低阶项的波动方程,即便系数无穷次光滑,其局部唯一延拓性质也可能不成立。但我们在[45]和[113]等中的结果表明:从整体来看(自然此时所给条件也是整体的),对于同样的方程,只要低阶项系数本性有界,其唯一延拓性质就成立。偏微分方程的整体唯一延拓性质与其所在空间区域的几何性质有关。在[45],[113]和[115]等工作中,我们发展了一套对这类问题行之有效的整体 Carleman 型估计方法,对一般形式的系数非光滑的波动方程、Schrödinger 方程和板方程分别在一定的几何条件下同时给出解的整体唯一延拓性质与能观性估计。

在完成上述工作[45]和[66]后,大致在 1999 年秋天,我申请好了去西班牙马德里康普顿斯大学 Zuazua 那里去做博士后。我当时是个十足的"土包子",对西班牙也几乎一无所知,甚至不知道马德里是西班牙的首都,还把马德里和新德里搞混了(后来才知道,西班牙还是比较发达的国家,在 2000 年前后整个国家一年发表的 SCI 文章总数居然和整个中国的差不多,当然现在已经完全不可和我国同日而语了)。正如 Zuazua 所言,西班牙政府机构办事效率很低,我的西班牙签证直到 2000 年 7 月才拿到,此时我已从四川大学博士后流动站出站并留校工作了。

自 2000 年 7 月中旬开始,我在西班牙做为期一年的博士后。那个时候,通信远不如现在方便,我也不会西班牙语;在 Zuazua 外出时间较长的时候,我甚至有时接连 2 到 3 个星期没和任何人说过话,这样也就只好一心一意做研究了。刚开始的时候,Zuazua 叫我用整体 Carleman 型估计研究线性化的 Benjamin-Bona-Mahon 方程的整体唯一延拓性质。记得出国前,李训经老师和雍炯敏老师都跟我说过,要好好抓住在西班牙跟 Zuazua 做博士后的机会,争取多做点有意思的工作,不然以后这条路就断了。不幸的是,我在刚才这个问题上接连好几个月都没有任何进展,让我都有点怀疑自己是不是"江郎才尽"了,心中很是苦闷。在临近这年年底的时候我才发现,可以举出非常简单的反例说明该方程的整体唯一延拓性质一般并不成立。进一步,我和 Zuazua 合作发现线性化的 Benjamin-Bona-Mahon 方程的整体唯一延拓性质的一个奇异现象,即其解唯一与否强烈地依赖于其低阶项系数的零点的位置。特别地,我们对该方程得到的整体唯一延拓性质其实无法用整体 Carleman 型估计得到,而是用谱方法证明的。记得我当时需要查询一个关于不定度规空间中的谱分解结论,还专门发邮件请教过李老师。另外,我们当时还实质性地用到了郭宝珠老师的工作([31]等),郭老师在偏微分方程控制的 Riesz 基方法等方面有重要的贡献。值得注意的是,对该工作中考虑的方程,如果只是从局部来看,尚不清楚唯一延拓性质何时成立。这说明,偏微分方程的整体唯一延拓性质有其自身的特点和有别于局部情形的困难之处,因此研究偏微分方程的整体唯一延拓性质有独立的意义。该工作还纠正了一个传统的观点,即非线性偏微分方程的唯一延拓问题本质上是个线性问题，至少对充分光滑的解应该如此。我们的结果还表明，对真正非线性的 Benjamin-Bona-Mahony 方程，其唯一延拓问题是不能线性化的，即便对无限次光滑解也如此。我们这项工作的主体部分([120])发表在德国的 Math. Ann., 这是一个主要发纯数学文章的主流数学杂志。

2001 年春天, Zuazua 叫我去申请西班牙科技部资助西班牙各高校和科研机构一个称为"Programa Ramón y Cajal"的新项目, 为期 5 年。他说, 这个项目是面向全球年轻学者的, 提供的条件比较丰厚, 因此申请人可能很多, 叫我不要抱太大希望。我还是比较认真地准备了申请材料。这年夏天, 我在西班牙的博士后位置到期就回国了。

在 2001 年暑假中, 我回复旦去看望李训经老师和雍炯敏老师。记得我在复旦做学生时, 李老师见到我当然是以批评为主, 但和以前不同的是, 在那个暑假我见李老师时, 他竟然表扬了我, 说我的工作很有特色, 甚至还有一些其他溢美之词, 并给我提出了更高要求, 要我至少在某些方面超越"Fudan School"的前辈们, 并说一个"School"最怕一代不如一代甚至一代远不如一代。那次见雍老师时, 他也要求我把 Carleman 估计的实质真正搞清楚, 并在这方面写一本英文专著。不过, 特别不好意思的是, 我做事拖沓。过了好几年, 我才真正搞清楚 Carleman 估计就是一种带权的能量估计, 甚至可以把 Carleman 估计在不到一分钟内讲清楚, 只要听众知道一点点微积分即可(见[51]), 真是所谓"大法不繁、大道至简"。记得又过了几年, 在李大潜老师在复旦组织的一次学术会议上, 我就是这样讲 Carleman 估计的, V. Komornik 听后非常高兴地对我说, 他是第一次听别人把 Carleman 估计讲得这么清楚。对雍老师叫我写的专著, 是好多好多年以后才和我的学生付晓玉及吕琦一起完成的([27])。

再赴西班牙合作交流

2001 年 9 月初, 我去法国的 Metz 大学访问 3 个月。在访问期间, Zuazua 来邮件告诉我, 说我申请的"Programa Ramón y Cajal"项目获批了。这样, 从 2001 年 11 月起到 2006 年 11 月止, 我作为"Investigador del Programa Ramón y Cajal"先在马德里康普顿斯大学, 后由于 Zuazua 去了马

德里自治大学，因此我也跟着过去，一共又在西班牙待了5年。我不会西班牙语，无法在西班牙讲课。另一方面，我在四川大学开始带研究生了，还有其他教学科研任务。因此，我跟 Zuazua 商量后确定，在这5年里，（实际上）差不多一半时间在马德里，一半时间在成都，基本上是去西班牙待两三个月后又回国待两三个月。这是一段非常难忘的经历。在马德里的时候，我有时候天天和 Zuazua 一起讨论。我们的讨论当然也不限于数学，有时候海阔天空什么都聊，Zuazua 似乎也能听懂我那蹩脚的英语口语（当然重要的事我们还是得在纸上写出来）。能够与研究领域的顶尖高手一起合作真是一件愉快的事，尤其是在学术生涯较为早期的阶段，这特别有益于像我当时的那种初级研究者迅速进入研究领域的最前沿。在西班牙的几年里，我跟着 Zuazua 学了很多。几年下来，我们也成了无话不谈的朋友。我们的合作和友谊一直持续至今。当然，更重要的是，与李训经老师和雍炯敏老师一样，Zuazua 也是我学术上的导师。我非常幸运，能得到这3位老师的指导，尤其是后来他们对我毫无保留的一贯支持和庇护。

在西班牙上述时间段里，我和 Zuazua 合作的一项很有难度的工作（见[91]，[121]和[122]）就是一起提出了一类新的可用于描写心血管、水下机器人、潜艇等模型的双曲抛物耦合组，其中的双曲型方程和抛物型方程位于不同的空间区域，但在交界面以某种方式耦合，发现其控制、观测和长时间行为等与非耦合情形及经典的耦合组有许多本质的差别，并发现其中有许多新的现象。对于双曲型和抛物型方程来说，其各自的能控性理论已得到很好的发展，但是很难将已知的方法和结果直接用于解决上述双曲抛物耦合组中的能控性问题。事实上，我们的工作表明，对上述这一问题来说，若将控制作用施加在双曲型方程部分和抛物型方程部分，则相应的能控性结果有很大的不同。值得注意的是，为证明这些工作中的一维情形的精细结论（见[121]），我们发展了一套处理关于指数和的 Ingham 型不等式的新方法，即基于某个偏微分方程的能观性估计，它明显不同于文献中常见的函数论或解析数论方法。这项工作，从一维到高维，持续了好几年。

记得在做上述工作一维情形时，在2002年3月底，我准备从上海去西班牙时还去复旦看过李训经老师，我给他汇报过该工作的进展，当时李老师精神还挺好的,我们还一起吃过午饭。这年五一长假期间,我给李老师家打过几次电话,想问候一下,但一直无人接听,就有种不祥的感觉,直到5月中旬才得知李老师生病住院了,而且很可能是胰腺癌晚期。这年暑假我到上海时,是直接去医院看李老师的,当时他的病已经确诊,估计李老师自己也知道了,但那时他的精神状况总的说来还不错,他还答应等痊愈后到四川大学访问。这年11月我再次回国去医院看李老师时,他的状况已经很不好,看到我的脑海里向来坚强的师长那种状况,我忍不住泪流满面;李老师反而安慰我,说我以后若能潜心做学问就是对他最好的报答,这是李老师对我最后的教诲,也是我见李老师的最后一面。2003年2月9日,汤善健老师来邮件告知李老师逝世了。尽管早有思想准备,这一噩耗仍使我悲痛万分。当时,正值我和 Zuazua 合作的上述工作一维情形(即[121])初稿的主要结果快要完成之时,我想在文章首页加上一句话 "Dedicated to the memory of Xunjing Li"(献给李训经),Zuazua 欣然同意。

2003年秋天,雍炯敏老师移居美国,去中佛罗里达大学任教。尽管不如以前容易,雍老师和我尚能不时见面。对我做的上述工作,雍老师其实还不是特别满意,他甚至比较隐晦地对我说过其原创性还不是太高,他对我有更高的期望和要求。其实,人或多或少都是有惰性的,有师长不时敲打敲打实在大有裨益。

前面说过,我的博士学位论文([109])主要研究半线性分布参数系统的精确能控性,其中真正有意思的结果就是当控制区域是一个恰当的部分边界的邻域且非线性函数整体 Lipschitz 连续时半线性波动方程的整体精确能控性。非线性系统的能控性理论起源于1960年代中叶,但进展甚微。与其他非线性问题一样,无限维非线性系统的能控性是一个非常困难的问题。由于方程本身的特点,非线性双曲型方程的精确能控性理论更是进展缓慢。非线性双曲型方程的精确能控性理论中较为成熟的部分是其局部理论,在我们的工作之前只有零星的整体结果,如 A. V. Fursikov, O. Yu. Imanuvilov([30])和 E. Zuazua([126]和[127])等。对于非线性双曲型方程的整体精确能控性,其难点在于建立其线性化系统的对偶系统的显式能观性估计。在这方面,基于前述能观性估计的显式方

法,我们得到了在任何空间维数下,关于非线性函数可能超线性增长时半线性波动方程和半线性板方程的整体精确能控性([28]和[115]),其中[28]是付晓玉、雍炯敏老师和我——我们祖孙三代合作完成的第一篇文章。值得指出的是,在不假定非线性函数的线性增长条件时,关于非线性双曲型方程的整体能控性的研究十分困难,在此之前,仅有 Zuazua([127])关于一维半线性波动方程的结论。特别地,对半线性双曲型和抛物型方程的整体能控性问题,我与 T. Duyckaerts 和 E. Zuazua 合作还发现一个共同的关于非线性函数 $f(x)$ 的"3/2 对数增长"现象,即问题能否线性化与 $f(x)$ 在 x 趋于无穷大时的增长是慢于还是快于 $|x|\ln^{3/2}(1+|x|)$ 有关;而且,我们证明了其临界值 3/2 是不能再改进的(见[20])。注意到对纯方程问题而言,没有同样的现象。这表明:非线性偏微分方程的整体能控性问题的研究有独立于方程的意义。该工作发表于法国 Poincaré 研究所期刊 *Ann. Inst. H. Poincaré Anal. Non Linéaire*,并获该刊 2008 年度最佳论文奖。

我上述分布参数系统控制理论方面的工作绝大部分是在 2007 年之前完成的(正式发表要滞后一到两年)。主要由于这些工作,我于 2010 年获邀在 ICM(国际数学家大会)做 45 分钟报告,并于 2013 年以无限维控制系统的结构理论为题获国家自然科学二等奖。

有限余维数条件

上述分布参数系统控制理论方面的工作主要研究这类控制系统的结构理论,即分布参数系统的能控性、能观性、长时间行为以及与之密切相关的偏微分方程的唯一延拓性质等。熟知,控制理论可粗略地分为控制系统的结构理论和最优控制理论两大部分。前者是后者的基础,但结果与方法相互渗透和影响。

如本节开始部分所述,李训经老师和他创建的"Fudan School"在分布参数系统的最优控制理论方面有基本的贡献([55])。特别地,李老师与合作者一起提出的关于一般半线性分布参数系统带约束的最优控制满足非平凡最大值原理所需要的有限余维数条件,有基本的重要性。早在我还是博士生的时候,尽管李老师极少给学生具体出题目,有几次他还是叫我试着考虑主部系数含控制的椭圆型方程最优控制的必要条件。我曾花了好几个月的时间仔细考虑过李老师说的问题,遗憾的是未能取得任何进展。令人欣慰的是,多年以后,楼红卫和雍炯敏老师合作彻底解决了这个问题(见[67]),他们所采用的方法是我完全没有想到、也不熟悉的。

这么多年来,我自己在分布参数系统的最优控制理论方面没有做过有意义的工作,对此我一直念兹在兹,总想着什么时候能弥补上这一遗憾。这不是一件容易的事情,因为随着年龄的增长,我也逐步成为控制领域的"资深"学者,一般不太好意思随便写些小文章了。记得我刚博士毕业不久,陈叔平老师有次和我聊天时说,写小文章就像吸鸦片一样会上瘾!陈老师是我的师伯,但他一直把我当作他自己的学生一样关心、爱护和鼎力支持,我一直把陈老师的教诲铭记在心。好在我的运气一直很好,在学术生涯早期得到不少前辈和名师的指点、提携,稍微年长后我又有好些非常优秀的学生和年轻的合作者。

在 2011 年前后,我突然感觉在分布参数系统的最优控制理论方面做点工作的时候到了。当时,我正在和吕琦一起做(没有端点约束的)随机分布参数系统的 Pontryagin 型最大值原理(后面将详述),我们当时就猜测,李训经老师和雍炯敏老师的书[55]上的有限余维数条件很可能与伴随方程的某种 Gårding 型不等式有关,不过我们当时忙于其他问题,并没有更深入地思考这个问题。又过了几年,2016 年前后我去东北师范大学访问(之前就去过好多次),高夯老师和柳絮(我以前的博士后)都在那里工作。当年我跟雍老师读硕士时,高老师正好跟李老师读博士,我们在复旦求学期间有很长一段时间交集,从我们认识开始高老师一直对我关怀、照顾有加。当时我和柳絮讨论我们关于偏微分方程能控性的一个讲义手稿时,我想到吕琦有一个关于分布参数系统最优控制理论的讲义(主要基于李老师和雍老师的书[55]),我们就探讨有没有可能将来以这两个讲义为基础写一本分布参数系统控制理论方面的书(遗憾的是,这本书目前尚未成形),其中能控性理论和最优控制理论并重(以示与[55]的区别)。当时的分布参数系统能控性理论和最优控制理论几乎是独立发展的,这很不令人满意。于是,我们就思考有没有可能建立分布参数系统能控性和最优控制之间的某种联系。联想起几年前和吕琦的讨论,我们猜测有限余维数条件很可能和某种能控性有密切联系。于是,我就建议柳絮去仔细读读[55]中第 4 章的有关内容。很快,在 2016 年 3 月 10 日,柳絮就用邮件发给我一个很初级的版本,说明有限余维数条件可以化成某种弱的能控性。于是,我马上建议她、吕琦和我 3 人一起来考虑这个问题。不过,这个问题远比我们想象的困难。接下来,我们 3 人一起花了近 3 年的时间才较为彻底地解决了这个问题,即理清了有限余维数条件、有限余维能控性与带端点约束的无限维最优控制问题之间的关系(见[64])。在这个工作中,我们以带端点约束的无限维最优控制问题为背景,引入了有限余维(精确和近似)能控性的概念。进一步,我们利用对偶方法给出了刻画这些有限余维能控性的分析判据。特别地,我们发现有限余维精确能控性等价于伴随方程的某种 Gårding 型不等式。对一些具体问题,比如带时空位势的波动方程,可以验证这类不等式,从而应用于相应的最优控制问题。此外,在很弱的条件下,我们证明了这类波动方程的有限余维精确能控性等价于经典的几何光学条件。稍后,我们 3 人和张海森(也是我以前的博士生)合作,又花了近 3 年的时间把上述结果拓广到带约束的无穷维优化问题,得到著名的 Fritz John 型条件中非平凡 Lagrange 型乘子存在性的刻画(见[65])。从某种意义上说,我们这两项工作分别是李老师与合作者一起提出的有限余维数条件的精密化和一般化。

希望在不太远的将来,柳絮、吕琦和我能完成上述那本关于分布参数系统控制理论方面的书,或能将李训经老师和他创建的"Fudan School"在这方面的工作推进至新的阶段。

三、随机分布参数系统

H. O. Fattorini 在[22]中评价的仅仅是李训经老师创建的"Fudan School"工作的一部分。事实上,"Fudan School"的工作还包含更为精彩的内容,即随机控制理论、随机微分方程和金融数学等方面的系列工作。在这些方面,李老师是先驱者、倡导者、组织者和推动者。从 1982 年下半年起,

李训经老师及他创建的"Fudan School"对我的影响

李老师就已经指导他当时的硕士研究生马进老师和王银平老师学习和探索随机控制理论,从而在复旦大学开始了控制科学的随机控制研究方向。1985年9月,他将首次在复旦大学招收的两位博士研究生周迅宇老师和胡瑛老师的研究方向确定为随机最优控制。从那时起,随机控制便成为李老师主持的讨论班上的主要专题之一。当时,经常参加讨论班的还有浙江大学的陈叔平老师。1988年起,雍炯敏老师和彭实戈老师(他刚从法国来到复旦大学数学研究所跟李老师做博士后)先后成了讨论班的参与者。从那时起一直到李老师过世止,真是一个硕果累累、彻底改变了随机有限维系统控制理论面貌的年代,产生了一批令国际同行刮目相看的研究成果,例如彭老师关于扩散项含控制且控制区域非凸时的一般随机最大值原理(见[86])、倒向随机微分方程的一般理论(与 E. Pardoux 合作,见[85])、推广的 Feynman-Kac 公式(见[87]),以及后来的非线性数学期望和 G-期望(见[88])等;周老师关于 Pontryagin 最大值原理和动态规划方法之间的关系(见[124]);陈老师、李老师和周老师关于随机线性二次不定指标最优控制的理论(见[13]和[14]);马老师和雍老师(见[82]及早期与 P. Protter 合作的[81])以及胡老师和彭老师(见[39])关于正倒向随机微分方程的一般理论;汤善健老师关于带随机系数的一般随机线性二次最优控制和倒向随机 Riccati 方程(见[94]);等等。上述工作有相当部分总结在雍老师和周老师的专著[103]中,这本专著已经成为我国数学家撰写的目前尚罕见的数学经典著作之一。

我当年在复旦求学期间,李训经老师创建的"Fudan School"在随机有限维系统控制理论尤其是最优控制理论方面的主要工作,如彭实戈老师的一般随机最大值原理和雍炯敏老师等的正倒向随机微分方程等,已经完成或主体工作已接近完成。前面说过,在听到李老师自豪地说起"Fudan School"在随机(有限维系统)控制及相关领域的基本贡献时,我自己也曾多次跃跃欲试,但在复旦读书期间未曾真正在这方面花功夫。记得在1997年的秋季学期,雍老师回国后开了一门"随机控制"的研究生课程(当时他正在和周迅宇老师一起撰写专著[103]),我当然修了这门课。在讲这门课时,雍老师甚至建议我考虑一下随机松弛控制,但我当时主要精力放在半线性分布参数系统的能控性方面,一直没有花很多时间考虑过这个问题。让我记忆特别深刻的是,雍老师在讲彭老师的一般随机最大值原理时提到,二阶伴随方程的修正项当时还不知道能派什么用途,多年以后我和张海森发现,这个修正项在关于最优控制的二阶必要条件时是会用到的,这是后话。我在复旦读书时,基本上修的每一门课,我都会认真做笔记并保存至今,甚至到现在我还不时找出来看看。因此,在我后来准备做随机分布参数系统控制时,当年修雍老师讲授"随机控制"的课堂笔记就发挥了很大的用途。

现在回头想来,我当年先集中精力在确定性分布参数系统控制做些工作是非常正确的选择。如果我当时也去做随机有限维系统控制,当然会做些工作出来,但与彭实戈老师和雍炯敏老师等前辈相比,我在这个领域的工作很可能永远无法望其项背!这样一来,我知道的随机控制可能永远是这些前辈师长所知的一个真子集。记得我刚到四川大学工作不久,时任数学学院院长的李安民老师有一次代表学院很郑重地找我谈话,希望我能在川大开展金融数学的研究(因为他知道雍老师做金融数学),甚至说还可以给我指派些助手。我稍后仔细想了想,觉得我在这方面不大可能比彭老师和雍老师做得更好,因此作罢。

有一次在李训经老师家里聊天,他说他的导师陈建功先生在带研究生时,一般都要求先仔细研读[12]和陈老的另一部专著《三角级数论》,但学生具体做什么则完全持开放态度,只要是做数学即可。其实,陈老的做法是非常正确的,数学是相通的,真正把一个分支的基本东西搞清楚了,再看其他分支一般也就不会太难了。李老师还总是鼓励学生去开拓他自己并不熟悉的研究领域,注重让学生自己选题和寻找有意义的方向。他很形象地说:选题的关键是看这个问题是"大 N 中的 ε,还是 ε 中的大 N"。他告诫他的学生,不要满足于仅解决他人提出的问题,更重要的是要学会自己找问题,甚至到一定时候开辟新的研究方向。他曾经毫不客气地说:"至少就应用数学而言,只会做别人提出的公开问题的人是没有太大出息的。"雍炯敏老师也深受李老师的影响。当年读书的时候,我们学习(常微分方程)最优控制理论,用的参考书是李老师等编著的《最优控制系统的微分方程理论》([123]);学习分布参数系统,用的参考书是[55];学习随机控制理论,用的参考书是[103](当时尚未完稿,雍老师给过我部分手稿)。但对我具体准备做什么研究工作,雍老师最早要我读的电磁场理论就不是他熟悉的,后来让我做的能控性他本人也只有少量的研究工作。或许他是希望通过这种方式让我多学点东西,在他熟悉的方向之外摸爬滚打,哪怕跌点跟头也没有多大关系。后来,当我在确定性分布参数系统的结构理论有比较系统的工作而打算寻找新的研究方向即随机分布参数系统的控制理论时,当年读研究生时在李老师、雍老师等的书或课堂上([55],[103],[123])学的很多东西,都逐渐派上用场。

初窥随机分布参数系统

无论如何,我从复旦这个当代随机控制的大本营出来,若不做点随机控制,总是一大遗憾。时间到了 2004 年夏天,潘立平老师(他是李训经老师以前的学生)邀请我去复旦大学访问 3 个月,在复旦求学期间,潘老师就像兄长一样关怀我(严格说来,他当然也是我的老师,不过他和我一直称兄道弟)。这是我毕业后比较长的一段时间待在复旦,这里一切都是那么熟悉,到处都让人觉得亲切。遗憾的是,李老师已过世,雍炯敏老师也已移居美国。到了复旦,当然要去拜访汤善健老师,他也是李老师以前的学生;而且更重要的是,我当年修的线性系统理论和最优控制理论两门课程,都是汤老师给我们上的(汤老师的山东普通话其他同学都说听不大懂的,不过我还好,基本能听懂,可能是因为我的四川普通话也经常走调)。汤老师只比我大两岁,但他是师长,一直对我关爱有加。这次和汤老师见面,我收获极大。汤老师提议我们一起研究随机抛物方程的零能控性,并给了我一份 V. Barbu 等刚刚发表不久的文章[4]。我其实有这篇文章的电子版,只是基本上把当年在雍老师的随机控制课堂上学的随机分析全部还给他了,所以一直没有下决心仔细读读 Barbu 等的文章。我对汤老师的提议很感兴趣,他当时在随机控制领域已有重要工作(见[94]等),能和他合作我当然很高兴。不过,我当时把 Itô 积分的定义都忘光了,好在我那个时候才 30 多岁,精力还很好,于是迅速把我当年听雍老师的随机控制课的笔记找出来恶补了几天。毕竟是学过的,尽管几乎忘光了,但很快又补回来了,为此我很开心。

由于研究确定性抛物方程零能控性的主要工具是整体 Carleman 估计,这个工具我非常熟悉,因此补了些随机分析最基本的知识后,我就马上和汤老师一起讨论如何把这个工具移植到随机抛物方程。当然 Barbu 等的文章[4]在这方面已有部分结果,但他们只是考虑了最简单的情形,所加的条件也不太自然;更重要的是,与确定性情形完全不同,由于对随机过程适应性的要求,正向随机微分方程和倒向随机微分方程差别很大,倒向随机微分方程不能像确定性场合一样简单地做个时间变换化成正向随机微分方程,而必须加上修正项单独研究,因此[4]中实际上并没有给出正向随机抛物方程的零能控性(因为由经典的对偶方法,这需要建立倒向随机抛物方程的 Carleman 估计和能观性估计,这是一个直到今天也没有彻底解决的问题)。

我当时还是有点"初生牛犊不怕虎"(尽管也不年轻了),好像也没有觉得随机问题有多困难(其实是没有真正理解其难度)。我和汤善健老师讨论了几次后,迅速地就最困难的带一般系数的倒向随机抛物方程的 Carleman 估计和能观性估计(由此可得正向随机抛物方程的零能控性)写了个初稿发给汤老师。这么快就把问题解决了,我当时还很是开心了一阵。汤老师当时可能太相信我了,也觉得是对的,我们俩都很高兴。不过,此前和此后太多次的教训让我总结出一条铁律:数学里太容易做出来的东西,要么没有太大意思,要么是做错了!遗憾的是,这一次是做错了。当我们准备撰写这个工作的全文时,汤老师非常仔细地检查每一个细节,结果发现我把一个最关键的项的符号算错了,我又反复核查,最终确认确实是算错了,实在是太不好意思了。

发现上述错误后,汤善健老师和我都花了很大的功夫试图补救过来,但未能如愿。这个时候,我才仔细去看了看 Barbu 等的文章[4],发现他们在该文的第 99 页明确指出正向随机抛物方程的零能控性是一个挑战性的问题。稍后,我又发现 Barbu 等的另一篇更早的会议文章[5]的第 39 页更是写道:"这类问题似乎是困难的,与确定性情形相比有着实质性的新的困难,文献中的已有方法都不能给出令人满意的、完整的答案。"这是我当时拟转向随机控制想做的第一个工作,问题远非我想象的那么容易,就像是给了我当头一棒的一个下马威。不过这样也好,因为太容易做的东西可能也就真的没有什么意思。

上述工作的紧要之处是要建立倒向随机抛物方程的 Carleman 估计。前面说过，和正向情形迥异的是，为了得到适应解，倒向随机抛物方程必须加上修正项。汤善健老师和我一开始建立的 Carleman 估计中，"好"的项中确实也有这个修正项，但这个"好"修正项系数的阶不足以"吃掉"原方程中（作为"坏"项出现的）修正项。前面提到的关键错误就是把"好"修正项系数的阶给算错了。尽管如此，我们的工作也不是毫无价值。这是因为，如果把修正项也作为观测的一部分的话，我们还是可以得到一个较弱一点的（关于倒向随机抛物方程的）能观性估计。这样，用经典的对偶方法，我们也能得到一个弱一点的关于正向随机抛物方程的零能控性，只是除了（和确定性情形类似）在漂移项加上部分区域的控制外，还需要在扩散项处处加控制。我们对这个结果当然很不满意，一直期望去掉扩散项中的控制，或至少可以不用在扩散项处处加控制。非常遗憾的是，哪怕是后一种在扩散项局部加控制的结论，我们花了很大的功夫也没有做出来。实在无奈之下，汤老师建议把当时能得到的结论整理投稿，我也没有更好的办法就同意了。

汤善健老师和我的上述工作最终还是发表了（见[97]）——尽管我们都很不满意。过了几年，柳絮发现汤老师和我在[97]中得到的倒向随机抛物方程的能观性估计其实可以从确定性抛物方程的 Carleman 估计推出，而且还能去掉我们当时需要的一个技术性条件（[62]）。不过，柳絮的方法和我们的方法各有千秋，对某些问题用她的方法得到的结果更好，但对另外的问题用我们的方法得到的结果更好，因此她的方法还不能完全取代汤老师和我的方法。经过最近 10 多年的发展，人们逐渐也认清了这些工作的价值，V. Hernández-Santamaría 等（[33]）公开评价：Barbu 等的文章[4]、柳絮的文章[62]以及汤老师和我的文章[97]为随机热和抛物型方程能控性方面**"最有代表性的工作"**。

不过，特别让人遗憾的是，汤善健老师和我最初期望做的结果，即一般情形随机抛物方程（只在漂移项加控制时）的零能控性到现在也没有做出来，哪怕可以加两个控制但在扩散项只是局部施加控制，目前也没有任何结果。这可能是随机分布参数系统控制领域最困难的公开问题之一，近 20 年来我有很多次回到这个困难的问题,每次都高兴一阵子以为做出来了,但稍后检查发现还是错了,我现在都不大敢确定这个问题的答案到底是正面的还是负面的。我估计,很有可能,只有等年轻一代的控制论专家(最好是李训经老师创建的"Fudan School"的后辈)来解决这个问题了!

带学生开辟新的研究方向

在汤善健老师和我的上述工作完成之后,我自己也得到了正向随机波动方程的 Carleman 估计和能观性估计([118])。前面说过,正向随机方程的估计相对来说要容易得多,但对正向随机波动方程的 Carleman 估计来说,还是需要克服些困难,主要是在确定性情形的相应估计实质性用到了波动方程的时间可逆性,而这种可逆性在随机情形一般不再成立。不过,后来吕琦在他的博士学位论文([68])中把这个问题看得更清楚,其方法也比[118]要简洁些。

由于当时我在分布参数系统方面的工作还没有告一段落,我在做上述随机偏微分方程的能控能观性时并没有全身心地投入。不过,受李训经老师当年在复旦大学探索随机控制研究方向的影响,我在四川大学以及稍后在中国科学院数学与系统科学研究院做"百人计划"期间也早就想带些学生一起开辟新的研究方向。这远不是一件容易的事情,我自己就有过很不成功的探索,比如我曾经很有兴趣去探索偏微分控制的微分代数方法,并安排过至少两届学生读这方面的准备知识(吕琦也曾参与这一过程),但收效甚微。从某种意义上说,要进入一个新的研究方向或领域,几乎一切得从头开始,刚开始写的文章找个地方发表可能都远非易事,除非像我与汤善健老师合作一样,有机会和该方向或领域的成名学者一起写文章。

大概是 2005 年底,我去拜访刘应明老师时,他批评我:"到川大这么长时间了,怎么没有培养出一个像模像样的学生?"我深以为愧疚,无形之中也很有压力。其实,李训经老师和他创建的"Fudan School"在人才培养方面是有深厚传统并极具特色的。李老师培养了陈叔平老师、胡瑛老师、刘康生老师、马进老师、彭实戈老师、汤善健老师、雍炯敏老师和周迅宇老师(姓氏拼音为序,下同)等一大批在国际上有影响甚至重大影响的学者;接下来下一代，马老师培养了张建丰，彭老师培养了陈增敬、李娟和吴臻，周老师培养了金含清等一批杰出的年轻学者，尤其是彭老师更是在山东大学创建了一个在国际上享有盛誉的随机控制和金融数学中心；甚至再下一代，陈增敬和吴臻也都已经培养出不少非常优秀的学生了。我作为雍老师的学生，可不能到我这儿就失传了！

到了 2006 年底，我在西班牙的"Programa Ramón y Cajal"项目已经结束，可以不用经常出国了，因此我得仔细想想如何带学生以及建立团队的事情了。付晓玉是我指导的第一届博士生，当时我还不敢让她的研究方向离开我最熟悉的确定性分布参数系统控制理论（幸运的是，前面说过，付晓玉后来获得了全国百篇优秀博士学位论文奖）。吕琦当时还在跟我读硕士，那个时候已经基本确定继续跟我读博士（他后来是我指导的第二届博士生）。他的数学基础很好，读过很多数学书，而且也能真正读懂并按自己的方式讲出来。我最初叫他去探索偏微分控制的微分代数方法，但这个方向我几乎一无所知，过了一段时间，感觉风险还是太大。由于我和汤善健老师合作在随机偏微分方程能控能观方向已有一些工作，可以给吕琦一些指导，因此就叫他转到这个方向上来。

对于随机偏微分方程能控能观问题的重要性和困难性，国际数学控制界是公认的。国际数学联盟前主席 J.-L. Lions 在其 1988 年的综述论文 [56] 中认为随机偏微分方程能控性问题为"最重要的问题之一"。在 J.-L. Lions 论文发表后的近 20 年中，随机分布参数系统的能控性研究几乎处于一片空白。事实上，正如 E. Zuazua 在 2007 年发表的一篇综述论文（[128]）中所说，随机偏微分方程的能控性仍为"一个完全未开垦的研究领域"（a widely open subject of research）。

由于吕琦在硕士阶段在确定性偏微分方程的能控能观方向已有很好的训练，加上他读新东西很快，迅速掌握了随机分析的基础知识，因此很快就在随机抛物方程的能控性问题上取得进展。具体说来，他用谱方法对一类比较特殊的正向随机抛物方程（即仅有的零阶项系数不依赖于空间变量），得到了零能控性（见[69]）。他的这个能控性结果只需要加一个控制，这也是迄今为止唯一只需要加一个控制的关于单个正向随机抛物方程能控性的结果。特别地，对该方程，他还发现一个完全不同于确定性情形的新现象，即随机抛物方程的近似能控性有时比该方程的零能控性需要更强的条件。这意味着，随机抛物方程的能控性与确定性抛物方程的能控性之间存在本质的差别。

随后，吕琦深入研究了随机偏微分方程的 Carleman 估计及应用。如前一节所述，Carleman 估计是研究偏微分方程唯一性等问题的重要工具，广泛应用于反问题与控制论中。对于确定性偏微分方程的 Carleman 估计及其应用，已有大量的结果。但是，关于随机偏微分方程的 Carleman 估计，在吕琦的工作之前仅有的结果是 V. Barbu 等的文章[4]、汤善健老师和我的文章[97]以及我自己的文章[118]。吕琦在其博士阶段，先后得到随机 Schrödinger 方程、随机抛物方程、随机双曲方程等的 Carleman 估计，并给出相应结果在随机偏微分方程的系数识别与状态观测等问题中的应用（见[68],[70]等）。

新的 Riesz 型表示定理与随机转置方法

从吕琦博士毕业那一届起，教育部就不再评全国百篇优秀博士学位论文奖，所以他就没有机会获得这个奖了。不过，他在博士毕业前后还有两个合作工作，在我们后来的工作中发挥了非常关键的作用。

吕琦的上述第一个合作工作是[72]。这篇文章最早考虑的问题大概是 2008 年前后雍炯敏老师叫我和他一起做的，即研究能否把随机分析有基本重要性的（数量值随机过程的）Itô 积分用 Lebesgue 积分来表示，雍老师自己曾在一定的附加条件下得到了一些有趣的结果。他希望我们能一起把这些附加条件去掉。后来才发现，雍老师出的这个问题是真的好（有过一定研究经历的学者都知道，其实有时找一个好问题比解决它更重要）。一是这个问题刚好用我以前做能控能观性非常熟悉的对偶方法尤其是值域比较定理（不过比常见的值域比较定理更为精细的结论）可以解决，二是为解决这个问题而得到的副产品非常有用。我们把数量值情形做出一些初步结果后，很自然希望推广到更一般的情形，即考察向量值随机过程的 Itô 积分能否用 Bochner 积分来表示。由于希望吕琦有更多的历练机会，我就建议把他也加进合作者,雍老师欣然同意。这又是一篇祖孙三代合作的文章。该工作的关键是给出了一个新的 Riesz 型表示定理,特别地给出了关于时间变量与概率测度有不同可积性的向量值适应随机过程全体所成 Banach 空间的对偶空间的刻画。该表示定理是吕琦和我后来引入的随机转置方法的理论基础。另外,作为该表示定理的一个典型应用,我们发现随机系统能控性的一个迥异于确定性情形的新现象,即存在非常简单的随机系统,仅当控制函数极不光滑时系统才精确能控。但对相应的确定性问题而言,若对不光滑控制函数类系统能控,则对光滑函数控制类也能控。更具体些,一个直观的解释是,在确定性的世界里,对于可以达到的目标,可以毫无悬念、一马平川地达到;但在随机的世界里,由于不确定性,即使是可以达到的目标,实现目标的路径也可能是迂回曲折的。这从数学上佐证了"前途是光明的,道路是曲折的"这一富有哲理的名言。记得李训经老师常说,好的数学往往能解释物理学家或工程师们认为是正确甚至是显然的现象。所以他特别强调,应用数学研究要讲清实际背景,不能"无病呻吟"。我对我们这个结果非常满意,因为它还能有上面比较"实际"的解释。我们这篇文章还有些趣事。文章写好后,雍老师一直觉得哪里会有点问题,但吕琦和我核查过几次也没有发现哪里有问题。等文章发表后,发现由我们的 Riesz 型表示定理推出的结论居然与用经典的 Burkholder-Davis-Gundy 不等式推出的结论矛盾。这样一来,问题就大了。吕琦和我又反复核查过几次也没有发现哪里有问题,于是我就叫我以前的几个博士后王鹏辉、柳絮和王天啸一起来检查,差不多 10 来天也没有找出问题。这就奇了怪了,肯定有问题但又找不到问题何在,我简直是寝食难安。我给雍老师写邮件说,这是我学术生涯中最艰难的时刻。好在不久之后,柳絮更仔细些,问我证明中有一步的可测性是如何得到的,我马上意识到问题所在,我们的主要结果中确实漏掉了一个可测性条件。后来,我们发了一个更正,加了一条可测性假设。值得庆幸的是,加上这个条件不影响我们的主要结果,也不太影响吕琦和我发展的随机转置方法。

吕琦的上述第二个合作工作是与我一起开展的[74],引入了求解一般滤子空间倒向随机微分方程的随机转置方法并给出了一些应用。倒向随机微分方程最早由 J.-M. Bismut([9])提出,其初衷是研究随机最优控制问题的 Pontryagin 型最大值原理。Bismut 关于倒向随机微分方程的工作在相当长的一段时间里并没有引起人们的足够重视,他本人后来转入 Malliavin 分析、大偏差理论、指标定理等其他问题的研究。前面已经说过,彭实戈老师和 E. Pardoux([85])合作建立了一般的非线性倒向随机微分方程理论。稍后,人们发现他们的工作在金融数学中有基本的重要性。后来,彭老师等更是发现倒向随机微分方程在随机控制、偏微分方程、随机分析等中也有重要的用途,并引发了大量的后续工作。前人关于倒向随机微分方程的工作大多假定滤子是由 Brown 运动生成的自然滤子,极少数例外,见 N. El Karoui 等的工作([21])等,但她们的方法没有给出在控制论中需要的对偶关系。受 J.-L. Lions 等在(确定性)偏微分方程中非齐次边值问题([58])和(确定性)波动方程精确边界能控性问题([56])等引入的转置方法的启发,吕琦和我合作引入随机转置方法,给出一般滤子空间中倒向随机微分方程转置解的概念及相应的适定性结论。我们的基本想法是通过一族正向随机微分方程来定义倒向随机微分方程的解。在一定意义下,转置解相当于偏微分方程的弱解,在自然滤子时它正好就是通常意义下的适应解。转置解本身是利用对偶关系来定义的,可以视作倒向随机微分方程的变分形式,能很方便地用于研究一般形式随机系统的 Pontryagin 型最大值原理。此外,我们还给出了关于转置解的比较定理。值得一提的是,我们的方法不需要鞅表示定理,甚至也不需要 Itô 公式(因为用 Itô 公式的结果已经包含在转置解的定义中)。在我们的工作之前,随机转置方法的一个雏形其实已出现在雍炯敏老师和周迅宇老师的书[103]的第 353—354 页中(这是有一次碰到周老师时,他告诉我的),但他们没有把转置解作为一个基本概念来深入研究倒向随机微分方程。吕琦和我后来进一步把随机转置方法发展成求解无限维空间中倒向随机发展方程尤其是算子值倒向随机发展方程以及算子值倒向随机 Riccati 方程的一个基本方法,这将在后面详细叙述。

不难看出,转置方法([58])是经典的对偶方法的一个变种,在某种意义上它提供了一种考察某种不容易被直接检测到的东西的间接方法。事实上,很容易看出,这种方法的主要思想是通过另一个已被很好理解的方程来定义一个新的有待研究的方程的解。值得指出的是，吕琦和我引入的随机转置方法和经典的转置方法有很大的不同。事实上，在我们的工作中引入随机转置方法的主要目的并不是解决随机偏微分方程的非齐次边值问题（尽管它对解决这类问题也确实有效），而是用以求解倒向随机方程（尤其是上面提到的算子值倒向随机发展方程），其中不存在明显的边界条件（甚至根本不存在边界条件）！但无论如何，我们的随机转置方法确实是受经典的转置方法的影响。可以说，如果没有长期研究确定性偏微分方程中非齐次边值问题/精确边界能控性问题的经历，尤其是一开始就研究随机控制的学者，是不大可能在解倒向随机微分方程时想到发展随机转置方法的。由此看来，在我进入随机控制领域之前，李训经老师和雍炯敏老师长期支持我在确定性分布参数系统控制理论上的研究是非常有远见的。

全力发展随机分布参数系统控制理论

2010 年 10—11 月，我应邀访问法国 Poincaré 研究所，那段时间这里组织了很多确定性偏微分方程控制方面的会议和其他学术活动，有很多这个领域国际上的知名专家先后来访并做报告。我当时正在思考下一步的学术方向问题。坦率地说，我对当时听到的学术报告都不太满意，这些报告涉及的问题、方法和结果与大致 10 年前我在意大利的另一次偏微分方程控制方面的会议上听到的报告似乎没有太多本质的不同，一个学科或一个方向长期这样会缺乏生机的。对随机（有限维系统）控制，我稍早在国内外好几个学术会议上听到的报告，或多或少也有同感。这就促使我思考，怎么给这两个现代控制的主流方向注入新鲜血液？有没有可能将两者融合起来发展呢？

从历史来看，在 1950 年代中期，迅速兴起的空间科学技术的发展迫切要求建立新的控制理论。到 1960 年代初，人们建立了一套以状态空间方法为基础，用以分析和设计控制系统的新的原理和方法，这标志着现代控制理论的形成，以 L. S. Pontryagin, R. Bellman 和 R. E. Kalman 为代表的数学家或应用数学家对此做出了重大贡献。现代控制理论的经典结果主要针对较为简单的确定性有限维系统。经过半个多世纪的发展，确定性有限维系统控制理论已经比较成熟,尽管其中还有不少挑战性的问题未获解决。

随着应用背景的扩大,人们需要建立更为复杂的系统,如分布参数系统的控制理论。在实践中,真实的问题往往同时具有时空演化特征,从而有限维系统只是实际系统一定程度的近似。即使是有限维系统,当运行中出现时滞时,系统也变成分布参数系统。因此,从理论上来说,分布参数系统是更为真实的模型。分布参数系统控制理论起源于1960年代,早期工作主要由 Yu. V. Egorov, H. O. Fattorini, J.-L. Lions 和 D. L. Russell 等人完成,我国学者关肇直先生在1970年代也有重要贡献。近50年来,该理论得到迅速的发展,很多学者在该领域做出了贡献,相继发表了数千篇论文,出版了上百部专著。

另一方面,任何实际系统都含有不确定因素,只是在有些情况下可以忽略这些因素。当这些因素不能忽略时,按确定性控制理论设计的控制系统的行为就会偏离预定的设计要求,有时甚至可能"差之毫厘,失之千里"。随机系统是一类有效刻画具有不确定性现象的数学工具。因此,从控制论的角度来看,研究随机系统控制理论具有基本的科学意义和重要的实际价值。随机有限维系统控制理论起源于1960年代,早期工作主要由 R. Bellman, J.-M. Bismut, H. J. Kushner 和 W. H. Fleming 等人完成。由于 A. Bensoussan, J.-M. Bismut, W. H. Fleming, P.-L. Lions 和彭实戈老师等人的工作,关于随机有限维系统控制理论已有深入的研究。

作为控制理论的自然发展,人们需要研究随机分布参数系统的控制理论。随机分布参数控制系统是指由无限维空间中的随机微分方程,如随机偏微分方程、随机时滞微分方程或带随机参数的偏微分方程等描述的控制系统。在理论方面,W. H. Fleming(美国科学院院士)主编的 *Report of the Panel on Future Directions in Control Theory*(见[23])指出,随机分布参数系统的控制理论提出了大量具有挑战性的数学问题;在应用方面,R. Murray(美国工程院院士)主编的 *Report of the Panel on Future Directions in Control, Dynamics, and Systems*(见[84])指出,随机分布参数系统的控制理论在芯片工业、等离子体、生物制药等行业有众多的应用背景。

随机分布参数系统的控制理论远未成熟,和确定性分布参数系统相比,在很多方面都只有部分很不完整的结果。尤其是在 2010 年前后,可以说,随机分布参数系统控制理论当时仍处于草创时期,与数学控制论的其他方向相比,不折不扣地还是一只"丑小鸭"。事实上,在该领域当时尽管已发表不少文章,但仅出版 1 部相关专著,即 A. Bashirov 在 2003 年关于部分观测线性控制系统的专著(见[7],当时还几乎没有其他人的后续跟进工作)。另一方面,那个时候,该领域中大多数已有结果平行于确定性分布参数系统控制理论或随机有限维系统控制理论,深刻的结果很少。

发展随机分布参数系统控制理论最主要的困难在于:即便对某些简单的控制系统也需要引入新的数学工具。从技术层面来说,研究随机分布参数系统的控制理论将会遇到的本质障碍在于无限维空间中的随机方程(包括随机偏微分方程)理论本身远未成熟,甚至对某些形式上很简单的随机偏微分方程,如何定义解都可能是一个困难的问题。另外,一般说来,随机分布参数系统控制问题的提法及解决方法均与确定性问题以及随机有限维情形有很大的区别,许多在确定性场合对随机有限维问题行之有效的工具和方法在随机分布参数情形不再适用,也就是说,随机分布参数系统控制远远不是简单的分布参数系统控制 + 随机控制。

我就是在上述背景下,于 2010 年底决定和吕琦一起集中精力发展随机分布参数系统控制理论的。当时他刚刚博士毕业不久,我们已完成[74],即引入了随机转置方法求解一般滤子空间倒向随机(常)微分方程,并给出了相应的随机有限维系统最优控制问题的 Pontryagin 型最大值原理。很自然,我们希望把这些方法和结果做到无限维情形,即研究算子值倒向随机发展方程与一般情形随机发展系统最优控制的 Pontryagin 型最大值原理,这在当时是一个具有挑战性的长期未决的问题。

先简单回顾一下随机有限维情形。自 J.-M. Bismut 在 1970 年代初的开创性工作([9])以后,存在许多关于随机有限维最优控制 Pontryagin 型最大值原理的研究。特别地,在自然滤子的情形,如前所述,彭实戈老师获得了关于扩散项含控制且控制区域非凸时的一般随机最大值原理(见[86])。彭老师在[86]中的一个重要的基本发现是:为了得到这种一般情形的 Pontryagin 型最大原理,与确定性问题完全不同的是,除了一阶伴随

方程即取值于 n 维欧氏空间的倒向随机微分方程外,还必须引入一个二阶伴随方程,即 n 阶矩阵值的倒向随机微分方程。

很自然想到要将上述随机有限维控制系统的结果推广到无限维空间(例如,在一个 Hilbert 空间 H 中),在我们的工作之前已有 A. Bensoussan ([8])、胡瑛老师和彭实戈老师([38])、汤善健老师和李训经老师([96])以及周迅宇老师([125])等人的文章(主要考虑了控制区域为凸集或扩散项不含控制等特殊情形),其中不乏"Fudan School"的身影(这倒是非常自然的,因为李老师创建的"Fudan School"既做分布参数系统控制,也做随机控制)。然而,如何建立关于扩散项含控制且控制区域非凸时的一般无限维非线性随机系统的 Pontryagin 型最大值原理是一个长期未解决的问题。

为了解决上述难题,受彭实戈老师工作[86]的启发,人们需要引入一个向量值(即 H-值)倒向随机发展方程和一个算子值[即 $L(H)$-值]倒向随机发展方程[分别作为一阶伴随方程和二阶伴随方程,其中 $L(H)$ 表示 H 上的有界线性算子全体],然后借助于这两个伴随方程的解建立最优控制所满足的必要条件。对于 n 维欧氏空间,其上的每个有界线性算子就是一个 n 阶矩阵,可以视为 n^2 维欧氏空间中的一个向量,因此,此时的算子值倒向随机发展方程的适定性是已知的。然而,当 $\dim H = \infty$ 时,算子值倒向随机发展方程适定性的研究异常困难。事实上,在无限维情形中,尽管 $L(H)$ 在通常的算子拓扑下仍然是一个 Banach 空间,但它既不是自反的(更不用说是 Hilbert 空间),也不是可分的,即便 H 本身是可分的 Hilbert 空间。在以前的文献中,在一般的 Banach 空间中尚不存在这样的随机积分/随机发展方程理论可用于方便地处理 $L(H)$-值倒向随机发展方程的适定性,这是因为定义如下的随机积分(使得相应的积分像通常一样具有一些好的性质)会有很大的困难:

$$\int_0^T Q(t)\,\mathrm{d}W(t),$$

其中 $Q(t)$ 为 $L(H)$-值适应的随机过程,$W(t)$ 甚至取为一维标准 Brown 运动。事实上,已经证明,只有在 UMD 空间[即具有所谓"Unconditional

Martingale Differences"（无条件鞅差）性质的 Banach 空间]中随机积分/随机发展方程理论才会有比较满意的结果（见[99]和[100]）。但遗憾的是，$L(H)$ 不是 UMD 空间，因为 UMD 空间必是自反的[但前面已经指出，$L(H)$ 不是自反空间！]。

在吕琦和我的书[75]中，我们给出了上述长期未决问题的肯定答案，即建立了一般情形非线性随机发展方程最优控制的 Pontryagin 型最大值原理。为此，我们系统地发展了稍早在[74]引入的随机转置方法，以此解决了 H-值和 $L(H)$-值倒向随机发展方程的适定性。其实 H-值倒向随机发展方程的适定性和有限维情形没有实质性差别。由于 H 上迹类算子全体 $L^1(H)$ 的对偶空间就是 $L(H)$，因此为了求解算子值倒向随机发展方程，很自然想到引入 $L^1(H)$-值正向随机（测试）方程来表示 $L(H)$-值倒向随机发展方程的解，但前提是 $L^1(H)$ 有某种特定的弱 UMD 性质。非常遗憾的是，$L^1(H)$ 有没有这种性质是非交换调和分析中一个长期未决的难题[尽管目前已经知道，比 $L^1(H)$ 更简单的一个空间，即绝对可和的数值序列全体所成 Banach 空间，是没有这种弱 UMD 性质的]。这样一来，为了求解最为困难的 $L(H)$-值倒向随机发展方程，我们在[75]中不得不避开上述非交换调和分析中的难题。为此，我们需要采用广义函数理论中的一个想法，即将求导数的运算转移到测试函数上去，而将前述关于 $L(H)$-值适应过程 $Q(t)$ 的随机积分运算转移到某些适当的 H-值适应过程上去（由于 H 是一个 Hilbert 空间，因此关于 H-值适应过程的随机积分可以和有限维情形类似地定义）。

吕琦和我的书[75]中的关键是给出了算子值倒向随机发展方程的变分形式，尤其是如何定义它的解（即松弛转置解）和建立相应适定性的方法即随机转置方法。作为一个关键的准备工作，我们还为 Banach 空间之间的一致有界的、逐点定义的线性算子序列建立了几个 Banach-Alaoglu 型弱紧性定理（这些算子版本的序列弱紧性结果有独立的意义，很可能在其他场合也有用途）。更确切地说，[75]中给出了 Pontryagin 型最大值原理中所需要的二阶伴随方程即某个算子值倒向随机发展方程中修正项的刻画，尽管和有限维情形类似，这个修正项在 Pontryagin 型最大值原理中并未出现。当然我们的刻画还很粗糙,将来应该有很大的改进空间。

特别有意思的是,与吕琦和我的工作([75])几乎同时,汤善健老师以前的博士生杜恺和孟庆欣([19])以及胡瑛老师与 M. Fuhrman 和 G. Tessitore([29])也给出了一般情形随机发展系统最优控制的 Pontryagin 型最大值原理。让人惊喜的是,这 3 组工作均有(甚至有两组完全是)李训经老师创建的"Fudan School"的"徒子徒孙"的身影。这 3 组工作(即[19],[29]和[75])的 arXiv 版本均于 2012 年发布,只是我们的工作[75]挂在 arXiv 的时间略早一点点。由于 Pontryagin 型最大值原理中并未直接用到算子值倒向随机发展方程中的修正项,[19]和[29]均只需建立该方程的部分适定性结果(即避开了对其修正项的刻画),因此他们的方法比[75]要简洁不少。在[75]中,我们用随机转置方法得出了算子值倒向随机发展方程完整的适定性结果。尽管该方程的修正项在建立 Pontryagin 型最大值原理时并不需要,但我们稍后会看到,它在其他问题的研究中起着重要的、有时候是不可或缺的关键作用。另一方面,吕琦和我引入的随机转置方法实际上给出了算子值倒向随机发展方程完整的变分形式,这对将来进一步做数值分析或许是不可缺少的。需要强调的是,杜恺和孟庆欣作为"Fudan School"更年轻的一代学者(他们当时刚刚出道),能够和胡瑛老师,M. Fuhrman,G. Tessitore 以及我本人等较为资深的学者(我的合作者、以前的学生吕琦当时也刚刚出道)几乎同时解决同一个挑战性的难题,真的是"后生可畏",当然也可喜可贺!

值得特别指出的是,汪更生老师给予吕琦和我的上述工作[75]极大的关心、鼓励和支持,他甚至还不厌其烦地帮我们润色该工作长逾百页初稿的英语(尽管他的研究领域和兴趣离该工作较远),让我特别感动!

在(和吕琦一起)完成[75]后,我又想起我在复旦读书期间修雍炯敏老师主讲的随机控制课程的时候,他在讲彭实戈老师的一般随机最大值原理时提到了二阶伴随方程的修正项能派什么用场的问题。彭老师的工作首次揭示了随机最优控制的一阶必要条件与确定性问题的本质差别。正如微积分中求极值在一阶必要条件失效时须考虑二阶条件一样,很自然需要研究随机最优控制的二阶必要条件。那个时候,张海森正在跟我读博士,我隐隐约约地感觉那个二阶伴随方程的修正项可能在随机最优控制的二阶必要条件中会用到,于是叫他去仔细看看当时刚刚发表不久的 J. F. Bonnans 和 F. J. Silva 的文章[10],并叫他看完后在我们每周一次的讨论班上报告。很快,我们发现 J. F. Bonnans 等的文章主要采用无限维优化中的抽象方法,也没有引入二阶伴随方程,但他们只是得到了积分型的二阶必要条件(这仍然是一个无穷维条件,并不方便应用)。稍后,我想起汤善健老师的一篇关于随机最优控制二阶必要条件的文章(即[95],发表在几年前我为 D. L. Russell 组织的贺寿专辑上)。汤老师的文章考虑的是扩散项不含控制的情形,从而也无须用到二阶伴随方程的修正项。

进一步查询文献后,张海森和我发现,前人尚未研究过随机情形最有意义的扩散项含控制的一般随机控制问题的逐点型二阶必要条件(即便是凸控制区域)。于是,我叫张海森集中精力考虑这个问题。这不是一个容易的问题,自彭实戈老师 1990 年代初在[86]中给出一般随机控制问题的逐点型一阶必要条件后,只有刚才提到的 20 年后汤善健老师考虑过扩散项不含控制时随机最优控制的逐点型二阶必要条件(见[95])。

熟知,人们在推导各种关于最优控制的最优性条件时,都是先建立积分型条件(一般是一个无穷维条件),再由此导出逐点型条件(至少点点的意义下是一个有限维条件)。与确定性情形及扩散项不含控制的随机情形显著不同的是,对于扩散项含控制的随机最优控制问题,即便控制区域是凸集,从积分型二阶必要条件推导逐点型条件也有实质性困难。为克服该困难,张海森和我须引入 Malliavin 分析的一些技术,对相当一般的情形给出逐点型的二阶必要条件。我们发现,相应随机最优控制的逐点型二阶必要条件的叙述和证明均与确定性情形及扩散项不含控制的随机情形有显著区别,即便控制区域是凸集也是如此。这是我在随机有限维系统控制领域很少的工作之一。

张海森和我的系列工作分成几部分,第一部分考虑控制区域是凸集的情形,这时为了得到关于随机最优控制的逐点型二阶必要条件,我们需要引入两个伴随方程(见[106]);第二部分考虑控制区域可能非凸集的情形,这时为了得到关于随机最优控制的逐点型二阶必要条件,我们需要引入四个伴随方程,即一阶一直到四阶伴随方程(见[107])。值得注意的是,即便是控制区域是凸集的情形,我们得到的逐点型二阶必要条件中也含有二阶伴随方程中的修正项。我对能得到这个结果非常高兴,因为这回答了1997年秋天修雍炯敏老师主讲的随机控制课程时他在课堂上提出的那个问题,即二阶伴随方程中的修正项能派什么用场的问题。

上述工作的第一部分在 SIAM J. Control Optim. 发表后,被美国工业与应用数学的旗舰期刊 SIAM Rev. 评选为 SIGEST 论文,并在其2018年第1期的 SIGEST 专栏上重新刊登(见[108]),其责任编委点评时称"这些工作中发展的新技术为研究随机控制高阶最优性条件的其他问题铺平了道路"(见 https://epubs.siam.org/doi/10.1137/18N974492)。稍后,张海森和我与 H. Frankowska 合作在随机情形首次引入经典的变分分析方法,得到多种场合尤其是有端点约束/状态约束的随机最优控制的一阶和二阶必要条件(见[24],[25]和[26]);我们还与吕琦合作,利用我们先前建立的关于算子值倒向随机发展方程在转置解(更准确地说,是松弛转置解等)意义下的适定性(见[75]等),给出了一类无限维随机最优控制的二阶必要条件(见[73]),这说明我们曾花了很大功夫引入随机转置方法建立的关于算子值倒向随机发展方程的转置解理论确实是有用的。

为了给出吕琦和我引入的关于算子值倒向随机发展方程的随机转置方法的更多的应用,当然也为了我们关于随机分布参数系统控制理论方面工作的完整性,很自然需要考虑无限维空间中的随机线性二次控制问题。熟知,控制理论中的一个基本问题是构造反馈控制,这在实际应用中尤为重要。反馈控制的主要优点是可以保持相应的控制策略对小摄动/干扰的稳健性,而在现实世界中小摄动/干扰通常是不可避免的。不幸的是,对于许多控制问题,实际上很难找到反馈控制。到目前为止,在这方面最成功的尝试是针对确定性控制系统的各种线性二次控制问题(即使是在无限维中,至少很多时候在理论上是可行的)。然而,对随机情形人们知之甚少,特别是对于无限维空间中扩散项含控制的随机线性二次控制问题。事实上,如何刻画无限维空间中(带随机系数的)一般随机线性二次控制问题的最优反馈是另一个长期未解决的问题。在[80]中,吕琦和我在一定条件下解决了上述难题。在该工作中,我们首次引入了无限维空间中随机线性二次控制问题的算子值倒向随机 Riccati 方程。一般说来,该方程的适定性是一个挑战性问题。与文献中其他 Riccati 方程类似,该方程有独立的意义,可以在很多其他场合有用。更重要的是,对于上述真正非线性的算子值倒向随机 Riccati 方程,我们需要引入新的解的概念。为此,我们利用先前发展的随机转置方法引入该方程的转置解,即通过两个正向随机测试方程来定义该方程在转置意义下的解。在此基础上,在一定条件下我们建立了无限维空间中一般随机线性二次控制问题的最优反馈算子的存在性与相应的算子值倒向随机 Riccati 方程的可解性之间的等价性。我们的结果表明,对带随机系数且扩散项含控制的随机线性二次控制问题而言,算子值倒向随机 Riccati 方程的修正项在构造最优反馈算子时是不可或缺的。

最近,吕琦和我目前在读的一个博士生陈良英合作,在 arXiv:2112.14636 中用随机转置方法建立了随机分布参数控制系统的 Pontryagin 型最大值原理和 Bellman 的动态规划方法之间的关系。这样,利用我们发展的随机转置方法和倒向随机发展方程的转置解理论,可以比较完整地解决随机分布参数系统最优控制的最优性条件(包括必要条件和充分条件)、动态规划方法(仅仅部分内容)以及线性二次最优控制等问题——尽管里面还有许许多多值得深入研究的挑战性问题。

相比较而言,随机分布参数系统的能控性理论的发展远不如相应的最优控制理论完善。实际上,正如[72]和[76]所指出的,即便是随机有限维系统的能控性理论的发展也是远不令人满意的,其困难程度可能超乎想象,比如吕琦和我在[76](pp. 192-194)中构造的反例表明,即便对于二维常系数的随机(常)微分控制系统的零能控性和近似能控性,均不可能找到 Kalman 型的秩条件。

在发展随机分布参数系统最优控制理论的同时,吕琦和我不时回到相应的能控性问题。在 arXiv:1901.06074 中,我们从控制论的角度提出了一个新的随机波动方程。在以前的文献中,一个广泛使用的随机波动方程就是经典波动方程加上一个扰动的 Itô 积分项。我们发现,即使在这样的随机波动方程的漂移项和扩散项以及边界上都处处加控制,这个方程也不是精确能控的，这意味着在这个模型中忽略了一些不该被忽略的关键要素！因此，基于随机 Newton 定律，我们提出了一个改良的随机波动方程。通过以前发展的能观性估计的显式方法，尤其是一个新的随机版本的 Carleman 估计，对于这个改良后的随机波动方程，我们建立了具有 3 个控制的精确能控性。此外，我们还证明，与确定性情况截然不同，3 个控制的作用确实是必要的。我们的分析表明，至少从控制论的角度来看，这个新的随机波动方程比现有文献中的模型更合理一些。

更早的时候，吕琦在[71]中首次给出了随机传输方程精确能控性正面和负面的结果，并发现它与确定性问题的很大差异。稍后，柳絮在[63]中用谱方法研究了一类随机抛物耦合系统的零/近似能控性，而控制仅仅施加在其中的一个方程中。与相应的确定性耦合抛物系统相比，随机情形下若在扩散项出现耦合，她发现了一些非常有趣的新现象，尤其是给出了一个令人惊讶的反例，这个反例表明，随机抛物耦合系统的能控性对于扩散项中的耦合系数来说是不稳健的。

总的说来，我们关于随机分布参数系统控制理论的工作发现了若干迥异于确定性情形/随机有限维系统的新现象，提出了一些新的概念和方法，如随机转置方法和随机版本的整体 Carleman 估计等，解决了一些长期未决的问题，从而明显地改变了该领域的面貌。很自然地，应该写一本专著来总结我们在随机分布参数系统控制理论方面的工作。大概在 2011 年春节过后不久，我就和吕琦商量一起写一本这样的专著。写这本书花了我们很多时间，我的计算机中保存的第一个较为完整版本的时间是 2012 年 11 月 10 日，到正式提交给出版社将近 8 个年头。这本专著最终在 2021 年作为 Springer 出版社的"Probability Theory and Stochastic Modelling"（概率论与随机建模）丛书的第 101 卷出版（见[77]）。从某种意义上来说，我们这本书旨在李训经老师创建的"Fudan School"所做的分布参数系统控制和随机（有限维系统）控制两方面主要工作的基础上，致力于把数学控制论推进至新的阶段。至于成效如何，尚待时间检验。为了使更多人了解我们的工作，我们还为工程师写了一个比较通俗的版本（见[78]），为初学者写了一份便于入门的讲义（见[79]），阅读[78]和[79]只需要有初等微积分和线性代数的基础即可。主要由于这些工作,吕琦获邀在 2022 年 ICM 做 45 分钟报告。

四、无限维分析

当年我在复旦读书期间,在李训经老师家里聊天的时候,他不止一次对我说过,不能把研究领域完全局限在控制论的范围内。李老师坚信,在控制论研究中发展的思想、方法和技术一定在数学的其他分支里有用。上一节已经说过,李老师晚年身体力行,积极倡导、组织和推动"Fudan School"投身金融数学等领域的研究。

我在 2010 年下半年思考下一步的学术方向时,以及在决定和吕琦一起集中精力发展随机分布参数系统控制理论之前,也一直在寻找一个恰当的控制论之外的新方向。这方面,我当然深受彭实戈老师的影响。那一年,我们一路同行去印度参加当年的 ICM。我聆听了彭老师的 ICM 一小时报告,深深地被他敢于跳出控制论的圈子、大力发展非线性期望和非线性概率论的勇气和魄力所折服。见贤思齐,从那时起,我也希望自己能在控制论之外发展出一些新的数学研究方向。

我从 2005 年底至 2012 年初在中国科学院数学与系统科学研究院做"百人计划"研究员。由于柳絮在此期间跟我做博士后时在讨论班上报告过拟微分算子,我还在印度参加 ICM 期间就叫她考虑一下能否把拟微分算子做到随机情形。不久,我们就有些初步结果。在 2010 年 12 月 20 日,我在复旦报告了柳絮和我在随机拟微分算子方面的一些结果,这是一个和控制论有关但又可以完全独立于控制论的工作。雍炯敏老师当时刚好回复旦访问,也来听了我的报告。当天晚上,雍老师就找我深谈,明确地要求我在控制论之外也要闯出一条路来,并建议我考虑发展随机调和分析。

带着雍炯敏老师给我布置的新任务,我当时回北京后,大致在 2010 年 12 月底,马上就叫吕琦、柳絮和王鹏辉来京一个月左右,一方面报告一下他们近期的工作或读的文献,另一方面讨论怎么发展随机调和分析。我们当时的讨论基本上每天都进行,大多是务虚的,有点漫无目的,因为我们都不知随机调和分析该做些什么。经过长时间的讨论后,我们觉得把随机调和分析纳入无限维调和分析或更一般的无限维分析可能更为妥当。就这样,我们稍后确定把无限维分析作为探索的方向。我们当时就发现,无限维分析在很大程度上起源于概率论及相关领域的研究,甚至无限维分析这个术语也很可能是概率学家最早引入的。尤其是最近几十年来,由于 L. Gross([32],关于抽象 Wiener 空间)、T. Hida([34],关于白噪声分析)和 P. Malliavin([83],关于 Malliavin 分析)等杰出概率学家的工作,无限维分析已有长足进步。

在接下来的几年,吕琦和我忙于发展随机分布参数系统控制理论,柳絮和王鹏辉也主要忙于研究其他问题。到了 2015 年春天,我碰到从复旦博士毕业后来四川大学数学学院工作的年轻教师余佳洋,跟他聊了聊无限维分析这个方向,他很感兴趣。于是,我决定从 2015 年秋季学期开始在四川大学组织一个无限维分析与随机分析讨论班,暂以读文献为主,主要报告无限维空间上的测度与积分([101])、Malliavin 分析和白噪声分析等内容,先由余佳洋报告。其实,我们当时也不知道该读些什么文献,报告内容当然也不限于上述内容,后面加上了抽象 Wiener 空间等内容。余佳洋热情很高,报告准备得很充分,他的报告内容后来整理成一本《无限维分析讲义》。从 2016 年开始,受李训经老师早年在复旦开始随机控制研究方向的启发,我把在四川大学招收的部分研究生的研究方向定为无限维分析。此后,余佳洋和我每年给四川大学数学学院研究生和高年级本科生开设无限维分析选修课,用的就是上述讲义。

我们在 2015 年时原设想 3 年能够入无限维分析的门,后来发现这一设想过于乐观。主要是没人引路,读了两三年文献后我们还不知道该集中精力做什么问题。早在 2015 年底,我就建议余佳洋和我一起练练手,试着把偏微分方程中的 Cauchy-Kowalevski 定理和 Holmgren 唯一性定理做到有无限多个自变量的情形,过了几个月,到了 2016 年 4 月下旬我们就有些初步结果,但一直到 2018 年底才有比较完整的结果,不过那时我们还需要较强的假设条件,证明方法也不太自然,因此,我们觉得可以先发个简报(见

[104]),再慢慢把结果做到满意为止。那时没想到这需要好几年的时间,一直到现在我们才基本满意(全文尚在整理中)。不过,该工作进展缓慢更主要的原因在于我们没有觉得它是真正重要的问题。其实很长一段时间我们也不知道重要的问题是什么,因此一度很迷茫。为此,我还专程去武汉拜访过汪更生老师并得到他非常热情的鼓励。

在艰难的探索过程中,我们逐渐坚信无限维分析的重要性,也深知其困难性(尤其是要做点真正有意义的工作的话)。著名数学家 M. Atiyah 在 [3] 中预言,21 世纪可能是无限维数学的时代(其原话是"The 21st century might be the era of quantum mathematics or, if you like, of infinite-dimensional mathematics.")。无限维数学有广泛的应用背景,如控制论、概率论、量子场论等。特别地,分布参数系统最优控制问题的值函数满足的 HJB 方程等就不是通常意义的(仅涉及有限多个自变量的)偏微分方程,而是涉及无限多个自变量的偏微分方程(见 [17]、[55] 和 [59] 等)。对这类方程,目前人们知之甚少,主要困难就是缺乏恰当的数学工具。我们甚至感觉,在不远的将来,数学研究的主要对象很可能就是无限维空间,传统的有限维空间只是其特殊情形,尽管很多时候这是最重要的情形。与有限维情形类似,无限维数学的核心和基础是无限维分析。

现代数学中丰富、深刻、漂亮的结果大多限于有限维空间及其子空间/子流形或其上的函数空间,其本质原因在于有限维空间中有性质几近完美的 Lebesgue 测度;但在无限维情形,自 D. Hilbert、A. N. Kolmogorov、N. Wiener 和 I. M. Gelfand 等大师的工作至今仍未找到 Lebesgue 测度的理想替代品,使得人们可以深入开展无限维空间上的分析学研究。粗略地说,泛函分析大体上相当于无限维空间的线性代数部分,而对应的无限维空间的微积分部分即无限维分析很可能还需要未来几代甚至很多代数学家的努力才能完善(作为参照:从 Newton-Leibniz 到 Lebesgue 这段微积分从诞生到完善的漫长历程,长达 200 多年)。

如前所述,无限维分析最近几十年的主要工作是由概率学家完成的。这些概率学家的工作大多考虑很一般的概率空间(甚至是抽象概率空间)上的无限维分析,其结果难免显得粗糙,难以解决复杂的需要精细处理的无限维分析问题(比如[75]中未彻底解决的算子值倒向随机发展方程松弛转置解的正则性等)。

我们从 2015 年秋季开始的无限维分析与随机分析讨论班持续了大致两年,主要是学习概率学家的相关工作。在这个过程中,我逐渐意识到无限维分析有独立于概率论的意义,应该也完全可以成为一个独立的学科和数学分支,尤其是应该在一定程度上去掉"随机性"、回归"分析性质"——尽管概率论尤其是随机分析将永远是无限维分析极为重要的背景之一。作为比较,历史上泛函分析在很大程度上起源于积分方程的研究,但作为一个独立的数学分支,泛函分析的大发展是在摆脱积分方程的束缚之后才有可能的。由于这个原因,从 2017 年秋季学期开始,我们把前述讨论班的名字更名为无限维分析讨论班。

在几年的探索过程中,我们逐渐认识到,作为上述回归"分析性质"的第一步,首先应该深入研究无限维空间上的解析函数即无限维复分析。这是因为,和有限维类似,无限维空间上的解析函数是无限维空间中分析性质最好的函数,没有对这类函数的深入理解,则无限维分析的深入研究就无从谈起。自 1960 年代起,无限维复分析已有大量的工作,前前后后出版的这方面的专著都有 10 余部,如[15]和[18]等。尤其是 2000 年前后,L. Lempert ([47—50]等)在无限维复分析领域有一系列重要工作。但和有限维相比,无限维复分析远未达到精密分析的水准,迄今为止,其中的大量结果尚属抽象分析或软分析的范畴,可以说非常类似于多复分析在 1960 年代以前的状况。多复分析中一个强有力的基本工具是关于 $\bar{\partial}$ 方程的 L^2 估计([35]和[37]等)。尽管在 1970 年代人们就期望把该估计推广到无限维,比如 P. Raboin([90])拟以抽象 Wiener 空间为工具解决该问题,但他无法克服无限维空间中没有非平凡的平移不变测度的这一本质困难,在长达 40 多年的时间里,这个问题一直没有实质性进展。

大致到了 2019 年秋天,我下定决心和余佳洋一起集中精力先做无限维复分析。到了这年年底,我们更是明确以无限维空间中的 $\bar{\partial}$ 方程的 L^2 估计为主攻方向,并计划让一个硕士生从 2020 年的春季学期开始报告 L. Hörmander 的书[37]中关于有限维空间中 $\bar{\partial}$ 方程的 L^2 估计的有关章节,然后我们初步看看对于无限维应该怎么做。

突如其来的新冠疫情完全打乱了我们的计划。到了 2020 年春节期间，新冠疫情愈演愈烈，当时我们哪儿也不能去，2020 年的春季学期什么时候能开学似乎也遥遥无期。焦急之下，我想起很久以前有一次吕琦和我聊天时跟我说过，L. Hörmander 的 L^2 估计其实也是一种 Carleman 估计，而后者我是再熟悉不过了。因此，我翻出 Hörmander 在这方面最早的一篇文章 [35] 开始细读，居然发现读起来并不难。我马上意识到在这方面可以做点东西了，因此叫上余佳洋一起先考虑最简单的情况，即有无限多个自变量的 $\bar{\partial}$ 方程在全空间中的 L^2 估计和可解性。

余佳洋和我很快就在上述简单情形有了结果，我们在 [105] 中给出了有无限多个自变量的 $\bar{\partial}$ 方程在全空间中 L^2 解的存在性。值得指出的是，我们在 [105] 中首次发现复分析和控制论的一个有趣的对应，即 $\bar{\partial}$ 方程对应能控性问题，而 L^2 估计对应能观性估计。这样，我们可以利用控制论中的一些技术得到关键的估计，从而最终找到所需的 L^2 解。对此我非常高兴，我以前完全没有想到，控制论和无限维复分析初看起来相距甚远，却有如此密切的联系。我又想起李训经老师和雍炯敏老师支持我早年研究分布参数系统能控性的远见，于是马上给雍老师汇报了我们这项工作，他也非常高兴，并建议我适当的时候考虑一下能否用这些新发展的工具研究路径依赖的偏微分方程。这是我们在无限维复分析领域的第一个工作，匈牙利学者 László Stachó 在 Zbl 07541875 中公开评价：**该文是对 L. Lempert 在无限维复分析领域突破性工作 (即 [47]) 的重大改进。**

由于 [105] 考虑的是最简单的情况，很自然余佳洋和我希望把结果做到无限维空间中的一般伪凸区域上去，不过这远比我们想象的困难；这种更一般的情形，又加上了一位新的合作者王周哲 (目前系我的在读博士生)，过了两年多，一直到 2022 年春天才有突破，目前文章尚在整理中。

尽管好多年过去了，我们关于无限维分析的工作其实刚刚开始。由于我们的研究借用了控制论研究中的思想、方法和技术，因此我本人很是希望最终能反过来解决些控制论中的难题。更具体地说，我们希望以控制论为背景提出一个无限维分析比较通用的新框架，给出研究无限维复分析尤其是给出求解有无限多个自变量的 ∂ 方程的精密分析方法,给出有无限多个自变量的重要函数空间(如无限多个自变量的 Hardy 空间和 Sobolev 空间等)的细致刻画及其在无限维 H_∞ 控制等问题中的应用,以及给出求解控制论中出现的一些无限维 HJB 方程及算子值微分方程等的新方法。我深知,要实现上述目标,任重而道远。但我相信,这一定会得到李训经老师在天之灵的护佑!

五、结　束　语

时间过得真快,李训经老师离开我们 20 年了。20 年,沧海桑田。李老师创建的"Fudan School"已经枝繁叶茂,影响远播四方。

近 30 年来,我非常荣幸地作为"Fudan School"的一员,得到了李训经老师和该学派其他前辈师长诸多教诲、关爱、提携、影响和大力支持,也得到了许多同辈和后辈的帮助,还见证了学派的不断发展壮大。"问渠哪得清如许?为有源头活水来。"我们饮水思源,都无比感恩李老师和他当年在非常艰难的条件下创建的学派(见[102])。

"云山苍苍,江水泱泱,先生之风,山高水长。"谨以此文纪念我们敬爱的李训经老师!

参考文献

[1] S. Alinhac, Non-unicité du problème de Cauchy, *Ann. Math.*, 117 (1983), 77-108.

[2] J. Apraiz, L. Escauriaza, G. Wang and C. Zhang, Observability inequalities and measurable sets, *J. Eur. Math. Soc.*, 16 (2014), 2433-2475.

[3] M. Atiyah, Mathematics in the 20th century, *Bull. London Math. Soc.*, 34 (2002), 1-15.

[4] V. Barbu, A. Răşcanu and G. Tessitore, Carleman estimate and controllability of linear stochastic heat equations, *Appl. Math. Optim.*, 47 (2003), 97-120.

[5] V. Barbu and G. Tessitore, Considerations on the controllability of stochastic linear heat equations, *Stochastic Partial Differential Equations and Applications*, 39-51, Lecture Notes in Pure and Appl. Math., 227, Marcel Dekker, New York, 2000.

[6] C. Bardos, G. Lebeau and J. Rauch, Sharp sufficient conditions for the observation,

control, and stabilization of waves from the boundary, *SIAM J. Control Optim.*, 30 (1992), 1024-1065.

[7] A. Bashirov, *Partially Observable Linear Systems Under Dependent Noises*, Birkhäuser Verlag, Basel-Boston-Berlin, 2003.

[8] A. Bensoussan, Stochastic maximum principle for distributed parameter systems, *J. Franklin Inst.*, 315 (1983), 387-406.

[9] J.-M. Bismut, *Analyse Convexe et Probabilitiés*, Ph D thesis, Faculté des Sciences de Paris, Paris, France, 1973.

[10] J. F. Bonnans and F. J. Silva, First and second order necessary conditions for stochastic optimal control problems, *Appl. Math. Optim.*, 65 (2012), 403-439.

[11] A.-P. Calderón, Uniqueness in the Cauchy problem for partial differential equations, *Amer. J. Math.*, 80 (1958), 16-36.

[12] 陈建功,实函数论,科学出版社,北京,1958.

[13] S. Chen, X. Li and X. Zhou, Stochastic linear quadratic regulators with indefinite control weight costs, *SIAM J. Control Optim.*, 36 (1998), 1685-1702.

[14] S. Chen, X. Li and X. Zhou, Stochastic linear quadratic regulators with indefinite control weight costs, II, *SIAM J. Control Optim.*, 39 (2000), 1065-1081.

[15] J. Colombeau, *Differential Calculus and Holomorphy: Real and Complex Analysis in Locally Convex Spaces*, North-Holland Mathematics Studies, 64, North-Holland Publishing Co., Amsterdam-New York, 1982.

[16] G. Da Prato and J. Zabczyk, *Stochastic Equations in Infinite Dimensions*, Encyclopedia of Mathematics and Its Applications, 152. Cambridge University Press, Cambridge, 1992.

[17] G. Da Prato and J. Zabczyk, *Second Order Partial Differential Equations in Hilbert Spaces*, London Mathematical Society Lecture Note Series, 293, Cambridge University Press, Cambridge, 2002.

[18] S. Dineen, *Complex Analysis on Infinite Dimensional Spaces*, Springer Monographs in Mathematics, Springer, Berlin, New York, 1999.

[19] K. Du and Q. Meng, A maximum principle for optimal control of stochastic evolution equations, *SIAM J. Control Optim.*, 51 (2013), 4343-4362.

[20] T. Duyckaerts, X. Zhang and E. Zuazua, On the optimality of the observability inequalities for parabolic and hyperbolic systems with potentials, *Ann. Inst. H. Poincaré Anal. Non Linéaire*, 25 (2008), 1-41.

[21] N. El Karoui and S. Huang, A general result of existence and uniqueness of backward stochastic differential equations, *Backward Stochastic Differential Equations*, 7-36, Pitman Res. Notes in Math., 364, Chapman & Hall/CRC, Boca Raton, 1997.

[22] H. O. Fattorini, *Infinite Dimensional Optimization and Control Theory*, Encyclopedia of Mathematics and its Applications, 62, Cambridge University Press,

Cambridge, 1999.

[23] W. H. Fleming et al., Future directions in control theory: a mathematical perspective, *Report of the Panel on Future Directions in Control Theory*, Society for Industrial and Applied Mathematics, Philadelphia, PA, 1988.

[24] H. Frankowska, H. Zhang and X. Zhang, First and second order necessary conditions for stochastic optimal controls, *J. Differential Equations*, 262 (2017), 3689-3736.

[25] H. Frankowska, H. Zhang and X. Zhang, Stochastic optimal control problems with control and initial-final states constraints, *SIAM J. Control Optim.*, 56 (2018), 1823-1855.

[26] H. Frankowska, H. Zhang and X. Zhang, Necessary optimality conditions for local minimizers of stochastic optimal control problems with state constraints, *Trans. Amer. Math. Soc.*, 372 (2019), 1289-1331.

[27] X. Fu, Q. Lü and X. Zhang, *Carleman Estimates for Second Order Partial Differential Operators and Applications: A Unified Approach*, Springer, Cham, 2019.

[28] X. Fu, J. Yong and X. Zhang, Exact controllability for the multidimensional semilinear hyperbolic equations, *SIAM J. Control Optim.*, 46 (2007), 1578-1614.

[29] M. Fuhrman, Y. Hu and G. Tessitore, Stochastic maximum principle for optimal control of SPDEs, *Appl. Math. Optim.*, 68 (2013), 181-217.

[30] A. V. Fursikov and O. Yu. Imanuvilov, *Controllability of Evolution Equations*, Lecture Notes Series, 34, Research Institute of Mathematics, Seoul National University, Seoul, Korea, 1994.

[31] B. Guo, Riesz basis approach to the stabilization of a flexible beam with a tip mass, *SIAM J. Control Optim.*, 39 (2001), 1736-1747.

[32] L. Gross, Abstract Wiener spaces, *Proc. Fifth Berkeley Sympos. Math. Statist. and Probability*, Berkeley, Calif., 1965/66, Vol. II: Contributions to Probability Theory, Part 1, 31-42, Univ. California Press, Berkeley, 1967.

[33] V. Hernández-Santamaría and L. Peralta, Controllability results for stochastic coupled systems of fourth- and second-order parabolic equations, *J. Evol. Equ.*, 22 (2022), Article No. 23.

[34] T. Hida, White noise analysis and nonlinear filtering problems, *Appl. Math. Optim.*, 2 (1975), 82-89.

[35] L. Hörmander, L^2 estimates and existence theorems for the $\bar{\partial}$ operator, *Acta Math.*, 113 (1965), 89-152.

[36] L. Hörmander, *The Analysis of Linear Partial Differential Operators*, III: Pseudo-Differential Operators, Springer-Verlag, Berlin, 1985.

[37] L. Hörmander, *An Introduction to Complex Analysis in Several Variables*, the Third Edition, North-Holland Mathematical Library, 7, North-Holland Publishing Co.,

Amsterdam, 1990.

[38] Y. Hu and S. Peng, Maximum principle for semilinear stochastic evolution control systems, *Stoch. Stoch. Rep.*, 33 (1990), 159-180.

[39] Y. Hu and S. Peng, Solution of forward-backward stochastic differential equations, *Probab. Theory Related Fields*, 103 (1995), 273-283.

[40] N. Ikeda and S. Watanabe, *Stochastic Differential Equations and Diffusion Processes*, 2nd Edition, North Holland-Kodansha, Amsterdam-Tokyo, 1989.

[41] V. Isakov and M. Yamamoto, Carleman estimate with the Neumann boundary condition and its applications to the observability inequality and inverse hyperbolic problems, *Differential Geometric Methods in the Control of Partial Differential Equations* (Boulder, CO, 1999), 191-225, Contemp. Math., 268, Amer. Math. Soc., Providence, RI, 2000.

[42] M. A. Kazemi and M. V. Klibanov, Stability estimates for ill-posed Cauchy problems involving hyperbolic equations and inequalities, *Appl. Anal.*, 50 (1993), 93-102.

[43] V. Komornik, *Exact Controllability and Stabilization: The Multiplier Method*, John Wiley, Chichester, UK, Masson, Paris, 1995.

[44] I. Lasiecka and R. Triggiani, Carleman estimates and exact boundary controllability for a system of coupled, nonconservative second-order hyperbolic equations, *Partial Differential Equation Methods in Control and Shape Analysis* (Pisa), 215-243, Lecture Notes in Pure and Appl. Math., 188, Dekker, New York, 1997.

[45] I. Lasiecka, R. Triggiani and X. Zhang, Nonconservative wave equations with unobserved Neumann B. C.: global uniqueness and observability in one shot, *Differential Geometric Methods in the Control of Partial Differential Equations* (Boulder, CO, 1999), 227-325, Contemp. Math., 268, Amer. Math. Soc., Providence, RI, 2000.

[46] M. M. Lavrent'ev, V. G. Romanov and S. P. Shishat·skiĭ, *Ill-Posed Problems of Mathematics Physics and Analysis*, Transl. Math. Monogr., 64, AMS, Providence, RI, 1986.

[47] L. Lempert, The Dolbeault complex in infinite dimensions, I, *J. Am. Math. Soc.*, 11 (1998), 485-520.

[48] L. Lempert, The Dolbeault complex in infinite dimensions, II, *J. Am. Math. Soc.*, 12 (1999), 775-793.

[49] L. Lempert, The Dolbeault complex in infinite dimensions, III: sheaf cohomology in Banach spaces, *Invent. Math.*, 142 (2000), 579-603.

[50] L. Lempert, Plurisubharmonic domination, *J. Am. Math. Soc.*, 17 (2003), 361-372.

[51] W. Li and X. Zhang, Controllability of parabolic and hyperbolic equations: towards a unified theory, *Control Theory of Partial Differential Equations*, 157-174, Lect.

Notes Pure Appl. Math., 242, Chapman & Hall/CRC, Boca Raton, FL, 2005.

[52] X. Li and Y. Yao, Time optimal control of distributed parameter systems, *Scientia Sinica*, 24 (1981), 455-465.

[53] X. Li and Y. Yao, Maximum principle of distributed parameter systems with time-lags, *Distributed Parameter Systems* (Vorau, 1984), 410-427, Lect. Notes Control Inf. Sci., 75, Springer, Berlin, 1985.

[54] X. Li and J. Yong, Necessary conditions for optimal control of distributed parameter systems, *SIAM J. Control Optim.*, 29 (1991), 895-906.

[55] X. Li and J. Yong, *Optimal Control Theory for Infinite Dimensional Systems*, Birkhäuser, Boston, 1995.

[56] J.-L. Lions, Exact controllability, stabilization and perturbations for distributed systems, *SIAM Rev.*, 30 (1988), 1-68.

[57] J.-L. Lions, *Contrôlabilité Exacte, Perturbations et Stabilisation de Systèmes Distribués, Tome 1, Contrôlabilité Exacte*, Rech. Math. Appl., 8, Masson, Paris, 1988.

[58] J.-L. Lions and E. Magenes, *Non-Homogeneous Boundary Value Problems and Applications*, vol. I, Springer-Verlag, New York, 1972.

[59] P.-L. Lions, Viscosity solutions of fully nonlinear second-order equations and optimal stochastic control in infinite dimensions, I: the case of bounded stochastic evolutions, *Acta Math.*, 161 (1988), 243-278.

[60] K. Liu, Locally distributed control and damping for the conservative systems, *SIAM J. Control Optim.*, 35 (1997), 1574-1590.

[61] K. Liu and J. Yong, Rapid exact controllability of the wave equation by controls distributed on a time-variant subdomain, *Chinese Ann. Math. Ser. B*, 20 (1999), 65-76.

[62] X. Liu, Global Carleman estimate for stochastic parabolic equations, and its application, *ESAIM Control Optim. Calc. Var.*, 20 (2014), 823-839.

[63] X. Liu, Controllability of some coupled stochastic parabolic systems with fractional order spatial differential operators by one control in the drift, *SIAM J. Control Optim.*, 52 (2014), 836-860.

[64] X. Liu, Q. Lü and X. Zhang, Finite codimensional controllability and optimal control problems with endpoint state constraints, *J. Math. Pures Appl.*, 138 (2020), 164-203.

[65] X. Liu, Q. Lü, H. Zhang and X. Zhang, Finite codimensionality method for infinite-dimensional optimization problems, arXiv: 2102.00652v2.

[66] A. López, X. Zhang and E. Zuazua, Null controllability of the heat equation as singular limit of the exact controllability of dissipative wave equations, *J. Math. Pures Appl.*, 79 (2000), 741-808.

[67] H. Lou and J. Yong, Optimality conditions for semilinear elliptic equations with leading term containing controls, *SIAM J. Control Optim.*, 48 (2009), 2366-2387.

[68] 吕琦,随机偏微分方程的观测与控制,四川大学博士学位论文,2010.

[69] Q. Lü, Some results on the controllability of forward stochastic parabolic equations with control on the drift, *J. Funct. Anal.*, 260 (2011), 832-851.

[70] Q. Lü, Carleman estimate for stochastic parabolic equations and inverse stochastic parabolic problems, *Inverse Problems*, 28 (2012), 045008.

[71] Q. Lü, Exact controllability for stochastic transport equations, *SIAM J. Control Optim.*, 52 (2014), 397-419.

[72] Q. Lü, J. Yong and X. Zhang, Representation of Itô integrals by Lebesgue/Bochner integrals, *J. Eur. Math. Soc.*, 14 (2012), 1795-1823. [Erratum: *J. Eur. Math. Soc.*, 20 (2018), 259-260].

[73] Q. Lü, H. Zhang and X. Zhang, Second order necessary conditions for optimal control problems of stochastic evolution equations, *SIAM J. Control Optim.*, 59 (2021), 2924-2954.

[74] Q. Lü and X. Zhang, Well-posedness of backward stochastic differential equations with general filtration, *J. Differential Equations*, 254 (2013), 3200-3227.

[75] Q. Lü and X. Zhang, *General Pontryagin-type Stochastic Maximum Principle and Backward Stochastic Evolution Equations in Infinite Dimensions*, Springer, Cham, 2014.

[76] Q. Lü and X. Zhang, A mini-course on stochastic control, *Control and Inverse Problems for Partial Differential Equations*, 171-254, Ser. Contemp. Appl. Math. CAM, 22, Higher Ed. Press, Beijing, 2019.

[77] Q. Lü and X. Zhang, *Mathematical Control Theory for Stochastic Partial Differential Equations*, Probability Theory and Stochastic Modelling, 101, Springer, Cham, 2021.

[78] Q. Lü and X. Zhang, Control theory for stochastic distributed parameter systems: an engineering perspective, *Annu. Rev. Control*, 51 (2021), 268-330.

[79] Q. Lü and X. Zhang, A concise introduction to control theory for stochastic partial differential equations, *Math. Control Relat. Fields*, 12 (2022), 847-954.

[80] Q. Lü and X. Zhang, Optimal feedback for stochastic linear quadratic control and backward stochastic Riccati equations in infinite dimensions, *Mem. Amer. Math. Soc.*, In Press.

[81] J. Ma, P. Protter and J. Yong, Solving forward-backward stochastic differential equations explicitly—a four step scheme, *Probab. Theory Related Fields*, 98 (1994), 339-359.

[82] J. Ma and J. Yong, *Forward-Backward Differential Equations and Their Applications*, Lecture Notes in Mathematics, 1702, Springer, Berlin, 1999.

[83] P. Malliavin, Stochastic calculus of variations and hypoelliptic operators, *Proc. Inter.*

Symp. on Stoch. Diff. Equations, Kyoto 1976, 195-263, Wiley, 1978.

[84] R. M. Murray et al., Control in an information rich world, *Report of the Panel on Future Directions in Control, Dynamics, and Systems*, Society for Industrial and Applied Mathematics, Philadelphia, PA, 2003.

[85] E. Pardoux and S. Peng, Adapted solution of backward stochastic equation, *Syst. Control Lett.*, 14 (1990), 55-61.

[86] S. Peng, A general stochastic maximum principle for optimal control problems, *SIAM J. Control Optim.*, 28 (1990), 966-979.

[87] S. Peng, Probabilistic interpretation for systems of quasilinear parabolic partial differential equations, *Stoch. Stoch. Rep.*, 37 (1991), 61-74.

[88] S. Peng, *Nonlinear Expectations and Stochastic Calculus Under Uncertainty: With Robust CLT and G-Brownian Motion*, Probability Theory and Stochastic Modelling, 95, Springer, Berlin, 2019.

[89] L. S. Pontryagin, V. G. Boltyanskii, R. V. Gamkrelidze and E. F. Mischenko, *Mathematical Theory of Optimal Processes*, Wiley, New York, 1962.

[90] P. Raboin, Le problème du $\bar{\partial}$ sur un espace de Hilbert, *Bull. Soc. Math. France*, 107 (1979), 225-240.

[91] J. Rauch, X. Zhang and E. Zuazua, Polynomial decay of a hyperbolic-parabolic coupled system, *J. Math. Pures Appl.*, 84 (2005), 407-470.

[92] D. L. Russell, A unified boundary controllability theory for hyperbolic and parabolic partial differential equations, *Studies Appl. Math.*, 52 (1973), 189-221.

[93] D. L. Russell, Controllability and stabilizability theory for linear partial differential equations: recent progress and open problems, *SIAM Rev.*, 20 (1978), 639-739.

[94] S. Tang, General linear quadratic optimal stochastic control problems with random coefficients: linear stochastic Hamilton systems and backward stochastic Riccati equations, *SIAM J. Control Optim.*, 42 (2003), 53-75.

[95] S. Tang, A second-order maximum principle for singular optimal stochastic controls, *Discrete Contin. Dyn. Syst. Ser. B*, 14 (2010), 1581-1599.

[96] S. Tang and X. Li, Maximum principle for optimal control of distributed parameter stochastic systems with random jumps, *Differential Equations, Dynamical Systems, and Control Science*, 867-890, Lecture Notes in Pure and Appl. Math., 152, Marcel Dekker Inc., New York, 1994.

[97] S. Tang and X. Zhang, Null controllability for forward and backward stochastic parabolic equations, *SIAM J. Control Optim.*, 48 (2009), 2191-2216.

[98] D. Tataru, Boundary controllability for conservative PDEs, *Appl. Math. Optim.*, 31 (1995), 257-295.

[99] J. M. A. M. van Neerven, M. C. Veraar and L. W. Weis, Stochastic integration in UMD Banach spaces, *Ann. Probab.*, 35 (2007), 1438-1478.

[100] J. M. A. M. van Neerven, M. C. Veraar and L. W. Weis, Stochastic evolution equations in UMD Banach spaces, *J. Funct. Anal.*, 255 (2008), 940-993.

[101] 夏道行,无限维空间上的测度和积分——抽象调和分析(第二版),高等教育出版社,北京,2008.

[102] 雍炯敏、张旭、李训经,20世纪中国知名科学家成就概览数学卷第三分册,324-333,科学出版社,北京,2012.

[103] J. Yong and X. Zhou, *Stochastic Controls: Hamiltonian Systems and HJB Equations*, Springer-Verlag, New York, Berlin, 2000.

[104] J. Yu and X. Zhang, Infinite dimensional Cauchy-Kowalevski and Holmgren type theorems, *Sci. China Math.*, 62 (2019), 1645-1656.

[105] J. Yu and X. Zhang, L^2 estimates and existence theorems for the $\bar{\partial}$ operators in infinite dimensions, I, *J. Math. Pures Appl.*, 163 (2022), 518-548.

[106] H. Zhang and X. Zhang, Pointwise second-order necessary conditions for stochastic optimal controls, Part I: The case of convex control constraint, *SIAM J. Control Optim.*, 53 (2015), 2267-2296.

[107] H. Zhang and X. Zhang, Pointwise second-order necessary conditions for stochastic optimal controls, Part II: The general case, *SIAM J. Control Optim.*, 55 (2017), 2841-2875.

[108] H. Zhang and X. Zhang, Second-order necessary conditions for stochastic optimal control problems, *SIAM Rev.*, 60 (2018), 139-178.

[109] 张旭,半线性分布参数系统的精确能控性及某些相关问题,复旦大学博士学位论文,1998.

[110] X. Zhang, Rapid exact controllability of the semilinear wave equation, *Chinese Ann. Math. Ser. B*, 20 (1999), 377-384.

[111] X. Zhang, Exact controllability of semilinear evolution systems and its applications, *J. Optim. Theory Appl.*, 107 (2000), 415-432.

[112] X. Zhang, Exact internal controllability of Maxwell equations, *Appl. Math. Optim.*, 41 (2000), 155-170.

[113] X. Zhang, Explicit observability estimate for the wave equation with potential and its application, *Royal Soc. Lond. Proc. Ser. A Math. Phys. Eng. Sci.*, 456 (2000), 1101-1115.

[114] X. Zhang, Explicit observability inequalities for the wave equation with lower order terms by means of Carleman inequalities, *SIAM J. Control Optim.*, 39 (2000), 812-834.

[115] X. Zhang, Exact controllability of the semilinear plate equations, *Asymptot. Anal.*, 27 (2001), 95-125.

[116] X. Zhang, A remark on null exact controllability of the heat equation, *SIAM J. Control Optim.*, 40 (2001), 39-53.

[117] 张旭,半线性分布参数系统的精确能控性,高等教育出版社,北京,2004.
[118] X. Zhang, Carleman and observability estimates for stochastic wave equations, *SIAM J. Math. Anal.*, 40 (2008), 851-868.
[119] 张旭,关于控制学科发展的若干思考——纪念"关肇直奖"设立20周年, TCCT 通讯, 2014年第7期. (http://tcct.amss.ac.cn/newsletter/2014/201407/xzhang.html)
[120] X. Zhang and E. Zuazua, Unique continuation for the linearized Benjamin-Bona-Mahony equation with space-dependent potential, *Math. Ann.*, 325 (2003), 543-582.
[121] X. Zhang and E. Zuazua, Polynomial decay and control of a 1-d hyperbolic-parabolic coupled system, *J. Differential Equations*, 204 (2004), 380-438.
[122] X. Zhang and E. Zuazua, Long time behavior of a coupled heat-wave system arising in fluid-structure interaction, *Arch. Ration. Mech. Anal.*, 184 (2007), 49-120.
[123] 张学铭、李训经、陈祖浩,最优控制系统的微分方程理论,高等教育出版社,北京,1989.
[124] X. Zhou, The connection between the maximum principle and dynamic programming in stochastic control, *Stoch. Stoch. Rep.*, 31 (1990), 1-13.
[125] X. Zhou, On the necessary conditions of optimal controls for stochastic partial differential equations, *SIAM J. Control Optim.*, 31 (1993), 1462-1478.
[126] E. Zuazua, Exact boundary controllability for the semilinear wave equation, *Nonlinear Partial Differential Equations and Their Applications*, Collège de France Seminar, Vol. X (Paris, 1987-1988), 357-391, Pitman Res. Notes Math. Ser., 220, Longman Sci. Tech., Harlow, 1991.
[127] E. Zuazua, Exact controllability for semilinear wave equations in one space dimension, *Ann. Inst. H. Poincaré Anal. Non Linéaire*, 10 (1993), 109-129.
[128] E. Zuazua, Controllability and observability of partial differential equations: some results and open problems, *Handbook of Differential Equations: Evolutionary Differential Equations*, vol. 3, 527-621, Elsevier Science, 2006.

忆李训经老师

楼红卫[①]

李训经老师离开我们已经20年了,每当参加过李老师主持的控制论讨论班的学者们聚在一起,抑或取得显著的成就时,总会念叨起李老师的贡献。可以说,李老师已经成为大家生命中的一部分。

回想起来,我和李老师的接触时间并不太长,可以说是非常幸运地在博士期间完整地经历了李老师主持的一轮讨论班,但也非常遗憾地没能作为青年教师继续受到李老师的教诲。

如果用标签式的话来说,学生们是被李老师训出来的。"训"确实是李老师的一大特点。在日常生活中,李老师对于他人(包括学生)非常和蔼友善。但是如果有学生学习不努力,或者不得法,李老师就会"训",而且时常是半节课一节课地训。在工作生活中,遇到不公平、不合理的事情,他也会据理力争。尤其是在工作范围内,向有关部门力争合理的规则,更被李老师视为一种社会责任。

学生们除了在讨论班上"受训"外,每学期放假回家前以及返校后都会相约拜访李老师,到他的书房"受训"。事实上,这是李老师明确要求的"规定动作",自然,不允许带任何礼物。我们一般是晚饭后,大概晚上7点到李老师家,通常聊到晚上11点到12点。

我第一次去李老师家见他是在博士入学考试面试之后,之前对李老师一无所知。我们聊过几件事,记忆深刻。

一是关于选考的一门课,是我之前从没有学过的。在备考阶段,我找到

[①] 复旦大学教授。

了一本"教材",翻开看了一部分后就发现那书写得非常混乱,逻辑上一塌糊涂。由于那个时候还没有电子资源什么事,周边图书馆资料也极为缺乏,因此当时也没能找到其他相关的书,只好硬着头皮看下去,寄希望于最后通过阅读全书,自己能够把正确的东西还原出来,毕竟读书过程中纠正书本上的一些错误也算是一种常态。然而那书读到最后,我也没有搞明白,包括相关的一些基本概念。李老师问了作者是谁,然后就说这人的书不能看,他的逻辑是混乱的。那位作者曾经在李老师这里做过访问学者,因此李老师比较了解他的情况,在复旦的时候对他就有所批评,后来也曾劝告过他不要出版这种写得乱七八糟的书。劝告不成,之后彼此也就断了来往。这是我第一次听人如此彻底地否定一本书、一个作者。就我自己而言,当时虽然觉得这书写得混乱,总归主要还是怀疑是自己没有搞懂。

有了"共同语言",接下来的聊天就变得轻松一些了。李老师问到我的硕士生导师是谁,我回答说是王斯雷老师和施咸亮老师。李老师知道施咸亮老师是陈建功先生的研究生(因此是李老师的师弟),对他的科研工作有所了解,但王老师的情况不知道。也许是觉得这话有那么一点不太友好,抑或就是李老师自身的习惯,之后我第二次去李老师家时,李老师特意跟我讲,他看了王老师的(科研)工作,觉得王老师的工作是非常好的,在国内名列前茅。问起硕士阶段看什么书、读什么论文,我说在王老师和施老师的推荐下,读过 C. Fefferman, Mockenhaupt, R. Fefferman, Kenig 等人的文章。李老师便问,Fefferman(指 C. Fefferman)的主要贡献是什么?老实说,这种问题看起来简单平常,但自己以前从来没有考虑过,因此只能胡扯一通。李老师说,Fefferman 主要的贡献应该是把调和分析用于解决偏微分方程的问题。后来,在洪家兴老师的二阶椭圆型方程课上,他也提到,二阶椭圆型方程 L^p 估计的证明目前(即当时)本质上只找到调和分析的那个方法。聊天中,李老师提到我考博士的推荐信为什么没有请王老师、施老师写。我说是因为考控制论的博士生,相当于做了调和分析的"逃兵",因此不好意思请他们写(另一方面,其实我心里觉得推荐信就是个形式,并没有重视过)。李老师认为,请原导师写推荐信是一个"规矩"。不过这事李老师也没有多在意。

在李老师小书房的聊天，主要以他的讲述为主，其中又以讲述学科发展的历史和进展为主。对于自己研究的控制论，李老师说一开始就是遵照国家的安排。因为国家需要，一夜之间，他（和一些同事）就从研究函数论转到了研究控制论。尽管一开始也做出了一些成果，但由于很长一段时间与控制论界的国际主流隔绝，改革开放以后，研究团队就面临了研究方向的选择问题。团队经过认真调研、分析，觉得尽管继续做有限维最优控制理论会比较容易，但这部分理论当时国际上已经发展得差不多了，因此有必要下定决心转向尚未发展起来的无限维最优控制理论。之后，又在团队缺乏随机理论基础的情况下，决心组织力量研究随机最优控制问题。李老师认为，选择好研究方向是非常重要的。

自然，我们也会聊起一些相对轻松的话题，比如 Bellman 由于当时其动态规划理论在数学上并不严谨，差点博士论文答辩通不过。也谈到 Pontryagin 因为在拓扑学上的贡献受邀在国际数学家大会上做一小时报告，但 Pontryagin 在大会上讲了最优控制所满足的最大值原理。顺便也聊起 Pontryagin 的学生 Boltyanski 后来撰文说最大值原理不是 Pontryagin 写的（针对 Boltyanski 的说法，Pontryagin 的另一个学生 Gamkrelidze 撰文回忆了最大值原理的证明过程。Pontryagin, Boltyanski 和 Gamkrelidze 是最大值原理的主要贡献者）。李老师调侃说，论文自然不是 Pontryagin 写的，因为 Pontryagin 是一个失明的人，但他认为证明的主要思想一定是 Pontryagin 的。聊起钱学森的"亩产万斤"的文章，李老师倾向于认为这是因为在当时的环境之下，钱学森有他的无奈之处，而且在文章中，钱老强调了在能量等转化的"理想状态"下达到这样的产量，某种程度上暗示了那种产量在当时情况下的不可能性。

聊到科研工作者的日常生活，有一次就聊到一些夫妻，两人都是科学家的，时常没有精力去培养自己的子女，家里也是乱糟糟的。我就插话说也许给他们配保姆的话，家里可以整洁一些。李老师就说，没有用的，因为那个乱糟糟就是书啊资料啊堆得乱，保姆是无法整理的，所以家里最好不要两个人都是做科研的。从类似的一些聊天可以体会到，李老师对于生活和社会现象的观察和思考是相当细致和深入的，而且有特别强的社会责任感。一脉相承地,他将去世后的遗体捐献给了医学研究。而在1999年,他和沈致远先生在《科学》2000年1月号上发表了《科学家的社会责任》一文,告诫人们在进行基因工程研究时,要格外小心,严防意外事故。万一具有有害基因的微生物从实验室泄漏出去,其后果要比放射性泄漏严重千百倍。原因是放射性元素是死物,半衰期再长,其危害性总是随时间以指数率递减的;而基因是活物,在适宜条件下会以指数率迅速增长,并通过生物载体广泛传播。文章指出,对基因工程产品的安全性,由政府立法加以管制当然必要,更重要的是必须使公众充分了解,行使明智的选择权(注:2002年1月5日农业部颁布《农业转基因生物标识管理办法》)。类似的话题也常在聊天中提及。

时不时地,李老师会用实例表达团队对于学生要求的严格。他常提及过去中途被退学的学生以及因何原因被退学,这也算是对我们在读学生的一种鞭策。其中提到一位学生在本科阶段非常优秀,身上汇集了很多荣誉称号。但在直博阶段,心思不在学习上,几年下来,没有什么进步,李老师便要求他退学。其间,不少老师和领导念及该学生之前的优秀表现,为其说情,但李老师不为所动。在大学里,有不少老师对说情非常排斥,尤其是对于领导出面说情,李老师应该是其中一个典型的代表。

自然,在聊天中聊专业是主要话题。李老师会反复提及一些未解决的专业问题,其中主部系数含控制的最优控制问题是我就读期间提及次数最多的。在谈及研究生课程如何考核学生时,我建议成绩的主要部分可以采用让学生自己命题两到三个并给出解答,没想到李老师后来真的采取了这样的考核方式(不过,我没有确认他之前是否也是这样考核的)。

讨论班上导师"训"学生也许是陈苏学派中普遍存在的现象。在导师们在场的情况下,谈及"训学生",也曾有来自北方的博士后表示,相对来说,他们读研究生时的环境中,导师对学生说话都比较"客气",不太会"训人"。但尽管"客客气气",还是时常能够让学生们感觉到不好意思。曾有老师表示,有一次,他在讨论班的时候准备"训话",听到隔壁李老师正在训话,就说:大家就听李老师的训话吧,我就不说了。不过,导师们训学生都是就事论事,不会涉及人格,因此,挨训虽然有些难堪,事情过去之后,大家也不会觉得受到什么伤害,之后回忆起来都会想起因为挨训而获得的进步。

在讨论班"训话"的话题中,学生们所报告文章的题目占了不小的比例。经常,报告人一写题目,李老师就会说这个题目/话题不对,并就此讲上半节课甚至一节课。总的说来,李老师对于选题是非常重视的。类似地,他非常强调要读好的书,读好的论文,自然通常就体现为读谁写的书、谁写的文章。有些论文乃至有些杂志会被认为是垃圾论文或垃圾杂志,那种文章是不能拿来报告的。读文章就得搞清楚研究相应问题的最初动机是什么,代表人物是谁,代表成果有哪些以及最新的进展如何。

在论文报告中会遇到一些这样的现象:主要贡献/思想是甲的一些工作/方法,被后人包装成新的概念,并把乙说成是发明者或主要贡献者。对此,李老师都会加以批判并讲述相关的发展史。

类似地,比如有一类问题(暂且称之为问题 C)只在某类情形(情形 II)中出现,而在情形 I 中本质上不存在。但有些学者会在研究了情形 II 中的问题 C 之后回头在情形 I 中去考虑问题 C。对此,李老师会毫不留情地加以批评。

一般说来,李老师在讨论班上的提问,不满足于学生们对于概念或者结果的表面上的理解,而要求进一步领会其本质,这时常是超出被提问者(一般是论文报告者)的能力的。尤其是很多问题在之前的学习过程中,被提问者可能从没有考虑过,要站在黑板前很快地回答出来几乎是不可能的。同在讨论班的其他学生自然也会试着帮论文报告者解围,但通常收效甚微。这样,有的同学大学数学基础弱一点的话,"挨训"的次数就会比较多,且持续时间较长,长此以往,这些同学的自信心确实会受到一定的影响。

我在读博前,有过较长时间的工作经历,相对来说"挨训"就少一些。由于相对大多数同学年长一些,因此主动向报告者提问的次数也就多一些。数学讨论班这一数学界遍地开花的科学交流与学习方式主要由著名数学家 Hadamard 创立,由陈建功、苏步青两位先生引入中国数学界,广泛地用于本科毕业论文的指导和研究生的培养。讨论班的设计是期望或要求班上的听众,包括导师、青年教师和在读学生在没有听懂报告人所报告内容的时候不要羞于提问,可以及时请求报告人做进一步的解释;或者当报告人讲得不正确或不好的地方打断对方,以澄清某一个要点。这样通过提问、互相交流,可使得大家对相关问题的理解、研究更为深刻。但由于国内学生本身就不善、不喜提问,加上见识和地位的差异,使得大多数讨论班相当程度上缺失了同学间互相提问讨论的功能,而窄化为导师提问、进而指导或解释,而学生接受考核的这样一个过程。尽管缺失了一部分功能,讨论班还是在人才培养中起到了很好的作用。可以看出来,李老师是非常期望同学们互相提出问题的。如果发现报告人讲得不恰当或有卡顿的苗头,一旁的同学们能够及时提出问题,展开讨论,李老师的态度就会很和善,不仅不会开启"训话"模式,还时常会帮报告人缓颊、肯定报告人的进步。而相比李老师,同学们提问起来自然没有那么尖锐。

讨论班报告的内容或论文,一般是报告人自己选择的,学会读什么论文、读什么书本身是讨论班的主要任务之一。讨论班开始前,其他人一般是不清楚报告人当天要报告什么的,因此,难免会有同学觉得李老师由于对某个问题不了解而评论不到位乃至不正确的时候。这里面有因为李老师讲的是另一个层次的问题而同学们没有理解的情况,也应该确实有李老师误会报告人而没有讲到位的问题。一次偶然的机会,我在图书资料室遇到李老师,感到他在查看的书和论文恰好与讨论班上刚刚报告过的内容相关。之后我就发现李老师确实会时常在讨论班后查阅与同学们报告过的文章相关的文献,这让我大为震撼。李老师能够带出这么多优秀的学生,正是他这样持之以恒的坚持与默默付出的结果。

追忆李训经先生

张建丰[①]

我于1991—1997年就读于复旦大学数学系和数学研究所。当时我在数学专业，与控制论交集不大，甚至也不清楚控制论具体是研究什么的（那时金融数学还没正式出现在控制论专业的介绍中），只知道有位明星教授雍炯敏。在李先生学生中传得最多的是他的严格，说在他的讨论班中"挂黑板"是常事，他也是少有的在毕业答辩会上会动真格的教授。我与李先生的直接接触只有一次。1995年暑假，我在襄阳的研究生暑期学校中听了彭实戈老师的倒向随机微分方程的课，据说最后的考试考得不错。因为我来自复旦，彭老师事后就跟李先生提起了我。李先生跟我的导师张荫南老师说了，并当面鼓励了我一番。老先生笑容可掬，与印象中的严苛大相径庭。

后来我来到普渡大学，师从马进老师，成了李先生的再传弟子，对先生的了解才逐渐多起来，也逐渐鲜活起来。再后来控制论的"复旦学派"声名鹊起，而且我也多次参加了纪念李先生的学术会议，知道了李先生当年大力推动、引领中国随机控制领域发展的过程，景仰之情油然而生。我现在也经常会思考、权衡各个可能的课题，也指导了很多博士生。我们现在的条件应该说比李先生当年要好很多，但是先生的睿智，先生的风骨，至少在以下几个方面值得我等晚辈后学琢磨与师法。一是先生的敏锐与远见。当时是1980年代，国内的资讯还不是很多，先生凭其多年的积累和敏锐的洞察力，能够捕捉到随机控制这一领域的巨大前景，确实让我等佩服。或许这种能力我们无法东施效颦，但它至少提醒我们做研究找准方向的重要性。二是

[①] 南加利福尼亚大学教授。

先生的勇气与魄力。一旦认识到某个领域的重要性,先生就敢带着一大帮年轻人扑进去。当事后诸葛亮当然容易,但在当时来说,万一这一领域后续发展不起来呢?也许先生有他的自信,但我想这还是需要冒一定的风险,要有一定的勇气的。在我自己的成长过程中,有好几次也是与一些很好的课题(还谈不上大的方向)擦肩而过,有些是当时没认识到问题的重要性,但有些确实就是当时勇气不够。三是先生的胸怀。据我所知,先生当时并非随机分析的专家,只要门一开,一帮年轻人完全有可能走到他的前面。我想,先生的字典里或许没有"面子"两字,更可能的是,在先生眼里,他们全是他的孩子,青出于蓝而胜于蓝,应该正是他的期盼。四是先生的严谨。如前所述,先生对学生的严格是在整个复旦数学系出了名的,而从后来我与很多受过先生影响的我的师长们的交往中,我也能间接体会到先生对学术研究的严谨。这一点,也许是处于这个节奏超快的网络时代的我们需要深刻警惕与反省的。

斯人已逝,但其传承未断。从"复旦学派"出发,先生播下的种子已在全世界生根发芽,开花结果。我想,这是我们对先生最好的纪念,先生应该是感到欣慰的。

纪念李训经先生

许亚善[①]

时光荏苒,转眼李训经老师离开我们已经有20年了。我自2000年来上海参加复旦大学的研究生面试与李先生结识,与李先生有将近3年的师生情谊。现在回想这段经历,李先生的音容笑貌宛如就在昨天。师恩难忘,心绪起伏,久久难以平静。

我有幸能留在复旦,追逐李先生曾经的足迹。尽管20年后的复旦变化已经很大,但心目中李先生的印象依然让我高山仰止。走过已经扩建过的子彬楼,哥特式的建筑依然,可门前的路已经不在。回望三楼,忆起三层楼梯右手边是我们控制专业老师的办公室。李先生在办公室的时间比较少,他把机会留给了其他老师甚至是博士生,我记得当时我们都有办公室的钥匙。

走进装修过的五教,我们曾经上课与自修的地方。上课的声音传来,有点像李先生的声音。李先生的声音洪亮,据说可以传遍整层楼。李先生上课时,总是抑扬顿挫,很有感染力。李先生授课追求的是框架式,粗线条,条理清晰,细节的部分则需要我们课后补充。最让人难以忘怀的是李先生训人,令被训者胆战心惊,但受用一生。走进一间教室,习惯性地瞄向最后一排两个角落的座位,一个是李先生的座位,另一个则是雍老师的座位。

现在已经很少到李先生家的楼下,李先生家的书房是我们接受指导最多的地方。李先生家的书房有点小,有点暗,但满眼都是书。记得2002年我准备申请硕博连读,到李先生家里请他帮我写推荐信。李先生答应了,随

[①] 复旦大学副教授。

后又跟我聊起了数学。我至今还记得李先生问我如何将非零和对策问题转化为零和对策问题,他把论文找出来给我看,又循循善诱地给我讲解,当时情形历历在目。

回家路过长海医院,回想 2002 年我陪李先生到长海医院看病的情形。李先生在新华医院的初诊认为是黄疸,但需要确诊。那次我是陪李先生以及刘老师一起去的。当时李先生的身体状态很好,完全没有得病的迹象,声音依然洪亮,连一旁的护士都误以为我们是陪刘老师来看病的。可转眼一周,他的身形一下子瘦削下来。尽管李先生每天需要借助杜冷丁止疼,可他从没有在我们学生面前表露出痛苦的表情。在随后的陪护中,李先生仍不失对我们的关怀。晚上李先生需要上洗手间,他静静地起身,连灯都不开,唯恐惊醒我们。待李先生转去华山医院后,见到我们时,总是告诫我们要以学业为重,安心做论文。

与李先生的师生情谊,点点滴滴融入我的生活中。李先生对我们的教诲,让我们铭记在心。李先生对我们要求很严格,比如规定"周六周日不在学校,要算旷课"。尽管李先生的有些方法我们已不再采用,但他求知开拓的精神仍在延续。"读书从厚到薄"的读书理念、"做科研爬山顶"的科研理念、"争做小方向国内前三"的科研信念,这些都是李先生留给我们的宝贵财富。感谢师恩,缅怀李先生!

我的复旦学习之旅
——忆李训经老师

卢卫东[①]

一、初 见

1992年10月,我即将从浙江大学(原杭州大学)的计算数学与应用软件专业毕业,面临着继续深造还是走向社会就业的选择问题。由于我在本科时学习成绩还不错,几乎每年都能拿一等奖学金,因此学校的老师找我聊,希望我能继续在本校学习,可以免试直升硕士。经过慎重考虑,我做出了决定,继续学习深造,但希望能到其他学校看一看,并且选择一个应用性更强的专业。通过比较研究,我放弃了本校的直升机会,把复旦大学的运筹学与控制论专业作为我的第一目标,并且开始投入到积极的考试复习过程中。

非常机缘巧合,在一个偶然的朋友聚会中,我认识了一位高校的数学老师楼荣祥,当他得知我在准备复旦大学数学所的研究生考试时,就告诉我,他与复旦大学数学所的雍炯敏教授有过一面之交,可以帮我写一封推荐信。大约两周后,我收到了回信,打开一看,署名李训经,信的内容是:来信收悉,非常欢迎我报考雍炯敏教授的研究生,由于雍教授在国外做学术交流,所以由李老师代为处理,并告知我一个具体日期到复旦大学做一次面试。这是我第一次听到李老师的名字,并且他是复旦大学运筹学与控制论研究

---

① 现任职于深圳远辉融生管理服务有限公司。

方向的负责人,这是后来到复旦后才知道的。

我怀着兴奋而又紧张的心情在指定的时间去了复旦大学。那是一个深秋的上午,阳光明媚,校园里非常安静,我来到了一幢非常漂亮的小白楼前(后来才知道这幢楼在复旦号称"小白宫")。经过打听我找到了李老师的办公室,敲门进去并说明来意。李老师站了起来,中等身材,穿着一件中山装,非常和蔼友善,微笑着对我说了句欢迎,就把我带进了隔壁一个教研室的房间,房间里除了3张桌椅和一块黑板外没其他东西,李老师对我说完后等了一下就转身出去了。在空空荡荡的房间里,我感觉有点忐忑紧张。

大约5分钟后,李老师进来了,跟着还有两位教授。李老师对我说做几道题,脸上还是非常标准的微笑。我来到黑板前,李老师和教授通过口述出题,我一边说解题思路,一边在黑板上写。前三道题是有关数学分析和高等代数的,还比较顺利,李老师还是非常标准的微笑,偶尔点头,嘴里嗯一下,没有多余的话,甚至没有多说一个字。第四道是常微分方程方面的题,他们一说完我就蒙圈了,完全不会。这门课本身是我的软肋,学完后书往边上一扔就再没有碰过。房间里出奇的寂静,3位教授齐刷刷看着我,我在黑板前心情极度紧张,吞吞吐吐地说我大学时好像没学过。"嗯?没学过?你用的是什么教程?作者是谁?哪家出版社出版的?"我看着李老师的表情从微笑闪电般地转为严肃,眉头微皱,语气平稳但连珠炮地发问。李老师接着说:"你们的教材里一定有这方面的内容,不可能没学过,学过后忘了就是忘了,不会就是不会,怎么可以说没学呢?说话要诚实,表达要准确。"

这次面试总共出了5道题,我答对了3道半,从办公室出来,心情极度低落,心想复旦之路到此结束了。第二天回到学校,我马上翻开《常微分方程》的书,李老师说得没错,我们学过这方面的知识,只是我当时压根想不起来了。我提起笔,给李老师写了一封信,大致内容是:感谢李老师给我面试的机会,也感谢面试过程中给我指出的问题及提出的要求。同时我也把不会做的面试题重新解了一遍发给了他。虽然我对去复旦读研已经不抱希望,但还是不忘再次表达一下愿望,希望以后还是有机会到复旦学习深造。

大约在1992年的年底,我收到了来自复旦大学的一封信,拆开一看,是硕士研究生的录取通知书,面试直升提前录取。这真的非常意外,同学们纷纷表示祝贺,但其实我的心情是非常复杂的,想起面试时友善和严厉可以闪电般转换的李老师,有期待,也很忐忑,不知道未来3年我在学习和生活上将会面临怎样的挑战、艰辛以及收获。

二、历　　练

1993年9月,我顺利入学复旦大学数学所。一年级的学习生活跟大学没多大区别,各个专业方向的同学都一起上课,主要是基础课,也没有机会见到自己的专业导师。偶尔在校园里或教研室见到导师,也就是打个招呼,没太多交流,但与师兄倒是会有一些接触,有时偶尔还会串串门,听听师兄们的故事及了解一些自己专业方向的信息。在此期间还听到了"民间流传"的一种说法,即复旦大学有"四大名捕"(特指4位老师,选修这些老师的课考试非常难通过,同时,其指导下的学生要毕业,也是极具挑战的),而李训经老师正是"四大名捕"之一,给我无形中增加了一丝压力。一年级的学习有些紧张,但也波澜不惊,很快就结束了。

二年级,我们各专业的导师闪亮登场,每一个学生都开始正式接受导师的指导,在未来的两年时间里在各自的专业领域去探索。我的导师是雍炯敏教授,个子不高,言语不多,简洁精练,一双眼睛似乎能洞察一切,他34岁升为复旦大学的博士生导师,在我们心里是神一样的存在。开学后第一周的周三下午,是第一次讨论班时间(每周一次,每次由一个同学在黑板上讲一个下午的课,其他同学及导师在下面听),这也是我们这一届4个同学(张旭、吴晓辉、李攀和我)与雍老师的第一次正式见面。我们4人在数学教研室静静地等着雍老师的到来,有点期待,也有点兴奋,这第一次见面不知道会如何进行。时间到,雍老师从门口飘然而进,坐下后朝我们扫了一眼,然后微微一笑开口说:"今天我想说三点。第一,欢迎你们4位选择我作为指导导师,希望你们未来两年能好好学习,但我不能保证你们顺利毕业;第二,你们4位分别有4个研究方向,卢卫东的研究方向是蒙特卡洛计算方法在控制论中的应用(还分别布置了张旭、吴晓晖及李攀的研究方向)……这4

个方向我都不懂,但我知道这4个方向都有很大的空间可以去探索,俯首就是一朵小花(比喻只要努力,很快就能看到成果,雍老师还是有点浪漫气质的);第三,祝你们在复旦学有所成。"说完后雍老师又朝我们每人扫了一眼,补了一句:"有问题么?"我们都有点懵,没想到雍老师的第一课是这么进行的,愣在那里一时还不知如何回答,这时雍老师又发话了:"愣着干吗?没问题就回去研究吧,今天到此结束。"

接下来的日子,我就像无头苍蝇一样开始了学术研究,从最基本的概念开始,概率、随机数、蒙特卡洛模拟、最优控制、随机控制等,几乎每天都是三点一线的生活,宿舍、食堂及资料室,整天不是上课就是在资料室查阅资料,了解蒙特卡洛算法的发展及应用现状,同时还要花很多时间学习控制论的理论知识。从对研究方向的一无所知到有了对该方向的基本了解和知识的基本储备,我花了整整一个学期的时间。在此期间,我也确定了我的硕士论文研究方向:用蒙特卡洛方法模拟热传导方程,并求出方程的解。每一次的讨论班,雍老师都会坐在教室里像学生一样认真做笔记,并不断对我们提问题,这种学习精神和求知态度真是让我极其钦佩!同时这也是对我们的极大挑战,我们需要花费大量的时间准备讨论班的讲解内容,还要真正搞懂、理解这些文献知识。

二年级的第二学期,雍老师给我提出要求,希望我在本学期高质量地完成硕士论文,并且在SCI杂志上发表,这对当时的我是不敢想象的事,压力和焦虑扑面而来,但又不能退缩,唯有奋力向前。从此我开启了魔鬼般没日没夜的研究生涯,每天都至少花16个小时以上查找文献,研读资料,晚上睡觉还满脑子的数学公式以及逻辑推导,有时甚至做梦都是这些东西。多少次半夜从床上跳下来,觉得自己已经找到了求解证明的方法,打开台灯赶紧记录下来。每取得一点进展,我就特别欣喜,觉得太阳都是特别明朗的,但多少次又无功而返,推翻了自己的研究成果,心情十分沮丧。那一学期几乎每时每刻都在惊喜和沮丧中度过,对我而言可以用折磨来形容。直到有一天,我觉得已经用尽了所有的方法和手段,都无法解决论文中的求解问题。我陷入了绝望,开始怀疑自己的能力,怀疑论文的选题,怀疑研究的方法和方向。入夜,我敲开了雍老师的家门,见面就说:"雍老师,我不行了,论文做不下去了,我要放弃了。"雍老师在他非常拥挤的小厅里找了个凳子让我坐下,非常平静、非常耐心地听我讲遇到的问题,时不时指出可以试试其他方法。大约过了两个小时,一直无解,最后雍老师说:"这样吧,明天早上 8:00 去资料室,一起查查该领域的文献和研究成果。"

第二天一早,我 7:30 到了数学所,一进门就看到空空荡荡的资料室里,雍老师已经坐在那儿了,面前放了厚厚的文献书籍,非常认真地在查阅着。那一刻我心里忽然涌上了莫名的感动,成了我脑海中永恒的瞬间。雍老师从来不与我谈人生、谈理想、讲大道理,但他的求知好学、无私支持、认真负责、身体力行,以及对待困难的不卑不亢,在无形中深深影响了我。做学问的严谨与努力,也许这就是他年纪轻轻即成为知名教授的原因吧。

在接下来的日子里,我的心态有了很大改变,平和了许多,不管遇到什么困难,都能相对从容应对,坚信只要努力、用功、坚持、勤奋,定能取得好的结果。在学期结束前,我终于完成了人生的第一篇论文。雍老师让我尽快整理完善,前前后后不厌其烦帮我修改了至少三稿,细到每个英文单词、标点符号、格式排版等,并且建议我投稿到 *Mathematics of Computation* 杂志(大约一年半后正式发表,这是后话)。

经过这一年,我的心智及研究方法都得到了磨炼和提升,可以在较短的时间内对一个新领域有较好的了解和理解,并能找到一些发展方向进行研究。另外,我养成了在遇到困难时坚持、努力、不放弃的习惯,这对我后续的整个职业生涯都产生了较大的影响。

三、教　　诲

时间进入到 1995 年 9 月,这是我硕士研究生的最后一年。由于雍老师出国学术交流,因此李训经老师正式接管指导我们。虽然我已经在复旦两年,但除了面试时与李老师有过接触外,平时也基本没机会交流。更何况我们师兄弟之间有关李老师的"传说"很多,李老师以严苛著称,所以我们都对他"敬而远之",不到万不得已,不轻易找他。但李老师开始指导我们以后,每周的讨论班那是无论如何逃脱不了的,我们每一次都如临大敌、战战兢兢。接受了一年李老师的指导后,他在我的人生字典里刻下了几个关键词。

(1) 爱国。第一次上李老师的讨论班,我是主讲,还是有关蒙特卡洛模拟计算的课题。由于有了一年的积累研究,再加上几周的精心准备,自我感觉"对付"李老师已经没有问题。李老师一向严格,课件上任何一点瑕疵都逃不过他的眼睛。所以我们每次上课都是反复推敲、反复验证,生怕有点问题让李老师逮个正着,想想真有点猫捉老鼠的游戏。我信心满满地在黑板前讲了半个小时,李老师一声不吭,异常顺利,但当他听到我把 computer 翻译成电脑时,他发声了:"嗯?电脑?为什么翻译成电脑?它能思考么?能与人脑相比么?computer 是用来计算的,翻译成计算机,多好。你非要翻译成电脑,电脑是外来词,不管对不对,你非去捡国外的词,你这不是崇洋媚外吗?国家培养你,为你创造良好的科研条件,我们要爱国、要懂得感恩……"接下来李老师一刻不停,给我们上了两个半小时的爱国主义教育课。

(2) 严谨治学。还是在一次讨论班上,我大概已经讲了一个小时,写了满满一黑板的数学公式和推导后,我擦掉黑板继续往下讲,由于我擦得不够用力,所以黑板看上去不是太干净,只听到李老师皱了一下眉:"嗯?怎么回事?擦的什么黑板?这么马虎?这怎么行?做任何事情都需要严谨、认真,知道吗?……"接下来的两小时,李老师又给我们上了严谨治学的教育课。

(3) 敢于批判。我的一位同学,他研究的方向是金融数学,这在当时是比较新的研究领域。有一次他选了一篇文章进行讲解,而该文章的作者是在该领域有一定知名度的美国教授,其中的一处证明不太严谨,被李老师逮个正着,而我的同学心想这是发表在核心杂志上的文章,也没看出有什么问题,还想辩解一下。"嗯?没问题?前提假设就有问题,是得不出这个结论的,不要以为专家就没问题,也不要以为发表在核心杂志上的文章都是好文章,别迷信专家和权威,真正有核心价值并且值得读的文章不超过 20%。做学问要学会甄别,什么是精华,什么是垃圾,要敢于怀疑,敢于批判,敢于提出新的观点……"接下来李老师又给我们上了两个小时敢于批判的教育课。

（4）框架性思维。在上讨论班时，李老师有一个特点，他笔挺地坐在教室里，闭着眼，安详平静，一动不动，乍一看以为是高僧在打坐。刚开始我们都窃喜，以为李老师睡着了，这个讨论课可以轻松"糊弄"过去了，于是放松心态在黑板前快速地讲着。"嗯？怎么得出这个结论的？这里面一定有问题，过不去！"明明是处于打坐状态，怎么又这么明察秋毫呢？"我不要看你的每一步公式，我脑子里有一个框架，数学不是凭空想象的，它是对客观世界的一个描述，你脑子里需要有你研究的客观世界的模型。就拿你的热传导方程来说，如果你推导出来的结论与你脑子里的客观世界的运行规律不符，那一定就是错的，你回去找原因……"以前不管我们选择怎样的课题，即使李老师自己从来没研究过，也总能一针见血地直指本质，指出问题，让我们匪夷所思。他在学术上的造诣就像珠穆朗玛峰一样，高山仰止，不可超越，甚至都无法靠近。通过李老师在讨论班上的不断强化和教育，我对修得这种境界的方法和路径似乎有了一点理解。

（5）用功勤奋。李老师最希望我们永远处于没日没夜的用功研究状态，看到我们在资料室查阅文献，他会用他那非常标准的微笑与你打招呼，相当和蔼。但如果在非学习状态下被他撞见（不管是否周末），他会非常严肃地对你说："嗯？在这里干什么？"所以我们有时路上看见李老师，都会远远地绕道走，不给他教育的机会。

每周三下午上完李老师的讨论班，不管课堂表现如何，我们都会长舒一口气，那天晚上是我们的放松时刻，把一切压力抛到一边，我、张旭以及我们的两位师弟（周佐益、王世宏）4人凑成一桌开启打牌模式，全情投入。胜了开怀大笑，神清气爽，得意忘形；败了相互埋怨、互相指责，然后呵呵一笑认真总结。在这一过程中我们学会了认真、投入，也学会了放下、接受。这是我们非常快乐的时光。

四、告　别

2002年10月，接到周佐益的电话，说李老师生病了，得了肿瘤，住在华东医院,我们相约一起去看看他。

那是一个周六的下午,我们敲开了李老师的病房,师母把我们迎了进去,病房不大,是一个朝南的房间,阳光从窗户斜射进来,使病房感觉明亮温暖。我们来到李老师的病床前,他斜躺在床上,脸色有些苍白,身体比较虚弱,消瘦了许多,但精神还不错,看到我们,脸上露出了淡淡的微笑,点点头示意我们坐下。我问李老师是否还记得我们的名字。"嗯,卢卫东,周佐益。"一字不差,虽然我们是他的学生中非常普通的两位,但我想这都是李老师付出过心血培养过、指导过的,所以他都记得。

我们在一起聊了很多过去学校期间的人和事,李老师的记性非常好,思维也非常清晰,他简单地向我们介绍他的病情,还非常关心我们现在的工作和生活情况。其间他时不时向我们提到"要注意身体",现在他身体不好,与过去一心扑在科研上,没关注自己的身体也有关系。

聊了大约一个小时,我看到李老师有些疲倦,于是起身告别,临走时我握着李老师的手,有些冰凉,但很柔软。我们祝李老师早日康复,他用力握了一下我的手,有点吃力地侧了一下身,看着我们说:"嗯,你们也要注意身体。"这是李老师留给我们的最后叮嘱!年轻时盯着我们努力搞科研,在生命的最后时刻,却嘟囔着让我们一定要注意身体,李老师用他自己人生的经验告诉我们如何走好生活的每一步。他对我们时而和蔼、时而严厉,为我们取得的每一点成绩而开心骄傲,但有时又对我们表现出恨铁不成钢的咬牙切齿,这一切都让我看到了父母对儿子那种望子成龙的影子,那便是老师对学生的爱,一种无私、温暖、足以影响学生一辈子的大爱!

复旦3年的学习生涯非常短暂,但上天非常眷顾,让我有幸师从博学儒雅的雍炯敏和李训经教授。这3年的学习,不仅让我在研究方法上入了门,还磨炼了我的心智、毅力,以及如何正确地看待困难与挑战。后来我在四大会计师事务所做了13年的管理咨询顾问,在某家银行做了5年的高管,整个职业生涯比较顺利,并且也取得了一点点成绩,我心里非常清楚,这与我的3年硕士生涯密不可分。在此我要感谢雍炯敏和李训经教授,是他们给予了我人生的巨大财富,影响了我一生!

我所知道的李训经先生

周海浪[①]

"你们去问问,哪个篮球、足球运动员到了我这个年纪能有我健康?"每次想起李训经老先生,不知道为啥,总是会浮现出他和我们说这话的情景。那是1997年放暑假前的最后一周,我们4个刚刚读了一年的硕士生集体去李老师家里聆听期末训导。那个时候,我们贪玩,成天一有空就打牌打球,技术水平日益见长,在李老师问起我们的业余兴趣爱好的时候,忍不住拿出来显摆。没想到被李老师劈头盖脸一顿训,他敦促我们要认清职业方向,不要本末倒置,不要玩物丧志,无节制地打球达不到健身效果,还浪费时间。

言犹在耳,李老师离开我们已经20年了。

我们是1996年9月考入运筹学与控制论方向的。开学报到,办完入学手续,找到指定宿舍,在整理床铺和衣柜的时候,隔壁有几位溜达过来,低声聊着,"看,今年控制论方向又来了三四个"。我听了有点摸不着头脑,心想,控制论方向就那么值得羡慕? 后来混熟了,知道这几位都是隔壁其他专业的学长。听他们说,控制论专业每年都有毕不了业的危险,李老师有个外号是复旦"四大杀手之首",极其严格,达不到他要求的论文绝不可能按时毕业,可以给一次重新写论文、延期答辩的机会,再达不到要求的话,就只好肄业了事。我们心里大呼冤哉,报考研究生的时候,直冲着这个学科名字好听就来了,压根没想到要去了解具体情况。龙潭虎穴,也没有回头路了。

在入学之前,我们在5月初的面试环节其实已经见过李老师了,他非常和蔼,非常有范,就是我们心目中大教授该有的风度,怎么可能是"四大杀手

[①] 上海恺域信息科技有限公司总裁。

之首"？面试那天,报考数学系研究生不同专业的学生都来到了复旦(具体忘记了是五教还是六教)。我们运筹学与控制论方向的面试候选人总共6位,在一间教室中等待,喊到谁就去隔壁。紧张的等待中,只看到其他专业的学生流水似地进出,我们这边每个人进去都要二三十分钟才出来。我手里捏着傍晚回程去天津的火车票,正忐忑着是不是得改签,喊到我了。进去一看,考桌后面端坐两位,一位年长的教授(李老师),一位年轻老师(汤善健老师)。汤老师开门见山直接问了一个数学问题。那个时候汤老师的山东腔还比较浓,我没听明白,让汤老师再说一遍,还是没听明白,硬着头皮请汤老师再说一遍,汤老师脸一红,又说了一遍,还是听不懂。我不敢再要求汤老师重复了,正挠头无措间,李老师说还是我来问吧。随后他问了4个题目,让我在黑板上解答,又问了我的志向、学习经历、家里情况之类。李老师和颜悦色,宽慰我说不要紧张,慢慢想慢慢写,恍惚间我好像找到了失散多年的组织。在入学报到的时候,我们才发现,5月份的面试刷掉了2个,只录取了4个。

李老师对年轻人是真的关爱,每个月给学生提供生活费,解决后顾之忧。李老师对年轻人的要求也是真的严格,和我们约法三章：不允许给他送任何礼物,不允许利用业余时间去外面打工赚生活费,不允许弄虚作假、投机取巧。

第一学期第一周的一个晚上,我们硕士研究生一年级4个学生集体去李老师家里汇报情况,聆听教诲。大伙7点左右到了李老师的书房,李老师谈兴甚浓,讲我们学派的历史,讲前辈们的治学精神,谈对我们年轻人的期望以及对我们的学习要求,强调学习纪律,直谈到晚上11点半。李老师说,6年以后,2002年的国际数学家大会要在北京召开,希望你们中有人能有机会去做一个报告,听得我们一愣一愣。我内心大呼,我滴个乖乖,报考运筹学与控制论这个专业的时候,看专业的名字以为是比较有趣的应用数学方向,莫非李老师对我们的培育计划比纯数学还纯数学？

第一学期就开始实行每周一次的讨论班制度,每次3个小时,由一位学生在台上报告自己选读的文章,老师们和其他同学在下面听,随时可以打断并提出问题,展开讨论。在我的印象中,很少有展开"讨论"的时候,基本上

我所知道的李训经先生

是从哪个环节开始,李老师揪住报告中的一个问题,追问相关的知识点,一路追根究底到最基本的数学分析、高等代数的知识点,以及知识点之间的内在关联,很少有学生招架得住。如果李老师觉得谁在备课过程中偷工减料了,就会责骂批评,不留一点面子,台上挂黑板的学生常常被训得失声痛哭。台下的学生也跟着心惊胆战,细细体会,又觉得李老师责骂中所包含的知识点和拆解问题的思维方式,非常有含金量,静下心来以后,从中得到的启发千金难买。不止我们低年级的学生会挂黑板被骂得下不来台,高年级硕士生和博士生如果不好好备课,一样逃不过当场被拆解得七零八落的下场。被打击后的挫败感既可以让人灰心,也能激发血性和斗志,奋发图强,恶补短板,全看各人的内心强不强大,那是后话。无论如何,讨论班结束的当天晚上,学生们必定是聚在一起狂打扑克,抚慰受伤的心灵。

逐渐了解李老师的风格后,我们也讲究策略,回避一些不必要的火力打击。集体去李老师家接受训导的时候,我们悄悄地把时间选在下午5点半左右,挨训半个多小时,师母喊李老师开饭了,我们也就开溜。不过躲得过初一躲不过十五,有一次我走在国年路上,遇到李老师推着自行车迎面过来,赶紧立住脚,招呼老师。听到有人打招呼,李老师抬眼笑眯眯地回应,到一半发现是我,突然变得严肃,问我:"你怎么在这里?"我一愣,全然不知道该如何回答。"这个时间点,你怎么不在图书馆或者自习教室?"我刚来得及啊了一声,李老师又发话了:"上次那个测试中,你把一个变量直接从积分符号里面挪到外面去了,是谁教你的?你们上次来的时候,我还没来得及和你们强调,谁规定了学生应该有周末和假期的?"后来啊,每次远远地看到李老师,我们都先绕一下路,也不知道李老师有没有发现。

只要学生有问题去请教,李老师总是很开心,滔滔不绝,旁征博引,恨不得我们立马开窍。李老师非常重视培育学生们的学术品味,有一次我请教李老师泛函分析里面的一个问题,他反问我学习泛函使用哪一本材料,我说了一位国内教授写的一本书,李老师不开心了:"某某某教授,只是泛函做得不错,不是顶级的泛函大家,他的书也只是编著,谈不上著,上次我要求大家主要参照 Yosida 的书去学习,你们大概没听进去吧?你问的这个问题,Yosida 书里面第三章应该涉及的,你去好好读读。"说得我脸上挂不住,赶紧跑去图书馆借了一本。

李老师坚信坚持学术品味可以培养真正的学者,经常被李老师拿来示范的是他说他自己不懂随机分析,但是,坚持严格的学术标准和训练,他带出了好几位全球顶尖的随机最优控制领域的学生。

正因为这样的理念,李老师坚持学生的毕业论文选题,不能由老师替学生选,必须学生自己大量阅读文献以后,找到值得去做的题目。如果功夫花得不够,选的题目是已经被别人包含了的,那只能认栽,没法达到毕业要求。李老师经常批判国内的学术风气都被带坏了,学生在外面打工干活,老师替学生选题目,手把手教着写文章,更有甚者,老师自己接商业项目,让学生替自己打工干活。李老师对这些现象深恶痛绝,却也常常自嘲无可奈何,只能教导我们守住自己的底线。

我们毕业前后,随着雍老师回国担纲学科主力导师,讨论班的氛围变得相对宽松。雍老师的风格更多是以鼓励为主,在讨论过程中不着痕迹地点出学生的短板,又呵护学生的自尊心,指出方向,提供方法,鼓励学生们自己去努力补足。那时候,李老师的精力已经大不如前,3个小时讨论班的很多时候眯着眼睛靠在椅背或者趴在桌子上听,但是李老师捕捉报告中的漏洞还是非常敏锐,关键时候猛地睁开眼睛,直指问题所在,把报告者的答案逼到墙角,再开始阐述自己的理解和引申出更深刻的问题。后来才知道,李老师那时候已经是在燃烧蜡烛的底座了,风格也变得比以前柔和。也许,李老师那时候心心念念想着如何把自己的学术理念传导给更多的有缘人。只是当时我们都没有意识到,那么彪悍的李老师,身体也是会垮的。

1999年毕业后,过了3年,突然听到李老师病倒了,再见到他的时候已经是在他的病房,精神状态还好。看到我们前去探望,李老师还安慰我们说,人总是有生命周期的,得了病,就是得了,不能回避问题,不能做鸵鸟,党员是最不忌讳这个的,大伙也别太操心。那个时候,李老师已经知道自己的状况是最凶险的胰腺癌,却还是方寸不乱,时不时倒过来安抚身边的人。

岁月渐长,起起落落,酸甜苦辣如影随形。人生的意义和价值到底是什么?迷茫的时候,想起李老师的点点滴滴,心里渐渐清明。

铭记的往事
——忆李训经老师

周佐益[①]

每一次看到高耸入云的"复旦双子星座",也即数学系、数学研究所目前所在的办公大楼,我都若有所思。往事如烟,眼前浮现的,是紧邻相辉堂左前方的"数学楼",它就是数学系原来的办公场地,一栋绿荫和草坪环绕着的哥特式风格的楼宇;还有"数学楼"前忙碌进出的身影,众多的学生和老师,当然印象最深的还是我的导师李训经教授。

李老师是一个时刻面带笑容的老教授,一个和蔼可亲的"小老头",第一次见到李老师还是在1994年硕士研究生考试面试的时候。面试是在数学所进行的,包括我在内有4个同学参加,大家怀着忐忑而又兴奋的心情在休息室里等待着老师的到来。面试上午8点准时在隔壁紧邻着的教室开始,轮到排在第三位面试的我时已10点钟。进到面试教室,看到黑板上写着信息:"面试教师:李训经教授,记录教师:黄正勋副教授。"核对身份后李老师微笑着说开始吧,黄正勋老师马上在黑板上写下第一个题目:两个飞行物体能否追踪到的问题。我写出方程并给出了两个解,答对了。黄老师随后写出第二个题目:导弹拦截的时间最优问题。我写出特征方程但没有解出答案,算是对了一半。黄老师又依次写出第三个题目,但我看不懂题目,放弃了。说实在的,这3个题目我们本科教材都没有提及过(可能是我们本科学习的教材要求低了),我是看了大量的课外加深参考书才答对了1道半的。我很沮丧地出了面试教室,看到前面已结束的两位同学还不愿散去。

[①] 上海开开门资产管理有限公司董事、副总经理。

他们围上来问我怎么样。交流下来大家都不理想，前面两位同学都只答对了1道题目。随着第4位面试同学的进入，大约半个小时后大家正准备离开时，那位同学气冲冲地从教室出来了，并说老师在刁难他，原来所有面试题目他都没答出来，还高声约战李老师能否与他出题互考。当时我看到第4位同学之行为真是滑稽可笑，太不知天高地厚矣！后来我虽被录取了，但出来的面试成绩只得到60分。与我贵州老乡谈及此事，老乡是严绍宗教授的博士生，他说严教授曾经说过：在李训经老师手下面试，60分就可以了。啊，真是艰难过关！这是我从心底里第一次认识到李训经老师的学习要求："严格"。

在复旦，特别是数学系，李老师的严格是有名的。记得有一天，计算数学的一位女博士汪洋（曹志浩教授的学生，我挚友的爱人）问起我李老师的事，我说怎么了，她道出了原委。原来是她们计算数学在第五教学楼302室上早上8点钟的博士讨论班，教学楼内一片安静，就在大家准备开始认真上课的时候，楼道里突然传来了一阵较大而尖锐的声音，困惑之际，李立康教授说不用开门，肯定是李训经老师在"骂人"。原来是李老师在大声"冒火地"批评教学楼管理人员，管理人员不停地辩解和道歉着。因为他们没有及时擦黑板和添加粉笔，耽误上课，浪费老师和同学们的宝贵教学时间。

对李老师的"骂人"，我们专业的师兄弟们都习以为常了。李老师曾公开批评过没有把图书及时归位的数学系图书管理员。讨论班上，推导公式、证明假设、逻辑梳理、表达书写、思维引导，每一个环节上，上课的师兄弟们都非常认真，唯恐一不小心出错而挨骂。说实在的，参与讨论班的学生都被李老师或多或少地骂过，但事后大家都得益于"骂"，此骂间接提供了思路，教给你一个全新的方法。这就是李老师对一切学术活动的态度，其实我们师兄弟都明白这是李老师出于治学的严谨。

李训经老师对学生的培养方式是较为独特的。随着第一学年基础课程的学习结束，我们进入了第二年的专业学习模式：专业课、讨论班、教诲面谕。专业课和讨论班一般都在第五教学楼进行，会根据学生人数的多少安排不同的教室。李老师的专业课上得很精彩，深入浅出，很有启发，学生们受益匪浅，我们大家都很佩服。有时候在课堂上，李老师会讲到数学史，会讲到爱国主义教育,涉及数学学术研究的阶段及应用场景,确实使大家深受震撼、热血沸腾。他告诫学生们一定要爱国,有国才有家,要努力学习以报效国家。讨论班与专业课不同,由学生报告主讲,这样由于专业知识的差异、准备时间的不足等原因,往往有学生被李老师的问题问住而"挂"在了黑板上,所以一到讨论班大家都很紧张。故而讨论班后,师兄弟们经常会聚在一起放松一下,打两副或三副牌的"80分"。张旭师兄与王世宏搭档,我与卢卫东师兄搭档,往往会大战很多回合才消停,我们就是这样自得其乐地放松的。不同形式的教诲面谕都在李老师家里进行,每个学期的开头和结尾是雷打不动的,大家都会以年级方式一起如约来到书房,呈扇形很规矩地围坐在李老师身旁,我们眼睛一眨不眨、神情专注地聆听李老师在学习方面的教诲和生活方面的劝诫,他解答着我们学术方面的困惑并告诉大家要抓紧时间,一再强调每天在学习方面的时间至少要花 16 个小时。

李老师学术功底深厚,尽显大家风范。他拥有的专业知识无疑是博大而精深的,但他培养学生从不越俎代庖,放手让学生自己找研究题目和研究方向,要求学生自己查找最新的、有影响力的相关研究文献到讨论班上汇报。这样严格要求下的控制论专业讨论班和专业方向课题研讨,对学生来说无疑是压力巨大的,确实非常辛苦。王世宏师弟曾经与计算数学专业的同年级同学争辩过,说我们一个读控制论专业的硕士要当他们计算数学专业的两三个硕士,为此争吵起来,还差点被别人揍了。

其实李老师也是很和善的,但平时专注学术而少言寡语的"执拗",让别人从人情世故方面很少体会得到。1995 年初的寒假,让我开学后领到老师和善的"骂"。那年贵州山区冬季异常寒冷,从我老家织金小县城到贵阳有 200 公里的山路,客运汽车一般要开七八个小时才能到达,临近开学前一星期的一场大雪后的冰凌天气把蜿蜒曲折的贵州山路彻底封死了。因为当时没有直线电话,急得像热锅上的蚂蚁的我只得到县城邮电局以电报方式向数学系、数学研究所办公室请假,好不容易耽误两天后赶到上海。在接下来的专业课堂上李老师批评我们道:对生活也要像对学术一样认真才行,返校回程可以提前两星期出门嘛!后来我听系里辅导员夏鲁老师说:李老师专程到所里来给迟到的学生请过假,只是我们不知道而已。同时领到"骂"

的还有同寝室江苏徐州的黄姓同学,他因家庭原因未经请假迟到了一星期。李老师很生黄同学的气,认为黄同学对学校、对老师不尊重,劝其主动退学,为此黄同学自暴自弃好长一段时间。直至后来,李老师出于关心,也是觉得学生求学机会不易,主动让黄同学转到经济系袁志刚教授门下学经济学去了。

还是那个计算数学的女博士汪洋,她的电话信息让我的心揪了起来,"李老师生病住院""李老师病危"……当天我转告卢卫东师兄,我们相约一起来到了华东医院(有点记不清)的老干病房(正教授待遇)。病床上的李老师非常虚弱消瘦,精气神明显不足,但思维还是依然那样清晰、敏锐。他简单询问了我们的工作和生活情况,告诫我们大家年轻时要坚持锻炼身体,要注重身体的爱护和保养,不要像他那样生了病还不自知,以后没法给国家做贡献了。但为了医疗系统的科研工作者研究他所患疾病"胰腺癌",一种最顽固、最难治疗的小细胞癌症的发病成因和机理,李老师签名把他的遗体捐献给医院以作研究标本。

病魔最终夺走了李老师宝贵的生命,我们同门师兄弟心里都很难过。李老师虽然走了,但他把知识留给了我们,把人生的智慧道理留给了我们,我们是幸运的!

想到这里,凡此种种,这就是复旦数学系著名的李训经教授,我的导师,一个性格"执拗"纯粹、心地和善、学术成果丰硕的人,一个一心一意为中国数学科学事业发展奉献的人,一个品德高尚的人。

思绪随着夜也深沉下来,最终思念化成一句话:愿老师在天堂一切安好!

忆李训经老师

洪文明[①]

第一次见李老师是在 1999 年秋季学期第一次参加讨论班的时候,我是 7 月从北师大博士毕业来到复旦雍炯敏老师这里做博士后,雍老师和李老师的讨论班是在下午,我以自己在北师大的习惯时间想当然地认为是下午 2 点开始。我大概是 1:45 到达教室,可是教室里的讨论班已经开始了。我很不好意思地走进教室,解释说不知道复旦下午上课时间是 1:30,李老师毫不客气地指出:"不知道可以问嘛!"我第一次感受到了李老师的严厉。

李老师和雍老师的讨论班强度很大,那时我们是 3 个博士生和 3 个博士后轮流在每周两次的讨论班上做报告,内容是自己的研究工作或者读的专业文献。李老师和雍老师对讨论班的报告标准很高,有时从选读论文的题目开始,就会谈到本学科方向的整体概况,鼓励大家要不畏困难,选择有挑战性、有前景的研究方向,提升学术品味;报告的过程也被当作学术报告一样来要求,框架、思想、方法、细节都要有很好的把握,还要很好地表达,因此任何一个环节被"挂黑板"是家常便饭的事情,这确实很锻炼人,也确实强度很大。在这里,我更内在地体会到了李老师的严厉和对学生的殷切期望,以及李老师渊博的学识、扎实的学术功底和学术格局。李老师在 1980 年代中期和一批年轻人一起,走出自己学术上的舒适区,选择了随机控制这一自己不太熟悉、充满挑战但是极具前景的方向,发展至今已是根深叶茂,桃李天下了。

每年年底大家都会一起去李老师家坐坐,聊聊家常,感受到李老师就是

[①] 北京师范大学教授。

一位慈祥的父辈,关心每一个同学的具体情况和职业发展。我两年的博士后于2001年6月出站,找工作期间,李老师和雍老师给予了我很大的帮助,我一直心存感激!尽管最后我还是按照当初和王梓坤先生的约定回北师大工作了,但在复旦做博士后的两年,让我有机会亲身体会到两个传统数学重镇的学术风格,开阔了视野,受益良多。

  最后一次见李老师是在2002年底,当时李老师在华山医院住院,我春节前从北京来到上海去看望李老师。那天是下午,李老师治疗后正在休息,我就没有叫醒他,和师母聊了几句。李老师是位令人景仰的学者,他为师的严谨、为学的格局,深深地影响着学生们,并通过学生们各自的学术生涯践行着而得以传承。

谆谆教诲犹在耳边　音容宛在师恩永存
——缅怀恩师李训经先生

钱春江①

1988年，我刚考入复旦大学，就有幸认识了李训经先生，在本科阶段得到他的很多帮助，后来李老师是我读研究生时的导师。我研究生毕业后参加了工作，李老师还继续关心着我，在他的鼓励下我才去美国读博士。在我读博期间，有幸与李老师在美国有较多的接触。转眼李老师已离开我们20年了，但他的谆谆教诲犹在耳边。他对我的关心、帮助一直铭记在心。

一、本 科 阶 段

我第一次见到李训经老师是在1988年刚刚入学时，那是复旦大学控制科学专业自1987年在数学系成为独立班的第二年。当年控制科学在国内算是个新兴专业，几乎所有的同学都对这个方向没有什么概念。李老师到第三教学楼跟我们这帮新生见了一个面，讲了控制科学的前景。那个时候我们与李老师交流不多，但他一直在关心着我们。后来李老师把我们几个所谓的"尖子"交给雍炯敏老师带，只是那个时候我对研究没有什么概念。

1991年在复旦大学读三年级时，我与周奇、王子仪两个同学组队参加美国数学模型竞赛MCM，很幸运得了Meritorious奖。当时国内把Meritorious奖翻译成一等奖，华东师大的参赛队得同样的奖，获奖消息还

---

① 得克萨斯大学圣安东尼奥分校教授。

上过《解放日报》,算是为国争光。苏步青名誉校长、华中一校长和市里的相关领导接见了我们。当时的辅导员程晋老师有一次问我想不想提前毕业,说可以跳过四年级直接读研究生,以前有过这样的先例。我觉得"跳级"听上去非常不错,就开始申请破格提前读研。后来发现任何破坏成例的事都不容易,第一个困难是要教研室、系里、学校三级同意。好在李训经老师知道后大力支持,李老师常常去600号的系办公室,而且巧的是我就在那里找到他。他与系办公室的几位老师联系,帮我说话,所以系的签字盖章也非常容易,教研室与数学系的两关也就过了。后面找校长签字的种种艰辛就不讲了。等拿到所有的签字盖章,我的第二个困难来了。我被告知保送名额是给87级的,没有我的份,我必须参加考研。我突然掉入87级与88级的夹缝里,两边的好处一个没有得到,坏处反而都沾,这个给后面李老师为我出头打抱不平埋下了伏笔。不能保送,那就考吧。于是我开始参加系里组织的考研辅导班,但发现四年级我没有上的课还得补。李训经老师的教研室还是非常给力,还安排我参加87级去宝钢的毕业设计。最后考研笔试顺利通过,李老师亲自面试,好像没有问什么特别难的问题,我顺利拿到复旦大学研究生的录取通知。最后办退学还有一个小插曲:教务处的老师说他们办过留学退学的,没有听说有提前读研退学的,不让办。那个时候我实在没有办法,就说"问你们处长,他知道"。果然当时的教务处长孙莱祥老师从里间走出来,说有这个事。前面的办事员哪里知道孙老师刚刚给我们上过课,他一直关心支持我提前读研,所以这个困难很容易解决。后来我知道那个时候跳过四年级提前读研的学生整个学校都很少,我是幸运的。在整个申请提前一年读研究生的过程中,李训经老师给了我很多的关心和支持,他的控制科学教研室的全体老师也为我提供了诸多帮助与便利。

在本科时期,我上了阮炯老师的课,后来慢慢参与到他的研究工作中,用计算机做些数值计算。他得知我要提前读研究生,想让我加入他的团队,就侧面问金福临老师。金老师说那不行,李训经老师已经有打算了,后来知道李老师的打算是带我们几个硕士开新方向。刚开学李老师就说,已经好几年不带硕士研究生了,但这次要亲自带我们。后来知道,他是有一直带我读博士的打算的。那一届我与外校考过来的李光辉都成了李老师的学生,加上我的 88 级同学周奇已经确定被保送，也来跟我们一起上一些研究生的课，同时 1992 届控制教研室还招了 2 个微分方程方向的同学。李老师亲自给我们上了线性控制的课，后面又上了最优控制。

记得研究生第一个学期时听说师母刘老师脚摔伤了，我们一班人买了点水果去李老师家看望，结果李老师看到我们带的东西，狠狠地教训了我们，叫我们把水果带回去，说以后来他家唯一可以带的是论文。从此我到李老师家从来没有带任何东西，但过年什么的李老师会用经费给我们发一些钱。

李训经老师之所以亲自给我们几个硕士生上课，是有他长远打算的。他跟我们讲，以前他开的几个方向很成功，现在国际上非线性控制很热门，他想带领学生进入这个方向，又说也许是他开的最后一个研究方向，后来我才知道他是受了林威老师的影响。既然开新方向，李老师就开了书单，是 Isidori 的 *Nonlinear Control*。当年天元基金有影印书，我趁 1991 年暑假去北京参加中科院数学所的全国大学生数学夏令营的机会到出版社买了书。看到书里有提到微分几何方法，李老师又跟数学研究所要求给我们开微分几何的课。

我们几个学生开始在讨论班轮流报告书里的章节，开始李老师还饶有兴趣，但到后来发现他常常闭目养神，后来知道这是他不耐烦的前兆。果然，有一天他说我们报告的所谓的非线性系统不都跟线性系统一样吗？只是在流形上而已。后来我读博士时才慢慢知道当年的大多数非线性的结果，包括加积分法（adding an integrator）或反步法（backstepping）本质上大多能在线性控制理论中找到影子。李训经老师的这个想法多多少少影响我后来的博士工作，我们最终成功处理了一类与线性系统截然不同的、真正意义上的非线性系统。

二、研究生阶段

前面讲过因为提前读研，我掉进了两个年级的缝隙里，先是我没有拿到

87级的保送名额,到1992年我原来的班四年级毕业时,前几名的同学都拿了给毕业生的各种奖项,有些是企业设立的金额不错的奖学金,如宝钢奖学金,但那个时候我已经不是毕业生,是研究生一年级,所以一个奖项都没有拿到。李训经老师知道后为我打抱不平,最后在他的努力之下,帮我要了数学研究所的九章一等奖学金。这是对我的鼓励和鞭策!

我在复旦大学本科的3年学习期间基本上没有时间参加其他活动。读了研究生后,一个偶然的机会,我被选入了研究生会,组织复旦大学的本科生与研究生去北京参加大学生科技展。李老师知道我在研究生会的学术部推广大学生的科研成果,还是比较支持的。我在研究生会的过程中,认识了团委老师郭广昌和梁信军。1992在邓小平南巡讲话后,很多个人开始办企业,他们两人注册了广信公司(复星公司前身)。那时学校特别鼓励大学生参与社会实践,我也在此感召下加入了广信公司跟着他们做科技咨询生意,所以放在学习上的时间大打折扣。有一次,我带了两个计算机系的学生在虹桥机场附近装多媒体KTV系统,在那里熬到深夜,而第二天轮到我在讨论班报告,我赶紧骑上汽油助力自行车往松花江路的南区赶,结果在路上摔了一跤,擦破点皮,去学校医务室涂了碘酒,李老师知道后免了我当天的报告。他那个时候知道我没有兴趣钻研学问,其实是很失望的。当时刚好东京大学问李老师要人去读博士,李老师跟雍老师商量下来推荐了周奇同学去,后来跟我说本来考虑我的,但见我心不在此,所以推荐了其他人。

读博与出国当时不是我的兴趣所在,没有什么想法。但到1993年底,一个摆在我面前的问题是硕士论文还没有眉目。我就找李老师"坦白"了,说我在公司里兼职。李老师说他其实早有耳闻,但也很无奈。他问我硕士怎么毕业,我马上保证说退出公司,寒假也不回家了。那个时候我已经放弃了非线性控制方向,李老师说你看看时滞系统吧,就给了我几篇相关文章,最后我决定做时滞系统的正实在引理。后面我全身心投入研究工作,每隔几天就去李老师家。当然,每次去李老师家我都惴惴不安,但他还是认真指导我,有时还谈谈学术以外的事。终于在春节前几天,他说这个结果可以了,叫我回老家过春节吧。后来我做老师后,碰到类似情况,一开始会鼓励学生尽力而为,最后只要学生态度好,也会网开一面。不过后来看来李老师对我的论文还是比较满意的,开学后叫我把文章送到在山东泰安召开的相关学术会议。那是我的第一个学术会议,但也没有认识什么人,就记得和两个师弟去爬了泰山,后来看照片才知道当时好多老师都来了。李老师曾想让我整理硕士论文后投到期刊,只是我毕业后也不了了之。

毕业前我找李老师在纪念册里题词,李老师给我写了:"春江同学毕业留念:时刻不忘学习。时刻不忘工作。永远攀高峰。李训经1994年7月3日。"李老师的题词下笔稳健,笔墨流畅,苍劲有力,浑然天成。短短三行字,充满了对我的殷切期望。当时我以为李老师只是让我在公司里不忘学习,没想到几年后我被李老师重新征召回学术界。这三句勉励的话,永远鼓励着我,是我一直以来的努力方向。

三、留　　学

1994年我硕士毕业后回了张家港老家,在一家公司上班。大约在1995年,李老师给我写信,问我想不想去香港中文大学周迅宇老师那里读博。那个时候经过一段时间的沉淀,我开始想回校园了,所以就申请了去中文大学。周老师很快给了录取通知,一个月给1万港币,那个时候直接让人惊呆。然而最大的问题来了:在回归前要去香港的话必须通过因公渠道,首先要办公派护照,然后要英国大使馆签证,而我当时在老家的一个公司里,根本办不了因公护照。不过这次失败的留学申请我也有收获,为了与周老师沟通方便,我开通了本市第一批互联网。

1996年9月,我收到李训经老师的一封亲笔信。李老师在信中说:"美国有大学想从复旦数学系招收博士生,我认为你是合适的,不知道你本人有无积极性?如果有积极性,请打电话给我,晚上我一般都在家中……"开始我有点犹豫。一是我之前申请香港读书没有成功,二是我从来没有考过托福与GRE,而李老师的信里特别提到去美国要考这两样。在复旦大学6年间,我从来没有参加托福与GRE培训班,主要是当初没有动过出国的念头,二则我也没有时间。本科 4 年的课程(尤其是数学系的课程特别重)被压缩到 3 年,到硕士阶段,我的一部分时间又被投在研究生会和后来的打工上。那个时候中国区一年只有几次托福考试,我赶紧报了一个最早的托福考试。

我到上海参加托福与 GRE 考试,每次都去见李老师,已没有硕士时的战战兢兢。李老师也格外亲切,他告诉我,1996 年 12 月在美国大学任教的林威老师会回国。我在 600 号参加了林老师的报告会,其间他非正式地面试了我。后来我的托福成绩及时到达学校,4 月就收到了凯斯西储大学的录取通知。我后面办护照、签证都是一路顺利,正想与李老师分享喜悦,只是当时他已经出国了。

1997 年 8 月我到达美国克利夫兰,李老师刚刚回国。1999 年暑假我第一次回国,刚好去北京参加 IFAC,在北京再次见到李老师,那时他已经完全没有以前的严厉了,天天笑脸相迎。后来李老师来克利夫兰,住在林威老师家里一段时间,我有幸与李老师有一段比较长的接触。特别是 1999 年暑假,我和我妻子,林老师一家 4 口,以及李老师和师母,一起租了一辆面包车,去美国东部游了一圈。记得李老师那个时候精神饱满,玩起来一点也不累。有一天我们打算参观白宫,到那里听说白宫快要关门了,于是李老师夫妇健步如飞,丢下我们大部队一路向前冲,不过最后还是没有赶上。现在我翻遍我的相册,竟然没有一张与李老师的合影,实在是遗憾。

结　　语

2001 年毕业后我很顺利地找到一个教职,2002 年我的基于非线性控制的 NSF 杰出青年奖申请也得到同行认可,很幸运地获得资助。后面我们也开拓了好几个非线性控制的方向,带动一批同行加入其中并向前发展。李老师播下种子,最后发芽并成长,我可以欣慰地说,他当初想开的非线性方向成功了。

谆谆教诲犹在耳边　音容宛在师恩永存

编　　外

2015年12月我在日本开完IEEE CDC顺道回国,去华南理工大学访问时在《控制理论与应用》编辑部收到一本纪念册,里面见到一张李老师的照片。我翻拍后发给李老师的学生们看,大家都说以前没有见过这张照片。我后与《控制理论与应用》编辑部徐春老师联系,她在存档材料中一共找到5张照片,翻拍后送给我(其中1张见书前的彩色插页,4张见本文最后)。她在信里说:"现在编辑部只有我见过李老师,分别是1991年在威海和1998年在宁波。他给人留下深刻的印象:为人正直、学风严谨。"好多照片已经发黄变色,后来我的学生张传林帮我修复了。照片里的李老师应该与我现在的年龄差不多,正是年富力强的时候。

控制科学教研室师生(研究生)茶话会后合影
前排左2为李训经老师,第二排左3为本文作者

我们知道的李训经先生

> 春江同学毕业留念：
>
> 时刻不忘学习。
> 时刻不忘工作。
> 永远攀高峰。
>
> 　　　　　　李训经
> 　　　　　　1994年7月3日

谆谆教诲犹在耳边，音容宛在师恩永存。

谆谆教诲犹在耳边　音容宛在师恩永存

我们知道的李训经先生

追忆往昔，思之泫然
——我与李训经先生的三面之缘

陈增敬[①]

时间如梭，转眼间，李先生离开我们已经20年了。追忆往昔，李先生的音容笑貌依然历历在目。虽然我和李先生交往的次数不多，但想起有幸与他有三面之缘，不免思之泫然。他曾经对我的厚爱和指导，时时像海上行驶的巨轮，如大地飞驰的列车，从我脑海呼啸而过，激励我的育人和科研工作。畴昔之严师，今日之丰碑。

初见李先生

李先生是1952年考入山东大学数学系数学专业并于1956年毕业的，逝世之前，一直在复旦大学工作。久闻李先生是山东大学杰出的校友，特别是他对人才的培养以"严"而著称，可惜一直没有机会与他相见，直到1998年我的博士论文答辩，才得以向李先生请教。

初次见面，印象最深刻的是在论文答辩时，李先生措辞严谨而严厉，意见中肯而深刻，对于论文敷衍或错误的部分，他总是能一针见血地指出问题，坚决予以改正，否则不予通过。这次答辩，我目睹了李先生的性格是如此的耿直，对学术研究的态度是如此的严谨，对学生的要求是如此的严格，也验证了江湖对他的传说：他是那些想蒙蔽过关博士生的"杀手"。他不止

[①] 山东大学教授。

一次提道：严格把握博士生的质量,防止劣质产品流入科教市场。

论文答辩后,他对我说:"陈增敬,等会我要找你谈一谈。"听到他的话,我答辩的喜悦立刻荡然无存,一种忐忑不安的心情应运而生,"完了,难逃杀手了"。李先生与我见面后,不但没有直接批评我,而是像长者一样慈祥地说:"这次答辩你虽然得了优秀,但这是科研的开始,不能满足,要做得更好。"随后,李先生针对博士生如何传承导师的学术研究,如何发扬导师的学术思想和如何开展交叉研究、开阔学术思路等问题给我上了一课。

然后,李先生又向我介绍了他当年是如何走向科学研究道路的。我了解了李先生在没有名家指点、没有科研团队、图书资料极度匮乏的条件下,克服重重困难,对无限维最优控制理论进行探索研究。

李先生的一席话,大大改变了我对他的印象,原来他作为导师不仅严厉,而且慈祥,他的身上完美体现了那一代中国学者教书育人的特征。

初次聆听李先生的教诲,我懂得了应该如何成为一名优秀的博士生,我对李先生的敬佩与仰慕之情油然而生,他的严厉和慈祥在我心中树起了第一座丰碑。

事实上,正是因为李先生对学生的严慈,在人才培养方面成绩卓著,为中国数学界培养了一大批功底扎实、态度严谨的优秀人才,为控制科学及相关领域带出了一支具有国际影响的科研队伍。例如,在接受过他的控制论讨论班熏陶的学者中,如今有的应邀在国际数学家大会上做一小时大会报告,有的在国际数学家大会上做45分钟邀请报告,有的曾先后应邀担任数学控制理论界的国际主要期刊 SIAM J. Control Optim. 的编委,有的在欧美发达国家著名大学做终身教授,有的成为我国高校的院士、校长等。时隔多年再次回忆李先生的治学态度和育人成果,依然让人肃然起敬。

再见李先生

1999年7月,我在上海参加一次金融数学会议时再次见到了李先生。会议休息期间,他要我陪他散步,我有幸与李先生长谈,亲耳聆听他的谆谆教诲。交谈的过程中,李先生一改论文答辩时的严厉,变得非常和蔼可亲。他耐心询问了我的研究进展,肯定了我取得的一些成绩,鼓励我要不断进步,追求更高的学术成就。他宽阔的胸怀和殷切的期望让我充满信心和干劲。学界广为流传,李先生对周围年轻教师的关心和培养倾注了非常多的心血,这一方面体现在他对年轻教师严格要求,充分信任,把他们尽可能地推到科学研究和研究生教学的第一线,促使他们快速成长。另一方面体现在必要的时候,他主动为年轻教师承担教学任务,揽去行政事务,尽量为他们创造出国访问的机会,以增强年轻教师自身的对外交流能力。他常常给年轻同事提出一些重要的研究方向,并将自己的关键想法毫无保留地说出来,而他似乎从来没有具体出过题目。他总是鼓励年轻学者去开拓他们自己并不熟悉的研究领域,注重让年轻学者自己选题和寻找有意义的方向。由此可见,李先生指导年轻人如何做学问,是在方向方法上进行指导,而不是单单教他们具体的知识,这就是所谓的授之以渔,而不仅仅是授之以鱼。

李先生还给我讲了他培养学生的体会,并谦虚地说:他的很多知识是从学生那里学的,不仅他教会了学生知识,而且学生也教懂了他一些知识。李先生的教学理念,正是那一代中国学者"教学相长"特征的具体体现啊!

再次聆听李先生的教诲,我更好地了解了李先生的治学之道,透过他严厉的外表,我看到了他博大的胸怀和对科学研究的执着,严与慈在李先生身上完美地结合在了一起。对于我这样一个之前只见过一面,并不很熟悉的年轻人,李先生尚且能够如此的关心与鼓励,更何况他的学生和年轻同事呢?

李先生眼界高远,襟怀开阔,思维敏锐,学识渊博,治学严谨,他孜孜不倦的敬业精神、卓越的组织才能、绝佳的语言天赋、平易近人的风格,都是我们这一辈科研人员要努力学习的。

李先生宽阔的胸怀和治学理念成为我心中的第二座丰碑。

三见李先生

2002年8月,惊闻李先生病重住院,我特地前往上海华山医院探望他。

在医院里，李先生特地叫医生给我们找一间会客室，在无人打扰的会客间，李先生与我交流了从教数十年培养年轻人才的心得和具体做法，对母校后续的学科发展和人才培养提出了十分有益的具体指导。李先生特别关心我的近期情况和山东大学数学学科的发展，他希望我继续努力，不断进步，希望自己的母校越来越好。李先生给我介绍了他的主要科研工作，以及他的部分学生的成绩，并谆谆教导我：一定要加强学术团结，加强学术交流，坚守学术道德和倡导学术尊重，等等。

即使在生病的情况下，李先生想到的还是学生和学科的发展，还有自己的母校。面对病魔，李先生用常人难以想象的勇气和毅力，勇敢而顽强地直面厄运，从容淡定，坚强乐观，这令我深受感动。

李先生的淡定和乐观在我心中树立起了第三座丰碑。

非常遗憾，因种种原因，我与李先生仅有这三面之缘。能够遇到李先生这样的大家学者，能够亲耳聆听李先生的谆谆教导，真是我的福气。

通过与李先生的三面之缘，我了解了李先生是一个待人诚恳，严于律己，又严格要求学生的难得的好先生。他对我的科研和育人工作都产生了深刻的影响，多年来一直激励着我争取更优异的成绩，来回报李先生的教导。

如今，李先生已经离开我们20年了，他的音容笑貌却历历在目，李先生的谆谆教诲我将永远铭记于心，追忆往昔，思之泫然。

一代宗师,薪火相传
——追忆李训经先生

吴 臻[①]

李训经先生是我国控制科学及相关领域的开拓者、先驱者,他在无限维系统和随机系统最优控制理论等方面的研究成果推进了控制理论及微分方程相关学科的发展进步。李训经先生是国际知名的应用数学家,控制科学领域的一代宗师,他更是一名杰出的数学教育家,桃李芬芳、薪火相传,为控制科学与相关领域带出了一支具有广泛国际学术影响的科研队伍,绵延深远。

我于1991年成为山东大学数学系控制论专业的一名硕士研究生,师从陈祖浩教授,学习方向就是最优控制理论。由张学铭先生、李训经先生与陈祖浩先生合著,高等教育出版社出版的《最优控制系统的微分方程理论》是我学习的主要专业教材。该书体系完整、规范严谨,把我一个初学者逐渐引入最优控制理论这一学术领域,李先生的名字也刻入我脑海之中。到了1994年,我开始攻读博士学位,导师是彭实戈教授,彭老师曾在李训经教授指导的复旦大学数学控制论团队做博士后合作研究。李先生治学严谨,对学生严格要求,对科学的忠诚和敬业精神更是成为彭老师在指导我们的过程中,课堂上、讨论班上提及最多的光辉典范,引导我们创新思想,勇往直前。

而我作为一名山东大学的研究生,真正亲身感受李训经先生的音容笑貌也是在1994年。那年5月,山东大学在泰安承办中国工业与应用数学学

[①] 山东大学教授。

会系统控制数学专业委员会学术会议,李先生作为专委会主任参加会议并做报告。他的报告高屋建瓴,严谨清晰,让我真正感受到了学术大家风范。10月,彭老师带我们山东大学的几个博士生和年轻老师去北京参加他与法国学者一起组织的随机分析与金融数学研讨班。除学习几门前沿课程外,研讨班也邀请了数位知名教授做学术报告。在那里我又首次聆听了李先生用英文为我们讲授的控制理论发展的综述报告。短短一小时,从最优控制理论起源发展到前沿进展,先生娓娓道来,清晰明了,让我们更加了解了控制理论的深刻内涵,明确了前沿难点,感觉受益终身。先生是青岛人,带有山东口音的话语更是让我们这些山东后辈们倍感亲切。

转眼到了1997年,我博士毕业申请答辩。彭实戈老师邀请李训经先生审阅我的博士论文。我的博士论文主要研究正倒向随机微分方程理论及应用,其中有一部分内容是去掉随机干扰源,将其作为一类特殊情形研究了常微分方程系统的两点边值问题,得到一些结果。李先生是微分方程大家,在审阅我博士论文时,指出常微分方程系统的该类问题是经典问题,已有的很多文献和结果在我博士论文里没有体现,这说明我对该领域已有研究方法和结果的掌握是不充分的,因而也是不够深刻的,需要进一步加强,并告诫我要严谨治学。转年来,1998年先生来山大参加下一届的博士论文答辩,见到我与其他博士生们,又专门指出,教导我们要严谨治学,规范严格。这充分体现了他对我们这些后辈的谆谆教导、关心关爱之情。

严师出高徒,李先生的教导时时鞭策和督促我们努力进取,不断进步。他告诉我们做学问不能只满足解决他人提出的问题,要去开拓自己并不熟悉的研究领域。先生完善了适用于无限维控制系统最大值原理证明的"针状变分技术",基于该方法,后人相继给出了各种形式的无限维系统最优控制的最大值原理。先生与雍炯敏教授合作出版的专著 *Optimal Control Theory for Infinite Dimensional Systems* 完整总结了当时非线性确定性无限维系统最优控制理论的最新成果,被公开誉为"复旦学派"的工作。然而,先生并不故步自封,而是不断推进团队成员进取创新。他作为先驱者、倡导者和组织者,强力主攻随机最优控制问题。在先生的大力支持推动下,我的导师彭实戈教授证明了扩散项含控制变量的一般随机最大值原理,建立倒向随机微分方程理论,得到非线性 Feynman-Kac 公式,以及创立了非线性数学期望理论,也大大推进了金融数学学科的发展,2010 年成为首位在国际数学家大会做一小时报告的大陆数学家。多年来,在彭老师的指导下,我作为后辈时时领悟到李先生科学精神的感召引导,个人也努力进取,在部分观测最优控制领域首次提出了倒向分离技术,克服了传统 Wonham 分离原理的自身缺陷,突破了多年来大多假定观测方程系数有界的技术瓶颈,获得了一系列以最大值原理和随机递归系统滤波为特色的基础理论成果,为金融应用中求出解析的最优投资策略提供了主要方法;最近则利用概率论思想发展经典变分技术,研究离散系统最优控制问题,得到随机最大值原理,推进发展了最优控制理论,拓展了应用领域。在自己的学习进步中,也更深刻地感受到李先生科学探索、不断创新的精神,有力推动了随机控制和金融数学研究领域的发展进步。

　　先生治学严谨,泾渭分明,诲人不倦,指点迷津,以思维之博大精深提携晚辈,引领方向。看当下,后浪赓续成绩斐然,先生功业根深叶茂!我所述及不过沧海一粟。

　　值此先生仙逝 20 周年之际,奉上我的深深缅怀与敬仰:

业精传道　　世人仰慕

一代宗师　　风范千古

回忆与纪念李训经教授

嵇少林[①]

李训经教授是中国最优控制领域的先驱者,为中国最优控制理论及相关领域的研究做出了历史性的贡献,并培养了一批在国内外有影响的学者。

我与李训经先生的相识缘于25年前。1998年,李先生应邀参加山东大学数学系的陈增敬和石玉峰的博士学位毕业答辩,并担任答辩委员。作为一名二年级博士生,我有幸旁听了这场答辩,得以瞻仰李先生的风采。

在见到李训经先生之前,就曾听我的恩师彭实戈教授讲过,李先生是彭老师在复旦大学做博士后期间的合作导师,那时,李先生经常组织他的学生们一起讨论一些学科前沿学术问题,答疑解惑。李先生的数学学术水平高超,计算与论证严谨细致,善于阐释复杂的数学原理。李先生是名副其实的一位知识渊博的数学大家,因此当得知他要亲临山东大学负责博士学位毕业答辩时,我非常激动。

在答辩会上,李先生的指导细致入微、非常严谨,比如板书中一些不规范的书写他都会认真指出,并强调数学理论的逻辑性。李先生这种善于思考、严谨治学的精神对我触动很大,并且对我现在的治学和教育也有莫大的启示作用。到如今25年过去了,当时的情景仍历历在目。

今年是李训经先生辞世20周年,故人远去,但他的精神一直被铭记。我们缅怀李先生一生对控制科学的奉献和情怀,致敬其令人感染的科学精神。"桃李不言,下自成蹊。"李训经先生高度的责任感和使命感,严谨治学的精神和态度,将永远激励和鞭策后辈学人继续前行。

---

① 山东大学教授。

怀念李训经教授
——纪念李训经先生辞世 20 周年

姚鹏飞[①]

在读博士学位期间,我就从我的导师冯德兴先生那里了解了李训经先生,知道李先生是复旦大学教授,在无限维最优控制和随机最优控制理论方面有重要的贡献,并知道他有一名非常优秀的学生雍炯敏,也是复旦大学教授,他们合著了一本关于分布参数控制理论的专著 Optimal Control Theory for Infinite Dimensional Systems,很有影响。那时我作为一名分布参数系统控制理论方向的博士生,刚进入这个研究领域,对这个领域知之甚少,同时非常倾慕这个方向的学者、教授。

我第一次见到李训经先生是在 1995 年,那时我博士毕业留在中国科学院系统所工作不久,冯德兴先生和朱广田先生在中科院系统所组织了一个控制理论研讨会,邀请了李训经先生做报告。他给我留下了深刻的印象:个头不高,但腰板直拔,精神矍铄,自信乐观,脸上挂满微笑,讲话直率而风趣,反应敏捷,富有长者风范。听了李训经先生的报告后,我对分布参数系统最优控制问题及其研究进展有了深刻认识。第二次见到李训经先生,是在武汉华中科技大学汪更生教授组织的一个分布参数系统控制理论研讨会上,一起参加会议的还有来自山东大学的彭实戈教授以及李训经先生的博士生刘康生、黄建雄、潘立平、汤善健等。李先生自然成为我们会议的一个中心,其间很多年轻人经常围绕在李先生身边有说有笑,海阔天空。李先生平易近人,思想活跃,我们也没有丝毫约束,无话不说,好不热闹。

---

① 中国科学院数学与系统科学研究院研究员。

我们知道的李训经先生

李训经先生是我国分布参数系统控制理论方向的开拓者和奠基人之一。他不仅对分布参数系统最优控制问题有重要贡献,而且乐于与年轻人交往,与青年学者进行学术交流讨论,对年轻人热心帮助、竭力扶持,我在基金申请和职称晋升等方面都受惠于李训经先生的赏识和大力帮助。我最初用 Riemann 几何方法解决变系数波动方程能控性的研究成果,在文章刚写完将发表前就获得了李先生的赞赏和鼎力支持,受益很大。李先生对学术创新的敏锐洞察和感悟,使我非常吃惊;他对年轻人的热心情怀和慷慨支持,令我感动和终生难忘。2003 年 2 月 9 日,李训经先生突然去世,过早地离开了我们,这是我们控制理论界的重大损失,对我们(当时)正在成长的这个方向的青年科研人员来说,我们失去了一位知心朋友和一座有力的靠山,是我们永远无法弥补的损失。

深切怀念李训经先生

张纪峰①

李训经先生是我国杰出的应用数学家,是系统控制科学领域的先驱者和推动者,在无穷维系统最优控制和随机系统最优控制理论等方面做出了系统性卓越贡献,享誉国内外,其学术建树和修养堪称控制界的典范!

我 1981 年至 1985 年在山东大学数学系控制论专业学习,那时就听说过李训经先生,知道李先生是山东大学数学系毕业的,是我们的杰出校友。后来我到中国科学院系统科学研究所跟陈翰馥先生读研究生,其间多次见到李先生并聆听他的教诲,知道他是我的师爷陈建功先生的学生,所以倍感亲切。再后来,我有幸多次参加了由李先生组织的学术活动!

李训经先生作为中国工业与应用数学学会(CSIAM)系统与控制数学专业委员会的主任,1994 年 5 月在山东泰安组织召开了 CSIAM 系统与控制数学专业委员会第二届学术会议,我跟随导师陈翰馥先生一起参加了会议。会议闲暇期间,我们和李训经先生及各位老师一起游览岱庙,攀登十八盘,漫步玉皇顶。李先生非常健谈,知识面也非常广,对山东的人文地理、风俗习惯非常熟悉。印象最深的是一次晚饭后我们散步到泰山脚下的虎山水库,在水库大坝上坐了一个多小时,我一边欣赏着美丽的夜景,沐浴着和煦的春风,一边聆听着李先生在如何选问题、如何做问题和如何培养研究生等方面的宝贵经验和高屋建瓴的指导!

1996 年在大连召开的 CSIAM 系统与控制数学专业委员会第三届学术会议上,应李训经先生的邀请,我做了大会报告"自适应控制理论的几个关

---

① 中国科学院数学与系统科学研究院研究员。

键问题"。这是我第一次得到做大会报告的机会,是莫大的荣誉!我非常惊喜,也倍感意外!会议期间我问李先生怎么选了我?他说他想多给年轻人一些机会,让年轻人早点成长起来。

1997年在庐山召开的中国控制会议期间,李先生听了我的论文报告后,对我进行了详细指导,包括哪些条件可以弱化或去掉,哪些方面可以做得更彻底、更深刻,就像指导自己的学生一样,那么耐心、细致。每每想起来,我心里都充满着温暖和感激!

李先生不仅大力提携后进、追求卓越,而且积极推动我国系统控制科学的发展。特别是他一直关心着中国科学院系统科学研究所在系统控制方面的发展,并给予了大力支持和帮助。

听前辈们说,1962年关肇直先生邀请有关专家在颐和园十七孔桥头的龙王庙召开了一个两天的研讨会,讨论控制理论的发展和应用。李训经先生和张学铭先生、钱学森先生、宋健先生等30多人参加了这次研讨会。这次会议对我国控制理论的发展产生了深远的影响,学界通常称它为"龙王庙会议"。

李先生自1995年至2003年去世,一直是我们实验室(中国科学院系统控制重点实验室)的学术委员会委员,对该实验室的学科布局、发展方向提出了宝贵的指导意见。李先生及其团队与我们实验室保持着密切的交流、合作关系,共同承担了由陈翰馥先生作为首席科学家的科技部攀登计划预选项目"复杂系统控制的基础理论研究"(1997—2001年)。

李先生来北京参加我们实验室的活动和这个攀登计划预选项目一般都是我负责接待。记得有次安排李先生住在中关村88楼后面的中科院数学所招待所。我觉得李先生路途劳顿,所以送到房间后,就打算离开,想让他先休息一下。可李先生说不累,不用休息,接着就精神饱满地给我指导了起来,充满了炽热的工作热情和提携后进的真挚感情!

李先生治学严谨、观点犀利,处处透着大师的风范;他为国家和系统控制领域培养了一批享誉国内外的杰出人才,为推动系统控制科学的发展做出了重要贡献,永远是我学习的榜样!

先生之风山高水长
——纪念李训经先生辞世20周年

李 娟[①]

李训经先生离开我们已经20年了,写下此文,追忆李先生,敬仰之情溢于言表。

第一次知道李先生是在2000年,那年我进入山东大学跟随彭实戈老师攻读博士学位。彭老师1989年从法国博士毕业后回国,首先是在复旦大学跟随李先生做博士后的。彭老师经常和我们提起李先生,介绍先生严谨治学的探索精神。2020年彭老师接受《新京报》专访时,谈到李先生仍然记忆犹新:"复旦大学李训经教授领导的学术研讨班有很好的交流气氛,大家经常坐在一起聊数学。光说话不够用,有时聊着聊着就拿出笔来写上公式了。推导一下,提几个相关问题,很多问题就是在这样的气氛中解决的。"虽然很遗憾我没见过李先生,没接受过他的直接指导,但是他对我的影响是很深刻的,我一直对李先生充满了敬仰之心。

2005年我进入复旦大学跟随汤善健老师做博士后,李先生是汤老师的博士生导师。2005年汤老师在复旦大学主办了第五届倒向随机微分方程国际会议,以及第一届"纪念李训经老师学术研讨会",至2018年"纪念李训经老师学术研讨会"已开了5届。通过参加这些学术活动,我逐渐认识了陈叔平老师、胡瑛老师、高夯老师、刘康生老师、马进老师、周迅宇老师、雍炯敏老师等各位前辈,他们都是李先生的学生,知道了以他们为开始的"复旦学派",惊叹于李先生为国家培养了那么多优秀人才。聆听各位前辈谈起李先

[①] 山东大学教授。

生,使我对先生也有了更多的了解。李先生对学生要求严格、认真负责,关心学生,是严师,也是慈父。随机控制理论的发展也归功于李先生的远见卓识,当年他开设的随机控制讨论班上争论激烈,报告没准备好是会"挂黑板"的,有时候是要被"骂"的,甚至被"骂哭",他们之间也互相"揭老底",比如谁被李先生如何如何的训了。但奇怪的是,各位前辈在谈起这些时,丝毫没有埋怨李先生的意思,都是满满的美好回忆,是深深的感恩,是深情的怀念,这都让我进一步体会到李先生勇于创新、精益求精、一丝不苟的治学精神,以及严师出高徒。李先生是我国控制理论方面的先驱者之一,他在无限维最优控制和随机控制理论方面有重要的贡献,也是中国工业与应用数学学会系统与控制数学专委会的第一任主任。

春风化雨育桃李,润物无声洒春晖。虽然李先生离开我们已二十载,但是李先生严谨治学、诲人不倦的精神仍然时刻激励、鞭策着我们。如今李先生的学生、学生的学生遍布全世界,"复旦学派"队伍不断地发展壮大,研究领域也越来越多,百花齐放,包括倒向随机微分方程、随机控制、分布参数系统以及金融数学等,在国际上已具有广泛的影响力。我想这也是对李先生最好的纪念了。

李训经先生鼓励我做几何控制理论研究

王 红[①]

1994年,我调入西北工业大学应用数学系工作。当时的校长戴冠中先生提倡"理工结合",要求数学和各个工科专业相结合,促进相互发展。戴校长也告诉我:在非线性控制理论研究中,有一种微分几何方法是非常重要的。我到图书馆去阅读了许多非线性控制理论的书籍和论文,也学习了航空和航天领域中一些应用控制系统的研究,但仍然不知从何处入手。我回到复旦大学,找到李训经先生,并告诉他我遇到的困难。李先生想了想,约我第二天见面。当我们再见面时,李先生告诉我,可以从两个方面入手做研究:一是从非线性控制系统相空间结构的分析入手,可以阅读 Isidori 的 *Nonlinear Control Systems*。另一个是微分流形上的应用力学系统,可以阅读 Arnold 的 *Mathematical Methods of Classical Mechanics*。我从这两本书开始进入了几何控制理论的研究。在复旦大学时,我也去看望了导师胡和生院士。我告诉她,我想研究控制系统相空间的几何理论,胡先生说非常好,这是一个非常重要的、值得深入研究的课题。

1998年,我邀请李训经先生访问西北工业大学。他给我们应用数学系的师生做了题为"控制系统理论的若干最新研究进展"的学术报告,并与系里的年轻教师座谈。李先生还对我们申报应用数学博士点的材料提出了许多修改建议和意见。西北工业大学的控制理论和应用是学校的支柱学科,在李先生的建议下,我陪先生和师母参观了无人机研究所和大风洞实验室。李先生告诉我,无人机的控制理论和应用研究是非常重要的,未来一定会有

[①] 南开大学教授。

很大的发展，值得很好地研究。当时西北工业大学的大风洞实验室是国内最大的风洞实验室。在我陪先生和师母参观完大风洞实验室出来后，李先生告诉我，未来航空和航天领域的许多问题研究都要用风洞实验。这个实验室还不够大，我们国家还需要建更大的风洞实验室。李先生还说，航空和航天领域的控制系统理论和应用都是非常重要的，值得深入研究。他还风趣地说：当我们的飞船系统飞出了地球时，就是微分流形上的控制系统了。20 多年过去了，我国在无人机领域和航空航天领域的巨大发展，验证了李先生在科学研究方面的视野和格局确实不同寻常。

2001 年，我调入南开大学数学学院应用数学系工作。在李先生的推荐下，我去意大利迪利亚斯特的国际理论物理中心参加了为期 3 周的几何控制理论暑期学校学习。之后，我去荷兰特温特大学访问了 Schaft 教授 2 周。在那里，Schaft 教授向我推荐了 Abraham 和 Marsden 的 *Foundations of Mechanics*，我也学习了 Schaft 教授和他的学生研究的隐性 Hamilton 系统的约化理论。我太喜欢 *Foundations of Mechanics* 这本书了，其中用到的许多几何理论都是我们在国内学习的陈省身先生的整体微分几何理论。在特温特大学期间，我天天阅读这本书。在我离开时，我到图书馆复印了这本书带回了国内。回到南开大学后，我给研究生开讨论班，仔细学习了这本书，以及 Marsden 教授的其他著作和论文，开始了控制 Hamilton 系统对称约化理论的研究。对称性是自然界中的一个普遍现象，它在数学、物理和力学的研究中也有着广泛的应用。对称约化理论的主要目标是利用守恒律和相关的对称性来减少所描述力学系统所需的维数。因此，对称约化理论被视为简化和研究具体的力学系统理论和应用的一个非常有效的工具。

在南开大学，数学是很重要的学科，微分几何、动力系统和 Lie 群 Lie 代数是重要的研究方向，具有雄厚的基础，这些也是做控制 Hamilton 系统对称约化理论研究必不可少的基础。前期我们学习了非线性控制系统的几何理论和航空航天领域中控制系统的应用知识，特别是在 Marsden 教授的帮助下，我们发现了余切丛上定义的对称 Hamilton 系统在 Marsden-Weinstein 约化下的系统可以不是余切丛上的 Hamilton 系统，也就是说，余切丛上对称 Hamilton 系统的集合，在 Marsden-Weinstein 约化下是不完备的。这样，我们不得不对约化后系统的相空间的几何与拓扑结构给出精确的刻画。因此，如何通过对系统的相空间的几何与拓扑结构进行精细分析，研究几何结构对系统的动力向量场的限制条件，建立和发展辛纤维丛上控制 Hamilton 系统的各种对称约化理论和 Hamilton-Jacobi 理论变成我们开始研究的重要课题。

2005 年，我回到复旦大学参加一个学术会议。我告诉导师胡先生，我在学习和研究加州理工大学 Marsden 学派的具有控制的 Hamilton 系统的各种对称约化理论。Marsden 教授是国际上著名的数学家、力学家和物理学家，是几何力学理论研究的奠基人。胡先生说：非常好，选定了目标就要坚持，要有毅力才能做好研究。时至今日，我们在这个研究方向上坚持了 18 年，获得了许多重要的研究成果。在未来的研究上，我们还有很长的路需要艰辛跋涉。

对比 Isidori 教授和 Marsden 教授的研究工作，我们知道：Isidori 教授的非线性系统的几何理论研究的是系统相空间的分析理论，使用了局部的方法，而 Marsden 教授和他的合作者们研究的是建立在微分流形和纤维丛上的力学系统，关注的是空间的几何结构对系统动力向量场的约束和限制，是以陈省身先生整体微分几何理论为平台发展起来的，使用了整体的方法。一路走来，在复旦大学所学习的微分几何为我的研究奠定了基础，在西北工业大学所学习的几何控制理论和航空航天领域的应用为我的研究提供了研究背景。而在南开大学，我选择了研究辛纤维丛上的控制力学系统的对称约化理论和 Hamilton-Jacobi 理论，将所学的微分几何基础、几何控制理论方法和应用背景都有机地结合起来。我也说不清楚为什么这么巧合，也许是天意早安排好了一切。

回顾我的研究历程，李训经先生在重要的路口给我指引方向并提供帮助，这是非常重要的。李先生，谢谢您！愿您的在天之灵保佑我们。

追忆李训经老师

翁锡赟[①]

今年是李训经老师去世 20 周年,应汤善健老师之邀,写下此文,追忆李老师。

我是 1996 年入复旦大学数学系读的本科,大二上学期,李训经老师开设控制理论基础课程。李老师嫉恶言多,早年是陈建功先生的弟子,开创了控制论的"复旦学派"。当年,他是为数不多的学校首席教授,我们当时只有 10 余条汉子敢选这位"四大名捕"之首的课程。李老师上课伊始,就给我们立规矩,迟到 5 分钟者不得进教室听课。李老师的课,容量非常大,必须全身心投入听课,稍开小差,就不知所云。课后,李老师指着一个博士生模样的人说,他是你们的习题课老师。后来我们才知道,那是潘立平教授。

保研面试之时,只有我一人报控制论的金融数学,李老师和雍老师面试我。他们坐在下面,让我擦掉黑板,然后"拷问"整整 2 个小时。一共 5 道大题——2 道数学分析、2 道高等代数、1 道常微分方程。李、雍两位"控制双雄"看着我的板书过程不断提问,探我的思路。有一题高等代数题我卡壳了,其实已经答出来了,板书也全,就是解释和理解上达不到两位老师的要求。

通过面试后,李老师邀我参加控制博士讨论班,我是唯一的本科生,但实在听不懂,听得云里雾里,不禁呼呼大睡。

李老师在我研一时开设了现代常微分方程。因为本科阶段我有 3 个学期的常微分方程功底[常微分方程、非线性常微分方程(上、下)],所以课程

---

① 现任职于翊安(上海)投资有限公司。

对我来说难度不大。期末考试时,5道大题我最快答出。第五道题,我发现李老师题目出错了,有一个条件有疏漏。我举了个反例,李老师对我面露微笑。稍做检查后,我第一个交卷,而其他同学除许师兄外,还在第二、三题上挣扎。我以为A是志在必得的。殊不知,李老师仅给我一个A−。我问过李老师为什么,李老师答:题目的确错了,但是你只举了个反例,你应该把那个条件修改,然后再证明,我才会给A。这实际上是对我今后开展科学研究进行的机会不多的能力培养。

研究生选导师时,我与李老师有一次促膝长谈。李老师分析了我的个性和优缺点,告诉我"这级就你是复旦保送生"。我大言不惭地问李老师能否入他的门下,但我只读硕士不读博。李老师沉默良久后说,只要你达到标准,我收。后来,感谢李老师和雍老师大度,放我去国际金融,也感谢谢为安老师仁慈,肯收下我这个逃兵。从此我的人生翻开了新的一页。

李老师病重时,我和许亚善师兄一起去华山医院探望,李老师在病床上和我相视无语。最后,一生拒礼的李老师破例收下了我和许师兄的鲜花和水果篮。不久,我和李老师阴阳相隔,悔恨的话我已无法倾诉。

砥砺德行　泽惠后人
——纪念李训经先生辞世20周年

刘　斌①

2023年2月是李训经先生辞世20周年,追忆先生,感激之情难以表达。虽然我没有资格和能力成为先生的学生,但有幸得到过一次先生对我的教诲,永志不忘。

李训经先生素以严格著称,我早有耳闻。先生是我博士毕业论文答辩委员会的主席,他在答辩前的论文评阅与修订,以及整个答辩过程我仍历历在目。我于2001年3月将毕业论文邮寄给先生审阅,先生严谨认真,将论文参考文献中90多篇文章逐一查阅标记并研读相关内容,列出了许多需增减的文献,提出详细修改建议13条(并用针孔长条状打印纸打印出来邮寄给我),特别是针对论文第三章的主要结论提出了质疑。先生大概是答辩前一天,即2001年6月15日来到的湖南大学,住在岳麓山半山腰的湖南大学外宾招待所。先生住进后不顾劳累,当天晚上就要听取我的修改汇报,尽管有王志成教授、钱祥征教授、庾建设教授3位老师陪同先生听取我的修改说明,但我还是异常紧张。经过现场小黑板不断反复推演,文章终于得到先生的认可。我也得到了先生的一些鼓励。这充分展现了先生严肃、认真的科学风范,以及对科学的忠诚和敬业精神。

李先生此次应该是第一次长沙之行,答辩后的第二天我有幸单独陪先生游览长沙马王堆,在近距离与先生的交流过程中,聆听他对数学研究的看法。先生也给了我许多继续从事数学研究的建议,特别是建议我学习1995

---

①　华中科技大学教授。

年他和雍炯敏教授合作在美国的 Birkhäuser 出版社出版的专著 *Optimal Control Theory for Infinite Dimensional Systems*,并且先生来长沙时就带来了该专著的原版书籍,这说明先生在来长沙前就有建议我学习此书的想法,从而使得我有机会从先生那里借出该书复印后装订成两册。当时我对境外的书籍了解得很少,更不知道有此专著。这本书后来就成了我开始学习最优控制理论的必读书目,直到如今我们的讨论班上还在学习它,这本书使我和学生们受益匪浅。

虽说我结识先生只有短短 3 天,但先生的高瞻远瞩,高标准严要求,还有先生的治学精神以及对年轻人的指导,将给后代读书人永恒的启迪,也是我永远学习的榜样。

李训经先生和他的时代：琐忆与散记

汤善健[①]

诗人臧克家(山东大学，亦即国立青岛大学，1930级校友)说："有的人活着，他已经死了；有的人死了，他还活着。"我的老师李训经先生，祖籍山东莱阳，早年成长于青岛，也求学于青岛，他就是诗人所说的后者。因患胰腺癌医治无效，李先生于2003年2月9日上午在上海华山医院永远地离开了我们。至今，李先生虽然已经去世20周年，却一直活在我们的心中。

一、校友初缘

李先生和我，首缘于山东大学校友。

1952年，李先生从青岛第一中学考入国立青岛大学(即后来的山东大学)数学系。1956年本科毕业，同年考取复旦大学数学系函数论专业副博士研究生，师从著名数学家陈建功先生，1959年1月毕业后留在复旦大学数学系微分方程教研室任教。

1958年7月，山东大学归属山东省领导，山东省委遂决定山东大学迁址济南；10月，数学系[包括张学铭和莫叶等4位教授、谢力同副教授以及陈祖浩(山大50级)、李厚源(山大50级)和洪惠民(复旦53级)等青年教师]迁至济南原山东农学院校址(现洪家楼校区)。1958年"大跃进"，全国兴办了一批新的高等院校，大学师资匮乏，国家教委于是安排重点院校的重

[①] 复旦大学教授。

点专业接收进修生为国家排忧解难。山东大学和复旦大学的数学系常微分方程专业都接收了一批进修生：在张学铭教授主持下，山东大学数学系接收了来自华东和东北等高等院校 10 余名青年教师进修微分方程；复旦大学数学系的常微分方程专业，在金福临先生的主持下也接收了一批青年教师进修微分方程。这一年，国家教育部门也开始进行第二次教育改革，贯彻执行为社会主义服务、与生产劳动相结合的教育方针，许多高校打破了原有的教学秩序和理论研究，北京大学毕业生、著名数学家潘承洞先生也因此来到山东大学数学系任教。

1983 年 9 月，我来到美丽的泉城济南，进入山东大学（现中心校区）数学系控制理论专业，开始了我的大学时光。那个年代，大家还是崇尚理论，学科里数理化最受追捧。在数学里，纯粹数学专业最吃香，入学成绩也比其他 3 个专业（计算数学、控制理论和运筹学）要高。然而过了两年，即 1985 年我们转入专业学习时，形势就逆转了。学业优秀的学生被允许转到自己喜欢的专业，于是有些成绩优秀的数学专业的学生就借机转到了运筹学专业。在大学前两年，陈玉妹老师于前 4 个学期给我们讲授数学分析，贾启恒老师于前 3 个学期给我们讲授高等代数，李厚源老师于第一个学期讲授解析几何，张培璇老师于第四学期讲授复变函数，梁方豪老师于第五学期讲授实变函数论，墨文川老师（北京大学 56 级）于第六学期讲授概率论。他们都是富有教学经验而又满怀献身精神的优秀老师和学者，对学生的学习与成长极其认真负责。那个时期，社会刚开始开放，学生思想还很单纯，学业至上，专心好学，心无旁骛。这阶段我打下了牢固的大学数学基础。

我所在专业的控制理论教研室，那时就人才济济，盛况空前，一片繁荣，在整个数学系是非常活跃和有影响的。教研室有陈祖浩和欧阳亮两位教授，有黄光远（山大 56 级）、陈兆宽、周鸿兴、洪惠民、程兆林（复旦 58 级）等副教授，还有赵克友、黄大翔等讲师。在大学第三和第四年里，程兆林老师主讲现代控制理论，周鸿兴老师主讲线性系统理论，洪惠民老师主讲系统辨识，赵克友老师于第五学期主讲自动控制理论（用的是绪方胜彦著作的汉译本），黄大翔老师于第六学期继续给我们主讲自动控制理论（绪方胜彦《现代控制工程》中的计算机控制），第八学期孙茂桐老师开设自动化仪表课程、付国华老师开设接口实验课程。大学三年级下学期,程兆林老师就给我一些学术论文,让我阅读并报告;那时程兆林老师与山东建筑学院的闫九喜老师一起讨论 Alan J. Laub 关于代数 Ricatti 方程的特征根与特征向量方法求解的研究论文[①]。我的大学毕业实习是由程兆林老师指导完成的,讨论了广义系统的二次指标里含有控制导数的线性二次最优调节器,彻底解决了这个问题。我写成论文《广义系统的带输入导数项的二次指标最优调节器》,参加了 1987—1988 年度的由山东大学科学联合会组织的"五四"科学论文评选活动,并荣获一等奖。这是我开始学术研究的第一篇研究论文。

多年之后程老师参加国内控制与决策会议年会报告了这一结果,发表在以下会议论文集里:

程兆林、汤善健,Linear-quadratic optimal regulator of singular systems with the input derivatives, *Proceedings of 1993 Chinese Annual Conference on Control and Decision*,426-431,东北大学出版社,沈阳,1993.

1953 年夏,陈祖浩老师留任山东大学(青岛)数学系,那时李训经先生(52 级)还是大学生。1956 年,李先生大学毕业,张学铭先生率先在山东大学(青岛)数学系创立了控制论研究室,并兼任研究室主任,组织了微分方程稳定性、最佳控制理论讨论班[②]。张学铭先生还邀请苏联微分方程专家 V. P. Basov——中山大学许淞庆于 1957 年 8 月赴列宁格勒大学留学两年时的导师——于 1958 年 9 月来山东大学数学系讲学半年,在山东大学建立了控制论专业,研究苏联 Pontryagin 学派的最优控制理论。1958 年 12 月,山东大学从青岛迁址济南,张学铭先生与陈祖浩老师一起主持微分方程教研室的工作。张学铭先生带领陈祖浩、贺建勋、李训经等青年教师一起翻译和校对了 Pontryagin 与其学生合写的名著《最佳过程的数学理论》(俄文版原著于 1961 年出版),并于"文化大革命"前夜的 1965 年在上海科学技术出版社出版。可见,即使在 1960 年代的前几年,在山东大学数学系,张学铭先生仍带领陈祖

---

① A. J. Laub, A Schur method for solving algebraic Riccati equations, *IEEE Trans. Automat. Contr.*,24(1979),913-921.

② 见胡炳生,张炳根,陈叔平:张学铭传,《中国现代数学家传·第五卷》(程民德主编),2002 年。

浩、黄光远、汪超群等青年教师,组织领导了最佳过程理论与微分方程讨论班,学习刚刚诞生的最优控制理论,讲授"最优控制理论"课程,密切跟踪这一新生学科。在上海,复旦大学的金福临教授和同济大学的朱照宣教授一起,在复旦大学领导了控制过程的数学理论讨论班,学习上述名著和钱学森的《工程控制论》(科学出版社,北京,1958年),跟踪最优控制理论的发展。远在复旦大学的李训经和厦门大学的贺建勋等青年教师都参与了上述名著的翻译和校对工作。这期间他们是否也经常到山东大学参加讨论,笔者无法确定,但应该都集中研读了控制论名著《最佳过程的数学理论》,跟踪控制理论这一新兴学科的发展,为后来各自在最优控制理论的科学研究奠定了基础。1980年代末,张学铭、李训经和陈祖浩3位老师还一起编写了研究生教材《最优控制系统的微分方程理论》,由高等教育出版社于1989年10月出版,特别介绍了如何用向量值测度的值域定理来简化上述名著中最优控制的最大值原理的原始证明。后来,李先生经常把名著《最佳过程的数学理论》视为评价最优控制理论进展的圭臬,认为具有状态轨道约束的最优控制问题是最优控制理论的一个难点和核心问题,需要重点研究。可见,翻译和校对名著《最佳过程的数学理论》深刻地影响了李先生的学术研究。

这个时期,张学铭先生敏锐地注意到了国际上最优控制理论研究在向分布参数系统挺进,特别是苏联学者Butkovskiy的合作文章[①],并在国内常微分方程会议上及时介绍这一动态,他自己也及时跟踪研究。可惜,这一非常好的控制理论前沿研究势头,被接下来的"文化大革命"打破,但为后来的青年学者研究最优控制理论埋下了根。直到1980年,张先生才在山东科学技术出版社出版了专著《分布参数系统最优控制过程数学理论》,介绍这一时期的工作。1978年以后,李训经先生带领复旦的姚允龙和雍炯敏等青年教师终于在分布参数系统的控制理论上取得了引人瞩目的成就,他们发现:无限维线性系统的能达集未必是凸的,这与有限维情形有本质区别,但其闭包一定是凸的,仍可以利用无限维空间的凸集分离性定理得到无限维线性

---

① A. G. Butkovskiy and A. Ja. Lerner, The optimal control of systems with distributed parameters, *Avtomat. i Telemekh.*, Vol. 21, 682-691 (Russian); translated as *Automat. Remote Control*, 21(1960), 472-477.

系统的时间最优控制的最大值原理;还发现了最优控制满足最大值原理对约束集合和能达集合所要求的有限余维数条件①。李先生和他的合作者在这方面的工作,1985年获国家教委"科技进步二等奖",1989年获"国家自然科学四等奖",1999年获上海市科技进步一等奖。

图1是山东大学张学铭先生于1962年在中国科学院数学所讲学时的合影②。

图1 张学铭先生在中国科学院数学所讲学留影

第一排左起：关肇直,吴新谋(数学所微分方程室),张学铭(山东大学),王寿仁(数学所概率统计室),张素诚(数学所五学科室)

第二排左起：安万福,张鄂棠,唐志强(国防部五院),何关钰,韩京清,狄昂照

第三排左起：毕大川,秦化淑,陈翰馥,丘淦兴(国防部五院),陈俊本,华俊荣

第四排左起：张润通(数学所办公室主任),郑之辅(数学所副所长、党组副书记),嵇兆衡(国防部五院),金维言

未标注单位的均为中国科学院数学研究所控制理论研究室成员

---

① X. Li and J. Yong, *Optimal Control Theory for Infinite Dimensional Systems*, Birkhäuser, 1995.

② 姜天海、许清,攻坚克难、开疆拓土——中科院系统控制重点实验室学者侧记,系统与控制纵横,(2015),24-38.

彭实戈老师1974年在山东大学物理系毕业后先被分配到禹城县广播站任技术员，一年后又调到山东无线电厂当了供销员，1978年很幸运地被慧眼识才的张学铭先生调到山东大学工作。张先生的这一举措意义重大，极大地影响了彭老师后来的人生走向。彭老师在1983年赴法留学前就与陈先生有科研合作。1983年，我进入山东大学时他已经离开学校去法国留学。1986年12月9日，彭老师在法国普罗旺斯大学进行了他的应用数学博士论文 *Etude de Perturbations et d'Homogeneisation des Systemes Stochastiques et des Systemes Periodiques* 的答辩。1987年初，我们还没有放假回家，彭老师就回到了山东大学，在数学系老楼二楼的一个教室向陈祖浩教授和程兆林副教授介绍了他在法国期间的关于最优控制的奇异摄动的工作，我作为陈先生将来的研究生也得以趁机了解学习。1986年春节之后，开学不久，我们四年级学生要选择导师进行毕业实习。由于我三年级时就开始跟程兆林老师一起学习讨论一些奇异系统的控制问题，就习惯性地跟程兆林老师做毕业论文，而我的同学李树荣则选择了彭老师做毕业实习，他后来考取了中科院系统所，跟秦化淑老师做硕士研究生，田连江和贾传迎则选择了周鸿兴老师做毕业实习。

1987年我被免试推荐为陈祖浩教授的硕士生。1987年底，我的研究生学习不到半年，陈先生就明确跟我说，彭老师刚从法国留学回来，他的研究内容很前沿，在法国的研究工作很出色，嘱咐我好好学习彭老师的论文，以后做随机控制的研究，于是我在山大就开始学习随机积分和倒向随机微分方程。给我留下深刻印象的是，有一天，彭老师竟然来到我的研究生宿舍找我，了解我随机分析的掌握情况，还教我如何使用 Itô 公式估计随机微分方程的解。1988年底，彭老师把他关于二阶随机最大值原理的新的论文手稿复印件给我。研究生期间，周鸿兴老师对随机控制也很感兴趣，还组织了一个随机控制讨论班，由青年教师周德堂博士报告，我也选修了他的这个讨论班。彭老师在复旦大学做完博士后回到山东大学后，于1990年春季给我们开设了随机最优控制的研究生课程，除了介绍他的随机最大值原理外，也特别介绍了倒向随机微分方程。

研究生期间，程老师应美国数学会邀请评述一篇文章[①]，我们一起仔细

---

① Urszula Ledzewicz-Kowalewska, The extremum principle for problems of optimal control with mixed constraints, *Acta Univ. Lodz. Folia Math.*, (1987), 37-60.

学习了这篇使用 Dubovitskii 和 Milyutin 理论讨论关于状态与控制混合约束下的非线性常微分方程的最优控制的极值原理的文章。巧合的是,彭老师在复旦大学与李先生和胡瑛用 Ekeland 变分原理讨论混合约束的随机最优控制的最大值原理,对这两种方法之间的联系也很感兴趣。我们也得到了彭老师的指导与建议,最后给出了一个更简单的证明方法,发表在《山东大学学报》上[①]。

可能是在 1988 年秋季,Etienne Pardoux 访问山东大学,陈先生安排我陪他一起到泰山参观。图 2 是 Pardoux 在报告后,与控制理论教研室师生在山东大学新校图书馆前的合影。

图 2　1988 年山东大学控制理论专业师生与法国 Etienne Pardoux 在山东大学图书馆前(山东大学郝鲁民提供)

前排(教师):彭实戈、欧阳亮、陈兆宽、Etienne Pardoux、周鸿兴、程兆林、朱建民
后排(学生):周德堂、赵耀文、侯万春、汤善健

---

① 汤善健、程兆林、陈祖浩,关于混合约束下非线性系统的最优控制的极值原则的讨论,山东大学学报,24(1989),6-13.

二、杭州初见

我的硕士生导师陈祖浩先生,本来安排我在山东大学继续读博士的。他很早就为我联系了山东大学博士生导师谢力同先生(他是运筹学方向的),计划借用谢先生的博士生招生名额招收我继续在山东大学读博士。那时博士生计划名额很少,可能谢先生后来要招收自己方向的研究生,这样他就没有多余的名额招我在山东大学读博士。在这种意想不到的变故下,陈先生又急忙把我推荐给了他的好朋友李训经先生。李训经先生那时与夏道行先生作为山东大学数学系的杰出校友(李先生是1956届,夏先生是1950届),早已经闻名遐迩,在山东大学数学系师生中传为美谈。所以,我当时对此安排也很振奋,充满期待。

在我的硕士生导师陈祖浩先生和彭实戈老师的积极筹划安排下,当时的山东大学校长潘承洞先生(1989年12月12日)和数学系主任袁益让教授(1989年12月13日)推荐我到复旦大学李训经先生门下免试攻读博士学位。李训经先生那时因兼任浙江大学的博士生导师,所以在1989年12月23日安排我到杭州,由浙江大学数学系系主任蔡燧林教授和陈叔平教授以及李先生组成了考试小组,对我进行了入学面试口试。面试的那天,记得是雨天,是在玉泉饭店后面的公寓里举行的,我报告了当年在彭实戈老师指导下做的随机微分方程的奇异摄动的工作。报告最后,我说结果不理想,我自己也不满意。我还清晰记得李先生当时高兴地对我说:"结果不好不要紧,只要自己认识到就好!"这是我第一次见到李先生,他给我留下了朴实无华和严谨可亲的深刻印象。从此,我很荣幸地成了李先生的一名弟子。

三、济南重见

1990年春,李训经先生访问山东大学,我们再次相见。他做了报告,题目大概是"分布参数系统的最优控制的最大值原理"。他用粉笔在黑板上书写，全程脱稿，热情地做了引人入胜的演讲，介绍了无限维最优控制的最大值原理的研究背景和困难所在，以及他与合作者引入有限余维数条件建立的最大值原理的新成果。报告结束时，他满身粉笔末，匆忙去卫生间洗手。那时学术报告并不多，他演讲时自然而深入的表现，以及系统地对最大值原理的介绍和点评，给我留下了深刻的印象。

那个学期，我完成了硕士论文，包括了三部分内容：第一部分是前面提及的常微分方程在状态和控制的混合约束下的最优控制的最大值原理，后面两部分是关于奇异控制与随机控制的奇异摄动。朱本仁老师给我们讲授过摄动问题的边界层理论，彭老师对此也很感兴趣。

1990 年 5 月 19 日，我的硕士论文《控制理论与应用中的几个理论问题》在数学系老楼通过答辩，答辩委员会由欧阳亮教授（主席）、朱本仁教授、彭实戈副教授、程兆林副教授等 5 位专家组成。答辩专家中有一位是外校的，好像是山东师范学院的管梅谷教授。管梅谷教授 1934 年 10 月生于上海，1957 年毕业于华东师范大学数学系，后被分配到山东师范学院数学系任教，1981 年被教育部批准为（首批）运筹学与控制论专业博士生导师，曾于 1960 年提出运筹学中著名的"中国邮递员问题"，时任山东师范学院校长。巧合的是，1990 年 9 月，管梅谷教授从山东师范学院调入复旦大学担任管理学院运筹学系主任，也来到了上海。

四、博士入学

我是 1990 年 9 月初来到复旦大学报到读博士的，准确的日子记不清了。因为行李重且大，所以没有随身带，是托运的。记得我的火车是在清晨到达的，那时没有高铁，买的应是卧铺，晚上可以在火车上睡一觉。终点站是上海西站——真如站，行李却要在上海新客站凭行李票取，而且要隔天才能取行李，不能在到达的当天取。从火车站出来，我乘坐公共汽车到学校报到。那时车上乘客很多，拥挤是常态，售票员的上海话我也听不懂，结果身上的钱和取行李的票据都被小偷"拿"走了。发觉后我很慌急,到学校后我马上借用门口传达室的电话,向李先生报告了我在车上被偷窃,且很担心小偷进一步凭偷到的行李领取凭证把我的行李冒领。李先生听完我的电话,很快来到学校门口传达室,请求保卫处安排警卫人员,骑着摩托车带着我到上海新客站行李领取处查询我的行李情况。幸运的是,行李安然无恙。没想到刚到复旦就给李先生添了很多麻烦,为此我内心不安了好多日。

到了复旦,我被安排在南区研究生宿舍4号楼602室。李先生当时住在复旦大学第七宿舍(政肃路151弄)86号楼202室,离我住的南区研究生宿舍不远,有时李先生就到我的宿舍找我。到学生宿舍看望学生,了解学生的情况,似乎是李先生的习惯。到复旦后,第一学期刚开始的几个月里,我晚上经常到李先生家里。进门之后,他就引我到他的书房里,不知不觉地就跟我聊起控制理论的一些历史和他以前的研究工作。最初,他跟我介绍了他以前的多人微分对策的工作[1](这是李先生1984年11月初至12月底访问普渡大学Berkovitz时的研究成果,他在文章的致谢和引言部分介绍了他当时研究随机微分对策的背景),以及后来师兄胡瑛又在此基础上写的随机的情形[2],但扩散项不含控制。不久后,根据我们的讨论,我很快也写出了多人的扩散项含有控制的随机微分对策,是手写的,那时候还不能打印。手稿给李先生看后,他进一步做了一些修改。这期间彭老师到复旦大学来访问,李先生还跟彭老师介绍了我们这一工作(彭老师后来跟我说的)。我后来就放在旁边,好多年也没有去投稿,李先生也没有督促我投稿。那时候,我们对投稿发表文章没有现在的紧迫感,只专注于工作的趣味性、重要性和创新性。直到后来,俄罗斯控制理论专家 V. I. Gurman 访问复旦大学时,我才把文章投到苏联(后来的俄罗斯)非常悠久(比美国的 *SIAM J Control* 和 *IEEE Trans on Automatic Control* 还要早几十年)的控制杂志 *Avtomat. i Telemekh.*(1936年创刊,英文版名称是 *Automation and Remote Control*)

---

[1] X. Li, Maximum principle of optimal periodic control for functional-differential systems, *J. Optim. Theory & Appl.*, 50(1986), 431-450.

[2] Y. Hu, N-person differential games governed by semilinear stochastic evolution systems, *Appl. Math. Optim.*, 24(1991), 257-271.

上[①]。这也是为什么李先生去世 5 年后,我们还有合作文章发表的原因。很有意思的是,我投给杂志的是英文稿,是 V. I. Gurman 教授请人帮助翻译成俄文在 Avtomat. i Telemekh 上发表的,再由英文版杂志自己的编辑按照俄文版翻译成英文,所以发出来的英文版与我投稿时的版本大相径庭。

浙江大学吕勇哉在控制工程方面搞得风生水起,很有影响,苏步青老校长曾希望李先生像吕勇哉教授那样做工程项目。李先生认为复旦大学数学系的学科布局更适合向理论方向发展,所以他还是把主要精力放在理论研究上。

晚上在李先生家里,他还跟我详细谈了他过去研究分布参数系统的最优控制的最大值原理的过程,特别是关于初终端混合约束的情形。1960 年代,人们发现无限维空间在系统状态有约束时 Pontryagin 形式的最大值原理未必成立。1985 年,李先生与姚允龙一起给出了一般 Banach 空间中最优控制的 Pontryagin 最大值原理成立的终端状态约束的有限维数条件,见 Lecture Notes in Control and Information Sciences 第 75 卷第 410 页至第 427 页。李先生于 1984 年底在美国布朗大学和普渡大学访问时研究了泛函微分方程的周期最优控制的 Pontryagin 最大值原理,这是初终端状态混合约束的情形,于 1986 年在 Journal of Optimization Theory and Applications 第 50 卷第 3 期第 421 页至第 429 页发表了他的有关结果,在文章扉页对 H. T. Banks, L. D. Berkovitz, W. H. Fleming 以及 J. K. Hale 等同行的招待和讨论表达了感谢。之后,他到美国密歇根州立大学访问周修义时又一起进一步合作研究了泛函周期系统的最优控制的最大值原理,合作成果于 1987 年发表在 Journal of Optimization Theory and Applications 第 54 卷第 335 页至第 360 页。周期系统是初终端状态混合约束的典型例子,这次美国的访问交流引起了他研究在一般 Banach 空间中给出分布参数系统的具有初终端态状态混合约束的最优控制的最大值原理。1980 年代,Ekeland 变分原理已被熟知并用来推导 Pontryagin 最大值原理,李先生从美国回来后也用它来推导带初终端态状态混合约束的最优控制的最大值原理,中间遇到了困难,卡了很长时间,

---

[①] S. Tang and X. Li, N-person differential games in stochastic systems with controlled diffusion summands, (Russian) Avtomat. i Telemekh, (2008), 151 – 169; translation in Autom. Remote Control, 69(2008), 874-890.

后来雍炯敏老师也从美国留学回来,他们就合作把问题解决了,合作文章于 1991 年发表在 *SIAM J. Control Optim.* 第 29 卷第 4 期第 895 页至第 908 页,至今仍是 Banach 空间中发展方程带初终端态状态混合约束的最优控制的最大值原理的最好结果。由于该结果假定了系统状态所在的 Banach 空间的共轭空间是严格凸的,因此李先生还不满意,很想用 Pontryagin 他们最初导出最大值原理时使用的凸集分离的方法来去掉这一限制。我们后来对此考虑了很长时间,一直没有成功。至今,这一问题仍悬而未决。

我进复旦时,徐一生比我早半年入学,正准备到法国跟 J. Simon(法国克莱蒙费朗第二大学应用数学系)攻读博士学位,研究偏微分方程的区域变分问题。J. Simon 于 1980 年代在巴黎六大工作,在那里完成了他的指导研究资格论文 *Equations fortes verifiees par les solutions faibles des equations de Navier-Stokes*,于 1988 年 4 月 22 日答辩,答辩委员会由 J. L. Lions, A. Bensoussan, I. Ekeland, J.-C. Nedelec, F. Mighot 和 P.-A. Raviart 等 6 位专家组成。不知他是否在李先生 1985 年访问巴黎期间就与李先生开始相识。1990 年 5 月,他也受邀来上海参加了由李先生组织的"分布参数系统的控制理论与应用国际会议"(IFIP WG 7.2 Working Conference on Control Theory of Distributed Parameter Systems and Applications)。我想,李先生安排徐一生去 J. Simon 那里留学攻读博士学位,应是源于他们之间的这些学术交流。

在复旦读博士期间,关于概率论与随机过程的课,我只选修过汪嘉冈老师讲授的现代概率论。那时,徐家鹄老师已经离开复旦大学去新加坡了,没人开设随机分析方面的课程。我的博士同学中,郑明(复旦大学管理学院教授和副院长)是汪嘉冈老师的开门弟子,也是关门弟子;赵志雄的专业方向是随机分析,是张荫南老师的弟子,可惜中途退学到美国创业了。我们这一级同学本来就少,研究兴趣关联的同学就更少了。

五、武陵大学随机分析暑期学校

1990 年秋,司徒荣老师到日本参加会议,回国途经上海,李先生安排我去机场迎接司徒老师到复旦大学招待所。在机场迎接司徒荣老师时,我也意外遇见了黄志远老师,他刚从日本参加国际数学家大会及其卫星会议回国,他的报告收录在卫星会议论文集中①。在招待所里,司徒老师介绍说白噪声分析现在很热,明年(1991年)将在武陵大学举办暑期学校,传授白噪声分析。李先生和我离开招待所后,在路上,我提出想参加司徒老师提到的暑期学校,补补随机分析的基础。李先生爽快地同意了,但补充说,博士期间只资助我这一次。不过,说是这样说,实际上,李先生后来还安排了我一起到杭州参加学术交流,尽量为学生创造对外交流的机会。

1991年,在武陵大学举办的随机分析暑期学校,我认识了钱忠民②,他那时在上海铁道工程学院工作。图3是本次暑期学校与会人员的合影。暑期学校结束后,我们是一起乘火车回到上海的。

图3 第八届全国多指标随机过程学术研讨会

---

① 参见 Gaussian random fields : the Third Nagoya Levy Seminar, Nagoya, Japan, 15-20 Aug., 1990/editors: K. Itô, T. Hida.

② 现为牛津大学教授。

六、扩散项含控制的随机最大值原理和向量值测度的值域定理

记忆里,在讨论班上我没有受到过李先生的训斥。

记得是在 1992 年上半年的一次讨论班上,轮到我报告。我以"随机最大值原理和向量值测度的值域定理"为题,报告了如何利用向量值测度的值域定理来推导扩散项含控制的自由终端的无限维系统的随机最优控制的最大值原理。讨论班上除了李先生,还有金福临先生、雍炯敏老师、潘立平、黄建雄等。以前,胡瑛用补丁变分和向量值测度的值域定理推导了扩散项不含控制的 Markov 过程在终端值受限于平方可积随机变量空间的具有限余维数的相对凸体的随机最优控制的最大值原理,发表在中国的《数学学报》上[①]。人们在用补丁变分和向量值测度的值域定理讨论分布参数系统和随机系统的最优控制的最大值原理时,都考虑在状态方程上取极限,这种做法对扩散项含控制的随机控制系统根本行不通。在这次报告中,我考虑的是自由终端。在开始简要介绍时,我强调只用一维的向量值测度的值域定理就可以推导出随机最大值原理。由于我的这一异乎寻常的介绍,在座的老师马上提出质疑,提醒我系统是无限维的。我解释说只需要在分离性能指标的变分主要部分时运用一维的向量值测度的值域定理,状态的变分计算那里是不需要运用向量值测度的值域定理的,李先生听我这一解释后立刻明白了我整个的计算过程。这天晚上,我照常去李先生家里讨论问题,李先生很高兴,说我可以提前毕业,准备年底答辩。我听后很惊讶,李先生进一步说我这次报告揭示了状态方程的变分计算里不需要取极限,是一个创见,博士学位论文有学术创见就可以了。这一学年,我获得了光华一等奖学金。在那个年代,奖学金名额很少,尤其是一等奖,这里面包含了李先生对我的鼎力支持。

---

① 胡瑛,Markov 过程最优控制的最大值原理,数学学报,33(1990),43-56.

我们知道的李训经先生

1992年12月底，李先生在数学研究所组织了我的博士学位论文答辩会。答辩委员会由下面的前辈和专家组成：于景元（主席，北京信息与控制研究所），金福临（复旦大学），汪嘉冈（华东化工学院），袁震东（华东师范大学），陈叔平（浙江大学），张荫南（复旦大学）。很荣幸的是，师兄胡瑛和周迅宇1989年的博士学位答辩委员会的大多数专家都参加了我的答辩。

答辩结束后的一天晚上，我到李先生家里（十二宿舍）。在他的书房里坐下后，李先生高兴地说，我的博士论文评阅意见按规定是不应该给我看的，但因为都是正面意见，写得都很好，如果我想看，他可以给我看。听李先生这么说，当时我也没好意思向李先生提出看这些评阅意见。2005年底，数学系从老楼搬迁到了光华东主楼，我负责把李先生遗留在办公室桌中的资料都搬到光华东主楼存放。直到最近，我才意外地翻看到了我的博士论文评阅书。清点后我惊讶地发现：竟然有16份评阅书，通讯评审专家为陈翰馥、陈叔平、陈祖浩、郭雷、黄志远、何声武、金福临、刘永清、彭实戈、司徒荣、严加安、严士健、于景元、袁震东、汪嘉冈和王康宁等前辈和老师，共计16位随机分析与控制专家。一篇博士论文送审这么多同行专家来进行评阅把关，从中可以一窥李先生培养研究生的严谨和用心。我想，即使放眼世界历史，这也一定是空前的。记得毕业留校后不久，教育部抽查评估高等学校的研究生学位论文，我的博士论文被抽中；在学校大门口遇见李先生时，我说了我的学位论文被抽查到的事情，他听后微笑着说："抽查到你，这是复旦的运气。"直到今天我才明白，他之所以能有如此的底气和自豪，原来源于他自己平时对培养研究生的自律和严谨！

我读博士的那些岁月，正赶上国家的第二波改革开放浪潮，国家经济发展异常艰难，社会上出现了下海和出国潮流。教师工资很低，特别是青年教师，养家糊口也很艰难。许多高校老师离开学校，出国或创业。在国内读研究生没有多少吸引力，优秀的应届大学生大多选择出国留学，有些在读的研究生甚至中途退学出国或创业。所以，我们那一届的硕士研究生很少，博士研究生就更少了，其中有些是工作过的往届生，可以说是寥寥无几。图4是数学所1993届毕业的研究生与老师的合影，博士研究生特别少，后排有汤善健（左11）和梁桂（左10），中排有陈正（左9）、朱洪鑫（左12）、郑明（左

13);许多是老师,如前排的张荫南、杨劲根、李训经、任福尧、蒋尔雄、苏步青、金福临、李道亭、许永华、忻元龙,中排的许温豪(左1)、顾建弘(左2)、张锦豪(左15)、李立康(左16),后排的黄宣国(左13)、华宣积(左14)、张福根(左15)、尚汉冀(左16)。

图4 复旦大学数学系九三届毕业研究生留影

在武汉召开的一个国际会议上,李先生介绍了我们的工作[①]。我的博士论文的第一部分是关于随机常微分方程的随机控制,整理后投到了 SIAM J. Control Optim., 李先生坚持把我放在第一作者[②];第二部分是关

---

① X. Li and S. Tang, Contributions to the theory of optimal stochastic controls, *Differential Equations and Control Theory* (Wuhan, 1994), 169-175, Lecture Notes in Pure and Appl. Math., 176, Dekker, New York, 1996.

② S. Tang and X. Li, Necessary conditions for optimal control of stochastic systems with random jumps, *SIAM J. Control Optim.*, 32(1994), 1447-1475.

于随机分布参数系统的随机控制,收录在 1994 年的一个会议论文集里①。

1993 年开始,时任南京大学研究生院院长孙义燧要求硕士生和博士生发表 SCI 论文才能获得学位。时任复旦大学校长杨福家也学习这种做法,当年突然规定要有 SCI 论文才能拿学位。我们那届博士毕业生首当其冲,那时我只在 Stochastics 上与雍炯敏老师合作发表了 1 篇文章,还不是 SCI 论文,按照新的规定,我不能拿博士学位。为此,李先生跟学校据理力争,肯定花了不少力气,我才如期拿到博士学位。我 1993 年上半年毕业,拿学位的全校好像共 13 位,我们是复旦大学首批戴博士帽的博士生。李先生作为博士生导师代表在逸夫楼一楼大会堂发言讲话,介绍了他培养博士的情况,特别强调了他以前毕业的博士生胡瑛和周迅宇在毕业时并没有 SCI 论文发表,但后来影响很大。会后,高分子材料科学系的杨玉良②教授对李先生打趣道:"你的讲话原来很有深意啊!"

后来在邯郸路的复旦大学正门口,我进校时遇到雍炯敏老师,他笑着跟我说:"李先生为了你留校,这次是赤膊上阵了。"我听后是一头雾水,不知所以然。以后我也没再听到这事进一步的细节。事后推测,应是因为那时本专业急需上课老师,已经是刻不容缓,是急需所逼。

1993 年春季学期开始,我就在复旦大学数学系报到授课了。那时正是邓小平南方谈话的第二年,国家经济面临严峻困境,社会正经历第二次改革开放浪潮。青年教师工资很低,只有 300 元左右。我们的工资只够用来吃饭,结余的钱很少。很多青年教师到外面打工赚取一些酬劳补充家用,例如为热门院系(如管理、经济、计算机等新兴学科)和行业讲授高回报的课程、上机画图等,无法全心全意地做研究。金福临先生和李训经先生敏锐地注意到了这种状况,极力呼吁数学系领导关心青年教师,提高青年教师待遇。这种局面也引起了学校领导的高度重视,杨福家校长提出了提高教师工资

---

① S. Tang and X. Li, Maximum principle for optimal control of distributed parameter stochastic systems with random jumps, *Differential Equations*, *Dynamical Systems*, *and Control Science*, 867-890, Lecture Notes in Pure and Appl. Math. 152, Dekker, New York, 1994.

② 后担任复旦大学校长。

的新举措,全校选出三类教师,每个月大概分别增加 300 元、600 元和 900 元(准确数额记不清了)来改善待遇。记得是 1997 年,我和丁青还被选为教育部非线性科学重点实验室的研究员,每人获得了一万元的生活补贴。我得到这种温暖的关切,离不开李先生的费心推荐。

整个 1990 年代,很多高校还算不上研究型大学,研究型大学是很多高校的建设目标,很多骨干教师往往是尽力到国外著名研究所或大学去充电。国内研究条件很受限,再加上教师工资很低,科学研究的主战场又不在国内,很难留住优秀的应届大学生在国内攻读博士学位并献身于教育和科研。所以当时学校招收的研究生不仅数量很少,而且学生的兴趣也很难全部集中在学习研究上。这期间,教学科研十分艰难,李先生在讨论班上费了很多口舌,因为在他的心中,总希望把讨论班推上更高的水平,做出更多的科研成果。但大环境是残酷的,现实很骨感,不能如他的心愿,心里多年的这个落差对他的身体应有很大的伤害,我想这可能也是他过早离开我们的一个重要原因。2000 年以后,社会经济形势慢慢好转,国家大力加强对教育和科研的投资,教学科研条件大为改善,很多优秀学生也愿意在国内做研究,我们也尽力多招收博士研究生,以重振复旦大学在控制理论和金融数学方面的研究,但仍传承李先生对我们的严谨治学的标准和允许学生自主选择研究课题的宽容。通过邀请彭实戈、雍炯敏等老师经常到复旦大学工作一段时间,以及加强与师兄胡瑛、周迅宇、马进、尤云程等的学术交流与合作,经过多方面努力,与当年相比,目前情况已经大为改观,成效明显。到目前为止,我已经培养了 30 多名博士研究生(参见该文后面的名单),有些活跃在高等学校的教学科研岗位,表现突出,不断做出优秀的科研工作。

七、奇异随机最优控制的最大值原理

李先生的学生周奇发现 S. J. G. Gift 于 1993 年讨论常微分方程的奇异最优控制的文章给出的二阶必要条件是错的,于是给出了常微分方程的奇异最优控制的二阶必要条件的正确形式①。周奇的上述结果实际上在1994年上半年就给出了,我于1994年下半年也写了扩散项不含控制的随机微分方程的奇异最优控制的必要条件,并在彭实戈老师邀请我访问山东大学时报告了这一结果。后来投到 *Applied Mathematics and Optimization*,审稿人要求我考虑不一定在整个时间区间上奇异的更一般的奇异随机控制,因为各种原因我一直没有按照要求修改稿件,直到2010年才发表②。

上面的文章考虑的是扩散项不含控制的情形。当扩散项含控制时,用一阶必要条件来定义奇异控制是有问题的:一方面很难给出扩散项含有控制的这样定义的奇异最优控制的例子;另一方面,一阶必要条件对线性系统和二次指标情形是控制的二次函数,当二次部分是正定时,取最小值的控制的点是孤立的,不会是奇异的。因此,我没有再进一步讨论扩散项含控制的奇异随机最优控制。

八、访问法国普罗旺斯大学和香港理工大学

1993年初,春节回校,我就开始上课。刚留校那几年,我和潘立平轮流为研究生和本科生讲授控制理论专业课,我们每学年都主讲两门控制理论课程——线性系统理论和最优控制理论,每学期一门课。现在,这两门课被合并成一门,取名为"控制理论基础"。

在李先生的推荐下,香港中文大学周迅宇师兄发信邀请我到他那里访问一年。那时需要得到港台办的批件,很奇怪的是港台办的批件一直没有下来,最后也不了了之。不知不觉,一年过去了。

1994年夏天,北京举办了联合国教科文组织的CIMPA暑期学校,由

---

① Q. Zhou, Comment on: "Second-order optimality principle for singular optimal control problems"[J. Optim. Theory Appl. 76 (1993), no. 3, 477-484]by S. J. G. Gift, *J. Optim. Theory Appl.*, 88(1996),247-249.

② S. Tang, A second-order maximum principle for singular optimal stochastic controls, *Discrete Contin. Dyn. Syst. Ser. B*, 14(2010), 1581-1599.

Etienne Pardoux，Nicole El Karoui，I. Karatzas，S. Kou，彭实戈老师和严加安老师等专家主讲。通过这个暑期学校，在李先生和彭老师的推荐下，我获得了到法国普罗旺斯大学访问半年的留学机会，而史树中老师的博士生黄少娟则得到了去巴黎六大访问半年的留学机会，严加安老师的博士生张曙光也获得了到法国普罗旺斯大学访问半年的留学机会。

1994年，李先生和我讨论了部分观测下的随机控制的最大值原理[①]。

1995年9月底，我乘坐东方航空的航班来到法国马赛，到达马赛机场已是晚上，是Pardoux的博士生Frederic Pradeilles（于当年博士答辩毕业）驾车到机场接我到宾馆的。张曙光已经先期到达。我们访问的"数学与信息中心"（法文简称为CMI）的"分析、概率与拓扑"（简称APT）实验室位于普罗旺斯大学卢米尼分校，是新建起来的，在马赛老城的城郊，离老城有很长的距离。刚到不久，Pardoux就给我和张曙光两个课题：正倒向随机微分方程和抛物方程Neumann问题的解的概率表示，让我们各选一个进行研究。我选了正倒向随机微分方程，张曙光则选了抛物方程Neumann问题的解的概率表示，我们的讨论成果最后都在 *Probability Theory and Related Fields* 上发表。有一天，Pardoux邀请张曙光和我，还有图书馆的管理员一起晚宴，请我们吃芝士大餐，还有面包。Pardoux问我到法国的感受，我说："马赛市很美，街道也很干净。这里的图书馆很好，很多图书和文章都能找得到。"Pardoux是很有情趣的人，笑着问我："Are French girls beautiful?"（法国女孩漂亮吗？）我的回答是显然的，我想这是法国人的浪漫吧。

在马赛，周围的一切，对我来说真是耳目一新。那时，上海远没有对小区进行建设，好像也没有超市，与国外现代化城市的落差是巨大的。马赛濒临地中海，天空很蓝，非常美丽，这是我第一次出国，内心无比愉悦。不知不觉，3个月过去了。大概是在1996年初，师兄胡瑛邀请我到他当时工作的克莱蒙费朗第二大学做了报告。之后，我就去了巴黎，住在中国驻法国大使馆的教育处。在巴黎六大，我见到了黄少娟，她在图书馆里找到并帮我复印

[①] X. Li and S. Tang, General necessary conditions for partially observed optimal stochastic controls, *J. Appl. Probab.*, 32(1995), 1118-1137.

了 J. M. Bismut 的博士论文,这是我到巴黎的一个重要任务。在巴黎六大,我还参加了一次由 Nicole El Karoui 主持的讨论班。那段时间,他们对倒向随机微分方程很感兴趣,所以每周都安排报告倒向随机微分方程方面的论文。那次讨论班报告的是彭实戈老师的关于随机最优控制的一般随机最大值原理。他们讲的都是法文,我那时的法文听力还很有限,但听懂了 Nicole 问报告人:为什么报告这个工作?报告人回答:Etienne Pardoux 推荐的,说这个工作很好。我在巴黎只逗留了一周,所以只参加了一次讨论班。1996 年 3 月底,我如期回国。

1996 年秋季,李先生访问香港回来,在研究生的讨论班上,他说丘成栋在香港举办的一个会议上报告了他们在非线性滤波器方面取得的新进展,见 Chen, Yau & Leung[*SIAM J. Control Optim.*, 34(1996); 35(1997)], Chen & Yau[*Math Control Signals Systems*, 9(1996); *SIAM J. Control Optim.*, 35(1997)]。这自然也引起了我的好奇,我到李先生家里看了他从香港带回来的会议论文集。丘成栋的会议论文里只列出了一些定理,没有系统的证明。有些他刚发表的文章,复旦图书馆虽然也订阅了相关期刊,但发表这些结果的最新期刊还没有到,无法立即看到他们的全文。

在李先生的帮助下,1996 年底,我在香港裘槎基金会(Croucher Foundation)的资助下访问香港理工大学应用数学系半年。1997 年上半年,我看到了丘成栋及其合作者在 *SIAM J. Control Optim.*(简称 SICON)上发表的全文。那时我关于部分观测随机最大值原理的文章刚刚投稿到 SICON,后来在 1998 年发表[①]。当时我很想为刚得到的部分观测随机最大值原理来找些可以显式求解的部分观测随机控制的例子,原想利用他们的结果来构造,所以仔细看了上述文章,结果发现很难构造,但我注意到上述文章并没有彻底解决非线性滤波器的分类问题,只是解决了低维(四维以下)的情形,这激发起了我解决高维情形的热情。于是我开始仔细研究他们的证明。

---

① S. Tang, The maximum principle for partially observed optimal control of stochastic differential equations, *SIAM J. Control Optim.*, 36(1998), 1596-1617.

1997年7月,我结束了在香港理工大学的访问,回到复旦大学。这时,我还住在复旦大学十一宿舍,这是集体宿舍。9月份开学后,我又要上课,还要参加讨论班。这年秋季,我分到了一室一厅的套房,也是复旦大学最后一批福利分房。这期间我只是仔细阅读他们的证明,直到那学期结束,我才有时间验算自己的一些想法,发现了有限维估计代数的两个新的不等式,利用这两个不等式就能够解决任意状态维数的问题。寒假里,春节(1998年1月28日)刚过没几天,我就回到上海把这些计算整理投稿到 SICON,编辑部于1998年2月27日收到文章(见2000年正式发表的论文首页)。

1998年6月19—22日,李先生与陈叔平、雍炯敏和周迅宇等在杭州组织举办了国际会议"Control of Distributed Parameter and Stochastic Systems",美国 Tyrone E. Duncan 参加此次会议顺访复旦大学,其间我参与招待并向他介绍了我的上述工作,他建议我直接联系丘成栋。按照他的建议,我很快把我的预印本邮寄给了丘成栋。1998年9月1日,Steven I. Marcus(SICON 通讯编委)回信给我,介绍了首轮评审情况,并给出了他们的处理意见,有关原文如下:

I have enclosed the reviews of your paper. Although Reviewer ♯1 is favorable, Reviewer ♯2 and the Associate Editor (AE) recommend against publication of the paper in its present form. In particular, Reviewer ♯2 has expressed concerns about the correctness and significance of the results. On the basis of the evaluations, we cannot accept your for publication in its present form.

If you feel you can adequately respond to the concerns of Reviewer ♯2, please submit a very thorough revision of the paper, in which you take into account the suggestions of Reviewer ♯2. Please send four copies of the revision directly to me within six months, along with a detailed response to the comments of the referees. I would then forward it to the AE for review.

信中所附的第一份审稿意见写于1998年5月29日,共有3页,首页写道:

I think that the paper is a real contribution to the so called "problem of classification of finite-dimensional estimation algebras". It is worth being published in SIAM. Here are some comments. Their main goal consists in asking to be more explicit in the calculations to ease the task of a reader among all the stuffy notations.

接着是 2 页多的详细的修改意见。

信中所附的第二份审稿意见没有标明评审时间，根据上面编辑部的回信时间 9 月 1 日，应写于 1998 年 8 月底。意见全文如下：

This paper follows closely the series of papers by Yau and coauthor. Almost all of the statements and proofs are from Chen-Yau [6] and Chen-Yau-Leung [7]. The author does not make any contribution in the nonlinear filtering theory in this paper. His proof is totally wrong. Therefore, this paper is NOT publishable in any journal. The problem is that (3.22) is wrong. As a consequence, the proof of Lemma 3.3 is wrong and hence there is no result in this paper. It should be remarked here that the proofs of the Theorem 3.7 and Theorem 4.4 in [6] and the proof of the classification theorem in [7] are incomplete. The current paper depends heavily on their results.

The author is strongly recommended to contact people like Chen, Yau, etc. before he/she wastes his/her time on these problems. The results of [6] and [7] might possibly have been obtained as early as 1993. For the last five years, there might have been a lot of activities in these directions. For example, Hu and Yau have probed the constant structure of Ω which is different from Theorem 3.7 in [6] and the classification theorem for $n \leq 5$ was established. In fact, Yau has announced the classification theorem for arbitrary n.

上述第二份审稿意见指出了我的原始稿件引用的他们的引理 3.3 的证明是有问题的。1998 年寒假，春节（1999 年 2 月 16 日）过后没几天，我回到上海成功克服了这一缺陷。我的第二稿增加了很多页，共有 37 页，计算了很多新的 Lie 括号,从而证明了原始稿件中的分类定理,不再需要他们的证明中存在问题的引理 3.3,并在新学期开始前(2 月底之前,符合编辑部要求的 6 个月之内寄回修改稿的截止时间)把修改稿(第二稿)寄给编辑部。同时,我也把新稿发给了彭老师。彭老师对我的研究工作一直很关心,就让他的硕士生聂兆虎仔细读我的新稿,验证我的 Lie 括号计算。聂兆虎的数学基础很好,很快就验证完了我所有的计算,并且给出了更简单的方法来证明我通过 Lie 括号计算发现的第二个等式。彭老师于是建议我在基金委创办的期刊《自然科学进展》发个简报,我觉得这是很好的主意,于是立即照做,编辑部于 1999 年 3 月 18 日收到初稿。复旦大学数学研究所有专于 Lie 代数的微分几何专家受邀审阅我的初稿,那时有一位专家因忙于解决一个很大的公开问题而把我的论文评审一直拖延着。细心的李训经先生得知此事后,就让我向他和那位审稿专家详细讲解了我的工作,这有力地促进了那位专家的审稿进程。后来,我很快就收到了评审意见,又寄出了修改稿,编辑部于 1999 年 8 月 12 日收到修改稿,2000 年简报终于发表[①]。正是在李先生的支持和协调下,我的研究简报才比较早地正式发表出来,有力地证明了我的研究结果是优先的。

聂兆虎是 1995 年全国大学生数学建模比赛一等奖获得者,山东大学数学学院 1993 级本科生,1997 年毕业后师从彭实戈老师攻读硕士。聂兆虎也因他的上述成果,大概在 4 月被彭老师安排来复旦大学同我做了交流和讨论,并提前于 1999 年春季硕士论文答辩毕业。他的工作也于 1999 年 9 月 25 日投到《自然科学进展》并最终发表[②]。在该文的最后,他强调:"Tang [5] initially proved theorem I by introducing a series of new computations about the estimation algebras, and he first obtained the two key intermediate equations (6) and (11)."上文中所指的中间方程(6)和(11)分

---

① S. Tang, Recent advances in classification of finite-dimensional estimation algebras for nonlinear filtering systems, *Progr. Natur. Sci.* (*English Ed.*), 10(2000), 241-251.

② Z. Nie, Matrix equation and its application to classification of finite-dimensional estimation algebras (English summary), *Progr. Natur. Sci.* (*English Ed.*), 10(2000), 594-600.

别是我发表在《自然科学进展》的简报中的等式(31)和(33)，在最终于2000年的 SICON 上发表的全文中，就是引理3.2和引理3.4。后来，聂兆虎远赴美国纽约州立大学留学，于2005年获得博士学位，先后在美国得克萨斯农工大学数学系和宾夕法尼亚州立大学数学系工作，现在美国犹他州立大学数学与统计系工作[①]。

　　大概在1999年4月的一天，李先生笑着对我说，谷（超豪）先生约我周四上午9点40分在数学研究所办公室见面。我听后也没有多想、多问，第二天如约来到数学研究所办公室。数学研究所办公室是一个套间，夏鲁老师、姜春芳老师和办公室主任许温豪老师的办公桌都在外面；里外两个房间都布置有沙发，可以会客或交谈用，内间还有一台复印机，用于复印文件等资料。我到的时候，数学研究所副所长洪家兴老师也在那里。谷先生看到我，把我领到办公室的内间，跟我说，丘成栋是他的朋友，最近给他一封信，与我有关。说完，谷先生就去旁边他的办公室拿信了，很快就回到办公室内间把一封信递给我，让我看一下信，并决定如何做。我马上把信接过来仔细看。信是用英文写的，大意是：你单位有个叫汤善健的，在 *SIAM J. Control Optim.* 投了一篇文章，其结果重复了我们的，"Let him withdraw his paper from *SICON*"（"让他从 SICON 撤回论文"），"If he wants to come to USA, I can invite him"（"如果他想来美国，我可以邀请他"）。读完信，我都懵了，问谷先生我能否把信复印一份。谷先生回答说这是朋友之间的私信，不能复印；又强调说：我可以看，但怎么做，我自己拿主意。于是，我又把信多看了几遍后还给谷先生，跟他说：我现在没有主意，需要好好考虑一下，回去想清楚了以后再告诉他。走出内间，迎面碰到了洪家兴先生，他声音洪亮地跟我说："老汤，好好想想！"回来见到李先生，我就把跟谷先生见面的情况跟李先生汇报了，并直接跟李先生说：我不想撤稿。李先生听了很高兴，对我很支持。有一天在李先生家里，李先生建议我用最近非线性滤波的工作申请控制理论与应用年会的关肇直奖。那段时间，因为论文修

---

① 山东大学数学建模竞赛优秀学生追踪，《全国大学生数学建模竞赛通讯》2005年第3期第20页：http://www.mcm.edu.cn/upload_cn/node/46/yNzF7paVd4f1f66372ac8cc8cb2f5bd76a2f2aef.pdf

改,我身心疲惫,没有进一步申请关肇直奖。

1999年10月14日,Steven I. Marcus回信给我(我收到时应是两周之后),介绍了第二轮评审情况,并给出了他们的处理意见,有关原文如下:

I have enclosed the two reviews of your paper. As you see, Reviewer #1 sees a "real contribution" and recommends some revisions, and Reviewer #2 is quite negative. The Associate Editor (AE), in a cover letter, writes that "the paper cannot be accepted in its present form. I recommend that [the author] be sent two reports for his response." I concur with the assessment of the AE. I recommend that you respond to the reviews, and in particular that

You address the issue raised by Reviewer #2 regarding the relationship with Yau's work, and

You address the issue raised by Reviewer #1 regarding the extensive and very detailed calculations.

Please respond within six months, sending four copies of any revision of the paper and a detailed response to the enclosed comments, directly to me. I would then forward it to the AE for review.

信中所附的第一份审稿意见写于1999年9月3日,共有2页,首页写道:

I have carefully read this 37 pages paper (excluding bibliography) up to page 17. I have found nothing wrong.

From page 18 to page 37 is a series of computations… I could spend days checking them, with high risk of mistakes, while Massima or some other formal calculus software would do, without mistake, the same job. Why not ask M tang to do formal calculus, so that any reader will believe him?

If this latter problem could be solved, I think that this paper would be a real contribution to the so called "problem of classification of finite-dimensional estimation algebras".

This second version is much clearer than the first one; the "general economy" of the paper is understandable. However, here are some minor comments.

后面是 1 页多的详细的修改意见。

信中所附的第二份审稿意见写于 1999 年 7 月 13 日,说我的文章中的结果不是新的,认为"Tang's paper is not publishable in any journal with some standard."("汤的论文在任何有一定标准的期刊上都无法发表。")

第一份审稿意见提议我用计算机软件验证我的 Lie 括号计算,这对我是很大的难题。我还是想办法简化原来的计算,不必借助计算机验证。第二份审稿意见还是坚决反对,在接下来的第三稿里我需要用英语反驳它,根据我前两稿的投稿时间和稿件中的结果来说明我的结果的优先权,这在内容和语言上对我都是挑战。这时正赶上我准备到德国做洪堡学者,需要在德国施瓦本哈尔歌德语言学校学习 4 个月的德语。飞机好像是 10 月 28 日起飞的,先到法兰克福机场,然后换乘火车到施瓦本哈尔。在去德国之前,留给我准备第三稿的时间太短了,根本来不及完成修改和答复。第三稿和回信是我在施瓦本哈尔歌德语言学院完成的,而且是在 1999 年底第一期(前 2 个月)德语学习结束之后进行的,因为平时要上德语课,并且简化第二稿的计算也需要费时费力整理。那时,我身边没有手提电脑,所有工作是在歌德语言学院的公共计算机机房里打印的,使用公共计算机和上网都要按时间付费。更糟糕的是,语言学院的计算机里没有 TeX 软件。那时网络刚刚流行,网上下载也很困难,最后还是中间我到康斯坦茨大学跟 Michael Kohlmann 教授见面时求助,他给了我一个 LaTeX 光盘解决的。大概是在 1999 年底,第三稿终于完成并寄出。过了很长时间,我联系 SICON 编辑部,回复说还没收到稿件,只好再重寄一份。直到第二期的德语学习结束,我到康斯坦茨大学工作了两个月,也没有收到第三轮评审意见。经过这番曲折,2000 年 5 月 2 日 SICON 编委 Steve I. Marcus 终于给我回信,通知第三轮的审稿意见和他们的处理意见,有关原文如下:

One review is enclosed. In a cover letter, the Associate Editor (AE) writes, "It seems that the referee has carefully read the paper and has an extensive collection of minor comments. The referee recommends publication after the 'minor comments' have been corrected. [The referee] considers the paper to be a 'real contribution'. Based on this report, I recommend publication of the paper." I agree that the paper will be acceptable for publication subject to the minor modifications recommended by the reviewer, and in addition, you should refer to the enclosed paper by Yau et. al. which has recently appeared. I suggest that you refer to it as related independent work which has appeared since your paper was submitted.

Please prepare a final version of your paper and send three copies of the final manuscript, along with a detailed response to the enclosed comments, directly to me, within six months...

上文提到的审稿意见是很正面的,审稿人仔细看了我 20 页的论文,检查了所有的计算,一切看来都是正确的,因此仍认为该文是对有限维估计代数的分类问题的一个实质性贡献,值得在 *SICON* 上发表。有关原文如下:

I have carefully read this 20 pages paper. It is easier to read than the previous one, but more could still be done to help the reader.

Anyway, I have checked all the calculus and everything seems right.

Thus, as I still think that this paper is a real contribution to the so called "problem of classification of finite-dimensional estimation algebras", I think that, with minor corrections necessiting no new review process, it is worth being published in *SIAM Journal of Control and Optimization*.

Here are some minor comments...[about two pages]

责任编委(AE)同意审稿人的意见,终于推荐发表我的文章,但同时要求我除了按照审稿人的意见做些小的修改之外,还要我参考 1999 年底发表的三人的合作文章[1]。这篇文章标注的投稿时间是 1999 年 9 月 21 日,而

---

[1] S. S.-T. Yau, X. Wu and W. S. Wong, Hessian matrix non-decomposition theorem, *Math. Res. Lett.*, 6(1999), 663-673.

《自然科学进展》编辑部于1999年3月18日收到我简报的初稿,同年8月12日收到我的修改稿。这3个时间的先后是清楚的,事实表明我的结果及其严格证明在上面的三人文章投稿之前就已经投稿,我的工作毫无疑问是优先的。这应是SICON编辑部最终接受并发表我的文章的原因。接下来的事情自然就顺利了,2000年10月11日,我的文章终于在线发表[①]。在文章的最后,我强调了我的文章是在上面的三人合作文章发表之前投稿的,独立于他们的工作。

SICON最终接受了我的文章,这次投稿的论争给我留下了难以忘怀的印记。

1996年3月底,我从法国马赛回到复旦。1998年,我申请成功获得了3个经费出国参加学术会议和暑期学校。1998年8月,自由申请获得国际数学联盟(IMU)和德国组织委员会的资助,参加国际数学家大会(ICM'98),并主持了一场研究简报会议。1998年9月,在国家自然科学基金委与意大利国际理论物理中心(ICTP)的交流合作协议框架下,访问ICTP一个月。因关于部分观测最优控制的最大值原理的工作被 *SIAM J. Control Optim.* 接受并发表,我受邀参加1998年12月在美国坦帕召开的IEEE CDC,因此也申请获得了基金委的支持来报销我的国际旅费。在那经费奇缺的时代,教师几乎没有科研经费进行对外交流,我一年获得3个经费的支持参加学术会议,是很幸运并值得高兴的事情。李先生对此也十分高兴。

九、学科队伍建设

在我们控制理论教研室,金福临先生年龄最长,1923年1月生,2021年3月31日去世。金先生1945年毕业于浙江大学数学系并留校任教,1952年院系调整时调到复旦大学。曾任复旦大学数学系副系主任,1980年至

---

① S. Tang, Brockett's problem of classification of finite-dimensional estimation algebras for nonlinear filtering systems, *SIAM J. Control Optim.*, 39(2000), 900-916.

1983年兼任复旦大学图书馆馆长。1959年组织控制讨论班,先后为研究生开设了微分方程稳定性理论、最优控制理论、微分方程定性理论、动力系统分支理论等课程。

李先生是山东大学1952级本科,1956年在国立青岛大学数学系毕业,他的同学有梁中超、杨宗簏、孙敬猷、沈家英、鲁月娥等老师。前面提到,也就是在他们毕业那年,张学铭先生在国立青岛大学数学系成立了控制理论研究室,并亲自担任研究室主任。李君如老师是复旦大学1953级本科,与华南理工大学的刘永清(山东大学1951级本科,1953年由于当时山大数学系的办学条件很差而转到复旦大学)、山东大学的洪惠民(复旦大学1957届毕业生,1954年上海市自由体操冠军,1957年毕业后被分配到国立青岛大学执教)以及本校数学系的李大潜、严绍宗、蒋尔雄和计算机系的施伯乐等6位老师都是同学。姚允龙、孙莱祥、阮炯、黄振勋、张林德等老师都来自复旦大学1960级数训班,与李绍宽(东华大学)、何积丰(华东师大)、忻元龙、郑宋穆、洪家兴、谭永基等名闻遐迩的老师都是同学。陈有根老师是复旦60级,与张锦豪、夏宁茂(华东理工大学)等老师是同学。雍炯敏老师是复旦1977级,与美国南加州大学的马进、内布拉斯加大学的邓波、香港中文大学的姚大卫以及本校数学系的吴宗敏、陈晓漫、朱大训、曹沅、於崇华等老师都是同学。周渊和翁史伟都是复旦1980级,与胡瑛、周迅宇、张树中、程晋、朱胜林、丁光宏、秦衍、林峻岷、严金海、郑韫瑜、黄华雄、朱松等我们所熟知的老师都是同学。而潘立平是复旦1981级,与张伟平(南开大学)、尹永成(浙江大学)、陈豪、王亚光(上海交通大学)、周忆、胡建强(复旦管理学院)、李荣敏、陆立强等老师都是同学。我们教研室还有须复芬老师。

1990年代前后,复旦数学系学科齐全,博士生导师队伍强壮,在全国享有盛誉。外校青年学者几乎不敢想进复旦工作,复旦门槛很高、高不可攀在全国应是出了名的。后来开会遇到陈木法院士,他多次调侃说"复旦门槛很高,我不敢去"。复旦那时基本都是留用自己的学生。我的印象里,来自兄弟院校的同事,第一位是任福尧先生大概在1991年引进的北京师范大学严士健先生指导的徐先进博士,第二位就是李先生在1995年引进的北京大学数学系教授,也是李先生的好友丁同仁先生指导的袁小平博士,他的博士论文《Duffing 型方程的不变环面》研究的是常微分动力系统。到复旦以后,他转向了无限维动力系统。1998 年,我参加了在德国柏林召开的国际数学家大会,带回了国际数学家大会会议论文集。我们那时都住在复旦大学零号楼,他在 1 号门栋,我在 2 号门栋。他向我借阅了会议论文集,复印了 Sergei B. Kuksin 等有关动力系统的演讲论文,仔细学习跟踪了他们的研究进展,后来终于证明了零质量的非线性波方程有大量的 KAM 环面,解决了 Kuksin 于 1998 年在国际数学家大会上提出的一个公开问题。他现在已经是偏微分方程动力系统的国际权威专家。李先生去世前,他就发表了引人瞩目的研究成果,表现出了非凡的研究潜力。后来大概于 2005 年,复旦数学学院搬迁到光华东主楼后,袁小平被分配到了基础数学系,以充实基础数学的科研力量,阮炯老师和他的博士林伟等则被分配到了应用数学系,以充实应用数学专业的研究力量。控制科学团队的研究人员少了,后来的成长和发展自然显得吃力。

无限维空间的动力系统其实也是李先生计划着力发展的一个研究领域。他和金福临先生推荐了复旦 73 级工农兵学员和 76 级理科研究生林晓标于 1981 年春到布朗大学师从 J. K. Hale 学习动力系统,后来也推荐了复旦 77 级本科生邓波到密歇根州立大学师从周修义教授学习动力系统攻读博士学位。后来,他又招收 1979 级毕业生黄建雄在复旦大学攻读博士,研究无限维动力系统的同宿轨道的分支与混沌,1995 年冬引进袁小平博士到复旦。这些举措的背后折射出李先生对复旦大学控制理论队伍的苦心布局和努力。后来,林晓标于 1985 年在布朗大学完成博士论文 *Symbolic Dynamics and Transversal Homoclinic Orbits in Functional Differential Equations* 取得博士学位后,最终在北卡罗来纳州立大学工作,而邓波于 1987 年在密歇根州立大学完成博士论文 *Bifurcation of a Unique and Stable Periodic Orbit from a Homoclinic Orbit in Infinite Dimensional Systems* 取得博士学位后最终在内布拉斯加大学工作。

控制工程,李先生虽然没有亲自投入研究,但对此方向也是很重视的,它是控制理论落地、为国家经济建设和国防服务必不可缺少的。复旦大学数学系李明忠教授推荐华中工学院(即现在的华中科技大学)自动控制和计算机系应届硕士毕业生林威到复旦大学数学系求职,从李先生积极组织面试和接纳林威,可以看出他对控制工程的重视和布局。

1990年代,国内与国外的联系不便捷,交往也比较少。潘立平和我又刚工作不久,那时科研经费很少,不足以用来到国外长时间访问交流。作为控制理论教研室主任,李先生对我们的学术发展非常关心,对我们走向国外都有全盘的计划和安排。在他的安排下,潘立平1996年访问澳大利亚西澳大学数学系 K. L. Teo 9个月,我于1997年访问香港理工大学应用数学系半年,都是对方学校提供全额资助。这些交流,不仅扩大了我们的学术视野,提升了我们的研究能力和水平,而且也很好地改善了我们的生活条件。

现在牛津大学的钱忠民教授和江苏师范大学的谢颖超教授,都毕业于华东师范大学,有很好的概率论与随机分析背景。他们早年与李先生相识,钱忠民还参加了1991年在杭州召开的"网络与系统的数学理论"预备会议。那时李先生也很盼望他们到复旦数学系工作。

胡建强是复旦81级本科生,李先生指导了他的大学毕业论文,1985年把他推荐到哈佛大学师从何毓琦教授读博士,详情可见本书中胡建强写的纪念文章。复旦大学79级本科生刘钧也与李先生有密切的联系。1985年李先生由美国转道巴黎访问法国国立计算机与自动化研究院时,刘钧正在那里读博士,是他接待和帮助李先生安排宾馆的。2005年暑假,我在法国雷恩大学访问胡瑛教授期间,那时刘钧已经去世,他的姐夫刘公波还打电话给胡瑛找我,联系我商谈刘钧生前要在复旦大学数学科学学院设立学生奖学金的遗嘱事宜。

直至1990年代末,国内生活还是比较拮据,科研条件也不够完善,教师一般没有自己的办公室,图书资料也比较缺乏,很多老师满足于教学,做研究的并不是很多,复旦大学研究氛围也不是很浓厚。教师和科研梯队的组建,很大部分是靠自己培养和学校的魅力,需要多年甚至十几年的苦心经营。不像现在有专门的大笔人才建设经费,可以很快从外面移植引进组建。在那个年代,像李先生那样全心全意专注教学研究和建设研究队伍,非常不容易,是很少见的。

1988年1月,阮炯和孙莱祥两位同事介绍李先生加入了中国共产党。

李先生生性直率,生活简朴;工作谨慎,洞察细微;自信不华,刚正不阿,和蔼可亲;处事公道,不追名逐利;对学生严格友善,关怀备至,以尊重、鼓励和宽容学生的自由思考为荣。在他身边学习和工作的岁月里,我感受到的是满满的信任、关心、赞许和息息相通。晚年他自豪地对我说:"你做什么问题,我可从未阻拦!"李先生一生向学,把毕生都献给了科学研究和教育事业。

在向李训经先生遗体告别时,复旦大学人事处处长沈兰芳致悼词,陈叔平老师专门从杭州赶来代表李先生的学生发言,中国科学院数学与系统科学研究院的郭雷院士和张纪峰研究员专门从北京赶来参加了李先生的追悼会。李先生生前的遗嘱是把遗体捐献给医学院研究,以使后人不再遭受他的痛苦。

十、学 术 交 流

1978 年 8 月李先生与张学铭、陈祖浩、刘永清、梁中超等微分方程专家在青岛组织召开了"全国常微分方程会议",合影参见本书中的照片。

1979 年 5 月 10—17 日李先生参加了在厦门举办的"全国控制理论及其应用首届学术年会",参见:全国控制理论及其应用学术交流会论文集(厦门,1979),科学出版社,1981 年。在胡启迪与袁震东两位老师的回忆文章里有李先生与关肇直院士以及华东师范大学老师的合影[①]。

在 20 世纪 80 年代,陈省身先生倡导的"微分方程和微分几何国际讨论会"(简称"双微"会议)成为中国数学界每年的盛会。1981 年,第二届"双微"会议于 8 月至 9 月分两阶段在上海和合肥举行,金先生和李先生组织了美国密歇根州立大学周修义教授(1943 年 7 月生于上海,1970 年在美国马里兰大学 James A. Yorke 指导下获博士学位,2023 年 2 月 18 日在美国亚特兰大离世)到复旦大学访问,在上海举办微分方程和动力系统讲习班,主

---

① 胡启迪、袁震东,数学系控制理论教研室的创建实践,2017 年 5 月 11 日。见 https://math.ecnu.edu.cn/wsysx/huqd5.html

讲一个多月。1982年秋,叶彦谦教授等组织布朗大学教授 J. K. Hale 在南京大学讲学 3 个月;10 月底,金先生和李先生顺邀 J. K. Hale 访问复旦大学。这些对外交流,架起了我国学者与美国的微分方程与动力系统专家的友谊之桥,很好地促成了复旦大学青年教师林晓标和学生邓波的美国留学,以及李先生本人在 1984 年开始的对美国多所大学的学术访问。复旦 77 级本科生邓波,四川西昌人,1981 年毕业,同年考上了出国留学生。作为他的临时指导老师,李先生建议邓波申请密歇根州立大学的周修义教授作为一个志愿,从而深刻影响了邓波后来的研究领域。

李先生还积极组织学术会议,加强国内外学术交流。1988 年初夏,全国控制理论及其应用年会在山东曲阜召开。李老师当时是全国控制理论委员会的成员,是这个年会名义上的组织者之一。雍炯敏老师在他的纪念文章里对此有详细的回忆,本书也有这次游学的合影照片。

1990 年,作为会议的地方组织委员会主席,李先生组织了 IFIP WG 7.2 Working Conference on Control Theory of Distributed Parameter Systems and Applications, Shanghai, China, May 6-9, 1990,并在 Springer 出版社系列丛书 *Lecture Notes in Control and Information Sciences* 中出版了会议论文集第 159 卷。该会议的地方组织委员会构成如下:冯德兴(中国科学院系统科学研究所)、黄光远(山东大学数学系)、李训经(主席,复旦大学数学系)、吕勇哉(浙江大学)、孙莱祥(复旦大学数学系)、于景元(北京信息与控制研究所)。会议吸引了美国 H. T. Banks(南加利福尼亚大学)、苏联 A. G. Butkovskiy(莫斯科控制科学研究所)、意大利 G. V. Caffarelli(特伦托大学)、法国 G. Chavent(法国国家信息与自动化研究所)、F.-X. Le Dimet(克莱蒙费朗第二大学)、J. Simon(克莱蒙费朗第二大学)、R. Luce(贡比涅技术大学)、日本 Shinichi Nakagiri(神户大学)和 Yoshyuki Sakawa(大阪大学)等国外学者,在那个年份是特别引人瞩目的,有着特殊的意义。部分合影可见本书中的照片。

网络与系统的数学理论,简称 MTNS,是一个以数学家为主的系列控制科学国际会议,始于 1970 年代末,两年一次。控制理论方面的权威专家,例如 *SIAM J. Control* 和 *IEEE Tran-AC* 等杂志的主编,一般都出席。会议论文由荷兰著名出版社出版。1991年在日本大阪由大阪大学的Kimura等专家组织举办"网络与系统的数学理论(MTNS-1991)国际会议",为此由浙江大学陈叔平老师主办在杭州召开了两天的预备会议,这是MTNS首次在亚洲国家举行,李先生作为这次预备会议的组织委员会成员也参与组织。会议的组织委员会成员有陈叔平(杭州)、程代展(北京)、郭雷(北京)、S. Ishijima(日本东京)、A. Lindquist(斯德哥尔摩)、雍炯敏(上海)、郑毓藩(上海),学术委员会成员有R. F. Curtain(格罗宁根)、陈翰馥(北京)、陈祖浩(济南)、冯纯伯(南京)、B. A. Francis(多伦多)、高为炳(北京)、贺建勋(厦门)、黄琳(北京)、李训经(上海)、秦化淑(北京)、司徒荣(广州)、谈自忠(圣路易斯)、涂奉生(天津)、M. Vidyasagar(班加罗尔)、F. B. Yeh(台中)、张嗣瀛(沈阳)。①②

1989年,上海市工业与应用数学学会成立,1990年中国工业与应用数学学会成立。1992年李先生与华东师范大学的胡启迪老师一起负责,在华东师范大学举行了"中国工业与应用数学会系统与控制数学分会成立暨学术讨论会",并兼任专委会主任,合影参见本书中的照片。

1994年在山东曲阜举行了中国工业与应用数学会系统与控制数学专业委员会第二届学术会议,会议期间各与会人员到泰山游学,合影参见本书中的照片。

那个年代,教师的研究经费很少,出差参加国内学术会议的费用自己都不够用。记得那时,谷先生出差回到上海后乘坐公交车回家还被传为美谈。有一次,李先生参加国内会议的出差费用还是用当时在复旦做博士后的彭实戈老师的经费报销的。但是李训经先生对学生很慷慨。当时数学所的研究生秘书夏鲁老师就对我们说,李先生对学生的复印费用从不设限额,这在当时是少有的。

---

① S. Chen and J. Yong (Eds.), Control theory, stochastic analysis and applications, *Proceedings of the Symposium on Mathematical Theory of Networks and Systems* (June 12-14, 1991), Zhejiang University, Hangzhou, China, World Scientific, 1991.

② 郑毓藩,半个世纪学术生涯的回忆与思考,2015年9月15日。见 https://math.ecnu.edu.cn/wsysx/zhengyf1.html

十一、永远的丰碑：复旦控制理论学派

事后观之，复旦大学控制理论学派之兴起，绝不是无心插柳，而是李训经先生抓住国家改革开放的有利时机而苦心栽培和浇灌出来的。

复旦控制理论学派的称谓，可追溯到美国加州大学洛杉矶分校教授 H. O. Fattorini 在其专著 *Infinite Dimensional Optimization and Control Theory*（Encyclopeadia of Mathematics and Applications 62，Cambridge，1999）的第 594 页对复旦大学老师在 Banach 空间中非线性系统的最大值原理的工作和思想的点评（见图 5）。他认为李训经和姚允龙的两个很基本的洞见，即能达集或目标集的有限余维数性质以及补丁变分（而不是针状变分）的使用，对推导最大值原理是重要的。对此评述，李先生生前非常自豪，因为"这是来自对手的赞誉，不是自吹自擂的"。但接下来在评述补丁变分在多维空间的应用时，H. O. Fattorini 却忽视了李训经老师运用补丁变分推导抛物型方程的最优控制的最大值原理的工作[①].

1984 年 10 月，中国共产党十二届三中全会通过了《中共中央关于经济体制改革的决定》，我国全面改革开放，国门打开，整个社会出现了普遍的下海（下岗）和出国（留学）两大潮流，直至 1990 年代。1980 年代，国家基础投资很有限，许多部门行业借助于国外贷款和华侨捐款来改善基础设施。比如，1981 年国家旅游局在邓小平的支持下接受香港著名实业家包玉刚的 1 000 万美元捐款在北京建兆龙饭店（1985 年竣工），1985 年在包玉刚的捐赠下上海交通大学建成了包兆龙图书馆（徐汇校区）和包玉刚图书馆（闵行校区），更详细的报道见网页 https://www.163.com/dy/article/HSM3V0JJ0543RJXM.html。浙江大学也得益于包玉刚的捐赠，大大改善了教学和科研的条件和环境。包先生也借这些基础设施的名字得以弘扬他

---

① X. Li, Vector-valued measure and the necessary conditions for the optimal control problems of linear systems, *Proc. IFAC 3rd Symposium on Control of Distributed Parameter Systems*, Toulouse, France, 1982, 503–506.

我们知道的李训经先生

> H. O. Fattorini, Infinite Dimensional Optimization and Control Theory, Encyclopeadia of Mathematics and Applications 62, Cambridge, 1999
>
> *Miscellaneous Comments for Part II*
>
> way than that used in this work and in the author [1993:1]. For many other contributions of these authors and others of the "Fudan School" to the study of the maximum principle for semilinear and quasilinear equations see the references in Li-Yong [1995][1]; two of Li and Yao's fundamental insights are important in our treatment, namely that finite codimensionality of reachable and/or target sets is of the essence in infinite dimensional spaces, and the use of patch instead of spike perturbations. Patch perturbations are now in general use in treatments of state constrained problems. In their extension from one to several dimensions by Casas [1994], Casas-Yong [1995] they have been applied by Casas, Yong and others (*vide infra*) to both evolution and steady-state problems.
>
> During the last decade, Ekeland's variational principle has become a tool of choice in the treatment of necessary conditions for optimal problems governed by partial differential equations. By its intercession, versions of the maximum principle have been discovered in situations far afield from Pontryagin's original formulation. One instance is that of steady-state problems governed by elliptic equations; see Bonnans-Casas [1989] [1992], Casas [1992] [1993], Casas-Fernández [1993:1] [1993:2] and the references in these papers. For other related works see Ahmed-Teo [1984], Altman [1990], Basile-Mininni [1990], Casas-Fernández-Yong [1994], Casas-Yong [1995], Fursikov [1992], He [1987], Hu-Yong [1995], Staib-Dobrowolski [1995]. In some of these papers, tools other than Ekeland's principle are used, for instance the Dubovitski-Milyutin or Ioffe-Tijomirov theories of nonlinear programming. Optimal problems for partial differential equations have also been approached along lines that stress direct partial differential equations methods, as in some of the papers above: see for instance Sakawa [1964] [1966], Wang [1964:2], [1966], A. I. Egorov [1967], Wiberg [1967], Butkovski [1969], Gregory-Lin [1992], Barbu [1976] [1984] [1987] [1993] [1997] [1998], Barbu-Pavel [1993], Ginzburg-Ioffe [1996], Raymond [1996], Alibert-Raymond [1997], Raymond-Zidani [i.p:1] [i.p:2], Tiba [1990] and references there. Some of these methods also apply to partial differential inequations such as variational inequalities.
>
> It was observed by Frankowska that the general Banach space version of the nonlinear programming theory (as presented in Frankowska [1990:2] or in Chapter 7 of this work) would apply handily to problems with state constraints. An outline of this program was carried out in the author-Frankowska [1991:2]. A version of (part of) this theory with full proofs and some improvements is given in the author [1996] and reproduced in Chapter 10 of this work. The material on parabolic equations in Chapter 11 is a further elaboration on this theme that attempts to accomodate wilder nonlincarities; it appears here for the first time.
>
> There exist a vast literature on the nonlinear maximum principle; for a short sample see Alt-Mackenroth [1989], Goldberg-Tröltzsch [1993] Mackenroth [1980]
>
> [1] Including many in Chinese.

图 5 Fattorini 专著中对"复旦学派"的称谓

父亲的爱国情怀。这种局面持续至 1990 年代，许多学校建设了个人冠名的图书馆、教学楼和教师办公大楼，如逸夫楼等，这些都是当时社会的热点新闻而被人们津津乐道。这期间，高校除了世界银行贷款和海外财团与个人的资助下外派留学，鲜有科研投入，学校的基本发展面临很大的困难，如教室和教师办公室、图书经费等都面临困境。国家的科研经费投入非常有限，教师待遇很低，"造原子弹的不如卖茶叶蛋的"，教师下海经商或出国留学也是司空见惯、不足为奇，也有不少研究生中断学业下海、出国留学或创业。当时就在山东大学电子系，云昌钦、魏新华、杨志强、王浩等老师加入了这股"潮流"，合伙成立了电子系研制组，走出校门，利用星期天或节假日为企业提供服务，被称为"星期天工程师"，顺应生产电力系统设备的企业的需求，利用系统集成的概念推出一套基于微机系统的电网调度自动化主站系统，这在当时属国内首创，是典型的产学研创业模式，目前已拥有发/变/调/配/用电自动化全产业链产品，具有电网调度和配电网自动化的竞争优势。

全国高校也有一个普遍的局面，就是很多数学系的老师转向新兴的国家急需发展的行业，从数学系走出来，创建新的学科院系，典型的是计算机科学和管理科学，他们在满足国家经济发展急需的同时也大大改善了自己的生活。厦门大学在李文清先生的领导下于 1972 年在数学系建立的控制论专业，于 1978 年获得了运筹学与控制论硕士学位授予权，李文清先生亲自招收研究生，该专业后来于 1982 年从数学系分离，成了计算机与系统科学系[①]。南开大学原数学系的计算机软件专业、自动控制专业和物理系的计算机应用专业则于 1984 年联合成立了计算机与系统科学系。在复旦，数学系里的概率论学科领头人郑绍濂先生则于 1977 年就开始筹建管理科学系，并于 1985 年开始担任管理学院院长，而概率论专业（复旦大学概率论研究室于 1958 年成立，见网页 https://www.meipian.cn/4jlf41pu 中的有关照片）的吴立德老师则于 1975 年转入计算机科学系，从事计算机软件和应用方面的教学与科研工作。而在山东大学，管理学院也是数学系的概率论带

---

① 见百度百科：李文清（数学家），https://baike.baidu.com/item/李文清/6783567，或程民德主编的《中国现代数学家传·第二卷》（1995 年 12 月，江苏教育出版社）第 350 页至第 351 页。

头人墨文川老师(1960届北大毕业生,分配到山东大学,1961年春报到)领头于1985年建立并任系主任,计算机科学系则是数学系的计算机专业的汪嘉业老师于1981年建立并任系主任的。数学系控制论教研室老师虽然没有参与成立新的学科院系,但侯晓老师做出了棉花收割机,获得了新疆生产建设兵团的认可、使用,成为山东大学的第一个万元户;黄光远老师深入工业部门,研究分布参数控制建模与应用;陈兆宽老师深入工厂,利用单板机帮助厂家实现生产过程自动化;付国华老师与公安、保安部门密切合作,研究交通显示板、指纹破案。他们深入经济建设一线,把控制理论的应用搞得风生水起,也为山东大学数学系创收、提高全体老师的生活水平做出了重大贡献——1980年代初,学校里的活动经费非常少,教师除了国家的固定工资,很难有额外的经济收入,控制理论教研室为数学系的创收,是数学系教师年终奖的重要源头。这些活生生的实践,使人们不禁要问:这些大学老师用自己的科学技术来推动国家经济建设的理论与实践相结合的强大技能何以练就?除了他们在"文革"时期的摸索实践,我想不出其他的解释。就是在这样一个波涛汹涌的躁动的社会环境里,在研究经费十分匮乏、没有必要的体制内的经费支撑的年代里,李训经老师带领他的同事和学生全凭共同的兴趣和志趣一直在数学系敬岗敬业,不忘初心、持之以恒地专心教学与研究,继在控制理论的分布参数方向取得了前沿成果后,1984年又转向随机控制方向,做到了从无到有的飞跃,不断做出创新工作,培养了一支在国际上越来越有影响力的学术队伍,在控制理论领域取得了一批很基础的创新成果。

  1984年8月30日,李先生到达美国布朗大学,开始周游世界前他就下定了决心在复旦大学开展随机控制的研究(见彭实戈老师的纪念文章)。这个决策对后来的发展无疑是决定性的。其实,当时他指导的硕士生王银平和马进已经开始研究自适应控制,可能只是离散时间随机控制。他为何有这样的研究决策?李先生生前跟我提到,时任复旦大学数学研究所副所长的夏道行先生平时说"做控制的不能不考虑随机系统",他认识到随机干扰是很多系统不可避免的,控制理论必须正视它对控制设计的影响,必须从理论上分析随机因素对控制的定量影响。这是一方面的原因,另一方面的原因很可能是学科发展形势所迫。1978年高考恢复以后,全国大、中、小学的教育秩序逐渐恢复正常,国家决定了通过考试选拔优秀教师以访问学者的身份向发达国家派遣公费留学生。在改革开放的时代大潮中,全国研究所和高等学校加强与国外的学术交流。一方面是"走出去",有计划地选拔安排优秀骨干教师访问外国著名大学和研究所或到国外留学攻读博士学位,如在中科院,严加安老师于1981年至1982年作为洪堡学者前往德国海德堡大学应用数学所访问;在北京大学,黄琳老师于1985年9月至1986年9月访问马萨诸塞大学阿默斯特分校;在复旦大学,李大潜老师于1977年至1981年访问法国巴黎法兰西学院,跟随J. L. Lions学习偏微分方程的控制理论,徐家鹄老师则于1980年代初访问日本京都大学一年,在日本概率论学派的代表人物Watanabe等人的指导下学习随机分析,雍炯敏老师则直接在李训经老师的帮助下于1983年至1987年到美国普渡大学留学并在得克萨斯大学奥斯汀分校做博士后(详情见本书他的回忆文章);在华东师范大学数学系,1979年袁震东老师赴德国参加了IFAC召开的系统辨识会议,1981年秋又赴瑞典林雪平大学做访问学者,郑伟安老师于1981年到法国斯特拉斯堡大学进修,跟Paul Meyer学习随机分析,1984年获法国国家数学博士,1980年代初郑毓蕃老师访问加拿大多伦多大学的国际著名控制理论专家Wonham;在山东大学,洪惠民老师于1979年10月至1982年5月访问澳大利亚国立大学电子与计算机科学系,跟随B. D. O. Anderson教授学习自动控制理论,回国后与人合作翻译了澳大利亚纽卡斯尔大学控制论专家G. C. Goodwin的关于自适应控制的专著《自适应滤波、预测与控制》(科学出版社),而彭实戈老师于1983年至1986年先访问法国巴黎第九大学,跟随Alain Bensoussan学习最优控制的奇异摄动,之后访问法国普罗旺斯大学分析、概率与拓扑实验室;在华中科技大学数学系,黄志远老师(武汉大学1960届毕业生)于1982年至1983年访问美国明尼苏达大学。另一方面是"请进来",邀请国外著名专家访华,如中国科学院数学所控制理论研究室在控制科学领域率先开展国际学术交流,1979年至1981年期间邀请了以下控制专家来华讲学:W. M. Wonham, T. J. Tarn, K. J. Astrom, K. Hirai, S. Maekawa, J. Lions, R. E. Kalman, E. B. Lee, K. S. Narendra,

D. Mayne, A. Kermann, T. E. Duncan, T. Kailath, P. Eykhoff, H. Kwakernaak, R. Gorez, M. Sugeno 等，这在当时国内控制界是相当引人瞩目的。特别地，1980 年 4 月 6—20 日，瑞典隆德理工学院的 K. J. Astrom 教授访问中科院数学所，就最小方差控制，线性二次 Gauss 控制，Markov 链控制，非线性随机控制，自校正调节器，系统辨识在牛皮纸机、破碎机和船舶操纵问题中的应用，最小协方差自校正器，系统辨识趋势等专题做了 10 次讲座，并举办了 3 次讨论会。中国科学院系统科学研究所已经在开展随机系统的研究，那时也取得了很大的成绩。1980 年法国鞅论专家 Paul Meyer 访问北京讲学。1981 年，R. E. Kalman 受上海交通大学张钟俊教授邀请来中国访问讲学，也被华东师范大学邀请讲学。在厦门大学数学系，李文清先生于 1958 年开始就研究预报与滤波理论，1970 年代编写了这方面的教材，讲授普及 Kalman 滤波，1989 年专著《滤波理论》一书在厦门大学出版社出版。作为厦门大学贺建勋先生的密友，李先生对此应该洞若观火。1983 年，日本著名概率论专家 Kyoshi Itô 应邀访问中国科学院数学与系统科学研究院，华罗庚、吴文俊、苏步青、刘璋温等数学家与他进行了亲切交流。据张荫南老师回忆，徐家鹄老师还邀请 Itô 到上海访问了复旦大学，其间苏步青校长还出面在家里（复旦大学第九宿舍）设宴招待 Itô，张荫南和忻元龙两位老师当时也受邀一起出席了晚宴。国内外的这些学术交流活动和研究进展中，随机控制成了学习跟踪的热点，这应该引起了李先生对随机控制的特别关注和重视，也许可以解释为什么李先生本人没有随机分析的基础却在 1980 年代初期指导他的 81 级硕士生马进和 82 级硕士生王银平做随机控制方面的课题，在安排雍炯敏老师的留学计划里有华盛顿大学的谈自忠、哈佛大学的何毓琦以及布朗大学的 Banks，而他本人于 1984 年秋开始的周游世界计划里也访问布朗大学。

在布朗大学访问期间，李先生与随机控制专家 W. Fleming 进行了交流，他问 Fleming："我不懂随机控制，如何开始随机控制的研究？"Fleming 回答："你既然懂得分布参数控制，就很容易进入随机控制领域。因为随机控制问题就可以看作随机过程状态密度的控制，就是一个分布参数控制。"李先生听后很受鼓舞。后来他跟我说，1986 年回国后，他专门请了概率论组的徐家鹄老师(复旦大学57级本科生,作为数学系62届毕业生与陈天平老师一起进入统计数学专业组,详情见 https://math.fudan.edu.cn/f7/32/c30414a325426/page.htm;后来到日本京都大学 Watanabe 的概率论组访问一年)为研究生开设随机微分方程课程。徐家鹄老师于1984年12月就翻译了 S. Watanabe 的日文版《确率微分方程》(1975年),同时参考了 Ikeda 和 Watanabe 合著的随机微分方程著作 *Stochastic Differential Equations and Diffusion Processes*(North-Holland Mathematical Library,24. North-Holland Publishing Co.,Amsterdam-New York;Kodansha,Ltd.,Tokyo,1981),油印了他的中文翻译手稿,冠之书名《随机微分方程》(S. Watanabe 著,徐家鹄译,中山大学,1984年12月),计有172页,分四章和两个附录:第一章布朗运动(1—17),第二章随机积分(18—69),第三章随机微分方程(70—117),第四章随机积分的应用(118—148),附录Ⅰ有关连续随机过程的基本定理(149—168),附录Ⅱ连续时间鞅的某些基本结果(169—172)。他还以 Kunita 的著作 *Stochastic Flows* 的预印本[①]为教材,为研究生讲授随机分析基础知识。李先生让研究生在讨论班上报告 Bismut 和 Haussmann 等的随机最大值原理,1986年冬季安排胡瑛和周迅宇到中山大学参加日本 Nisio 教授在中山大学的访问讲学。他还邀请了 Curtain,Nisio,Watanabe 等到复旦访问交流,邀请郑伟安教授来复旦做学术报告。

山东大学在1958年就建立了控制论专业,在1977年恢复高考时就招收了控制理论专业的大学本科生,厦门大学则在李文清教授的领导下于1972年创办了控制论专业(先附设在数学系),于1978年获得了运筹学与控制论专业硕士学位授予权,李文清教授亲自招收研究生,于1982年又扩大成立了计算机科学系,下设控制论、软件、系统工程3个专业,并担任了首届系主任。厦门大学也组织了1979年全国首届控制论及其应用学术交流会。1981年,山东大学和浙江大学就获批了"运筹学与控制论"专业博士点,浙江大学的张学铭教授和山东大学的管梅谷教授成为首批运筹学与控

---

① Kunita, *Lectures on Stochastic Flows and Applications*, Tata Institute of Fundamental Research Lectures on Mathematics and Physics, 78, 1986.

制论专业(分别是控制论方向和运筹学方向)博士生导师,复旦大学好像还没有这个研究生专业;同年,山东大学获批的还有基础数学专业的博士点以及计算数学专业的硕士点,浙江大学获批的还有基础数学专业的博士点,复旦大学获批的有基础数学和应用数学两个专业的博士点,北京大学获批的有基础数学、计算数学、应用数学、概率论与数理统计4个专业的博士点,南开大学获批的有基础数学和概率论与数理统计两个专业的博士点。直到1986年,复旦大学才获批运筹学与控制论专业的博士点,1987年才建立控制论专业并招收本科生。李训经先生于1985年获批运筹学与控制论专业博士生导师。从这里可以看出李训经先生对复旦大学数学学科的贡献和意义。

苏黎世联邦理工学院(ETH)教授 Freddy Delbaen 对复旦大学数学科学学院开设随机控制课程感到很好奇,他说,世界大学里数学系开设随机控制课程的很少,ETH 也是在他退休之后才聘请了 Mete Soner 到那里执教。Hans Foellmer 对我们这里研究随机偏微分方程也非常好奇。

1992年1月18—22日,邓小平南方谈话,提出了3个标准,中国开始实行市场经济,掀起了中国改革开放的第二次浪潮。1993年初,国务院第一副总理朱镕基铁腕治国,亲自兼任中国人民银行行长。1998年,朱镕基总理推行房地产货币化改革:3月,上任伊始就在全国人代会上阐述施政纲领,正式将"住房商品化"列为新政府的五大近期改革目标之一,并给出了时间表;6月,国务院召开全国住房制度改革与住宅建设工作会议;7月初,发布《国务院关于进一步深化住房制度改革,加快住房建设的通知》,提出了以停止住房实物分配、逐步实行住房分配货币化为核心,配套改革住房建设、供应、金融办法,发展住房交易市场,加快住房建设的改革目标。自此,我国结束了实行近40年的福利分房制度,"市场化"成为住房建设的主题。1999年,国家专门成立了中国长城资产管理公司、中国信达资产管理公司、中国华融资产管理公司和中国东方资产管理公司等四大国有资产管理公司,以解决中国农业银行、中国工商银行、中国建设银行、中国交通银行的高达1.39万亿元人民币不良资产的问题。中国人民银行(央行)公布的基准活期存款年利率和基准定期存款年利率可参见 https://www.lakala8.com/

zonghe/11355.html,1985 年 8 月 1 日—1997 年 10 月 23 日,5 年定期存款的基准年利率也有 9%～14.94%。由此可以想象当时的社会经济困境。今天,我们已经完全摆脱了当年的困境,在经济上取得了令世界错愕的成就。

我们每个人都是国家的一分子,我们的命运无疑总是与国家这个大系统的发展紧密联系在一起的。1978 年,中华大地掀起了改革开放第一次大潮;1992 年,掀起了推行市场经济的改革开放第二次大潮。我们每个人的人生注定只是祖国改革开放浪潮中的一朵浪花。我们一路筚路蓝缕,披荆斩棘,艰苦奋斗。这期间赢得了赞誉,也受到了指责和批评,当然也会被讥笑嘲讽,其情其景犹如李白诗句"两岸猿声啼不住,轻舟已过万重山"的恍惚即逝,也有苏东坡"回首向来萧瑟处,归去,也无风雨也无晴"的淡定自信,各种滋味和境况都遍历了。在这个过程中,我们各领域各部门全面学习西方科学知识和技术,或引进普及,或创新开拓,或应用创造。经过 40 多年的努力,各领域普遍开花结果,不仅经济上取得了天翻地覆的喜人成就,科学技术上也发展出了我们自己的领地,李先生带出来的复旦学派可以说是这些领地里的一座引人瞩目的丰碑。

汤善健指导的部分博士名单

1. 徐惠芳,期权定价:模型校准、近似解与数值计算,复旦大学博士论文,2010 年 6 月。毕业和授予学位日期:2010-06-29。现为 UBS AG 衍生品交易执行总裁。

2. 钟伟 061018017,倒向随机微分方程的最优控制,微分对策与熵风险约束下的最优投资,复旦大学博士论文,2009 年 6 月。见 Optimal switching of one-dimensional reflected BSDEs and associated multidimensional BSDEs with oblique reflection, *SIAM J. Control Optim.*, 49(2011), 2279-2317. 毕业和授予学位日期:2009-06-23。现为中加基金量化投资负责人,基金经理。

3. 陈绍宽 051018031, *Backward Stochastic Equations in a Euclidean Space and in a Functional Space*,复旦大学博士论文,2010 年 6 月。毕业

和授予学位日期:2010-06-29。

4. 孟庆欣 071018034,有跳跃的随机系统的最优控制,复旦大学博士论文,2010 年 6 月。见 Optimal controls of stochastic differential equations with jumps and random coefficients: stochastic Hamilton-Jacobi-Bellman equations with jumps, *Appl. Math. Optim.*, 87(2023), 1-51. 现为湖州师范学院教授。毕业和授予学位日期:2010-06-29。

5. 杜恺 061018018,倒向随机偏微分方程及其应用,复旦大学博士论文,2011 年 6 月。见 *Stochastic Process. Appl.*, 120(2010), 1996-2015; *Probab. Theory Related Fields*, 154(2012), 255-285; *J. Differential Equations*, 254(2013), 2877-2904. 毕业和授予学位日期:2011-06-23。现为复旦大学上海数学中心长聘副教授。

6. 仇金鸟 071018032,倒向随机微分发展系统及其应用,复旦大学博士论文,2012 年 6 月。见 Maximum principles for backward stochastic partial differential equations, *J. Funct. Anal.*, 262(2012), 2436-2480; L^p theory for super-parabolic backward stochastic partial differential equations in the whole space, *Appl. Math. Optim.*, 65(2012), 175-219. 毕业和授予学位日期:2012-06-26。现为加拿大卡尔加里大学副教授。

7. 胡世培 081018024,由 Levy 过程驱动的有限时区和无限时区的随机最优控制及混合控制的最优停时,复旦大学博士论文,2012 年 6 月。见《由 Levy 过程驱动的仿射方程关联的无限时区的最优二次控制》,数学年刊 A 辑,34(2013),179-204. 毕业和授予学位日期:2012-06-26。现为皖西学院金融与数学学院数学教师。

8. 王美娇 081018026,随机系数和带跳的线性随机微分系统的 H_2/H_∞ 控制,复旦大学博士论文,2012 年 6 月。见 Stochastic H_2/H_∞ control with random coefficients, *Chin. Ann. Math. Ser. B*, 34(2013), 733-752; Stochastic H-2/H-infinity control for Poisson jump-diffusion systems, *Chin. Ann. Math. Ser. B*, 37(2016), 643-664. 毕业和授予学位日期:2012-06-26。现为上海理工大学管理学院副教授。

9. 浦江燕 081018025,资产定价,稳健投资与随机最优控制的动态规划,复旦大学博士论文,2013 年 6 月。见《信息不对称下带有"随机压力"定价规则的连续时间模型》,数学年刊 A 辑,35(2014),115-128; Dynamic programming principle and associated Hamilton-Jacobi-Bellman equation for stochastic recursive control problem with non-Lipschitz aggregator, *ESAIM Control Optim. Calc. Var.*, 24 (2018), 355-376; Robust consumption portfolio optimization with stochastic differential utility, *Automatica*, 133(2021), 109835. 毕业和授予学位日期:2013-06-25。现为上海立信会计金融学院教师。

10. 张伏 09110180028,路径依赖的随机最优控制与微分对策,复旦大学博士论文,2013 年 6 月。见 Path-dependent optimal stochastic control and viscosity solution of associated Bellman equations, *Discrete Contin. Dyn. Syst.-Series A*, 35(2015), 5521-5553; The existence of game value for path-dependent stochastic differential game, *SIAM J. Control Optim.*, 55(2017), 2519-2542. 毕业和授予学位日期:2013-06-25。现为上海理工大学理学院副教授。

11. 王晔 10110180018,随机线性二次不定型最优控制与二次倒向随机微分方程的转换控制,复旦大学博士论文,2017 年 1 月。毕业和授予学位日期:2017-01-05。

12. 魏文宁 071018033,倒向随机方程及其应用中的新结果,复旦大学博士论文,2014 年 6 月。见 On the Cauchy problem for backward stochastic partial differential equations in Hölder spaces, *Ann. Probab.*, 44 (2016), 360-398; Representation of dynamic time-consistent convex risk measures with jumps, *Risk and Decision Analysis*, 3(2012), 167-190. 毕业和授予学位日期:2012-06-26。现为 ATB 财务首席数据科学家。

13. 智慧 09110180012,随机最优控制框架下两类金融问题研究,复旦大学博士论文,2014 年 6 月。毕业和授予学位日期:2014-06-24。

14. 刘臻 11110180017,正倒向随机系统的控制和微分对策,复旦大学博士论文,2016 年 6 月。见《粘性解框架下的完全耦合正倒向随机系统最优控制问题的验证定理》,数学年刊 A 辑,38(2017),201-214. 毕业和授予学位日期：2016-06-17。现为摩根大通投资咨询(北京)有限公司副总监。

15. 徐清 11110180018，随机 Schrödinger 方程与二次倒向随机微分方程，复旦大学博士论文，2016 年 6 月。见 Backward stochastic Schrödinger and infinite-dimensional Hamiltonian equations, *Discrete Contin. Dyn. Syst.*, 35(2015), 5379-5412. 毕业和授予学位日期：2016-06-17。现为上海市华院计算算法研究员。

16. 俞励超 12110180057，随机线性系统的近似能控性与随机 LQ 最优控制问题的正则摄动，复旦大学博士论文，2018 年 6 月。见《带跳线性随机微分方程的近似能控性》，数学年刊 A 辑，40(2019)，417-426. 毕业和授予学位日期：2018-06-26。现为弥远投资量化投资经理。

17. 卓羽 12110180059，终端受约束的随机最优控制，复旦大学博士论文，2017 年 6 月。见 Dynamic programming principle and viscosity solutions of Hamilton-Jacobi-Bellman equations do stochastic recursive control problem with non-Lipschitz generator, *Appl. Math. Optim.*, 82(2019), 851-887; Maximum principle of optimal stochastic control with terminal state constraint and its application in finance, *Journal of Systems Science & Complexity*, 31(2018), 907-926. 毕业和授予学位日期：2017-06-20。现为 UBS AG FRC 衍生品定价上海负责人。

18. 戴珺 13110180052，椭圆方程的内部正则性与数值方法，复旦大学博士论文，2018 年 6 月。见 Interior gradient and Hessian estimates for the Dirichlet problem of semi-linear degenerate elliptic systems: a probabilistic approach, *Sci. China Math.*, 62(2019), 1851-1886; Lattice-approximations of semilinear stochastic elliptic equations with reflection, 数学年刊 A 辑，40(2019), 287-306. 毕业和授予学位日期：2018-06-26。现为银行间市场清算所股份有限公司业务一部经理。

19. 董玉超 13110180067，带跳随机微分系统的分析与控制，复旦大学博士论文，2016 年 6 月。见 Constrained LQ problem with a random jump and application to portfolio selection, *Chin. Ann. Math. Ser. B*, 39 (2018), 829-848. 毕业和授予学位日期：2016-06-17。现为同济大学助理

教授。

20. 宋阳 13110180068,仿射随机最优控制及 G-布朗运动驱动的倒向随机微分方程,复旦大学博士论文,2017 年 1 月。见《单调条件下 G-布朗运动驱动的倒向随机微分方程》,数学年刊 A 辑,40(2019),178-198.毕业和授予学位日期:2017-01-05。现为砥拓投资期权投资经理。

21. 曹栋 14110180035,G-布朗运动的反射二次倒向随机微分方程与完全非线性抛物型方程的概率表示,复旦大学博士论文,2019 年 6 月。见 Reflected quadratic BSDEs driven by G-Brownian motions, *Chin. Ann. Math. Ser. B*, 41(2020), 873-928. 毕业和授予学位日期:2019-06-19。现为华泰证券期权交易员。

22. 孙丁茜 14110180038,任意停止的最优投资和最优转换,复旦大学博士论文,2020 年 6 月。见 The convergence rate from discrete to continuous optimal investment stopping problem, *Chin. Ann. Math. Ser. B*, 42(2021), 259-280; Quantitative stability and numerical analysis of Markovian quadratic BSDEs with reflection, *Probability Uncertainty and Quantitative Risk*, 7(2022), 13-30.毕业和授予学位日期:2020-06-23。现为中金公司量化及 ESG 分析师。

23. 李运章 15110180027,随机偏微分方程的间断有限元方法,复旦大学博士论文,2020 年 6 月。见 A discontinuous Galerkin method for stochastic conservation laws, *SIAM Journal on Scientific Computing*, 42(2020), A54-A86; A local discontinuous Galerkin method for nonlinear parabolic SPDEs, *ESAIM: Mathematical Modelling and Numerical Analysis*, 55(2021), S187-S223.毕业和授予学位日期:2020-06-23。现为复旦大学青年副研究员。

24. 汪梓轩 15110840014,倒向随机微分方程的深度学习算法和强化学习在随机最优控制中的应用,复旦大学博士论文,2020 年 6 月。见 Gradient convergence of deep learning-based numerical methods for BSDEs, *Chin. Ann. Math. Ser. B*, 42(2021), 199-216.毕业和授予学位日期:2020-06-23。现为华泰证券投资经理。

25. 虞嘉禾 15110180029，平均场博弈与对应的多人博弈，复旦大学博士论文，2020 年 6 月。见《噪声可退化且依赖于状态和分布的平均场博弈》，数学年刊 A 辑，41(2020)，233-262. 毕业和授予学位日期：2020-06-23。

26. 赵瞳 16110180025，粒子系统的极限与非退化抛物型方程的深度学习算法，复旦大学博士论文，2021 年 11 月。见 Limits of one-dimensional interacting particle systems with two-scale interaction，*Chin. Ann. Math. Ser. B*，43(2022)，195-208. 毕业和授予学位日期：2021-11-03。现为中国科学院计算技术研究所助理研究员。

27. 鞠京楠 17110840009，多维二次倒向随机微分方程的可解性，复旦大学博士论文，2022 年 7 月。毕业和授予学位日期：2022-08-01。

28. 刘若杨 18110180044，随机抛物方程解连续性与多孔介质方程障碍问题，复旦大学博士论文，2022 年 1 月。见 Hölder continuity of solutions to the Dirichlet problem for SPDEs with spatially correlated noise，*Electronic Communications in Probability*，26(2021)，1-13. 毕业和授予学位日期：2022-01-11。现为复旦大学博士后。

29. 王宇星 18110180046，高阶随机抛物方程的 Hölder 解与随机多孔介质方程的熵解，复旦大学博士论文，2022 年 1 月。见 Schauder-type estimates for higher-order parabolic SPDEs，*J. Evol. Equ.*，20(2020)，1453-1483. 毕业和授予学位日期：2021-06-23。

30. 汪子轩 17110840010，带动量的随机梯度下降算法和弱耗散性扩散过程的收敛性，复旦大学博士论文，2022 年 7 月。见 Convergence of gradient algorithms for nonconvex $C^{1+\alpha}$ cost functions，*Chin. Ann. Math. Ser. B*，44(2023)，445-464. 毕业和授予学位日期：2022-08-01。

31. 何家钧 19110180041，平均场型超前倒向随机微分方程和相关最优控制，复旦大学博士论文，2022 年 7 月。毕业和授予学位日期：2022-08-01。

致 谢

本书的出版得到了复旦大学金力校长和数学科学学院领导及老师们的大力支持,得到了复旦大学数学科学学院的高峰学科和科技部重点研发计划课题 2018YFA0703903 的经费支持。同时,本书得以问世离不开复旦大学出版社严峰书记的关心和责任编辑陆俊杰老师付出的辛劳。在此一并表示衷心感谢!

此外,我们还要代表全体作者向李训经先生的夫人刘丽婉老师献上最诚挚的敬意,感谢她对我们后辈自始至终的无私厚爱。

图书在版编目(CIP)数据

我们知道的李训经先生/陈叔平,雍炯敏,汤善健主编.—上海:复旦大学出版社,2023.5
ISBN 978-7-309-16834-1

Ⅰ.①我… Ⅱ.①陈… ②雍… ③汤… Ⅲ.①李训经-纪念文集 Ⅳ.①K826.11-53

中国国家版本馆 CIP 数据核字(2023)第 082221 号

我们知道的李训经先生
陈叔平　雍炯敏　汤善健　主编
责任编辑/陆俊杰

复旦大学出版社有限公司出版发行
上海市国权路 579 号　邮编:200433
网址:fupnet@fudanpress.com　http://www.fudanpress.com
门市零售:86-21-65102580　团体订购:86-21-65104505
出版部电话:86-21-65642845
上海新艺印刷有限公司

开本 787×960　1/16　印张 23.25　字数 345 千
2023 年 5 月第 1 版
2023 年 5 月第 1 版第 1 次印刷

ISBN 978-7-309-16834-1/K·814
定价:68.00 元

如有印装质量问题,请向复旦大学出版社有限公司出版部调换。
版权所有　侵权必究